民 生 政 策 研 究

王杰秀 总主编

基本民生兜底保障问题研究

王杰秀　付长良　主　编
张　静　副主编

中国出版集团有限公司
研究出版社

图书在版编目(CIP)数据

基本民生兜底保障问题研究/王杰秀，付长良主编
. -- 北京：研究出版社, 2023.12
ISBN 978-7-5199-1613-8

Ⅰ.①基… Ⅱ.①王…②付… Ⅲ.①社会保障-研究-中国 Ⅳ.① D632.1

中国国家版本馆 CIP 数据核字 (2024) 第 006892 号

出 品 人：赵卜慧
出版统筹：丁　波
丛书策划：王杰秀　张立明
责任编辑：张立明

基本民生兜底保障问题研究

JIBEN MINSHENG DOUDI BAOZHANG WENTI YANJIU

王杰秀　付长良　主编

研究出版社 出版发行

（100006　北京市东城区灯市口大街100号华腾商务楼）
北京中科印刷有限公司印刷　新华书店经销
2024年1月第1版　2024年1月第1次印刷
开本：710mm×1000mm　1/16　印张：20.5
字数：386千字
ISBN 978-7-5199-1613-8　　定价：86.00元
电话（010）64217619　64217652（发行部）

版权所有·侵权必究
凡购买本社图书，如有印制质量问题，我社负责调换。

民生政策研究书系编委会

（按姓氏笔画排序）

王杰秀　邓国胜　王道勇　左　停　付长良
吕学静　关信平　乔晓春　陈　功　郑功成
杨立雄　胡宏伟　谈志林

《基本民生兜底保障问题研究》
编　委　会

主　编　王杰秀　付长良

副主编　张　静

成　员（按姓氏拼音排序）

　　　　安　超　关信平　胡宏伟　贾培杰
　　　　李春根　李树丛　刘振杰　任振兴
　　　　王超群　王增文　肖晓琳　姚建平
　　　　左　停　祝建华　张朝良

前　言

2020年是中国全面建成小康社会之年，也是脱贫攻坚的收官之年。在脱贫攻坚中，我国基本民生兜底保障制度发挥了重要作用，困难老年人、残疾人和困境儿童等各类困难群体的基本生活得到了有效保障，与全国人民一道迈进了小康社会。

加强基本民生兜底保障是贯彻落实"以人民为中心"的发展思想、促进社会公平正义的具体体现。困难群众是全体人民中最脆弱、最困难、最需要政府和社会关注和帮助的群体，兜住兜牢各类困难群众民生底线是党和国家的一项重要工作，是国家治理和发展议程中优先重视的议题。习近平总书记强调，民生无小事，枝叶总关情。对困难群众，我们要格外关注、格外关爱、格外关心，帮助他们排忧解难。党的十八大以来，党中央把社会保障体系建设摆上更加突出的位置，不断加大基本民生兜底保障力度，夯实对困难群众的基本生活保障，促进低收入阶层实现全面发展。广大困难群众的获得感、幸福感、安全感更加充实、更有保障、更可持续。

与此同时，我们还应清楚地看到当前所面临的一系列严峻挑战。特别是脱贫人口中还蕴藏着较大的返贫风险；随着我国经济社会的发展，在解决了生存型贫困以后，还存在较为突出的相对贫困问题。比如，城乡失能失智困难老年人需要照护服务；农村留守儿童面临由于父母陪伴缺失而在学习、生活、成长过程中遭遇的心理健康、交往障碍、学业困难、外来伤害等方面的问题；残疾人福利事业发展水平还较为滞后，残健融合还面临不少障碍，制度体系还不够健全等。上述困难群体所面临的一系列现实生计与预期发展问题，以及社会交往、交流、交融等问题，都会对其生活质量造成不同程度的影响。

2020年初新冠疫情暴发以来，各级主管部门密集出台了一系列应急性兜底保障政策文件，有效弥补了现行制度的不足，化解了疫情期间的民生难题。疫情防控常态化形势下，基本民生兜底保障制度的稳健运行和创新成效受到社会各界普遍关注。面对困难群众对美好生活的向往，目前的基本民生兜底保障制度和行动体系中还存在短板不足，需要进一步加强和完善，为困难群众筑起最后一道"安全网"，防止出现因受疫情等形势所困陷入绝境，甚至导致冲击社会道德底线舆情事件的发生。

为摸清疫情之下城乡困难家庭、困难群体的基本生活状况，民政部政策研究中心依托"托底性民生保障政策支持系统建设"项目，在2020年抽取了全国范围内10273户城乡困难家庭样本进行调查。本次调查以家户为调研对象，覆盖全国29个省（自治区、市），共获取农村困难家庭有效研究样本6099户。从地域分布看，5229户分布在中西部22个省份，占样本总量的85.74%，其中排名位居前五位的省为甘肃省、河南省、四川省、江西省和云南省；从户籍类型看，5888户为农村户口，占样本总量的96.54%；从家户类型看，4443户为农村建档立卡贫困户，占比为72.84%，其中有2519户为低保户，在建档立卡户中占比为56.7%，此外，1656户为非建档立卡户。无论是样本总量还是覆盖范围，均具有一定的代表性，为本研究奠定了坚实基础。

本书在广泛扎实调查的基础上，利用一手数据准确把握脱贫攻坚后基本民生兜底保障面临的新形势、新任务、新要求，总结制度和政策实施情况、取得的积极成效，分析研判当前基本民生兜底保障存在的问题。在此基础上，分层分类分区域，进一步聚焦城乡经济困难的老年人、儿童、残疾人等特殊相对贫困群体，并针对不同群体，分别从救助方式、救助标准、工作机制等角度，提出进一步加强和完善基本民生兜底保障的对策建议。对于上述困难群体很容易被社会排斥而导致的边缘化问题，本书从对国内外基础理论的阐释出发，揭示产生社会排斥的深层次原因，描绘未来通过一系列民生保障措施的有效实施，最终实现社会融合。

作为课题研究基本成果，期待本书的出版能够为新时代新形势下中国基本民生兜底保障问题的梳理，以及相关理念目标、制度体系与运行机制的创新发展提供有益借鉴和思路。书中不妥之处，也恳请广大同仁和读者批评指正。

目 录

第一章 总论 ·· 1
  第一节 基本民生兜底保障的中国实践 ··· 2
  第二节 全面建成小康社会后的相对贫困群体 ································· 15
  第三节 启示及建议 ·· 25

第二章 全面建成小康社会后相对贫困的识别与治理 ························· 36
  第一节 相对贫困界定标准的选择 ·· 37
  第二节 相对贫困家庭的基本特征 ·· 41
  第三节 相对贫困的治理现状 ··· 46
  第四节 启示及建议 ·· 49

第三章 脱贫攻坚后农村基本民生兜底保障 ······································ 52
  第一节 脱贫攻坚中基本民生兜底保障的政策效果评估 ···················· 53
  第二节 脱贫攻坚后农村帮扶工作新议题 ······································· 70
  第三节 启示及建议 ·· 76

第四章 城市相对贫困基本民生兜底保障 ··· 80
  第一节 城市相对贫困现状与基本特征 ·· 81
  第二节 当前城市相对贫困群体的基本民生兜底保障 ······················· 95
  第三节 城市基本民生兜底保障面临的困难与挑战 ························· 106
  第四节 启示及建议 ·· 114

第五章 儿童相对贫困与社会救助兜底 ·· 134
  第一节 儿童相对贫困与社会救助文献回顾 ································· 134
  第二节 相对贫困儿童救助的描述性统计分析 ······························ 142
  第三节 相对贫困儿童救助影响因素分析 ····································· 152
  第四节 启示及建议 ·· 157

是，面对困难群众对美好生活的向往，目前的基本民生兜底保障制度和行动体系中还存在不少短板，尤其是面对当前新的形势和未来发展新的要求，基本民生兜底保障体系还存在许多不足，需要进一步加强和完善。本课题在进行广泛实际调查的基础上，对我国基本民生兜底保障的总体制度框架和各个方面的制度及行动体系加以梳理和分析，力图系统总结我国在推动基本民生兜底保障各个方面的经验，准确把握困难群众生活中还存在的各种困难，深入分析基本民生兜底保障相关制度和政策中还存在的短板和问题，并在此基础上提出进一步加强和完善基本民生兜底保障的对策建议。

作为本书的第一章，本章的主要目标是提出在全面建成小康社会条件下我国基本民生兜底保障的总体目标及行动框架。具体内容：一是介绍基本民生兜底保障建设的目标与意义，从总体上梳理和总结我国建立基本民生保障制度和行动体系的经验及当前存在的不足；二是分析全面建成小康社会后我国相对贫困问题的状况及特点；三是提出面向未来发展我国基本民生兜底保障的新目标和新任务。

第一节　基本民生兜底保障的中国实践

在详细分析我国基本民生兜底保障各个方面发展细节之前，先对我国基本民生兜底保障制度建设的目标、意义和特点加以概括，并总结改革开放以来基本民生兜底保障建设发展的基本情况，分析当前存在的总体性问题。

一、我国基本民生兜底保障制度建设的目标和意义

（一）基本民生兜底保障制度的含义与目标

1. 基本民生兜底保障的含义

"民生保障"是中国社会政策话语体系中的一个关键词。其基本含义是保障民众的基本生活。人们要维持基本生活首先要通过经济活动，但在市场经济体制下，市场机制不能保证每个人和每个家庭都能够正常参与经济活动和分享经济活动的成果，为此需要通过政府制定和实施各项社会政策并调动社会的力量去介入社会财富的分配，以保障每个人都能够获得必要的生活资料维持社会所认可的生活水平。因此，民生保障的含义是政府为满足民众的基本需要而制定和实施的社会政策行动体系。

当代各国政府都在不同程度上通过制定和实施社会政策体系去保障和改善民生，其中既包括面向全民的普惠性社会政策，也包括专门针对困难群体的特惠性社会政策；既有主要是满足人们基本生活需要的各种服务，也有超过基本需要之

外，为提高民众生活质量和促进发展的各种服务；既包括政府与市场、政府与社会力量合作的项目，也包括主要由政府负责的项目。本课题要研究的是在政府宏大的民生保障体系中具有特殊重要作用的基本民生兜底保障部分，即由政府负责，满足困难群众基本生活需要的民生保障政策体系。

所谓基本民生兜底保障是指由政府承担基本责任，面向困难群众，以满足基本需要为目标的保障体系。它具有几个方面的基本特征：一是在对象方面，是专门针对困难群众，属于特惠性的保障项目。二是在保障内容方面，是满足基本需要的保障和服务。基本生活并不总是等于基本温饱，而是要随着经济社会的发展而不断提高。三是在保障方式方面，是一种单向的无偿保障和服务提供，而不是向社会保险那样需要先作贡献（投保），然后才能获得保障。四是在主体方面是由政府负兜底责任。尽管政府也鼓励社会力量广泛参与，但政府要承担起最后的兜底责任。

2. 当前我国加强基本民生兜底保障的目标

直接关系民众基本生活的民生保障体系常常被形容为"民生保障安全网"，[1] 即通过政府民生保障的社会政策体系和社会力量的参与，保障所有民众都能够满足基本生活的需要，而不会跌落到贫困的境地。显然，社会安全网是一个多方面、多层级的体系，其中基本民生兜底保障是最后一张兜底的网，负责兜住所有的人。也就是说，在社会安全网的其他层级上，因各种原因而难以做到很细密，常常会有人被漏掉而未能获得有效的保障。因此需要最后这张兜底保障的安全网足够细密，能够确保兜住所有因各种原因而被其他层级安全网漏掉的人。

为此，当前我国加强基本民生兜底保障的基本目标是完善社会保障体系中的最后一道防线，起到最后的社会安全网作用，确保困难群众基本生活各个方面达到党和政府所规定的、社会所认可的水平。经过几十年的发展，我国已经初步建立了较为完善的基本民生兜底保障体系，并且在反贫困行动中发挥了重要的作用。但是迄今为止这张网上还存在一些漏洞，还需要继续织密补齐。并且，随着我国小康社会的全面建成，民众生活逐步提高水平，基本民生保障的水平也要相应提高，从而要求政府不断完善基本民生兜底保障的制度和政策体系，并逐步提高保障水平。

（二）我国基本民生兜底保障制度的主要内容

基本民生兜底保障体系是我国社会保障制度中的重要组成部分。按照对象和运行方式，我国的社会保障制度分为社会保险、社会救助和社会福利三大部分，

---

[1] 李克强. 打造民生保障安全网保基本兜底线促公平 [J]. 人才资源开发, 2014 (07): 1.

并辅之以慈善事业和商业保险的补充。其中，社会救助制度是直接针对困难群众的社会保障制度，目前由民政部门负责的老年人福利、儿童福利和残疾人福利也主要针对困难老年人、困境儿童和困难残疾人。因此，目前我国的兜底性民生保障制度主要包括社会救助制度，[1] 以及社会福利制度中的老年人福利、儿童福利和残疾人福利。

1. 社会救助制度体系

我国社会救助制度是由政府和社会无偿向有需要的低收入个人和家庭提供基本生活保障的制度体系。我国的社会救助制度包括多个项目，主要有以下三大类：一是基本生活保障，包括最低生活保障制度和特困人员供养制度；二是各类专项救助，包括就业救助、医疗救助、教育救助、住房救助、法律援助与司法救助等；三是各类临时救助，包括自然灾害救助、急难性临时救助、补充性临时救助、流浪乞讨人员救助等。这些社会救助项目绝大部分已经纳入《社会救助暂行办法》中，或者有相应的国家法律、法规和政策文件规定，是国家正式的社会救助体系中的具体内容。我国的社会救助制度构建了一套较为系统的面向最为困难群众的基本民生兜底保障体系，对保障他们的基本生活起到了重要的作用。

2. 针对特殊群体基本保护的社会福利制度

"社会福利"是一个具有多种含义的概念。在此所指的是由民政部门负责的，专门针对特殊困难群体而提供基本生活服务的社会福利制度，即通常所说的"小福利"。具体看，这套社会福利服务体系主要包括三大类：老年人福利、儿童福利和残疾人福利。这些社会福利服务项目都是属于针对特殊困难群体的特惠性社会服务。在过去，民政部门负责的社会福利服务主要是"院内服务"，即针对少数具有特殊困难的老年人、儿童和残疾人，通过养老院、儿童福利院等社会福利设施向他们提供基本生活服务。在过去十多年里，民政部门按照"适度普惠性"的原则扩大了传统社会福利服务的范围，在保障特殊困难群体生活服务需求和基本权利保障方面发挥了重要的作用。

3. 针对其他困难群众的兜底保障与社会服务

除了上述社会救助和民政社会福利制度体系之外，我国各地还建立了一些针对一些特殊困难群众的兜底保障和社会服务项目。其中包括城市困难职工帮扶（脱困解困）行动、各地针对困难失独父母的救助、给困难群众的节日补贴、北方的冬季取暖补贴，以及各地政府部门广泛开展的"送温暖"等补充性救助帮扶行动。这些行动虽然制度化程度不是很高，各地实施也有一定的差别，但汇聚起来也能够发挥一定的作用。

---

[1]《人民日报》评论员. 发展社会救助兜底保障民生 [J]. 中国民政, 2020 (16): 22.

（三）当前我国加强基本民生兜底保障制度建设的重要意义

在实现全面建成小康社会的目标之后，基本民生兜底性保障仍将在保障困难群众基本生活，促进社会建设和社会和谐等方面发挥重要作用，[1] 进而对新时代我国经济与社会的进一步发展具有多方面的重要意义。

1. 加强基本民生保障对贫困治理的重要意义

在当代社会中，贫困治理是一个综合性的行动体系，而加强兜底性民生保障是构建完整贫困治理体系的重要环节。在过去20多年里，我国的基本民生兜底保障制度体系在贫困治理方面发挥了重要的作用。尤其是在党的十八大以来社会救助制度在我国农村脱贫攻坚行动中发挥了重要的兜底作用。脱贫攻坚任务完成后，基本民生兜底保障制度仍然在贫困治理中发挥着重要的基础性作用。首先，当前农村中仍有3000多万人依靠最低生活保障制度而维持其脱贫，在城市中也有700多万人依靠低保生活。同时，在城乡中还有更多的人依靠社会救助和社会福利解决医疗、教育、住房、照料和其他基本生活困难。因此，基本民生兜底保障仍是维持"两不愁、三保障"不可缺失的制度体系。其次，在近期农村巩固脱贫攻坚成果和防止返贫的行动仍需要社会救助等基本民生兜底保障制度在其中发挥重要的作用。再次，在未来新征程中建立解决相对贫困的长效机制，也需要社会救助等基本民生兜底保障制度体系发挥积极的作用。为此，应该对现行的制度加以改革，提升其目标、扩展其范围、强化其功能、优化其制度，使其能够更好地发挥作用。

2. 基本民生兜底保障对完善社会保障制度体系的重要意义

基本民生兜底保障是社会保障制度体系中最重要的方面之一。在我国，以社会救助和社会福利为主的基本民生兜底保障制度体系与普惠性的社会保险体系共同构成一套完整社会保障体系。其中，基本民生兜底保障制度体系的完整性、保障内容的完善性、覆盖对象的充分性、保障水平的恰当性、制度运行的高效率性，对于整个社会保障制度功能的完整发挥具有重要的影响。在过去近20年的时间里，我国普惠性的社会保险制度有了较大的发展，基本建立了已经覆盖全民的医疗保险和制度全覆盖的养老保险制度体系，并且失业保险和工伤保险也有进一步的发展。客观上看，普惠性社会保险制度的发展可以降低基本民生兜底保障制度体系的压力。但是，从世界各国的经验看，不论社会保险如何健全，都难以解决所有的民生保障问题，从过去一个多世纪一直到可见的将来，以社会救助制度为

---

[1] 李纪恒. 扎实做好基本民生保障不断满足困难群众美好生活需要 [J]. 中国民政，2021（03）：7-10.

主的基本民生兜底性保障制度体系一直具有,并将继续保持重要的社会保障功能。在我国,养老保险、失业保险和工伤保险的覆盖面仍有较大的缺漏,医疗保险也在总体上存在水平不足和不均衡的问题。并且这些问题很难在短期内全部解决。因此,在未来较长时期内我国仍然需要基本民生兜底保障制度在整个社会保障体系中发挥重要作用。基本民生兜底保障制度体系的完善程度将持续性地对整个社会保障制度的正常运行产生重要的影响。为此,需要进一步完善兜底保障的内容,健全制度体系,确定恰当的水平,并优化运行机制。

3. 加强和完善基本民生兜底保障对实现新时期国家发展大目标的重要意义

新时代国家治理与发展的大目标体现在以人民为中心的发展思想,大力推动高质量发展和走共同富裕道路几个重要的方向,而完善基本民生兜底保障对这几个方向的发展都具有重要的意义。首先,加强基本民生兜底保障是落实"以人民为中心"的发展思想,促进社会公平正义的具体体现。困难群众是全体人民中最脆弱、最困难、最需要政府和社会关注和帮助的群体,大力发展基本民生兜底保障,优先解决困难群众的实际困难,是以人民为中心发展思想的具体体现。其次,我国高质量发展不仅体现在经济建设方面,也应该体现在包括民生保障在内的社会建设方面。在全社会全方位追求高质量建设的行动体系中不能缺失了基本民生兜底保障制度体系的高质量发展,否则将会扭曲国家高质量发展的总体布局,并拖累其步伐,导致经济与社会发展质量的失衡。再次,完善基本民生兜底保障制度对走共同富裕道路具有重要意义。共同富裕道路的重要路径之一是"提低"。为此,需要通过加强和完善基本民生兜底保障而提高低收入群众的收入和生活水平,缩小与社会平均水平的差距。并且,要帮助更多的困难群众提升能力,最终靠自己的努力而摆脱困难,从低收入群体上升到中等收入群体。总而言之,新时代国家发展战略对基本民生兜底保障制度建设提出了更高的要求。尽管基本民生兜底保障行动体系在整个国家发展战略中只占很小一部分,但如果这部分的工作做不好,也将产生严重的木桶短板效应,对实现以人民为中心发展思想、国家高质量发展战略和共同富裕道路带来严重影响。因此,新时代基本民生兜底保障制度必须要配合我国以人民为中心、更加公平、更高质量发展的要求,不断提升基本民生兜底保障的水平与质量。

二、改革开放以来基本民生兜底保障体系建设和发展

"基本民生兜底保障"是近年来才采用的概念,但相关民生保障实践在我国已有很长的历史。早在改革开放以前我国城市和农村就建立起了保障困难群众基本生活的制度体系。改革开放以来,我国一方面通过建立和完善社会主义市场经济大幅度促进经济发展,使全体民众的收入和生活水平有了很大的提高,为不

断提高民生保障水平奠定了重要的经济基础。另一方面在改革和发展基本民生兜底保障方面也有长足的进展，取得了突出的成就。这些成就主要体现在从扶贫开发到脱贫攻坚的农村反贫困行动体系、社会救助制度的建立和发展以及其他基本民生兜底保障方面。

（一）农村反贫困行动的发展历程及成就

1. 从扶贫开发到脱贫攻坚：我国农村贫困治理发展路径

长期以来，中国作为一个以农业人口为主的国家，存在严重的城乡二元结构，城乡经济社会发展差距很大，农村贫困问题一直是我国贫困问题的主要方面。改革开放以来，我国反贫困行动从 20 世纪 80 年代中期的农村扶贫开发行动开始。当时全国农村有 1.25 亿贫困人口。农村扶贫开发行动是以增强贫困地区农村"造血能力"为目标的开发式扶贫，在中央和地方政府的大力支持下，动员全社会的力量帮助贫困地区通过促进经济和社会发展而摆脱贫困。扶贫开发第一个阶段是从 80 年代中期开始，经过几年的努力，到 1992 年农村贫困人口降低到 7000 万。又经过 8 年的努力，到 2000 年进一步降低到 3000 万左右[1]。进入 21 世纪后，我国继续开展扶贫开发，贫困地区的经济社会持续发展，贫困人口持续减少。但在那段时间里我国农村扶贫标准较低，与国际上的贫困标准存在差距。2011 年我国大幅度提高了扶贫标准后，在 2012 年末农村贫困人口的规模相应地又上升到了 9899 万人[2]。党的十八大以后，以习近平同志为核心的党中央高度重视农村反贫困行动。全国各级党委政府高度重视，全社会动员，积极开展了以精准扶贫为特点的脱贫攻坚行动，采用多种办法帮助贫困地区和贫困户实现脱贫。经过几年的艰苦努力，到 2020 年达到了现行标准下农村贫困户全部脱贫，达到"两不愁、三保障"的要求，所有贫困县全部摘帽的现阶段脱贫攻坚目标。

脱贫攻坚行动是当代中国的一项宏大的反贫困行动体系，具有多方面的历史性巨大成就。首先，农村脱贫攻坚是中国共产党领导下全国人民共同努力推动民生保障行动的壮举，在我国历史性地消除大面积农村生存性贫困方面作出了重大贡献。其次，我国的脱贫攻坚行动中创建了政府主导下全社会动员的体制机制，精准扶贫的工作思路及总体要求，以及多方面的具体行动内容和方法。由此而发展出一套可延续、可借鉴、可推广的反贫困行动模式。在未来我国和世界的反贫困行动中这套模式中的许多要素都将继续发挥积极的作用。再次，我国的农村脱

---

[1] 汪三贵，胡骏. 从生存到发展：新中国七十年反贫困的实践[J]. 农业经济问题，2020（02）：4-14.

[2] 黄承伟. 新中国扶贫 70 年：战略演变、伟大成就与基本经验[J]. 南京农业大学学报（社会科学版），2019，19（06）：1-8+156.

贫攻坚行动也对世界减贫行动作出了重大贡献。这不仅在于中国的减贫规模对世界的贡献，而且还在于脱贫攻坚的理论和实践将作为一类重要的制度遗产对世界减贫事业产生深远的影响。

2. 基本民生兜底保障在脱贫攻坚中的重要作用

农村脱贫攻坚是一套宏大的行动体系，其中包括了多方面的政策组合，而基本民生兜底保障是其中最重要基础性政策和行动之一。在脱贫攻坚的总体行动中，兜底保障发挥了重要作用。[1] 一方面，"低保兜底"是脱贫攻坚行动的兜底保障部分，所有通过其他扶贫方式难以达到脱贫目标的个人和家庭，最后都会由低保制度来加以兜底保障。为了完成兜底保障的任务，各地民政部门在过去的几年中积极开展行动，较大幅度提高了农村低保标准，积极将符合标准的困难群众纳入到低保当中，以确保他们的基本生活。到2020年第4季度，全国农村有3621.5万农村低保对象。[2] 也就是说，在农村脱贫攻坚行动的最后成果中，有相当一部分人是通过低保制度而摆脱贫困的。另一方面，社会救助制度体系中的教育救助、医疗救助和住房救助在解决农村贫困人口"三保障"（基本教育、基本医疗和基本住房）方面也发挥了重要的作用。由此可以说，社会救助制度对脱贫攻坚行动的成功起到了重要的作用。

（二）社会救助制度的发展历程及成就

1. 改革开放以来我国社会救助制度发展历程

改革开放前，我国城市企事业单位和农村集体经济组织在当时的条件下发挥了较强的民生保障作用，政府直接举办的社会救助仅有针对"三无"人员的城市社会救济制度。改革开放以后，随着城市企事业单位和农村集体经济组织民生保障功能的弱化，许多民众在就业、收入和生活各方面面临的风险增大，客观上要求政府建立新型的社会救助制度。在20世纪90年代，由于大量企业不景气，导致出现较多的困难职工和下岗失业人员。为了维持这些困难群众的基本生活，在上海等城市率先建立了城市居民最低生活保障制度，由政府向所有家庭人均收入低于当地政府确定的最低生活保障标准的家庭提供现金保障待遇。这套制度建立之后，很快就在全国推广。1997年国务院发布通知，要求各地都建立城市居民最低生活保障制度，并且于1999年发布了《城市居民最低生活保障条例》正式建立了全国性的城市居民最低生活保障制度。与此同时，一些地方也开始探索建立

---

[1] 张希. 国新办举行脱贫攻坚兜底保障情况新闻发布会 [J]. 中国民政, 2020 (23): 34–39+47.

[2] 民政部. 2020年4季度民政统计数据. 民政部网站 http：//www.mca.gov.cn/article/sj/tjjb/qgsj/2020/202004.html

农村最低生活保障制度。经过几年的探索试点和徘徊之后，2007年国务院发布通知，要求全国各地都建立农村最低生活保障制度。至此，全国城乡普及了最低生活保障制度。

最低生活保障制度是我国社会救助制度最基础、最核心的部分。它是面向所有符合家庭人均收入和财产等方面低保标准的家庭无条件地提供现金救助。其基本功能是向全体人民建构了一张最后的社会安全网，能够保障所有的人无论因为何种客观原因都不会最后落入无法生存的境地，由此可以消除人们面对各种风险而出现的生存危机恐惧。我国的低保制度被称为世界上"最大的向贫困者无条件提供现金保障的社会救助项目"，城乡低保对象最多时曾达到7000多万人，超过总人口的5%。目前已经降到了4000多万，占总人口比例3.2%左右。[1]

为了保障困难群众在教育、医疗、就业、住房等方面的基本需要，并帮助他们应对来自各方面风险的冲击，我国在改革开放以后还陆续建立了针对困难群众的教育救助、医疗救助、住房救助、就业救助、流浪乞讨人员救助等多个专项社会救助项目；改革了农村"五保供养制度"，后来将其扩大到城市，并更名为特困人员供养制度；重建了自然灾害救助制度；并建立了临时救助制度。2014年国务院发布了《社会救助暂行办法》，将上述制度整合为统一的社会救助制度，并为其规定了基本原则和统一要求。另外，虽然法律援助与司法救助没有纳入《社会救助暂行办法》中，但这两项制度也是针对困难群众的救助，也应该属于社会救助制度。

2. 改革开放以来我国社会救助制度所取得的重大成就

改革开放以来我国社会救助制度在多个方面都有长足的发展，并取得了突出的成就。首先，我国已经基本上建立起了一套较为完整的社会救助体系，所提供的保障基本上都是切合困难群众的基本需要，能够帮助困难群众解决其实际生活中经常发生的各方面困难，并且能够帮助他们应对较为严重的经济与社会风险冲击。其次，经过多年的发展，我国社会救助制度规范逐渐完善。低保制度和其他各项制度都建立了较为规范的标准设定、对象认定、待遇确定、受益给付、受益者管理等方面的制度规范，能够保证各项制度规范运行并有效发挥作用。再次，我国的社会救助制度在保障困难群众基本生活方面发挥了重要的兜底保障作用，并且在20世纪90年代城市国有企业改革、21世纪10年代的农村脱贫攻坚以及2020年应对新冠疫情困难群众保障行动等重大的行动中都发挥了重要作用。

---

〔1〕根据相关数据计算。数据来源：（1）民政部.2020年4季度民政统计数据.民政部网站 http://www.mca.gov.cn/article/sj/tjjb/qgsj/2020/202004.html；（2）国家统计局.中华人民共和国2020年国民经济和社会发展统计公报.国家统计局网站 http://www.stats.gov.cn/tjsj/zxfb/202102/t20210227_1814154.html. 2021-02-28

（三）针对其他困难群体的兜底保障制度

除了社会救助制度之外，我国的儿童福利、残疾人福利制度、职工解困脱困等制度和行动也有长足的发展，并在基本民生兜底保障方面发挥了重要作用。

1. 儿童福利制度的发展、完善及其成就

过去，民政部门负责的儿童福利基本上只限于收养在儿童福利院的孤儿和弃婴。进入21世纪以来，在"适度普惠性社会福利"建设的目标推动下，民政部门与其他相关部门一起，积极推动扩大对困境儿童的保护与福利保障，建立了针对孤儿、事实无人抚养儿童、残疾儿童、困难家庭儿童、流浪乞讨儿童、受艾滋病罕见病等影响的儿童等特殊困境儿童的保护体系和福利保障制度。具体的内容包括孤儿津贴和助医助教，困境儿童权利保护、收养寄养、庇护救助、防止儿童流浪、留守儿童和困境儿童关爱服务等方面。在最近几年里我国的儿童福利和困境儿童保护政策体系不断健全，体制机制不断完善，资金投入不断加大，服务范围不断拓展，工作能力不断加强，已初步形成了较为完善的针对困境儿童的社会保护和儿童福利制度体系和工作体系。

2. 残疾人福利的发展、完善及其成就

在我国，残疾人福利既是残疾人事业的重要组成部分，也是社会保障制度的一个部分，属于基本民生兜底保障制度。迄今为止，我国的残疾人福利主要还是针对困难残疾人和重度残疾人，但是其覆盖对象已经有了较大的拓展，并且保障服务内容和待遇水平都有一定的提升。具体内容包括全面建立了残疾人福利补贴制度，包括困难残疾人生活补贴和重度残疾人护理补贴制度；积极推动创新发展残疾人康复辅助器具产业的发展；推进了残疾预防和康复服务，大力开展精神卫生社会福利机构建设，并重点向困难残疾人提供服务；建立贫困重度残疾人集中或社会化照护服务；通过税收优惠支持福利企业的运行和发展；并建立和完善残疾人就业保障金制度。通过这些保障服务项目，在一定程度上缓解了困难残疾人在就业、生活和参与社会活动等方面存在的严重困难。

3. 职工解脱困行动的发展及成就

职工解脱困行动是针对企业职工的特殊困难而采取的兜底保障措施。从历史上看，改革开放前的计划经济体制下城市全民所有制企业曾经在保障困难职工基本生活方面发挥了重要的作用。改革开放以后，许多企业在这方面的功能弱化了，困难职工的帮扶保障责任被交给了政府。但是，一些困难职工由于各种原因而难以获得政府社会救助的待遇，或者在获得了政策内的救助待遇后仍然存在较大的困难，客观上需要进一步的救助。近年来，全国工会系统按照中央的要求，积极开展了企业职工解脱困工作。各地职工解脱困工作的主要内容包括积极帮助困难

职工申请和获得当地政府的各种社会救助等保障待遇，并且向有特殊困难的职工直接提供现金补贴或服务救助。中央和地方各级财政近年来为职工解脱困工作提供了财政支持，各级工会组织积极努力，使职工解脱困工作在困难职工兜底保障方面取得了较好的成效。

三、当前基本民生兜底保障的短板及新的挑战

尽管我国的基本民生兜底保障制度建设和具体工作都取得了长足进展和突出成就，但在许多方面还存在一些短板。并且，在实现了全面建成小康社会的目标和完成了现阶段脱贫攻坚任务后，我国的相对贫困问题还将持续存在并发生新的变化，从而使基本民生兜底保障制度面临新的挑战。面向未来发展的要求，我们必须要清楚地了解当前还存在的短板和新的挑战。

（一）现阶段脱贫攻坚任务完成后相对贫困治理的新挑战

我国脱贫攻坚行动取得了巨大的成就，但当前和未来农村反贫困行动中还存在多方面新的挑战。

1. 近期的返贫风险及防止返贫的行动要求

近年来我国农村脱贫攻坚进展快速，在短期内实现了大量贫困人口的脱贫攻坚。但是，在短时期内以"攻坚战"的方式推进贫困治理，难免会局部存在一些不扎实、不稳定的漏洞，因此从近期看在基本上完成脱贫攻坚后，还需要有一段时间的巩固成果的行动。为此，中央提出了在十四五时期要巩固脱贫攻坚成果和防止返贫的要求。在未来几年里，巩固脱贫攻坚成果和防止返贫仍将是农村相对贫困治理中的艰巨任务，需要基本民生兜底保障发挥积极的作用。

2. 脱贫攻坚与乡村振兴的衔接

从中期看，现阶段脱贫攻坚任务完成了，许多农村地区经济社会发展仍处于相对落后的境况，还需要在政府和社会的支持下推动这些农村的发展。为此，中央提出了乡村振兴的新目标，并提出了将脱贫攻坚与乡村振兴的行动体系相衔接的行动路径。这意味着在许多方面要实现贫困治理制度与行动的延续及转化，其中，基本民生兜底保障（主要是社会救助制度）的制度模式和政策框架也要从过去兜底脱贫攻坚过渡到更加适应下一步乡村振兴的要求。

3. 未来农村相对贫困治理和长期持续发展问题

从更长期的目标看，未来农村的发展和持续性的贫困治理需要基本民生兜底保障制度体系发挥更加积极的作用。未来贫困治理的主要目标将转变到建立相对贫困治理长效机制，因而要求包括社会救助制度在内的各类民生保障都要更好地围绕着这一更高的目标进行。为此，基本民生兜底保障制度体系应该逐渐超越过

去"攻坚战"式的短期制度安排和行动方略,朝向建立长期稳定运行的兜底性民生保障制度体系分析改革,以更好地服务于未来乡村经济与社会的长期稳定可持续发展。

(二) 社会救助制度存在的短板

尽管我国的社会救助制度已经取得了重要的进展和突出的成就,但是还存在的一些短板和问题,并且也面临未来发展中的新挑战。

1. 救助水平偏低、救助面偏窄

救助水平偏低和救助面偏窄是我国社会救助制度存在的一个突出问题。这一问题突出表现在城市地区。目前全国城市平均低保标准不及全国城市人均收入的20%,低保对象规模不及常住人口的1%。[1] 同时,各级财政在社会救助方面的支出水平仍处于低位,全国公共财政在社会救助项目上的预算支出总额占全国GDP的比例不足1%,不仅远低于发达国家的平均水平,而且低于发展中国家的平均水平。社会救助水平偏低,不适应全面建成小康社会后的基本民生兜底保障,尤其是难以应对解决相对贫困问题的任务。导致这一问题的原因主要是低保标准制定和社会救助制度建构的目标还停留在解决生存型贫困(温饱)的层面,还没有提升到解决相对贫困的目标。

2. 社会救助制度不够完善

社会救助制度的建构中也还存在一些不足。较为突出的问题有专项救助对象与低保绑定的问题,导致社会救助制度出现"悬崖效应",使众多的困难群众遭遇"福利排斥",难以获得必要的救助。此外,救助对象精准认定存在困难,基层实际工作中缺乏精准认定手段,传统识别手段常常失效,容易出现错评、漏评。家庭经济状况核对系统也不够健全,导致家庭经济状况核实难度大,难以精确计算,致使漏保、错保时有发生。再有,社会救助资源统筹不均衡,既表现在社会救助城乡统筹发展不够,也表现在地区间救助资源不均衡。同时,部门间统筹协调存在不足,救助资源衔接不够通畅,各方合力效应不够明显,造成社会救助各个项目之间,以及社会救助与社会福利、社会帮扶等各方面政策之间既有交叉重叠,又有空白漏洞,总体上看基本民生兜底保障的安全网还未有效编密织牢。

3. 服务救助不足、社会工作介入不够

目前社会救助保障形式较为单一,现金救助居多,服务救助较少。尤其是缺

---

[1] 根据相关数据计算。数据来源:(1) 民政部.2020年4季度民政统计数据.民政部网站 http://www.mca.gov.cn/article/sj/tjjb/qgsj/2020/202004.html; (2) 国家统计局.中华人民共和国2020年国民经济和社会发展统计公报.国家统计局网站 http://www.stats.gov.cn/tjsj/zxfb/202102/t20210227_1814154.html.2021 – 02 – 28.

乏心理干预、社会支持、生活照料、就业帮扶等专业化救助服务。社会工作专业机构和专业人才参与基本民生兜底保障也还不够。

4. 管理体制不顺、能力不足

一是政府行政管理体制还没有完全理顺。目前在社会救助制度方面的部际联席会议制度，以及更加广泛的困难群众基本生活保障部门联席会议机制，在基本民生兜底保障发挥了一定的作用，但在许多地方其功能作用发挥得还不够理想，对基本民生兜底保障制度体系的综合管理和协调能力还需进一步加强。二是基层管理服务基础仍显薄弱，不少街镇缺乏专门经办机构，工作人员数量与救助管理与服务的工作量不匹配，且严重缺乏专业人才，影响救助服务质量。三是在救助对象的认定上的容错机制和纠错机制以及责任制度和追责行动还不够完善，基层工作人员工作中的顾虑和保守还未有效消除。同时，对救助对象骗保惩戒力度还不够，方式也不够有效。四是基本民生兜底保障的基础服务设施落后，包括信息化建设，管理手段，特困供养机构基础设施建设及其投入水平都存在不足。

(三) 对其他困难群体兜底保障制度的短板

1. 困难老年人兜底保障的短板

从兜底保障供给的角度看，目前我国的社会救助制度只是向部分最困难老年人提供了有限的帮助，还没有建立起专门应对所有困难老年人收入、医疗、照护三大需求的兜底性民生保障制度体系。从需求侧看，有大量的老年人因缺乏社会保险，自身储蓄和财产不够，并且子女赡养能力和意愿不足等原因，在基本生活、医疗和长期照护方面需要政府给予兜底性保障。从供给侧看，目前政府的兜底保障有三个层级：一是面向小部分群体（400多万特困人员）提供全面兜底保障。二是面向部分群体（4000多万低保对象）提供基本生活保障和基本的医疗保障，但没有提供长期照护保障。并且对许多大病患者来说，所获得的医疗救助还难以应对其高额医疗费。三是面向数量较多的其他困难老年人提供一些零星的和应急性保障。

2. 困境儿童救助保护存在的短板

从总体上看，我国社会对困境儿童救助保护的重视程度还不够，全社会关心儿童成长的氛围还不够浓，困境儿童救助保护总体上还处于较低水平。具体表现为，一是在制度建设上存在顶层设计不足，工作体制不太顺、部门协作不够通畅的问题；二是儿童保护还存在一些缺口，主要是对困境儿童的监护依然存在漏洞和不足，有可能导致一些儿童走上歧途，从而带来一系列社会问题。三是孤儿保护制度和事实无人抚养儿童保障制度有待进一步完善，成年孤儿安置制度尚未普及建立，在收养等方面的法律法规及其实施中也存在不适应发展需要的问题。四是困境儿童救助保护发展不够均衡，城乡之间和地区之间的服务能力差异较大，特别是贫困地区儿童救助保护资源仍很匮乏。五是社会参与还不充分，专业人才缺乏、基层服务机构留人难，工作力量薄弱。

3. 困难残疾人救助保护方面存在的短板

总体上看，我国对困难残疾人救助保护的发展水平较为滞后，制度体系还不够健全，资金投入不足，基础设施较为落后，基层服务力量较为薄弱，困难残疾人要实现美好生活的向往还有一定的差距。具体看，一是残疾人两项补贴的标准普遍偏低，且动态调整机制还不够健全，常常难以起到有效缓解残疾人生活和护理支出压力的作用，并且一些地方管理手段较为落后，工作效率较低。二是康复辅助器具产业基础仍比较薄弱，国家对此的支持力度还不够，各部门各地方对这一产业的认识和重视程度也参差不齐，对困难残疾人适配康复辅具的补贴制度不够健全，服务水平有待提高。三是针对精神残疾人的服务体系不够健全。一些地方精神卫生社会福利机构数量少，机构设施设备陈旧，服务质量不高。精神障碍社区康复服务也刚刚起步，服务供给不充足、区域发展不平衡、工作机制不健全等问题还比较突出。

4. 职工解困脱困行动存在的短板

总体上看，职工解困脱困行动还未形成一套成熟的制度体系。一是目前还没有职工解困脱困领域的法律规范和行政法规，也还未纳入《社会救助暂行办法》或其他相关的法律法规。此项工作的开展主要还是靠部门或地方的政策文件支持和各地工会组织的积极努力，制度化的力度不够，水平较低。二是目前国家和地方财政对此项工作的投入较低，因而导致实际上起到的作用还不够大，并且各地的差异较大。三是由于缺乏全国统一的制度要求，这项工作的开展和发展较大程度上靠中央和地方党政领导的重视，地区之间的差异较大，并且可持续性存在不确定性。

以上是我国基本民生兜底保障制度体系在发展中产生的不足，导致其原因是多样化的。一是我国基本民生兜底保障制度体系是分门别类逐渐建立和发展起来的，在其制度建构上缺乏强有力的顶层设计，因此制度建设必然要经历一个从不完善到完善，从零散到整合的过程。二是我国基本民生兜底保障制度体系是由多个政府部门分别主管，因此在其制度建构、运行和发展中难免会出现一些沟通、协调、整合不足的情况，导致制度体系中出现一些漏洞。三是我国基本民生兜底保障制度体系是由中央和地方各级政府共同负责，地方政府负责具体实施，并在具体行动方案中有较大的决策权。由于地方政府财力差异较大，并且地方党政领导对一些具体工作的认识水平和重视程度存在一定差异，导致各地发展水平不均衡。四是我国基本民生兜底保障制度发展具有明显的阶段性特征，迄今为止其建立和发展的主要目标是基于过去的绝对贫困视角，解决困难群众基本生存问题，因此当我国的贫困治理目标转向解决相对贫困问题的时候，过去的许多制度、政策和做法与实际情况不符，需要进一步改革、优化和大幅度加强。应该强调的是，目前我国基本民生兜底保障制度体系存在的问题已经引起了党和政府的高度重视，在党的十九大和十九届四中、五中全会，二十大等重要文件中，以及在中共中央国务院发布的重要文件中都提出了一些改革和加强基本民生兜底保障制度建设的新思路、新要求，民政部等部门作出了相应的部署。未来需要进一步细化的行动是，进一步详细地了解和分析困难群众的实际需要，认真分析目前基本民生兜底保障制度体系中存在的具体问题，在此基础上有针对性地提出改革和发展的具体建议，为下一步的改革提供参考方案。

第二节　全面建成小康社会后的相对贫困群体

要推动基本民生兜底保障制度的改革，使之在新的发展阶段中发挥更好更大的作用，首先要了解在新的背景下我国城乡困难群众实际生活和各方面需要发生的变化。为此，本节主要根据本年度问卷调查的数据和其他统计数据，分析城乡各类困难群众的实际情况，以及当前城乡相对贫困问题的新特点。

一、全面建成小康社会后的相对贫困群体

全面建成小康社会和实现脱贫攻坚的任务目标对我国经济社会发展具有重要的战略意义，意味着我国的发展又进入了一个新的历史阶段。从认识相对贫困问题的角度看，也意味着我们必须要超越过去狭窄的绝对贫困视野，进入到从相对贫困角度去认识贫困问题、设定贫困标准和识别贫困者的阶段。

（一）相对贫困视角下的城乡困难群体的基本情况

1. 相对贫困的概念

新阶段中的贫困研究需要更新贫困的概念，首先需要认识相对贫困概念的特征。从理论上讲，相对贫困与绝对贫困不是两种不同的贫困现象，而是对贫困现象和贫困问题的两种不同理解和认知角度。具体讲，绝对贫困是按照某一绝对的标准去识别贫困，而相对贫困则是按照与社会平均收入和生活水平相比较的角度去识别贫困。在相对贫困的视角下，总人口中生活水平处于最低端的群体处于贫困状况。只要社会中存在较大的收入差距，就会产生一定的贫困人口。收入差距越大，贫困人口比例也就越多。

当今世界上许多国家都按照相对贫困的标准去界定贫困，并以此来制定反贫困行动方案。我国学术界对相对贫困有较长期的研究，但在反贫困政策实践方面一直没有基于相对贫困的概念和认识视角。随着我国现阶段脱贫攻坚任务完成后的形势变化，党的十九届四中全会通过的《中共中央关于坚持和完善中国特色社会主义制度、推进国家治理体系和治理能力现代化若干重大问题的决定》提出了"建立解决相对贫困的长效机制"的新要求，这是为新阶段的贫困治理提出的新任务，也是基于我国和世界反贫困行动规律而提出的反贫困行动新方向。

相对贫困概念在我国的提出及应用具有重要的意义。一是相对贫困概念更加准确地抓住了贫困问题的核心实质。二是相对贫困概念超越了过去绝对贫困概念的局限，将贫困治理关注重点放到困难群众收入的相对低下，并由此而将贫困治理行动扩展到对生活型贫困和发展型贫困的治理。三是采用相对贫困概念及其新的贫困治理行动，有助于缩小收入差距，从而进一步促进社会公平与社会和谐。

2. 相对贫困的测量方法

相对贫困的测量既简单又复杂。总体原则上看，相对贫困的测量是按照一个国家或地区居民人均收入的一定比例来确定贫困线。其中有两个重要问题需要解决，一是要确定测量指标；二是要确定贫困划界标准。其中，确定测量指标问题的复杂性主要表现在单维指标与多维指标的关系，以及测量指标的可操作性问题。长期以来我国都是按照家庭人均收入和人均财产来作为基本测量指标，其他许多国家，尤其是发达国家也是如此。但是，事实上家庭贫困的情况会表现在其他各个方面，如教育、健康、住房、就业等，因此学术界提出了"多维贫困"的概念，并探讨从多个维度去测量贫困。但迄今为止多维贫困的测量方法在政策实践的实际操作中还不够成熟，因此在近期还会采用较为单一的家庭人均收入和财产作为测量贫困的基础指标。

贫困划界标准的复杂性在于，它是客观与主观相结合，政府与社会共同决定，并有较大弹性空间的问题。一方面，贫困标准的制定要依据客观现实情况，包括社会中困难群众收入和生活的实际情况及政府财政能力的实际情况。另一方面，贫困标准制定中又要受到政府和社会重视程度的影响。世界各国的贫困标准有较大差异，发达国家一般较高，例如许多欧洲国家将贫困标准确定在本国或当地居民收入中位数的60%。基于我国当前的情况，不论是从客观还是主观的角度分析，还不具备选择较高贫困标准的条件。目前我国的城市低保标准确实明显偏低，应该有较大幅度的提高。应该以中央提出的"尽力而为、量力而行"为总的原则，根据客观情况及现实条件逐步提高贫困标准。

3. 相对贫困视角下城乡贫困群体的规模和类别

相对贫困治理的基本目标，一方面是要缩小收入差距，要达到这一目标，贫困治理的对象应该达到一定的规模。目前我国城乡低保对象总体仅为总人口的3.2%，其中城市低保对象已不到常住人口的1%。在未来的相对贫困治理中应该相应提高救助对象规模。相对贫困视角下的综合性救助对象应该达到多大规模没有绝对的客观标准，主要是依据政府的社会发展目标和财政能力等方面情况综合考虑。另一方面，贫困治理对象规模扩大后，"贫困者"内部的差异也将扩大，因此在制定具体的贫困治理方案时还应该对"贫困者"进行细分，区分不同情况给予不同的救助和服务。从目前情况看，我国城乡的贫困人口可分为生存型贫困家庭（低保、特困）、低收入家庭和支出型贫困家庭、特殊困难群体（困难老年人、困境儿童、困难残疾人等）以及其他困难群众。他们困难程度和困难的方面各不相同，应该采用不同的方式给予救助和服务。

（二）各类困难群众不同的特点

1. 城乡生存性相对贫困人口

（1）城乡生存性相对贫困人口概况。

城乡生存性相对贫困人口是指靠自己家庭和个人难以维持基本生存条件的家庭，只能靠政府和社会的救助而维持基本生存条件，主要包括低保家庭和特困供养人员。到2020年底，全国城乡低保对象和特困供养对象共计4873.3万人，占全国人口的3.5%左右，此类群体是我国传统的社会救助对象。在农村建档立卡贫困户全部脱贫之后，这部分群体相对贫困人口的比例最高。

（2）当前低保对象的实际生活状况。

根据本课题2020年在全国范围内对10273户困难家庭的抽样调查，其中3091户低保户在2019年的收入、支出情况如表1-1。

表1-1 被调查城乡低保户2019年家庭人均支出与人均可支配收入情况（元,%）

城乡	人均生活消费支出			人均可支配收入			
	低保户人均生活消费支出	全体居民人均生活消费支出	低保户占全体居民平均水平的比例	低保户全年人均收入	其中：来自政府救助的收入	全体居民人均可支配收入	低保户占全体居民平均水平的比例
城市	6269.7	28063.4	22.3	12155.1	1512.1	42358.8	28.7
农村	4305.6	13327.7	32.3	8456.3	1524.7	16020.7	52.8
城乡全部	4946.5	21558.9	22.9	9663.4	1522.0	30732.8	31.4

资料来源：民政部政研中心，"托底性民生保障政策支持系统建设项目"2020年度城乡困难家庭抽样调查；全国居民人均支出和人均收入的数据来源于国家统计局《中国统计年鉴（2020）》国家统计局网站，http：//www.stats.gov.cn/tjsj/ndsj/2020/indexch.htm

表 1-1 的数据中，全国城乡低保户的人均收入是指其获得的全部可支配收入，包括来自其劳动的收入、财产收入和各种转移性收入，也包括来自社会救助的收入。其中，来自政府救助的收入占他们总收入的 15.8%，农村的比例更高一些，为 18.0%，城市仅有 12.4%。

值得注意的是，在低保户获得救助之后，他们的收入和支出水平仍然很低。被调查低保户的全部可支配收入每月仅 800 元左右，与全国居民人均收入相比较，仅占全国居民人均可支配收入的 31.4%。城市低保户收入的绝对水平稍高一些，但也只有每月 1000 元出头。而城市低保户收入的相对水平更低，仅占城市人均可支配收入的 28.7%。农村低保户虽然相对收入水平较高，超过了农村居民人均可支配水平的一半，但他们的绝对收入额是很低的，人均每月仅有 700 元出头，只能维持最简单的生活。

与此同时，城乡低保户除了享有低保待遇之外，还受到了较为全面的保护，在有需要的时候可以享有医疗、教育、住房、就业等方面的救助。但是，目前各专项救助也只能满足其最基本的需要，难以保证在各方面充分满足其需要。低保家庭不仅收入较低，而且财产拥有较少，因此其家庭抵御各种风险的能力同样较低，一旦遇到较大的刚性支出而政府救助不足，整个家庭就会陷入困境。

概括起来看，低保对象在获得低保待遇后能够维持最基本的生活，在医疗、教育、住房、就业等方面也能够获得最基本的救助。但是他们还很难达到一般生活水平，他们的生活水平与普通人相比仍然是相对偏低的，并且应对各种风险的能力同样较低。

(3) 当前特困对象救助供养的实际生活状况。

特困对象救助供养的生活情况具有突出的二重性。从其本身的情况看，他们是总人口中最为脆弱的群体，基本上都丧失了劳动能力或者还没有形成劳动能力，没有办法获得劳动收入，财产水平低，并且缺少家庭支持。但从其获得的救助水平上看，却又是所有困难群体当中最为完整和最高水平的。目前特困人员救助供养制度来源于 20 世纪 50 年代实施的农村五保供养制度。迄今为止他们获得的各方面保障服务水平仍是高于低保对象和其他困难群众的。从财政支出水平看，2020 年全国农村特困人员供养支出 424.0 亿元，人均救助供养金 9500 元。城市特困人员供养支出 44.6 亿元，人均救助供养金 14295 元。与同年农村低保人均支出 3939 元和城市低保人均支出 6674 元的财政支出水平相比，对城乡特困人员救助的人均支出水平都高出了一倍多。[1]

---

〔1〕 民政部. 2020 年民政事业发展统计公报. 民政部网站 https://images3.mca.gov.cn/www2017/file/202109/1631265147970.pdf.

2. 城乡低收入家庭及支出型困难家庭

（1）低收入家庭及支出型困难家庭的界定及估计规模。

除了低保对象和特困供养人员之外，还有其他一些困难群体。其中，按家庭收入和财产测量，有一部分家庭人均收入和财产拥有情况略高于低保标准，因而被排除在低保对象之外。还有一部分人虽然收入和财产水平不是很低，但由于家庭出现特殊需要，导致大额刚性支出，家庭生活困难。基本民生兜底保障（主要是社会救助制度）应该延伸到这两类群体，因此需要对其经济和生活各方面的情况加以较为全面和深入的分析。

目前各地已经普遍设立了"低收入家庭"的类别，一般是按照低保标准的150%或200%来划定低收入家庭的人均收入标准，并开始将一些专项救助以一定比例向低收入群体开放。目前还没有比较制度化的低收入家庭救助项目，因此还没有建立对这类家庭的建档立卡记录。同时，由于低收入家庭不能无条件享受现金救助待遇，只能享受部分专项救助，并且只有部分人在某些方面出现了难以克服的困难时才会向当地政府申请专项救助，因此地方政府无法掌握全部低收入家庭的情况。但是，通过对居民家庭收入分布的调查和测算，可以大致估计出低收入家庭的规模和比例。具体有两种方法：一是低收入标准测算人口比例法，即先设计低收入家庭的人均收入标准（如低保标准的200%），然后按照这一标准，依据权威的家庭户调查数据（如国家统计的居民住户调查或其他权威的家庭经济调查数据）中的家庭人均收入分布找到对应于低收入家庭人均收入标准下的家庭户和人数比例。二是低收入人口比例倒推标准法，即先确定一个固定的"低收入家庭"比例（如占总人口的10%），然后在权威家庭经济调查数据中找到对应的家庭收入水平数据，将其作为低收入家庭的标准。

支出型困难家庭是依其出现特殊严重困难而确定的，因此其规模只能通过实际调查和社会救助的工作记录去获取。依其家庭收入情况，支出型困难家庭可分为支出型低保家庭和支出型低收入家庭。前者不符合低保标准，因出现特殊困难而应该被纳入低保对象中，后者是针对原本不符合低收入家庭标准的，因出现特殊困难而应该被纳入到低收入家庭中。目前各地已经制定了相应的办法，在家庭收入测算中扣除一些刚性支出，将扣除刚性支出后符合低保标准的支出型困难家庭纳入低保，因此在低保人口数据中已经包含了支出型困难人口。但是目前各地将支出型困难家庭的待遇扩及支出型低收入家庭的情况较少，因此目前还很难掌握有多少潜在的支出型低收入家庭。

（2）低收入家庭及支出型困难家庭的实际生活状况及存在的困难。

低收入家庭的生活有几个方面的特点。第一，低收入家庭的收入高于低保标准，因此可以维持家庭的基本生活。他们当中收入较高者可以接近或达到当地居民的一般生活水平。第二，总体上看，低收入家庭的收入和财产水平仍然较低，他们当中的许多家庭还难以达到当地居民的一般消费水平，因而达到普通人的生活质量，并且会在不同程度上影响其交往、社会参与和个人发展。第三，低收入家庭应对各种特殊困难比较脆弱。因此，一旦遇到失业、重大疾病、事故等特殊事件，或因家庭中有子女上学、房屋改善等需要大额刚性支出时，会陷入财务困境。在没有足够外部支持的情况下，他们难以应对较大的困难；或者为了额外的刚性支出而使其家庭经济状况进一步恶化，甚至陷入生存性贫困之中；或者为了应付眼前的困难而不得不大量借债，此后陷入长期性的债务困境，短期内难以脱贫。

支出型困难家庭许多本身就是低收入家庭。他们作为支出型困难家庭，主要是具有上述低收入家庭第三种特点，即因各种刚性支出而导致其陷入财务困境。不同的是，对于一般的低收入家庭只要通过相应的专项救助便可以解决他们的主要问题，但是对于支出型困难家庭来说，他们的有些刚性支出是很难通过专项救助来解决的，因此需要通过其刚性支出抵扣收入的方式将他们纳入低保。

3. 各类特殊困难群体

除了上述两大类困难群体之外，还有一些特殊困难群体，需要基本民生兜底保障的特殊救助和服务。主要有困难老年人、困境儿童和困难残疾人。因此，应该认真分析这几类特殊困难群体的实际生活困境和他们的特殊需要，为基本民生兜底保障制度的改革和发展提供依据。

（1）当前困难老年人面临的主要困难。

困难老年人包括低保、特困老人，也包括低收入老人和支出型困难老人等边缘性老人。需要专门对困难老年人进行分析的原因是，第一，因为目前我国的社会救助制度对老年人的特殊需要应对不够全面，并且当前我国的基本民生兜底保障只覆盖了部分困难老年人，还有人数较多的其他困难老年人没有纳入保障范围。困难老年人面临经济收入、健康风险和护理需求三大方面的挑战。第二，许多老年人因各种原因而没有参加养老保险，或者仅参加了档次较低的城乡居民养老保险，因而在老年阶段无法享有足够和稳定的收入。有些实际收入低于低保标准的老人在按照现行规定计算了赡养费后无法纳入低保，但事实上他们既无法从子女那里拿到稳定足额的赡养费，也无法从政府那里获得低保待遇，因而陷入政府和子女都不管的困难境地。第三，健康风险对老年人的威胁较大。正常情况下许多老年人每月都要花去一定的医疗费，导致低收入的老年人生活质量进一步下降。而患大病、慢性疾病老年人的医疗费更是一个沉重的负担。再一方面，对许多低收入家庭来说，失能失智老人的长期照护更是一个长期性的沉重负担。

（2）当前困境儿童和农村留守儿童的基本生活状况及存在的困难。

在当前，我国困境儿童是指因各种原因而在生存、生活和发展等方面遭遇严重不利因素影响的儿童，包括因家庭贫困导致生活、就医、就学等困难的儿童，因自身残疾导致康复、照料、护理和社会融入等困难的儿童，以及因家庭监护缺失或监护不当遭受虐待、遗弃、意外伤害、不法侵害等导致人身安全受到威胁或侵害的儿童。具体分为：孤儿、事实无人抚养儿童、残疾儿童、困难家庭中的儿童、流浪乞讨儿童、被遗弃儿童、遭受家庭虐待儿童、低收入家庭中遭受严重疾病影响的儿童等。困境儿童的情况各不相同，归纳起来看其陷于困境的原因主要有权利侵害和经济困难两大方面。因此，解决他们的问题也需要从这两个方面入手。

农村留守儿童是近年来倍受关注的群体。从总体上看，农村留守儿童面临的主要问题是由于父母陪伴缺失而在学习、生活、成长过程中面临的心理健康、交往障碍、学业困难、外来伤害等方面的问题，同时也有部分农村留守儿童面临家庭贫困与父母陪伴缺失的双重困难。

（3）当前困难残疾人的生活状况及存在的困难。

残疾与贫困具有较大的相关性，困难家庭的残疾人比例更高。2020年民政部政策研究中心的全国困难家庭抽样调查数据显示，在被调查的3091户低保家庭中有超过一半（50.9%）比例的家庭，家中至少有一名残疾人。低保家庭中残疾人总数占被调查低保家庭总人数的18.9%，远高于我国残疾人在总人口中的比例。从致贫原因看，残疾人因为身体的功能障碍而更容易陷入贫困。尤其是许多贫困家庭中的残疾儿童因早期干预不足而导致终身残疾。

从困难情况看，困难残疾人是符合经济困难与身体残疾两种情况的双重困难群体。他们一方面在克服残疾障碍的过程中需要付出更大的努力，另一方面要比一般经济困难者面临更多的刚性支出。尤其是困难家庭中的重度残疾人、儿童残疾人和老年残疾人面临多重困境。此外，在困难残疾人中，精神障碍残疾是更具特殊性的一类残疾。他们不仅自身生活面临很大困难，而且给家庭照料和监护带来很大的压力，并且还可能对他人和社会带来伤害，因此对他们需要有格外的关照。但是，困难家庭往往由于经济状况不佳，家庭照护和监护能力不足，导致对残疾人的生活照料不足和监护缺失，使困难残疾人的生活易陷入困境，也给社会带来很大的挑战，需要政府和社会投入更多的资源去帮助他们。

4. 其他困难群众

除了上述困难群体之外，当前我国城乡中还有其他一些困难群体，也需要政府和社会的关注。

（1）当前困难职工的基本情况及其面临的各种困难。

困难职工是指企事业单位在职和退休职工中存在严重经济和生活困难的人员。从总体上看，他们属于在业贫困者或保障不足的困难者。导致他们经济困难的原因一般是收入较低且家庭生活有特殊困难，由低收入和高额刚性支出为主要原因导致经济和生活困难。困难职工的问题更具有相对贫困的意涵。他们当中许多家庭人均收入超过了当地政府的低保标准或不符合其他条件，因而难以被纳入低保对象。但是，其就业环境和生活中的其他人相比，这部分人的生活状况明显较低，由此导致相对贫困的问题。在未来以相对贫困为主要目标的贫困治理行动中，在业低收入或保障不足而导致的相对贫困群体应该是贫困治理的主要目标之一。

（2）因家庭残缺而导致生活困难者的基本情况及面临的困难。

家庭是对个人提供保障的重要支柱之一。社会中总有一部分人因各种原因而无法获得足够的家庭支持，因而导致较为严重的经济和生活困难。有以下几类情况值得特别关注：一是困难单亲家庭。由丧偶或离婚而导致的单亲家庭，尤其是女性为家长的单亲家庭会遇到很多特殊的困难。单亲家庭并非都是经济困难家庭，但他们中有许多在经济方面的脆弱性较大，更容易陷入经济困难。一些发达国家的单亲家庭贫困问题，是导致女性贫困和儿童贫困问题的重要原因之一。在我国，单亲家庭的比例不是很高，但总数仍较大，因此应该重视这部分人群的生活困难。二是困难失独家庭。失独家庭是我国实施独生子女政策后出现的一类特殊困难群体。他们因失去独生子女而陷入精神痛苦，需要社会的关心和支持。其中还有部分失独父母由于缺乏子女赡养而在晚年遇到经济和精神双重困难，需要更多的帮助。三是经济与婚姻双重困难人群。在过去几十年里，持续发生出生性比例失调的情况，由此导致经济困难家庭（主要在农村）中的年轻人结婚难。将来这一现象还将持续发酵，导致较为严重的社会问题。对这部分人来说，婚姻与经济的双重困难会相互加剧，特别是他们进入老年阶段后缺乏子女赡养，从而陷入困境。

（3）困难流动人口。

总体上看，迄今为止的流动人口都是以就业人口为主。但是，随着时间推移，他们也会面临各种各样的问题。首先，早期进城务工人员很多都没有参加社会保险，他们进入老年阶段后的经济保障会出现较大的问题。尤其是有一部分因各种原因难以回到家乡农村，并且在城市里又缺乏足够保障的群体。其次，新生代的进城务工人员的就业日趋多元化，他们当中部分人仍然面临就业不稳，收入偏低，保障不足的问题，在经济方面脆弱性较大。一旦遇到失业、疾病、意外灾祸等偶发事件，很容易陷入困境。并且由于流动人口数量巨大，哪怕其中有一小部分人出现经济困难，都会是一个比较大规模的人数。目前城市社会救助制度的主要项目还没有将流动人口中的困难家庭包括进去，意味着城市基本民生兜底保障体系潜在较大的漏洞和风险。

(4) 困难刑满释放人员和其他一些不良行为人员。

困难刑满释放人员面临回归社会过程中的诸多难题。他们一方面确实面临许多困难，另一方面也难以得到正常的帮助，再一方面他们当中的一些人在思想观念和行为上也存在缺陷。诸多方面的问题叠加在一起，使他们有着自身难以克服的困难，同时也对社区和社会造成一定的压力。此外，还有一些因吸毒、赌博等不良行为而陷入困境的人员等。他们因过去和当下的不良行为而容易遭到社会的排斥，因此往往难以获得正常的就业和社会的帮助。对这些复杂人员的复杂情况需要纳入基本民生兜底保障的制度建设中，并需要提供更多的个性化管理和服务。

(5) 其他困难群众。

贫困现象是千差万别的。很难将所有的困难群众和困难问题都纳入某种类别当中。除了上述主要的类别之外，还有因各种各样复杂原因而暂时或长期陷入困境的个人或家庭。因此，需要给基层社区中的社会工作者一定自由裁量权，以便能够根据具体情况去识别多样性的困难群众。

二、后脱贫时期困难群众的新特点

贫困既是发生在具体的个人和家庭身上的具体现象，同时也是一类社会问题。所谓贫困的社会问题（简称"贫困问题"），是从社会的角度，将贫困现象作为一类社会问题来看待。当我们从社会问题的角度去审视贫困问题的时候，可以发现在特定阶段的贫困问题有着不同的社会特点。具体看，在全面建成小康社会和实现现阶段脱贫攻坚目标后，不仅我国的困难群众处境及特点在发生变化，而且导致他们生活困难的原因也在发生变化，出现了一些新的特点。

(一) 从绝对贫困到相对贫困

如上所述，绝对贫困与相对贫困是人们认识贫困的两种不同视角和测量贫困的两种不同方法。从贫困问题的角度看，随着过去反贫困行动的成功，我国对贫困问题的认识将从绝对贫困提升到相对贫困。未来对贫困问题的认识、贫困的定义、测量等都将逐步转到相对贫困层面。这是随着经济社会发展而必然出现的一个过程。毋庸讳言，相对贫困主要表现出社会不平等问题，因此对社会的影响会更加复杂、深远。不仅对贫困者产生较大的影响，而且对经济发展、社会和谐以及相对贫困的治理都有一定的影响。

相对贫困有一些新特点。首先，相对贫困呈现出来的收入和生活水平的相对低下，更多反映出收入差距和社会不平等的情况，因此仅靠基本生活保障去解决难度较大。其次，相对贫困更多的是由在业人员收入水平较低导致，因此当前一般性的就业救助对其帮助较小。最后，导致相对贫困的原因较为复杂，在个人层面更多是由于能力不足和动机不足，在社会层面更多是制度和文化中的社会排斥等。因此，仅靠提高经济保障水平是很难根除相对贫困问题，而需要更多地采用必要的经济援助加全面的社会服务。

（二）从物质贫困到多维影响

首先，在相对贫困的层次上，贫困问题的基础仍是物质性的，是物质资源的匮乏而导致的生活水平较低。但是，物质贫困会持续地发生在教育、健康、就业质量等方面。其中一个突出的特点是，在这些多维的因素中也存在相对不足或相对剥夺的问题。更重要的是，这些多维的影响因素会制约困难群众摆脱贫困的能力。因此，在以消除绝对贫困为目标的贫困治理体系中，我们以"两不愁、三保障"为目标，让贫困者都获得基本的生活保障。但是，在相对贫困的视域下，困难群众虽然可以达到"两不愁三保障"，但其生活水平和质量仍然低下。脱贫地区和贫困家庭的孩子们解决了上学难的问题，但他们获得教育的质量和在教育资源方面的竞争能力仍相对较低，能够靠自己的能力考上一流大学的比例同样较低。他们能获得基本医疗服务，但其平均健康水平和应对重大疾病的能力仍然有限。他们能达到基本的住房条件，但其想改善住房条件，或在城市地区拥有自己的住房较为困难。他们当中具备就业能力，可以通过救助解决工作问题，但是想要提高就业质量较为困难。

其次，教育、健康、住房、就业这些方面的相对不足，不仅仅是他们经济能力（收入等）相对不足而导致的后果，而且更重要的是妨碍他们靠自己能力摆脱贫困的影响因素。尤其是对儿童来说，缺乏高质量的教育、健康、住房和未来顺利实现就业，更加容易成为导致相对贫困代际传递的重要因素。

最后，到了相对贫困治理的阶段，我们不仅要让贫困者在各个方面都获得基本的保障，而且还要缩小他们在教育水平、健康服务、住房治理、就业质量等方面与平均水平的差距，让他们在各个方面都达到平均水平，具备较高质量的保障。显然，这是一个更高的要求。

（三）机会不足、能力不足和动机不足并存及其更加严重的影响

机会不足、能力不足和动机不足几乎是所有贫困者群体具有的"通病"。但在不同的阶段其影响有很大的差异。在过去以解决绝对贫困为目标的贫困治理行动中，这三个方面的不足对反贫困行动都有一定的影响。在保持经济发展的背景下，以解决绝对贫困问题为目标的反贫困行动仅靠足够的救助帮扶就可以达到目标，因此基本上可以忽略这三方面不足的影响。但是到了相对贫困治理的阶段，

反贫困的目标发生改变，采取的措施也会随之而改变。救助帮扶对缓解相对贫困的长期效果是有限的。必须调动贫困者的内在动力。因此，贫困者机会不足、能力不足和动机不足的问题必然会更加突显，成为未来相对贫困治理要应对的重要问题。

第三节　启示及建议

全面建成小康社会后，我国将进入全面建设社会主义现代化国家的新征程。全国人民要朝向新的目标迈进。同时，困难群众也要跟上时代发展的步伐，对新时代的发展也有新的期待。为此，在研究我国下一步的反贫困行动体系建构时，首先要根据国家经济与社会发展的新目标和困难群众的新期待，研究设定全面建成小康社会后中国城乡贫困治理的新目标。

一、从消除绝对贫困转向解决相对贫困问题

未来的贫困治理行动要从过去的绝对贫困治理目标转到相对贫困治理目标。这是一个长期性、战略性的方向提升，对未来我国贫困治理行动的成功具有重要意义。在中央已经提出"建立解决相对贫困问题的长效机制"的基础上，应该进一步研究实现这一要求的具体目标和相关的行动路径。

（一）解决相对贫困问题的基本目标

从一般性的反贫困意义上看，解决相对贫困问题和消除绝对贫困都是贫困治理的行动体系，但从具体的行动要求上看，二者具有不同层次的行动目标。具体看，相对贫困问题的具体目标，一是要帮助相对贫困人口提高生活水平；二是要实质性地缩小低收入群体的收入与社会平均水平之间的差距；三是要努力增强困难群众自身发展的能力。

1. 帮助相对贫困人口达到常规生活水平

帮助相对贫困人口达到常规生活水平是解决相对贫困问题的首要目标。过去，消除绝对贫困的行动只是以满足其基本生活需要为目标，用通俗的话理解是"解决温饱问题"，或者进一步分析就是"两不愁三保障"。但未来解决相对贫困问题的行动则要帮助贫困人口达到社会常规生活水平。所谓"社会常规生活水平"是指在一个国家或地区的民众普遍能够达到的生活水平，也是保证个人和家庭能够维持正常社会活动的经济水平。保障贫困者达到社会常规生活水平意味要保障其达到社会认可的生活水平，能够维持尊严和满足感，并且能够实现有效的

社会参与。在当代社会中，只有使所有人都达到社会常规生活水平，才能认为是实现消除贫困的目标。

2. 缩小社会收入差距和实际生活差距

从本质上看，相对贫困问题是社会不平等的问题。因此，解决相对贫困问题行动的基本目标是逐步缩小社会不平等差距和不断提高社会公平。从这个意义上看，相对贫困治理的核心是缩小差距：应该着眼于让贫困地区有更快的发展，贫困者的收入和生活水平有更快的提升，以便实现缩小差距的目标。

3. 增强贫困人口自身发展能力

鉴于上述两个目标，解决相对贫困问题需要长期的、持续的行动体系，并且其行动体系将更加复杂。其中最重要的一点是需要通过调动贫困者自身的能力来实现贫困治理的目标。因此，相对贫困治理的具体行动应该主要以促进贫困者能力提升为目标，围绕着这一目标去建构相关制度和政策体系，配置资源和提供服务。

(二) 解决相对贫困问题的行动路径

解决相对贫困问题与消除绝对贫困的路径有所不同。基本情况概括如下。

1. 更高水平的社会救助

解决相对贫困问题的行动路径首先要求适度提高社会救助水平，其中包括扩大社会救助覆盖范围和提高社会救助待遇水平。提高社会救助水平要体现在社会救助制度的各个方面，包括基本生活救助（低保和特困）、专项救助（医疗救助、教育救助、住房救助、就业救助等）、以及临时救助等（急难性临时救助和补充性临时救助，以及流浪乞讨人员救助等）。提高社会救助水平，一是基于目前的社会救助覆盖面和待遇水平都偏低的现实状况；二是由相对贫困治理的目标所决定的。应该注意的是，提高社会救助水平并不意味着在每个项目上都大幅度提高现金救助待遇，而是要根据实际需要提高待遇水平和服务标准。

2. 发展援助与促进就业

在现阶段脱贫攻坚任务完成后，新的相对贫困治理行动仍然需要致力于通过未来的发展，帮助贫困地区和贫困者缓解相对贫困问题。为此，应该继续加强对脱贫地区的经济社会发展援助和对农村脱贫人员就城市困难群众的就业援助。从相对贫困治理的角度看，缓解贫困的主要路径在于继续缩小脱贫地区和脱贫人员与全社会平均水平的差距，而要实现这一目标，关键是要让脱贫地区和脱贫人员实现快速发展，而要实现快速发展就必须要通过跨越式发展的道路。鉴于脱贫地区和脱贫人员的发展能力仍然较弱，因此持续的发展援助是必不可少的，而且还应该达到较高的强度，以便给脱贫地区更好的持续发展机会。同时，在城市里面要更加注重向各类困难群众提供更多更好的就业服务，不仅为其提供更多的就业机会，而且要更加注重提高其就业质量。

3. 注重脱贫地区与困难群众的能力提升

要实现脱贫地区的持续发展和各类困难群众缩小收入和生活水平的差距，更加重要的路径是注重他们的能力提升。在此方面，需要通过更好的教育和健康服务等社会服务来达到目标。为此，应该在已经实现"三保障"的基础上，更加注重提高脱贫地区教育与健康服务的质量。或者说，在脱贫地区的下一步发展援助中，应该将提高教育和健康服务的质量放到更加重要的位置。

4. 提升贫困者自我发展的动机

相对贫困治理比过去消除绝对贫困的行动更加重视调动困难群众的能动性，即更加注重提升困难群众自我发展的动机。因此，应该在提高物质保障、增加发展机会、提高教育健康服务的基础上，进一步通过更加广泛的社会工作介入来向困难群众提供更多的动机激励、心理调适、社会支持等方面的服务，帮助困难群众增强自我发展的动力，并帮助他们克服在学习、培训、就业、提升技能等各个方面遇到的心理障碍和社会阻碍，促使他们更加活跃、更加积极地投入到经济与社会活动中，在为社会作出更大贡献的同时，也使自己摆脱相对贫困的困扰。

5. 阻断贫困代际传递

从时间维度看，相对贫困治理可能会是一个长期的过程，其主要原因是目前的困难群众可能难以在短期内大幅度提升其能力和动机，有些可能终身难以达到这一目标。为此，相对贫困治理的另一个重要路径是通过消除儿童贫困，达到最终解决相对贫困问题的目标。在相对贫困的情境下仍然会有严重的贫困代际传递，在解决了绝对贫困以后，我国仍然会有较多的儿童面临贫困代际传递的影响。为此，在下一步的相对贫困治理中应该将阻断贫困代际传递作为一条主要的贫困治理路径。为此，应该重点加强儿童福利、教育、健康服务等社会服务领域的投入，采取普惠性与兜底性相结合的民生保障方式，以提高服务质量为抓手，有效实现阻断贫困代际传递的目标。

6. 帮助相对贫困者更好地应对各种风险和危机

当代社会具有较强的风险社会特征，在未来的经济与社会发展中难免会遇到各种来自自然、经济、社会、疫情等方面的风险冲击。各种风险冲击常常以重大突发事件的方式发生和产生重大影响，给社会经济和民众生活带来很大的影响。理论和实践都说明，各类困难群众在抵御经济社会风险的能力较低，在风险社会中具有较高的脆弱性，属于"高危群体"，在重大突发事件中往往遭受更大的冲击。为此，未来的贫困治理应该着眼于提高各类困难群众的经济与社会能力，降低其脆弱性，增强他们应对各种风险事件的能力。尤其是在发生重大突发事件

（如重大自然灾害、重大疫情等）的情况下，要优先向困难群众提供足够的保护，帮助他们提高应对各种危机的能力。

7. 针对特殊困难者的专项救助与福利

贫困现象是一类复杂的社会现象。在过去绝对贫困的视角下，我们在较大程度上将贫困现象做了简单化处理。一方面将"贫困者"压缩到了很小的范围，另一方面也将贫困者所面临的各种困难简单地归结为经济方面的困难。然而，当我们的视野从绝对贫困扩展到相对贫困后，贫困者的规模会增大，贫困现象也会更加复杂。在新的背景下，相对贫困治理不仅要扩大困难群众的覆盖面，而且要面对困难群众更加实际的困难。为此，应该根据困难群众的实际需要不断开发新的专项救助和专门福利项目，以更加有效地解决他们的实际困难。

二、完善综合性的相对贫困治理行动体系

做好相对贫困治理，还需要进一步完善相对贫困治理的行动体系。其中重点是建立综合性的贫困治理行动体系，包括各方面的行动内容、各种不同的行动方式、针对不同的服务对象，以及各类主体的广泛参与和有效配合。

（一）综合性贫困治理行动体系的主要服务内容

未来的相对贫困治理应该是一个包括多方面内容的行动体系。各方面的内容应该有机结合，形成综合性和有效的贫困治理内容。

1. 针对各种人群的相对贫困治理行动

相对贫困治理首先要针对各类人群的需要而向其提供必要的帮助，在相对贫困治理中应该更加重视对各类特殊困难人群的瞄准性。从这个角度看，未来的社会救助应该更加注重针对普通困难群众、儿童、老人、流动人口、特殊家庭、残疾人等不同对象的特点而设计社会救助、社会福利和社会工作的行动方案，并且在其中增强性别视角。

2. 针对各种需要的组合

未来的相对贫困治理还需要更加注重针对贫困者的实际需要。过去，我国的社会救助制度强调对象的瞄准性，但基本聚焦经济贫困，主要采用家庭人均收入和财产的标准去识别救助对象。从相对贫困治理的视角看，过去的"瞄准性"较为单一，难以满足困难群众多方面不同的需要。因此，未来的瞄准性应该从瞄准单一的经济贫困扩大到对困难群众实际困难的瞄准。即在贫困识别中注重深入分析救助与福利对象在基本生活（收入维持）、就业、健康、教育、住房等各方面的实际需要，将一般性的收入和财产因素与实际困难结合起来分析，从而达到更加准确的瞄准效果。同时，在救助和服务提供方面也应该根据困难群众的实际需要而更加精准地提供。

3. 各种治理方式的组合

相对贫困治理还需要采用各种治理方式相组合，以期达到更加有效的治理效果。从指导原则上看，应该按照十九届四中全会提出的"加强普惠性、基础性、兜底性民生建设"的原则和方向，建构多层次、多方式的贫困治理体系。从宏观制度体系上看，应该将社会救助与社会福利和社会保险更加有效的结合，以期达到更好的效果，并取得更高的宏观效率。从社会救助具体项目的角度看，应该更好地达成现金救助、实物救助和服务救助的有机组合，以提高社会救助制度运行的实际收效和微观效率。

（二）综合性贫困治理的主体行动体系

未来的相对贫困治理行动将更加注重多元主体的参与和有效配合，其中包括政府主导、社会各界的积极参与和有效配合，形成有效的主体行动体系。

1. 进一步加强和优化政府公共服务在贫困治理中的主导作用

在未来的贫困治理中，政府的责任和角色仍然相当重要。应该进一步强化和优化政府的责任和角色。首先，应该进一步加强政府在贫困治理中的主导作用。政府的责任一是要做好贫困治理行动体系的法制建设、制度规范、规划设计和基本标准制定；二是要承担基本财政资源投入的责任，为贫困治理提供充足的资源；三是要在多元主体行动体系中发挥主导作用，承担起组织动员、培育支持、行动协调和行为监管等方面的职责。其次，应该进一步优化政府的角色和行为。政府要合理配置公共资源，使各类贫困治理行动都能有效运行，并形成较为合理的治理结构，其中尤其要注意合理配置普惠性、基础性和兜底性的民生建设，使贫困治理总体行动获得更高的社会效益和运行效率。再次，要进一步优化各级政府在贫困治理行动中的责任关系和分工合作，既要体现中央和上级政府的责任，又要充分发挥地方和下级政府的积极性。为此，需要通过加强法治建设而进一步优化各级政府之间的财权事权关系，以做实各级政府的责任。并且，要进一步形成各级政府之间的有效互动和分工合作，上级政府应该加强制度供给，为下级政府提供更多更好的行动规范；而下级政府，尤其是基层政府应该更加积极创新，为上级政府的政策制定提供创新思路和参考样本。最后，还应该进一步加强和优化政府各个部门之间的分工与合作。一是要更加明确政府各个部门在贫困治理方面的责任，强调各司其职，顺利完成部门任务。二是要加强部门之间的合作，包括在制度设计与改革，政策制定与发展，行动策划与实施等环节上都应该加强部门间的合作。在相对贫困治理更加复杂的行动中，未来可能会在一些"都不管"的领域出现一些新的问题，或者某个行动涉及多个部门的管辖范围，这些都需要部门之间合作解决。为此，应该加强和提升贫困治理的部门合作机制，在各个政府层级建立具有较强行政协调能力的综合协调机制。

2. 进一步调动社会力量的参与并发挥重要作用

未来的贫困治理中应该让社会各界都能够更加积极地参与。社会力量的广泛参与不仅可以为贫困治理提供更多的人、财、物资源，而且还更加有利于营造全社会重视贫困治理的氛围。在过去较长时期的贫困治理中，我国的社会力量积极参与，一方面为脱贫攻坚发挥了积极的作用，另一方面也在此行动中得到锻炼和发展。但是，总体上看，迄今为止我国社会力量相对较弱，在贫困治理中发挥的作用有限。面向未来，还需要花大力气去推动社会力量的发展和参与下一步的相对贫困治理。

首先，推动社会力量参与相对贫困治理要重点从责任、能力、规范与合作几个维度发力。一是要明确社会力量参与贫困治理的责任。社会力量是我国重要的组织体系，他们在参与各项社会事务方面都具有特定的责任，在参与贫困治理方面也是如此。因此，需要进一步明确和落实社会力量的责任，包括财力投入、人力投入、专业化与规范运行等方面的责任。二是要大幅度提高社会组织的能力。目前我国的社会组织数量较少、规模较小、能力较弱的情况还比较突出。要让社会力量在未来担当大任，必须要大幅度提升其能力，在组织规模、资源调动、专业化、服务质量等方面都要大幅度提升能力。三是要进一步加强社会组织的规范化建设。

其次，要认真研究各类社会力量的参与和发挥作用。其中重点包括如何进一步有效地发挥社区平台的作用，以及社区党建引领下群众性自治组织在贫困治理中的作用；如何进一步推动慈善事业与各类公益事业的发展及其在贫困治理中的作用；如何进一步加强和优化专业社会工作机构的参与并发挥其专业优势；如何进一步强化企事业单位的社会责任，对内做好困难职工帮扶，对外积极支持公益慈善事业。

3. 优化政府与社会力量之间的合作

要让社会力量充分发挥作用，除了社会组织需要加强能力建设和规范建设之外，还应该进一步优化政府与社会力量之间的合作，使之达成有效的协调与配合。为此，首先应该认真研究如何进一步优化政府购买服务的规则与行动体系。政府向社会力量购买服务是政府与社会力量合作的重要途径，也是改革政府公共服务提供方式的实现路径。在此过程中，应该研究如何进一步提高政府购买服务的规划性、均衡性和稳定性，以及在此过程中如何更好地培育社会力量并促进其可持续参与。其次，应该认真研究如何进一步加强社会力量与政府社会政策的衔接与合作，尤其是要研究如何将社会力量在贫困治理和其他公益事业方面的行动纳入政府的统一规划中，使之能够与政府的项目相互衔接和协调，以避免重复和漏洞，从而提高实际收效和总体运行效率。

(三) 综合性贫困治理体系的制度建设

综合性贫困治理体系是制度化的行动体系，应该从多个方面加强和优化其制度建设，包括加强法制建设，优化运行机制，完善规划体系和加强标准化建设等方面。

1. 加强法治建设

在越来越重视依法治理的背景下，加强法治建设是进一步推动相对贫困治理行动体系中的重要基础。迄今为止，我国在贫困治理相关领域中的法治建设还不够完善，因此应该积极推动。目前，制定《中华人民共和国社会救助法》的工作已在进行之中。除此之外，还应该在相对贫困治理及相关领域中加快法律法规的制定。尽快完善这一行动领域的法治体系，使相关行动能够更好地做到有法可依。

2. 优化运行机制

合理的运行机制是提高贫困治理行动社会效益和运行效率的重要条件。综合性贫困治理体系包括多样化的行动，应该进一步深入研究各类行动适宜的运行机制。首先，应该认真研究如何将福利机制与市场机制更加有效地结合起来，使贫困治理在保持公益目标和社会效益基本方向的同时，能够获得更多的资源支持和更高的运行效率。为此，应该认真研究并积极创新适合市场机制参与的具体领域和方式，以及如何将市场机制与社会公益目标有机结合。其次，基于我国当前社会组织非营利机制较为薄弱的实际情况，应该重点研究在社会组织中开发利用各种类型的非营利机制，即既要有政府的支持，又不完全依赖政府，而是本着社会公益的目标，在非营利的原则下，既从政府和社会获得资源支持，也以各种方式开展服务运营和多渠道获取资源，以维持机构的正常运行和持续发展，并不断提高服务质量。

3. 完善规划体系

为了贫困治理行动体系能够更加均衡、更加稳定、更加可持续地运行和发展，应该高度重视将贫困治理工作纳入各级政府的经济与社会发展规划中。一方面，在各级政府经济与社会发展的总体规划中应该包含贫困治理行动的详细内容。另一方面，各级政府应该有专项的贫困治理规划，将目前分散在各个部门的行动纳入统一的规划之中。为此，需要按照相对贫困标准对贫困治理各个方面的实际需要作出较为准确的调查和测算，还需要相关部门的积极配合，在制度协调和部门合作的基础上制定统一的规划，并保证规划有效的执行。

4. 加强标准化与评估体系建设

标准化建设是提高各项公共服务质量的重要保障，在贫困治理行动方面也是如此。在今后的贫困治理中，应该高度重视各个服务领域的标准化建设，通过较为全面的规范和标准去加强对服务质量的要求。标准化建设本身也是一个行动体系，既包括国家标准，也包括各级地方标准；既包括在重要和成熟的行动领域中建立强制性的标准，也包括在一般性领域中建立倡导性（非强制性）的标准。在加强标准化建设的同时，还应该进一步优化对贫困治理行动的评估，包括总体行动和分项目的评估。要进一步通过理论研究和总结实务经验，优化评估方法，使各类评估都能达到更好的实际效果。

三、建立更高质量的基本民生兜底保障体系

在未来相对贫困治理行动中，基本民生兜底保障仍然是贫困治理的主体制度和主要行动体系。面对未来相对贫困治理的需要，应该进一步加强基本民生兜底保障制度体系建设，不断提高其救助的水平和质量，使其能够完成相对贫困治理的任务。

（一）进一步完善基本民生兜底保障体系

基本民生兜底保障需要从各个方面向有需要的人提供各种保障和服务，因此需要建立完善的社会救助和社会福利等制度体系和相关的具体行动体系。面向未来发展的需要，应该进一步完善基本民生兜底保障的具体内容和制度体系，更加准确地保障救助对象。

1. 进一步优化基本民生兜底保障的内容

（1）不断完善保障内容。

目前我国兜底性民生保障主要在社会救助和狭义的社会福利两大领域。面向未来的需要，首先应该研究如何进一步完善我国基本民生兜底保障的内容。应该通过深入调查，摸清相对贫困标准下各类困难群众的规模、分布，以及他们在各个方面的实际需要，以便为基本民生兜底保障的项目设计提供重要的依据。民政部政研中心一年一度的全国困难群体调查在此方面起到了重要的引领作用。但是，各地和各个部门还应该结合当地基本民生兜底保障工作的要求，进一步做好调查研究，并在此基础上完善保障内容，最终建立更加全面的基本民生兜底保障体系。

（2）提高保障项目的针对性。

除了更加完善的内容体系之外，基本民生兜底保障还需要有更高的针对性，即要针对困难群众的实际需要设计相关项目。应该将保障内容从过去主要针对贫

困者的类别逐步转向主要针对困难群众的实际困难，以求达到更有针对性的救助和更好的救助效果。

2. 进一步扩大保障对象规模和优化对象识别机制

（1）根据实际情况扩大保障对象规模。

如前所述，目前在我国社会救助和社会福利制度下的救助对象规模较小，而且还在持续减少，这种局面是难以达到相对贫困治理的目标。要做好相对贫困治理下的基本民生兜底保障，还需要适当扩大保障对象的范围。具体的目标规模可以根据经济社会发展的实际情况，尤其是根据社会不平等变化的情况而加以确定。

（2）改革和优化对象识别机制。

基本民生兜底保障需要精准地识别救助对象，未来在相对贫困治理下的基本民生兜底保障也是如此。但不同的是，过去绝对贫困视角下的贫困识别主要集中在家庭人均收入和财产，是一种聚焦"困难群众"的瞄准原则。而未来的对象识别建议更加集中在家庭和个人的实际困难，即采取一种重点聚焦于"实际困难"的瞄准原则。

3. 进一步优化基本民生兜底保障的制度体系

（1）完善基本民生兜底保障的制度体系。

基本民生兜底保障的内容很广泛，项目很多，都要按照制度化的方式运行，因此需要一整套的制度体系加以规范。在未来的发展中，不断完善制度体系应该是我国基本民生兜底保障建设的一大任务。为此，研究者应该投入更多的注意力和研究资源，协助决策者做好完善制度建设的工作。在国家层面，应该加快推进社会救助和社会福利领域的立法，并在各个领域中完善相关行政法规。在地方层面，也应该完善地方性法规体系，使基本民生保障的运行与发展建立在更加稳定的法治基础之上。

（2）不断提高制度运行的效率。

基本民生兜底保障的制度建设除了要建立和完善制度体系之外，还要保证制度体系能够高效率运行。因此，如何使相关制度能够有效实施，保持社会救助、社会福利等制度体系高效率运行，也是摆在相关决策者、实施者和研究者面前的重要任务。为此，需要有更加合理的机制设计、高效的管理服务体系、以及有效的激励保障和监督考核。

（二）根据需要和现实条件而提高基本民生兜底保障体系的水平

相对贫困治理的一个重要特征是更高水平和更加积极的贫困治理，即更加注重提高贫困者的实际生活水平，并帮助他们实现能力提升和自我脱贫。为此，相对贫困治理下的基本民生兜底保障应该更加重视水平和能力。

1. 提高基本民生兜底保障的待遇水平

更高水平的基本民生兜底保障是缩小群体间收入和生活水平差异的重要途径，是相对贫困治理的基本要求。首先，这一要求应该体现为更加合理的保障规模方面。扩大保障对象规模是实现从绝对贫困治理向相对贫困治理转型的基本要求之一，也是在相对贫困治理行动中建立更高水平基本民生兜底保障的基本要求。其次，应该体现为适度提高保障待遇水平，因为只有较为充足的保障待遇才能达到缩小差距的效果。尤其是在目前保障待遇水平普遍较低的情况下，提高待遇水平对于缓解生活型贫困和发展型贫困，帮助受助者实现有尊严的生活，提高他们的满足感至关重要。当然，提高待遇水平要有合理的限度，待遇过低和过高都不好。应该依据政策行动的阶段性目标，根据实际条件，通过调查了解困难群众的实际需要，并按照"尽力而为、量力而行"的原则去确定合理的待遇水平。

2. 充足有效的资源投入

无论是扩大对象规模还是提高保障待遇水平，都需要投入更多的资源，其中最主要的是财政资源的投入。为此，各级政府应该有充分的准备。迄今为止，我国在基本民生兜底保障方面的实际财政投入是相对较低的，还有较大的提升空间。研究者们应该对此问题作出更加清晰的理论研究和实际测算，帮助政府理解，在基本民生兜底保障领域（主要是社会救助和社会福利）扩大财政投入，对于相对贫困治理来说可以起到事半功倍的效果；并且向政府提供影响财政投入水平的各项参数，帮助政府做好具体的财政需求测算。

（三）推动积极的基本民生兜底保障

基本民生兜底保障除了需要进一步提高水平之外，还需要建立更加积极的制度和行动体系。重点是要更加重视扩展机会，增强能力和提升动机。

1. 通过兜底保障而扩展困难群众的机会

扩展机会是建立积极的基本民生兜底保障的重要路径。这里的"机会"包含了广义和狭义的含义。从广义上看，应该注重在全方位、全周期扩展困难群众发展的机会；从早期的母婴保健和婴幼儿营养、儿童时期高质量的教育机会、到后来高质量的就业机会，以及终生的健康服务等方面。从狭义上看，扩大困难群众高质量的受教育和获得高质量的就业机会，对他们缓解相对贫困至关重要。

2. 通过兜底保障而增强困难群众的能力

机会总是与能力联系在一起的，尤其是高质量的教育机会和就业机会需要有足够的能力才能获得和维持。因此，在向困难群众扩大机会的同时，还应该向他们提供更加有效的能力建设服务。能力建设应该同时注重提高困难群众的物质资本、人力资本、社会资本和文化资本。在这些方面国内外学术界都已经有较多的研究。未来的发展中，我国的研究者们还应该更加全面地总结困难群众能力建设的理论与实践，进一步完善这一领域的理论研究，提出系统化和可操作的行动方案，帮助决策者进一步加强和优化困难群众能力建设的制度和行动体系。

3. 通过兜底保障而提升困难群众的动机

动机提升是能力建设的重要内容，但同时受决策者和研究者们对其重视相对不够。在脱贫攻坚实践中，研究者和决策者们已经注意到了这一问题，已经提出了"扶志"的议题。但是，困难群众脱贫动机不足的深层次原因何在，应该如何通过兜底保障而实现扶志等问题仍然需要进一步研究。

（四）更高质量的社会服务体系

更高质量的基本民生兜底保障不仅需要向困难群众提供必要的物质帮助，而且应该向他们提供足够的社会服务。在此方面的重要议题，一是进一步完善兜底性社会服务体系，二是积极推动社会工作的介入。

1. 进一步完善针对困难群众的兜底性民生服务体系

所谓"兜底性民生服务"，是由政府负责，以社会服务的形式向有需要的困难群众提供的基本公共服务。从广义上看，兜底性民生服务包括了对困难群众在教育、健康、居住、日常生活、特殊照料、公共服务获取以及能力提升、心理调适、社会融入和社会支持等方面的服务。在其中，教育和健康已经有一套较为完整的服务体系，而其他的服务则需要在民政部门主导下，由社区组织、单位、社会组织（包括社会工作机构）来提供，这些可称为狭义的兜底性民生服务。这些兜底性民生服务过去常常被称为"软服务"，即发挥的作用较小，因此目前的兜底性民生服务体系建设仍然需要进一步完善。但是，在未来的发展中，这些在过去被视为"软服务"的方面在相对贫困治理中将会发挥越来越大的作用，尤其是对于困难群众就业机会、能力和动机提升等方面具有积极的作用，因此应该受到高度的重视。未来的相对贫困治理研究应该对这一领域投入更多的关注，向政府、社区、社会组织提供有价值的研究成果。

2. 更加积极地推动社会工作介入贫困治理

在兜底性民生服务中，应该重点加强的领域是社会工作的介入。社会工作介入的最大特点是可以通过专业化服务的优势而提升兜底性民生服务的质量。这一问题已经得到了民政部的重视。但迄今为止在基层的发展仍然参差不齐，总体进展速度和发展水平未达到预期效果。研究者们应该深入分析目前阻碍社会工作介入兜底性民生服务的因素，提出解决问题的具体办法，帮助各级政府、社区和社会工作机构等制定有效的方案，积极推动这一领域的发展。

第二章　全面建成小康社会后相对贫困的识别与治理

改革开放以来，我国经历了依靠农村经济体制改革驱动、开发式扶贫和精准脱贫驱动三个扶贫阶段（李小云、徐进、于乐荣，2018），大幅降低了我国贫困发生率，取得了举世瞩目的成就。根据《中国统计年鉴》，1978 年，我国绝对贫困人口高达 7.70 亿人。截至 2019 年，我国贫困人口的数量已经降低到 551 万人，农村贫困发生率仅为 0.6%。2020 年 12 月，我国所有贫困县均摘帽脱贫。2021 年 2 月，习近平总书记在全国脱贫攻坚总结表彰大会上发表重要讲话并庄严宣告，我国脱贫攻坚战取得了全面胜利，现行标准下 9899 万农村贫困人口全部脱贫，832 个贫困县全部摘帽，12.8 万个贫困村全部出列，区域性整体贫困得到解决，完成了消除绝对贫困的艰巨任务。

然而，脱贫攻坚主要解决的是绝对贫困问题。随着绝对贫困问题的解决，我国仍然有大量相对贫困人口，相对贫困问题仍然十分严峻。为此，党的十九届四中全会《中共中央关于坚持和完善中国特色社会主义制度、推进国家治理体系和治理能力现代化若干重大问题的决定》指出，要"坚决打赢脱贫攻坚战，巩固脱贫攻坚成果，建立解决相对贫困的长效机制"。

相对贫困并不是一个新近的概念。在国外相对贫困实践中，往往使用家庭可支配收入的中位数或均值的一定比例来衡量。在国内，早在 20 世纪 80—90 年代已有研究者提及相对贫困（李强，1992；李强，1996；张敦福，1998），但此后并未得到足够重视。2019 年，党的十九届四中全会召开，首次在中央文件中提出相对贫困的概念。

总体而言，我国相对贫困的相关研究已经形成了一定规模。不过，已有研究存在如下问题：第一，主要使用单一的数据来源进行分析，使得相对贫困标准的界定比较依赖于使用的数据，可信性不足。第二，目前，少量研究讨论相对贫困的特征，多数研究聚焦于比较宏观的内容（比如相对性、转型性、发展性、多维性、结构性和特殊群体性等），缺乏微观的分析。第三，对于相对贫困治理的讨论也局限于宏观分析，提出的政策建议较为宏观，而缺乏可操作性。

为了更准确地反映中国相对贫困的实际发生情况，本书将使用多个数据来源，采用多个标准界定中国的相对贫困问题，并采取符合中国反贫困社会政策实际情况的标准界定相对贫困。在此基础上，本书将利用民政部2020年托底调查数据，分析我国相对贫困的特征以及现行解决相对贫困的政策策略及其有效性。其中，重点是对比相对贫困家庭与非相对贫困家庭在家庭人口结构、家庭收入与资产、家庭面临的困难以及家庭社会交往等方面的差异。在比较分析的基础上，本书将提出未来我国相对贫困治理需要解决的一些重点问题。

第一节 相对贫困界定标准的选择

一、数据来源介绍

目前，中国综合性调查数据众多，包括中国综合社会调查（CGSS）、中国社会状况综合调查（CSS）、中国劳动力动态调查（CLDS）、中国家庭追踪调查（CFPS）、中国健康与营养调查（CHNS）、中国家庭收入调查（CHIP）、中国家庭金融调查（CHFS）、中国老年健康影响因素跟踪调查（CLHLS）、中国健康与养老追踪调查（CHARLS）以及中国老年社会追踪调查（CLASS）等。这些调查基本上均具有全国代表性。但是，这些调查的目的各异。CLHLS、CHARLS和CLASS主要调查老年人，CLDS主要调查劳动力状况，CHNS主要调查健康与应用状况。同时，调查时效性存在差异。CHIP主要针对家庭收入分配和家庭生活，是比较适合的数据，但是CHIP公布的最新数据为2013年。因此，本书最终选择使用2017年CGSS、CSS和CHFS数据以及2018年CFPS数据。

CGSS（China General Social Survey，中国综合社会调查）由中国人民大学中国调查与数据中心实施，旨在总结社会变迁的趋势。CGSS为截面数据，2003年开始调查，2017年为第10次调查。2017年CGSS调查覆盖全国28个省、直辖市、自治区的478个村居，共完成有效问卷10968份。受访人年龄为18岁及以上。

CSS（China Social Survey，中国社会状况调查）由中国社会科学院社会学研究所实施，旨在调查全国公众的劳动就业、家庭及社会生活、社会态度等。CSS为截面数据，2006年开始调查，2017年为第6次调查。2017年CSS调查区域覆盖了全国31个省、直辖市、自治区，包括了151个区市县，604个村/居委会，调查了10243个家庭。受访人年龄为18岁及以上。

CHFS（China Household Finance Survey，中国家庭金融调查）由西南财经大学中国家庭金融调查与研究中心实施，旨在收集有关家庭金融微观层次的相关信息。CHFS为追踪调查，2011年开始正式调查，每2年开展一次，2017年为第4

次调查。2017 年 CHFS 调查样本覆盖全国 29 个省直辖市、自治区，351 个县（区、县级市），1396 个村（居）委会，样本规模为 37289 户，涵盖受访家庭的所有家庭成员。受访人年龄为 0 岁及以上。

CFPS（China Family Panel Studies，中国家庭追踪调查）由北京大学中国社会科学调查中心实施，旨在反映中国社会、经济、人口、教育和健康的变迁。CFPS 为追踪调查，2010 年开始调查，每 2 年开展一次，2018 年为第 5 次调查。2018 年 CFPS 调查了 31 个省、直辖市、自治区的 2445 个村庄的 14019 户家庭的所有家庭成员。受访人年龄为 0 岁及以上。

二、相对贫困界定方式

根据国内外研究，相对贫困标准的制定主要考虑如下因素：第一，家庭财富的选择。家庭财富可以以家庭收入为基准，也可以以家庭支出为基准，甚至以家庭资产为基准（刘宗飞、姚顺波、渠美，1998）。第二，使用家庭财富的中位数或者均值。相对贫困可以使用家庭财富的中位数，也可以使用均值来设定。第三，家庭财富的中位数或者均值设定范围的确定。相对贫困可以以全国居民家庭财富或分城乡、分省份分别计算家庭财富为基础。第四，比例设定。相对贫困可以以家庭财富的中位数或均值的一定比例计算。

已有研究绝大部分以家庭人均可支配收入作为基准，本书也采取这种方式。在人均可支配收入的中位数和均值的选择上，我们使用了两种不同的标准进行比较。如果不区分城乡可能会大大高估农村相对贫困发生率而大大低估城市相对贫困发生率。我们支持按照分城乡分别制定相对贫困标准（沈扬扬、李实，2020）。尽管还没有研究区分不同省份制定相对贫困线的影响，但鉴于中国存在明显的地区间差距，区分省份制定相对贫困线的思路更加合理。在人均可支配收入的中位数和均值的比例上，我们使用了 10%—60% 这一相对宽泛的范围，以比较不同比例下中国相对贫困线和相对贫困发生率。

最终，本书将使用分城乡、分省人均可支配收入的中位数和均值的 10%—60%，作为各省城镇和农村居民相对贫困的界定标准。如果仅仅按照 OECD 国家选择均值收入的 50% 或者中位收入的 60% 确定中国相对贫困的界定标准，那么中国相对贫困发生率较高，大大超出了中国现有社会政策的可承受范围。设置 10%—60% 的标准，可以更清晰地反映在不同标准下，中国城乡家庭的相对贫困发生率的情况。在此基础上，选择其中和现行低保覆盖率相对比较接近的标准作为界定中国相对贫困的标准。这一标准既能够反映中国相对贫困发生率，也不会对现有社会政策承受能力造成太大的冲击，从而具有一定的现实可行性。在本书中，凡是人均可支配收入低于所在省份城镇或农村相对贫困标准的家庭，即为相对贫困户。

三、不同界定标准下中国相对贫困的发生率

(一) 不同界定标准下的全国相对贫困率

表 2-1 以前述各个数据的分城乡、分省份城乡居民人均可支配收入的中位数和均值的 10%—60% 为基础，计算全国相对贫困发生率。CFPS、CGSS 和 CHFS 数据显示，如果以中位数的 30% 为依据制定相对贫困线，我国相对贫困发生率为 10%—18% 左右；如果以均值的 20% 为依据制定相对贫困线，我国相对贫困发生率为 10%—19% 左右。不论采用上述何种相对贫困标准，中国相对贫困发生率都远高于当年建档立卡贫困发生率 (2017 年为 3.1%)，也高于我国农村低保覆盖率 (2017 年为 7.02%)。

表 2-1 基于人均可支配收入中位数和均值的全国相对贫困发生率 (单位:%)

贫困线划定标准	以中位数为基准				以均值为基准			
	CFPS	CGSS	CHFS	CSS	CFPS	CGSS	CHFS	CSS
inpoor10	2.21	4.55	7.45	8.52	4.04	8.54	10.41	11.50
poorline20	5.83	8.39	12.08	13.50	10.79	16.26	17.86	19.04
poorline30	10.37	12.73	16.81	18.40	19.32	25.10	25.25	26.49
poorline40	15.84	17.58	21.65	23.33	28.37	33.14	32.65	33.56
poorline50	21.83	22.22	26.67	27.89	36.70	43.06	39.77	40.58
poorline60	28.07	27.21	31.40	32.69	45.37	51.12	46.45	46.32

资料来源：作者根据各个数据计算。

(二) 不同界定标准下的城乡相对贫困率

由于在人均可支配收入的中位数和均值的 40%—60% 下，我国相对贫困发生率过高。表 2-2 分别以各个数据的分城乡、分省份城乡居民人均可支配收入的中位数和均值的 10%—30% 为基础，计算了全国城镇和农村相对贫困发生率。数据显示，当相对贫困标准分别以城镇和乡村为基础制定时，在相同贫困划定标准下，城乡相对贫困发生率相差较小。并且，以农村居民人均可支配收入中位数和均值的 10% 为相对贫困界定标准时，农村相对贫困发生率与现行农村低保覆盖率相对接近。

表 2-2　基于人均可支配收入中位数的城乡相对贫困发生率（单位:%）

贫困线划定标准		城镇				农村			
		CFPS	CGSS	CHFS	CSS	CFPS	CGSS	CHFS	CSS
中位数为基准	inpoor10	2.26	3.49	7.08	8.06	2.15	6.38	8.25	9.07
	inpoor20	5.27	6.30	11.02	12.17	6.42	11.99	14.34	15.08
	inpoor30	9.92	10.00	15.20	16.65	10.86	17.46	20.28	20.47
均值为基准	inpoor10	3.81	5.89	9.28	10.11	4.29	13.14	12.85	13.15
	inpoor20	10.53	12.48	15.44	16.37	11.06	22.81	23.05	22.21
	inpoor30	18.87	21.26	22.18	23.56	19.82	31.73	31.82	29.96

资料来源：作者根据各个数据计算。

（三）中国相对贫困界定标准的选择

由于前述四类调查数据中界定的家庭人口、家庭收入等与政府部门在实际认定低保户、建档立卡户中的家庭人口和家庭收入、资产等标准并不完全一致。因此，不能完全依赖上述调查数据来判定中国相对贫困的实际发生率。如果中国制定相对贫困标准的目标是与 OECD 国家做比较，仅作为监测使用，那么可以仿照 OECD 国家的方法制定，即使用家庭人均可支配收入均值的 50% 或中位数收入的 60% 计算相对贫困发生率。但是，在 OECD 国家的相对贫困标准（人均可支配收入均值的 50% 或中位数收入的 60%）下，中国的相对贫困发生率过高。考虑到中国设定相对贫困标准的目的主要是用于制定公共政策，进而通过公共政策降低相对贫困发生率。而按照家庭人均可支配收入的 50% 或中位数收入的 60% 计算出来的中国相对贫困发生率过高，将会大大超过当前公共政策的承受范围。

鉴于中国城乡存在的巨大差异，本书建议应分城乡、分省制定相对贫困标准。作为一项探索性研究，本书建议可以考虑按照全国分城乡、分省的人均可支配收入均值的 20% 制定相对贫困线。在这一标准下，根据表 2-1 和表 2-2，全国相对贫困发生率平均在 15% 左右，其中，城镇相对贫困发生率平均在 13% 左右，农村相对贫困发生率在 20% 左右。本书使用的多源数据来自 2017 年，因此可以和 2017 年农村低保户和建档立卡户数据进行比较。根据国家统计局数据，2017 年，全国城乡低保对象覆盖人口占全国人口的比重为 3.82%，城镇覆盖率为 1.86%，农村为 7.02%。2017 年，全国建档立卡户占农村人口的 3.1%。不过建档立卡户与低保对象有一定重合。如果按照各省农村居民的人均可支配收入均值的 20% 制定相对贫困线，农村相对贫困人口发生率（约 20%）较 2017 年低保对象和建档立卡户覆盖率增长约1倍，城市相对贫困发生率较低保覆盖率增长约6.5倍。这意味着，即使是使用各省城乡人均可支配收入（均值）的20%作为相对贫困标准，并将相对贫困人口作为反贫困政策的潜在目标对象，那么，潜在目标对象也会较2017年实际覆盖对象增长1倍。这对于我国相对贫困的反贫困政策的压力还是比较大的。

第二节 相对贫困家庭的基本特征

本部分利用"2020年托底性民生保障政策支持系统建设"项目数据分析我国相对贫困的特征。为此，需要先确定托底性民生调查数据中的相对贫困人口。由于托底性民生调查数据并非随机抽样，因此不能反映全国家庭收入状况。本书使用的方法是：首先，利用《中国统计年鉴》中的全国分城乡、分省的人均可支配收入（均值）的20%计算各省分城乡的相对贫困线。其次，将各省按照城乡划分的相对贫困线与托底性民生调查数据相匹配，找出托底性民生调查数据中的相对贫困家庭。最后，再分析托底性民生调查数据中相对贫困家庭的特征与治理现状。

一、相对贫困家庭的就业人口少而抚养负担重

2020年第七次人口普查数据显示，我国家庭户平均规模为2.62人。表2-3显示，相对贫困家庭规模远大于全国家庭户规模，户均人口3.675人。相对贫困家庭人口规模也显著大于托底调查数据中的非贫困家庭。其中，未成年和老年人就达到了1.635人，占家庭人口的将近一半。与此同时，相对贫困家庭中的就业人数很少，有正式工作的人数不到0.2人。相对贫困家庭中正在上大学的人数更低，这也不利于相对贫困家庭长期脱贫。

与此同时，相对贫困家庭的慢性病患者、大病患者、学前教育人数、长期照料人数和残疾人人数较多。仅以慢性病患者和大病患者为例，相对贫困家庭慢性病患者占比超过40%。而这部分患者一般需要花费更多的医疗费用，从而加重家庭的医疗费用负担，使得家庭更容易陷入因病致贫因病返贫，出现贫病交加情况，从而难以走出相对贫困困境。

表 2-3 相对贫困与非相对贫困家庭成员构成差异（单位：人）

类型 类别	非贫困家庭		贫困家庭		差值
	N	均值	N	均值	
家庭总人数	7946	3.513	2191	3.675	-0.161***
未成年人数	7946	0.563	2191	0.608	-0.045**
老年人数	7946	0.833	2191	1.027	-0.194***
有正式工作人数	7940	0.302	2190	0.192	0.110***
慢性病患者人数	7946	0.94	2191	1.105	-0.164***
大病患者数	7944	0.275	2191	0.378	-0.102***
学前教育人数	7945	0.113	2191	0.133	-0.020**
义务教育人数	7945	0.398	2191	0.395	0.003
高中教育人数	7946	0.128	2191	0.127	0.002
大学及以上教育人数	7946	0.137	2191	0.119	0.019**
长期照料人数	7945	0.191	2191	0.272	-0.081***
残疾人数	7944	0.408	2191	0.512	-0.104***

资料来源：作者根据《2020年托底性民生保障政策支持系统建设项目》数据计算。下同

二、相对贫困家庭面临的各类困难更多

相对贫困家庭面临更多困难。托底调查问卷询问了受访人家庭近一年是否出现了各种困难。结果显示，只有不到5%的相对贫困家庭，在过去一年没有遇到任何困难。这意味着绝大部分相对贫困家庭都面临各种各样的困难。相对贫困家庭面临最大的困难是家庭成员没有工作。第二大困难是没有劳动能力。这两项困难都指向了相对贫困家庭当前面临的最主要的困境，即缺乏收入来源。缺乏收入来源也将导致相对贫困家庭面临吃穿基本生活质量低和居住条件差的问题。

此外，相对贫困家庭的各种负担更加沉重，核心问题仍然是疾病负担，其次是需要长期照料的家人数量更多，子女教育费用负担和赡养老人负担更重等。这与表2-3中相对贫困家庭的家庭人口结构情况是一致的。这意味着，要解决相对贫困家庭的困难，必须着力优化相对贫困家庭的人口结构，解决其疾病和照护负担问题。

表 2-4 相对贫困与非相对贫困家庭面临困难差异

类型	非贫困家庭		贫困家庭		差值
近一年存在的情况	N	均值	N	均值	
没有工作	7946	0.464	2191	0.645	-0.182 ***
没有劳动能力	7946	0.428	2191	0.621	-0.193 ***
家人疾病负担重	7946	0.428	2191	0.590	-0.162 ***
吃穿基本生活质量低	7946	0.275	2191	0.503	-0.228 ***
家人需要长期照料	7946	0.333	2191	0.459	-0.126 ***
居住条件差	7946	0.24	2191	0.414	-0.175 ***
赡养老人负担重	7946	0.224	2191	0.316	-0.092 ***
子女教育费重	7946	0.230	2191	0.304	-0.074 ***
遭遇重大财产损失	7946	0.055	2191	0.076	-0.021 ***
其他困难	7946	0.085	2191	0.126	-0.041 ***
没有困难	7946	0.148	2191	0.048	0.099 ***

三、相对贫困家庭的收入与资产少而刚性支出大

2020 年，全国城乡居民人均可支配收入为 32188.8 元，其中城镇最低 20% 收入的家庭人均可支配收入为 15597.7 元，农村则为 4681.5 元。而托底调查数据中，非贫困家庭与相对贫困家庭的人均收入分别为小于 15000 元、小于 4000 元，远低于全国平均水平，仅相当于全国城乡低收入家庭。这是因为托底调查数据主要集中于调查低收入群体所致。

即使是在低收入群体中，表 2-5 也显示，从收入层面看，相对贫困家庭的总收入、人均收入与储蓄均远小于非贫困家庭。而且相对贫困家庭与非贫困家庭的差距更大。其中，相对贫困家庭的总收入和人均收入大约为非贫困家庭的 1/3，但是总支出却相当于非贫困家庭的 2/3。同时，相对贫困家庭的储蓄显著更少。

从支出层面看，相对贫困家庭的总支出更低。这主要是因为相对贫困家庭收入低导致。但是，在具体支出层面，相对贫困家庭与非贫困家庭有所不同。一方面，相对贫困家庭的照护支出、养老机构支出更多，但是二者的差距不显著。另一方面，相对贫困家庭的医疗总费用，尤其是医疗自付费用更高。相对贫困家庭的人均医疗费用达到 5454.62 元，非贫困家庭为 4805.69 元。而 2020 年，全国人均卫生费用（不仅包括医疗费用还包括公共卫生、基础设施建设等）为 5112.34 元。这意味着，相对贫困家庭和非贫困家庭的人均医疗费用远高于一般居民家庭。

愿均显著低于非贫困家庭。这既可能是自我封闭导致,也可能是社会排斥导致,进一步加剧了相对贫困家庭的困境。

第三节 相对贫困的治理现状

一、相对贫困家庭享受的社会救助更少

一般认为,相对贫困家庭可能享受更多的社会救助。但是表2-7显示,总体上来看,除了低保制度外,非相对贫困家庭比相对贫困家庭享受了更多的专项救助。比如住房救助、就业救助、临时救助、慈善救助以及其他救助等。以就业救助为例,相对贫困家庭有劳动能力者较少,具有大学学历水平的家庭成员也较少,家庭需要照顾的老人、病人和孩子又比较多,从而难以获得就业救助帮扶。在临时救助和慈善救助领域也是如此,由于相对贫困家庭社会交往相对封闭,缺乏电脑、网络等信息工具,导致难以获得慈善救助和临时救助。

从享受的金额来看,非相对贫困家庭和相对贫困家庭享受的低保金额没有显著差异。这表明,尽管相对贫困家庭更容易获得低保,但是享受的金额与享受了低保的非贫困家庭并无差异。需要指明,非贫困家庭享受低保属于错保。不过,托底调查数据与低保部门主导的家计调查在口径上和具体认定方法上并不完全相同。因此,并不能据此认定托底调查中享受低保的非贫困家庭就属于错保。

但是,在专项救助领域,非贫困家庭享受的专项救助金额明显高于相对贫困家庭。这意味着,非贫困家庭不但享受专项救助的概率更高,而且一旦享受专项救助,享受的金额也更高。相对贫困家庭享受到社会救助制度的保护相对不足,亟须从制度设计上扭转这一状态。

表2-7 相对贫困与非相对贫困家庭享受救助待遇差异 (单位:元)

类型	非贫困家庭		贫困家庭		差值
类别	N	均值	N	均值	
是否享受低保	7935	0.406	2187	0.453	-0.047***
是否享受住房租房补贴	7933	0.087	2185	0.076	0.011*
是否享受就业救助	7933	0.061	2185	0.017	0.044***
是否享受临时救助	7933	0.105	2185	0.083	0.022***
是否享受慈善救助	7933	0.068	2185	0.051	0.018***

续表

类型	非贫困家庭		贫困家庭		差值
类别	N	均值	N	均值	
是否享受其他救助	7933	0.144	2185	0.109	0.036 ***
低保金额	7838	267.34	2149	283.88	-16.54
住房租房补贴金额	7946	1214.332	2191	574.959	639.372 ***
就业救助金额	7946	203.642	2191	52.017	151.624 ***
临时救助金额	7946	154.927	2191	83.849	71.078 ***
慈善救助金额	7946	239.839	2191	146.326	93.513
其他救助金额	7946	431.949	2191	173.238	258.711 ***

二、相对贫困家庭享受的就业服务更少

表 2-8 中，均值越大，意味着享受劳动就业服务待遇的比例越高。可见，非贫困家庭反而享受了更多的劳动就业服务待遇。尤其是在免费培训、小额信贷和结对帮扶方面，非贫困群体享受了更多的待遇。在小额信贷方面，一般对贷款人本身的资产和项目具有一定要求，导致相对贫困家庭反而难以获得贷款。从数据也可以看到，18.0% 的非贫困家庭获得了小额信贷，而只有 6.3% 的相对贫困家庭获得了小额信贷。职业介绍、结对帮扶和技术支持都是相同的逻辑。

需要指明的是，非相对贫困家庭享受的各种劳动就业服务更高，很可能有另外一种解释。即非相对贫困家庭正是因为享受了更多的劳动就业服务待遇，因而摆脱了相对贫困。而相对贫困家庭由于家庭各方面的原因，导致享受到劳动就业服务更少，使相对贫困家庭更难以脱贫。

表 2-8 相对贫困与非相对贫困家庭劳动就业服务待遇差异

类型	非贫困家庭		贫困家庭		差值
类别	N	均值	N	均值	
职业介绍	7944	0.138	2190	0.055	0.083 ***
税收优惠	7944	0.016	2190	0.009	0.007 **
小额信贷	7944	0.180	2190	0.063	0.116 ***
技术支持	7944	0.098	2190	0.022	0.077 ***
结对帮扶	7944	0.184	2190	0.067	0.117 ***
免费培训	7944	0.277	2190	0.112	0.165 ***

续表

类型		非贫困家庭		贫困家庭		差值
类别		N	均值	N	均值	
有偿培训		7944	0.044	2190	0.009	0.036***
其他服务		7944	0.021	2190	0.009	0.012***
以上都没有享受		7944	0.562	2190	0.784	-0.222***

三、相对贫困家庭基本公共服务供给水平更差

相对贫困家庭不仅要依赖于自身努力，也与所在社区的环境密切相关。表2-9中，均值越大，意味着相对贫困家庭附近提供相关社会服务比例越高。结果显示，非贫困家庭附近所能提供的老年和残疾护理服务的比例明显高于贫困家庭。尽管非贫困家庭附近所能提供的老年和残疾护理服务的比例较低（均低于15%），但是非贫困家庭所在的社区环境明显更有利。这表明，相对贫困家庭不但自身家庭禀赋资源较差，其所处的环境也对其发展较为不利。尤其是与相对贫困家庭自身需求密切相关的基本公共服务供给不足，抑制了相对贫困家庭的有效需求。考虑到非贫困家庭所在的社区环境和非贫困家庭本身的财务能力，托底数据结果显示，非贫困家庭使用的上门看病服务、康复护理服务、健康教育服务、社会工作服务和喘息服务的比例都要显著高于贫困家庭。

表2-9 相对贫困与非相对贫困家庭所在社区提供社会服务差异

类型		非贫困家庭		贫困家庭		差值
类别		N	均值	N	均值	
附近是否有上门送餐服务		3226	0.102	1111	0.077	0.025**
附近是否有助浴服务		3226	0.057	1111	0.035	0.022***
附近是否有上门做家务		3226	0.131	1111	0.095	0.035***
附近是否有上门看病		3226	0.270	1111	0.188	0.082***
附近是否有日间照料		3226	0.085	1111	0.059	0.026***
附近是否有康复护理		3226	0.086	1111	0.065	0.022**
附近是否有健康教育服务		3226	0.100	1111	0.054	0.046***
附近是否有心理咨询		3226	0.079	1111	0.051	0.028***
附近是否有就医陪同		3226	0.067	1111	0.049	0.019**
附近是否有社会工作服务		3226	0.096	1111	0.064	0.032***

续表

类型	非贫困家庭		贫困家庭		差值
类别	N	均值	N	均值	
附近是否有喘息服务	3226	0.053	1111	0.035	0.018 **
以上都没有	3226	0.599	1111	0.686	-0.087 ***

第四节　启示及建议

第一，合理界定相对贫困人口。在 OECD 国家，考虑家庭等值规模后，在人均可支配收入 50% 和 60% 标准下，税后相对贫困发生率分别为 11.45% 和 17.92%。如果按照分城乡、分省人均可支配收入的 20% 作为相对贫困线，我国相对贫困人口发生率约为 15%。这意味着，如果采取人均可支配收入 20% 作为相对贫困线，我国相对贫困发生率与 OECD 国家差距并不大（当然，统计口径有所不同）。但是，2018 年，我国城市低保人口 1007 万人，农村低保人口 3519 万人，五保人员 455 万人，合计 4981 万人，占全国总人口的 3.57%。这意味着，即使以人均可支配收入 20% 作为相对贫困线，我国相对贫困人口的规模也远远超过现有基本生活救助对象的总规模。如果相对贫困人口也能享受到相关救助待遇，不论是在财务上还是在服务供给上都将难以承受。

为此，当前需要考虑中国制度供给能力，制定专门的相对贫困认定办法。从政策操作的层面，相对贫困人口的认定可以考虑以低收入群体为主要群体，适度扩大低收入群体规模，将其纳入相对贫困人口范畴。依据现有低收入群体的认定标准，计算相对贫困占人均可支配收入的比例，在此基础上确定相对贫困标准。这既可以避免相对贫困人口规模的无序扩大，又可以与现行制度建立良好的衔接。从组织架构上，相对贫困人口可以在现行民政部门的框架体系内运作，操作起来也更容易。

第二，面向相对贫困人口提供各类就业服务。就业是民生之本，只有就业才能促进相对贫困人口持久摆脱贫困。然而目前，大多数相对贫困人口无法享受劳动就业服务。相对贫困人口教育水平、职业技能相对较低，依靠相对贫困人口自身的努力，难以实现高质量就业，进而摆脱相对贫困。为此，一旦未来相关部门确定了相对贫困人口，人社部、发改委等部门应一视同仁，为相对贫困人口开展各类就业服务和就业帮扶措施，尤其是加强各种职业技能培训，提高相对贫困人口就业能力。

第三，加快建立支出型贫困社会救助制度。要促进相对贫困人口脱贫，仅仅提供就业服务还不够，还要解决相对贫困人口的后顾之忧，建立发展型社会政策。比如，要解决相对贫困家庭的医疗费用负担，使得相对贫困家庭能够积累起一定的资产；要解决相对贫困家庭的教育负担，提高相对贫困家庭中的未成年人和大学生入学率，从而解决相对贫困家庭的代际传递等。相对贫困人口是极容易出现支出型贫困的群体。2020年托底调查数据显示，相对贫困人口是目前各类人群中享受专项救助比例最低的人群。我国专项救助制度主要对低保户、特困供养人员和低收入群体进行救助，并且主要实行捆绑救助。建立支出型贫困制度一方面是为了解决支出型贫困家庭面临的各类刚性支出负担，另一方面也是为了实现专项救助制度与低保制度脱钩，实现"去捆绑"，为贫困人口提供专项救助。目前，全国主要是部分发达地区建立了支出型贫困社会救助制度，绝大部分地区尚未建立这一制度。未来，应该尽快推广支出型贫困制度，实行按需救助，对全体有需要的且符合资格（比如收入和资产要求）的人群提供专项救助，切实做到分类救助。

第四，提高医疗保障待遇力度。医疗费用负担是相对贫困人口面临的主要支出压力之一。而相对贫困人口的医疗保障水平明显低于非贫困人口（他们往往参加了保障水平更高的职工医疗保险制度或购买了商业健康保险），也明显低于低保户（他们往往享受各类倾斜保障政策）。许多发达国家在基本医疗保障制度中建立了自付费用支付封顶机制，一旦个人或家庭承担自付费用达到一定数额后，基本医疗保障负责全额支付剩余部分。这种封顶机制可以是固定的金额，也可以是家庭收入的一定比例。目前，我国针对农村建档立卡户基本实现了个人自付封顶，但是其他人群尚未实现。未来，可以逐步扩大个人自付封顶覆盖人群的范围，比如扩大至低保户、相对贫困人口。另外，许多发达国家通过豁免特定人群的共付费用来降低其医疗负担，提高其医疗服务利用水平。这些特定群体包括儿童、孕妇、低收入人群、老年人、慢性病患者、失能人员及符合特定条件的人群等。其中，部分国家获得共付费用豁免的人群占总人口的比重超过30%，比如爱尔兰（30%）、斯洛伐克（30%）、冰岛（37%）、葡萄牙（55%）和英国（62%）。2020年3月，中共中央、国务院《关于深化医疗保障制度改革的意见》指出，要"探索建立特殊群体、特定疾病医药费豁免制度"。未来，可以考虑针对社会救助对象、相对贫困人口等，在相应的规则下（比如必须逐级转诊），建立医疗费用豁免制度。

第五，加快推进基本公共服务均等化进度。过去，基本公共服务均等化的重点是城乡之间以及流动人口与本地户籍人口之间，对于不同收入群体之间的基本公共服务均等化相对忽视。托底调查数据表明，相对贫困家庭居住的社区往往服务供给能力差，所在社区各类公共服务（尤其是老年和残疾人相关服务）供给严重不足。为此，需要加快推进不同社区间的基本公共服务均等化进度，提高相对贫困家庭对各类公共服务的可及性。其中，还应加强对相对贫困人口的困难帮扶措施。目前，相对贫困人口是属于"夹心层"。这就要求一方面要尽快明确相对贫困人口的身份。另一方面，社区也需要加快社会工作专业化程度。未来，危房改造工程也应将相对贫困人口纳入保障范围，提高相对贫困人口的住房安全和住房条件。

第六，提高相对贫困人口宽带网络、智能手机的普及性。信息鸿沟是当前存在的重要问题。尤其是相对贫困家庭中的老年人，对于网络和智能手机的掌握严重不足。这部分人的信息鸿沟问题难以解决，只能通过时间消化。此外，相对贫困家庭中的中青年人和儿童信息渠道同样闭塞。因此，建议民政部门和通信公司等部门应该协同采取相应措施（比如为相对贫困人口定制专属流量包等），提高其信息服务的可及性，使其尽可能融入现代信息社会。这既可以提高其社会融入能力，还有助于提高针对相对贫困人口基本公共服务的供给效率。

第三章　脱贫攻坚后农村基本民生兜底保障

新中国成立至今，党和政府始终把共同富裕作为扶贫工作的出发点和落脚点，带领全国人民成功地走出了一条具有中国特色的扶贫道路，取得了举世公认的扶贫成就，特别是自改革开放以来，中国已帮助七亿多贫困人口实现成功脱贫，这是举世瞩目的减贫实践。党的十八大以来，中国特色社会主义进入新时代，扶贫开发进入脱贫攻坚新阶段。以习近平同志为核心的党中央，把脱贫攻坚作为全面建成小康社会的底线任务和标志性指标，做出一系列重大部署，举全党全国全社会之力推进。经过八年的不懈努力，脱贫攻坚取得重大历史性成就，提前十年实现了《联合国2030年可持续发展议程》的减贫目标，改变了以往新标准实施后减贫人数逐年递减的趋势。贫困群众不愁吃、不愁穿基本实现，行路难、吃水难、用电难、通信难、上学难、就医难、就业难、住危房等"老大难"问题已在贫困地区得到较好解决。

2020年，中国现行标准下的绝对贫困问题即将得到历史性解决，实现全面建成小康社会的目标。但中国是一个发展中、发展不平衡大国，随着广大人民群众对生活水平的追求越来越高，对美好生活的向往越来越强，基本民生兜底保障仍然存在发展不平衡、不充分问题。全国1936万建档立卡的贫困人口纳入低保或特困供养范围，占全部贫困人口的19.6%[1]，其中老年人、未成年人、重病患者、重度残疾人所占比重较大，虽然目前已实现消除绝对贫困目标，但这部分已经脱贫的低收入困难群众的脆弱性较强、抵御风险的能力较差，会出现因不可抗力因素导致基本生活陷入困难的境遇，这些困难群众的基本生活依然需要更加完善的兜底扶贫制度得以保障。党的十九届四中全会明确提出"坚决打赢脱贫攻坚战，巩固脱贫攻坚成果，建立解决相对贫困的长效机制"，并明确指出，2020年消除现行标准下绝对贫困现象后，相对贫困问题也会不断凸显、并长期存在，国家反贫困的重心将转向贫困预防和解决"相对贫困"问题，如何进一步巩固脱贫战果，实现稳定脱贫和防止返贫则是新发展阶段面临的新议题。因此，需要按照现

---

[1] 数据来源：2020年全国1936万建档立卡贫困人口纳入低保或特困供养［EB/OL］. 2021-02-24. https：//baijiahao. baidu. com/s？id=1692475356997537618&wfr=spider&for=pc.

代化和共同富裕的要求，重新认识贫困问题，制定新的帮扶标准，从而真正让脱贫攻坚工作能够按照动态化要求进行及时调整，做好返贫人口和新发生贫困人口的监测和帮扶、建立解决相对贫困的长效机制，让所有相对贫困的家庭得到及时帮扶。面临新的帮扶工作目标任务，民生兜底保障政策应为减困扶贫发挥制度化的作用，既要承担起基本的扶贫济困功能，又将社会救助兜底保障效能与发展结合起来，不断满足困难群众日益增长的美好生活需要，这也是巩固拓展脱贫成果的现实要求。

第一节 脱贫攻坚中基本民生兜底保障的政策效果评估

课题组依托民政部"2020年托底性民生保障支持系统建设"项目工作而获取的研究数据，对社会救助兜底农村贫困人口脱贫问题有了更深入的认识。本次调查以家户为调研对象，覆盖全国29个省（市、自治区），共获取农村困难家庭有效研究样本6099户。从地域分布看，5229户分布在中西部22个省份，占样本总量的85.74%，其中排名位居前五位的省为甘肃省、河南省、四川省、江西省和云南省；从户籍类型看，5888户为农村户口，占样本总量的96.54%；从家户类型看，4443户为农村建档立卡贫困户，占比为72.84%，其中有2519户为低保户，在建档立卡户中占比为56.7%，此外，1656户为非建档立卡户。本章节针对的是农村建档立卡贫困人口的脱贫问题，样本中建档立卡贫困人口4443户、16380人为本章的重点研究对象，此外，剩余1656户为非建档立卡户。应该说明的是，本调查中非建档立卡家庭也是农村相对困难的群体，不包括收入中上群体。

一、建档立卡贫困人口的特征和民生兜底保障政策概况

（一）建档立卡贫困对象的人口学特征

从家庭成员的结构特征来看，每户平均有3.69个成员，人口最少的家庭为1人，最多的家庭为17人，其中有男性成员1.9人、女性成员1.78人，每户平均有0.65个未成年人，40.4%的建档立卡贫困家庭抚养至少一名儿童。每户平均有2.09个劳动年龄成员，即每个建档立卡贫困家庭至少有2名以上劳动力，其中有正式工作成员的家庭较少，每户平均为0.18人，灵活务工就业人员和长年务农人员户均为0.93人，即每户约有1名灵活就业劳动力或长年务农人员，从就业结构来看，有正式稳定工作的贫困劳动力家庭较少。建档立卡中每户平均有0.84个老人，即有57.8%的困难家庭需要赡养老人，其中赡养2个及其以上的家庭占比为25.6%，有12.3%的建档立卡贫困家庭需要赡养高龄老人，其中赡养2个及其以上的家庭占比为1.6%，还有12.7%的困难家庭需要长期照料生活不能自理的老人。有残疾人的建档立卡贫困家庭占比为33.83%，其中14.48%的残疾人需要家人长期照料，6.86%的困难家庭有老年残疾人。表3-1汇总了建档立卡贫困户（4443户/16380人）的家庭人口基本特征。

表3-1 建档立卡户样本（4443户）的家庭人口基本情况

	户数（有效）	人数	平均数	最小值	最大值	标准偏差
家中人数	4443	16380	3.69	1	17	2.5
男性人数	4443	8441	1.90	0	9	2
女性人数	4443	7912	1.78	0	9	0.5
未成年人数	4443	2908	0.65	0	7	1.5
劳动年龄人数	4442	9283	2.09	0	11	1.5
有正式工作人数	4438	785	0.18	0	4	0
灵活就业人数	4442	4148	0.93	0	11	1
常年务农人数	4442	4099	0.92	0	6	1.5
老年人数（≥60）	4443	3738	0.84	0	4	0.5
高龄老人数（≥80）	4443	617	0.14	0	2	0
长期照料老年人数	4443	667	0.15	0	4	0.42
残疾人数	4442	1856	0.42	0	5	0.66
长期照料残疾人数	1502	711	0.16	0	5	0.60
老年残疾人数	664	322	0.07	0	2	0.55

从建档立卡贫困户的家庭结构、致贫原因（表3-2）和家庭成员的就业情况（表3-3）来看，近一半的建档立卡贫困户面临养育子女生活和教育开支的压力，一半以上的家庭面临赡养老人的压力。从致贫原因来看，因病致贫是占比最高的致贫原因同时也是第一致贫原因，所占比重为38%；第二致贫中缺劳动力家庭最多，所占比重为28%；第三致贫因为缺资金的家庭做多，所占比重为24%，同时缺劳动力比重也较高，占比为22%。

从家庭主要收入的行业统计情况来看，家庭主要收入行业来自第一产业（农、林、牧、渔业）的比重最多，占比为33.86%；其次为第二产业，占比为21.23%，其中多从事于建筑业，家庭所占比重为14.45%，家庭主要收入来自第三产业的比重最低，占比为12.81%。还有829户建档立卡贫困家庭未实现就业，占比为 18.98%，这些家庭中具有稳定工作的劳动力较少，灵活就业人员较多。值得注意的是，未就业家庭的比重达到 18.89%，这样的家庭主要收入依靠政府救济保障。

表 3-2 建档立卡贫困家庭致贫原因（按重要性顺序统计）

第一致贫原因			第二致贫原因			第三致贫原因		
原因	频数	百分比	原因	频数	百分比	原因	频数	百分比
因病	1700	38%	缺劳动力	989	28%	缺资金	581	24%
缺劳动力	804	18%	缺资金	642	18%	缺劳动力	536	22%
因残	620	14%	因病	579	16%	缺技术	439	18%
缺资金	442	10%	因孩子上学负担重	438	12%	因孩子上学负担重	271	11%
因孩子上学负担重	407	9%	缺技术	400	11%	因病	244	10%
缺技术	262	6%	因残	353	10%	因残	136	6%
其他致贫原因	115	3%	其他致贫原因	82	2%	因自然条件恶劣	104	4%
因自然条件恶劣	56	1%	因自然条件恶劣	68	2%	其他致贫原因	95	4%
因灾	25	1%	因灾	30	1%	因灾	35	1%
总计	4431	100%	总计	3581	100%	总计	2441	100%

表 3-3 建档立卡贫困家庭最主要收入行业统计

行业	频数	百分比
第一产业	1479	33.86%
农、林、牧、渔业	1479	33.86%
第二产业	927	21.23%
制造业	224	5.13%

续表

行业	频数	百分比
建筑业	631	14.45%
电力、热力、燃气及水生产和供应业	41	0.94%
采矿业	31	0.71%
第三产业	560	12.81%
住宿和餐饮业	123	2.82%
居民服务、修理和其他服务业	118	2.70%
交通运输、仓储和邮政业	97	2.22%
卫生和社会工作	81	1.85%
信息传输、软件和信息技术服务业	25	0.57%
水利、环境和公共设施管理业	24	0.55%
租赁和商务服务业	24	0.55%
教育	21	0.48%
公共管理、社会保障和社会组织	19	0.43%
房地产业	7	0.16%
金融业	7	0.16%
科学研究和技术服务业	7	0.16%
文化、体育和娱乐业	6	0.14%
国际组织	1	0.02%
其他行业	573	13.12%
未就业	829	18.98%

总的来看，建档立卡贫困家庭人口结构中老弱病残的特征显著，部分家庭还有长期照护失能人员和残疾人的压力。他们当中技能劳动力数量较少，实现稳定高质量就业的群体比重不高，加之贫困地区资源禀赋的限制，短时间内自我发展与脱贫能力难以得到有效提升，从而导致应对外部风险的能力不足，并且，缺乏稳定可持续的收入来源，这是当前农村建档立卡贫困家庭普遍存在的问题。这些建档立卡贫困家庭具有一定的脆弱性，自我保护能力差，对我国反贫困的进程和脱贫效果起到阻碍作用，我国应该大力加强针对困难群体兜底保障的政策体系和制度安排，尤其是在救助水平、力度覆盖范围等方面还需要进一步优化。一方面需要社会救助充分保障部分或完全丧失劳动能力的老弱病残等弱能群体的基本生

活,全面提升易返贫致贫人群的保障质量;另一方面,要注重农户生计系统的生产能力和农民个体能力的提升,确保有效衔接乡村振兴有关任务。

(二) 脱贫攻坚以来基本民生兜底保障政策

2015 年,习近平总书记提出将"社会保障兜底一批"作为"五个一批"的内容后,中国正式开始了社会保障兜底扶贫的制度化建设。同年《中共中央 国务院关于打赢脱贫攻坚战的决定》这一脱贫攻坚统领性文件中提出实施其他一系列脱贫举措后,对"其余完全或部分丧失劳动能力的贫困人口实行社保政策兜底脱贫"。2016 年 9 月国务院办公厅发布《关于做好农村最低生活保障制度与扶贫开发政策有效衔接的指导意见的通知》,明确两项制度衔接的具体方面和内容。2016 年 11 月发布的《"十三五"脱贫攻坚规划》中提出注重健全社会救助体系与"三留守"人员和残疾人关爱服务体系建设,并且要求提高贫困地区基本养老保障水平,实现社会保障兜底。2018 年 9 月,民政部会同财政部、国务院扶贫办出台《关于在脱贫攻坚三年行动中切实做好社会救助兜底保障工作的实施意见》,推进农村低保的重大制度创新,进一步明确社会救助兜底工作和强化其兜底功能,确保动态管理下的"应保尽保"。

随着扶贫不断取得显著成效,民生兜底保障政策在扶贫中的政策地位不断提升。2018 年印发的《中共中央 国务院关于打赢脱贫攻坚战三年行动的指导意见》中提出开发式扶贫与保障性扶贫并举,并要"建立以社会保险、社会救助、社会福利制度为主体,以社会帮扶、社工助力为辅助的综合保障体系,为完全丧失劳动能力和部分丧失劳动能力且无法依靠产业就业帮扶脱贫的贫困人口提供兜底保障"。这一系列论述不但丰富了脱贫攻坚的政策内容,也突出了社会保障在脱贫攻坚战中的独特优势和兜底作用,使得保障性扶贫政策的内容和体系不断得到完善,与开发式扶贫政策共同致力于实现兜底扶贫。这意味着社会保障兜底扶贫从过去扶贫政策的"五元"格局(即"五个一批")中的一元进一步发展为"两元"格局(即开发式扶贫与保障性扶贫相统筹)中的一元,社会保障兜底在扶贫中的分量和内涵都被大幅提升。而这些统领性扶贫文件中对社会保障兜底扶贫的明确,为具体的社会保障兜底扶贫制度建设指明方面和奠定基础。脱贫攻坚收官之年,先后出台了《社会救助兜底脱贫行动方案》和《关于改革完善社会救助制度的意见》,社会救助兜底脱贫的专项文件更加体现了兜底保障在脱贫攻坚中的重要地位和作用,另一方面围绕增强兜底保障功能,明确了救助体系、救助项目、救助方式的重点任务,为新发展阶段我国社会救助事业高质量发展指明了方向。相关部委积极打破单一部门负责的局面以及部门业务间的"壁垒",实现跨部门的综合治理和协调合作,制定实施了一系列与社会保障兜底相关的政策文件（见本书附录）。

二、基本民生兜底保障政策对贫困人口的覆盖与瞄准效应评估

在兜底保障政策中，最低生活保障制度发挥着基础保障政策的作用，从低保覆盖的不同家户类型来看（见表3-4），建档立卡户中的低保户、农村总样本中的低保户以及农村非建档立卡户中的低保户三个群体覆盖率的差异不是很大，主要原因是样本总体的对象已经是"困难群众"。

表3-4 建档立卡贫困户 * 低保户类型交叉表

		家户类型		
		建档立卡户	非建档立卡户	总计
家户类型	低保户	2519	771	3290
	低保边缘户	1227	556	1783
	其他家户类型	697	42	739
	总计	4443	1369	5812

从建档立卡贫困家庭享受的低保政策情况来看（见表3-5），有3225户曾申请过低保，占比为72.7%，2953户享受过低保政策，占比为66.5%，目前还有2354户依然享受低保，占比为52.98%。在脱贫攻坚主战场的全国832个扶贫重点县，2015年年底，全国共有建档立卡贫困人口3501万，其中纳入农村低保户的仅占33.3%，有农村低保人口1167万，其中纳入建档立卡贫困户的为49.6%（左停，贺莉，2017）。与2015年全国样本相比，本样中建档立卡贫困户中低保政策的覆盖率已增长了41.8%，反映了低保制度与扶贫开发两项制度衔接的效果。对于低保政策的作用，60%的建档立卡贫困户认为低保金对解决家庭困难的作用很大，没有贫困户认为低保金没有作用，图3-1反映了低保救助在困难群众生活中的保障作用。

表3-5 建档立卡贫困家庭（4443户）享受低保政策的情况

	是否申请过低保		是否享受过低保		是否还享受低保	
	频数	百分比	频数	百分比	频数	百分比
否	1214	27.30%	1490	33.5%	2089	47.02%
是	3225	72.70%	2953	66.50%	2354	52.98%

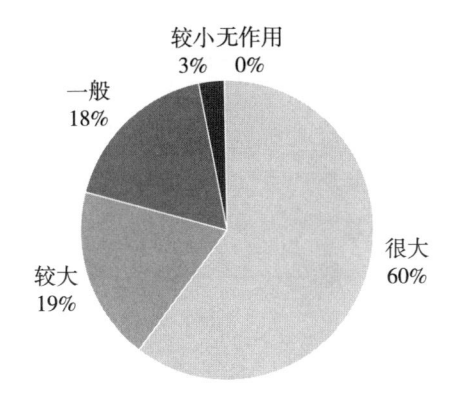

图 3-1　建档立卡贫困家庭眼中低保金的作用

2014 年以来按照《社会救助暂行办法》的要求，我国已经建立起以基本生活救助、专项救助和临时救助为主体，以社会力量参与为补充的综合社会救助体系，对困难群体的多样化需求提供有针对性和实效性的救助（见表 3-6）。除了低保救助以外，建档立卡贫困户中覆盖率排在前三位的救助项目分别是教育救助（1784 户）、医疗救助（608 户）、临时救助（554 户），占比分别为 40.15%、13.70% 和 12.5%。建档立卡低保户中的救助项目覆盖率排名与之相同，医疗救助和临时救助的比重稍高一些，建档立卡贫困户中纳入低保的老年人、未成年人、重病患者、重度残疾人的占比较多，相应的社会救助的帮扶力度也在持续增加。

表 3-6　2019 年建档立卡家庭享受的社会救助和生活补贴项目情况

民生保障项目		家户类型	
		建档立卡户	建档立卡户中低保户
住房补贴	频数	502	247
	比例	11.30%	9.80%
教育救助（学前教育、义务教育、高中/中专/高职、大专及大学）	频数	1784	930
	比例	40.15%	36.92%
医疗救助	频数	608	384
	比例	13.70%	15.28%

续表

民生保障项目		家户类型	
		建档立卡户	建档立卡户中低保户
自然灾害	频数	298	160
	比例	6.70%	6.40%
就业救助	频数	464	231
	比例	10.40%	9.20%
临时救助	频数	554	374
	比例	12.50%	14.80%
节假日救助或物价补贴	频数	615	450
	比例	13.80%	17.90%
水电、燃料、取暖费减免	频数	1109	833
	比例	25.00%	33.10%
慈善救助	频数	302	201
	比例	6.80%	8.00%
其他救助	频数	759	437
	比例	17.10%	17.30%
以上都没有	频数	1557	756
	比例	35.00%	30.00%

脱贫攻坚以来，尽管我国农村低保救助政策的覆盖率逐年减少，但包含其他救助项目在内的社会救助政策的综合覆盖率却在持续攀升。表3-7反映了各类社会救助项目在建档立卡贫困家庭（4443户，16380人）中的覆盖情况。综合起来看，Ⅰ类核心社会救助（低保）在建档立卡人口中的覆盖率为52.98%，Ⅱ类基本社会救助为低保和专项救助四项（住房、教育、医疗、就业）在建档立卡人口中的覆盖率为79.9%；Ⅲ类综合社会救助（低保+专项救助四项+临时救助）在建档立卡人口中的覆盖率为84.5%。从不同层次的救助对象看，基本生活性的核心救助基本还是围绕低保对象，专项救助四项与之有26.92个百分点的差别，说明专项救助和临时救助发挥了较大的、针对不同对象的覆盖作用，同时并未显现明显的所谓"捆绑低保身份对象"的问题，临时救助对综合社会救助的覆盖率提升了4.6个百分点，临时救助具有灵活性和时效性较强的特点，在兜底保障中也起到了一定的作用。

表 3-7 建档立卡贫困人口的社会救助项目覆盖情况

救助类别	具体救助项目	覆盖率
Ⅰ类：核心社会救助	低保	52.98%
Ⅱ类：基本社会救助	Ⅰ类+专项救助四项（住房、教育、医疗、就业）	79.90%
Ⅲ类：综合社会救助	Ⅱ类+临时救助	84.50%

其他民生生活补贴也发挥了重要作用。从覆盖率排名的角度来看，建档立卡户中，针对农村低保对象、特困供养人员、孤儿等困难群众的水电、燃料、取暖费减免人群占比为25%。其次是节假日救助或物价补贴，占比为13.8%，建档立卡户中的低保户所享受的民生生活补贴项目与之排名相似，但覆盖率更高一些，反映出除了领取低保金以外，低保户也享受到日常生活的补贴和减免政策，我国的社会救助种类和形式多样，从多个方面保障了困难群众的基本生活。

三、基本民生兜底保障政策对贫困人口的增收效应评估

在家庭收入中，建档立卡贫困家庭的户均收入为31906.25元（人均约8646.68元），其中户均转移性收入为6774.11元，政府救助收入占转移性收入的65.5%，主要部分为低保金收入（3594元，占总收入的11.26%）。建档立卡贫困家庭的低保户家庭户均收入最低，为26315.36元（人均约7762.11元），其中户均转移性收入为8494.99元，占户均总收入的比重高达32.28%，户均政府救助收入占户均转移性收入的67.46%（低保金收入7323元，占总收入27.8%），是其收入中的重要组成部分，助力建档立卡贫困家庭以及其中的低保家庭实现有效增收的作用较为明显，起到了显著的正向影响。

社会救助收入有效地缓解了建档立卡家庭的消费支出需要问题。在家庭支出中，生活消费支出是建档立卡贫困家庭最重要的支出部分，所占总支出的比重为45.3%，建档立卡贫困家庭的低保户家庭户均的生活消费支出所占总支出比重为45.6%。生活消费支出的结构中，建档立卡低保户户均的食品支出为6803.15元（人均为2006.69元），比重为50.72%。表3-8反映了建档立卡贫困家庭、建档立卡贫困家庭中的低保家庭的收支情况。

表 3-8 建档立卡贫困家庭的收支情况统计

家户类型	收支类型	总和	户均	备注
建档立卡户 （N=4443）	总收入	141759488.7	31906.25	政府救助收入占转移性收入的 65.5%，转移性收入占总收入的 21.23%。
	劳动与经营收入	78010373.92	17558.04	
	转移性收入	30097350.56	6774.11	
	（其中政府救助收入）	19713631.13	4437.01	
建档立卡户 中低保户 （N=2519）	总收入	66288403.85	26315.36	政府救助收入占转移性收入的 67.46%，转移性收入占总收入的 32.28%。
	劳动与经营收入	32065369.92	12729.40	
	转移性收入	21398874.87	8494.99	
	（其中政府救助收入）	14434863.85	5730.39	

民生补贴项目中，建档立卡对象中有 25% 享受过水电、燃料、取暖费减免，他们全年获取的金额平均为 299.70 元；有 13.8% 的建档立卡户享受过节假日救助或物价补贴，他们每年获取的补贴金额平均为 530.57 元。

社会救助项目中，从资金资助的力度来看，排名前三位的：首先是住房救助的平均等值金额最高，21.1% 的建档立卡户享受过住房救助，他们全年获取的住房救助户均金额为 17034.07 元，住房救助等值金额偏高与近年来政府着力解决住房保障问题有关。其次是教育救助，救助贫困户为 1784 户、3802 人，涵盖了学前教育、义务教育、高中包括（中专、高职）和大专及大学四个阶段，户均享受教育补贴的平均等值金额为 9663.68 元，人均享受教育的平均等值金额为 6305.31 元。低保救助覆盖的困难群众数量最多，救助户数高达 2354 户，享受低保救助的平均金额为 7323 元。脱贫攻坚时期，落实低保与扶贫衔接政策的力度不断加强，适当拓宽农村低保对象救助范围，切实保障了困难群众基本生活。13.7% 的建档立卡户享受过医疗救助，其平均等值金额为 3868.06 元，10.4% 的建档立卡户获得的就业救助等值金额平均为 3151.34 元；6.8% 的建档立卡户享受过慈善救助，他们全年获取的慈善救助等值金额平均为 1329.66 元。因生活存在困难享受临时救助的建档卡贫困户有 554 户，占比为 12.5%，他们全年获取的临时救助等值金额平均为 1521.64 元，占建档立卡户全年转移性收入的 22.45%，临时救助为解决突发性、临时性困难起到补充作用。表 3-9 统计了建档立卡贫困户（4443 户）中享受补贴和各类救助的金额。

表 3-9 建档立卡 (4443 户) 中全年享受社会救助项目补贴的实施情况

民生保障项目	N（享受户数）	享受户数的平均值	最小值	最大值
住房补贴	502	17034.07	0	200000
教育救助（学前教育、义务教育、高中/中专/高职、大专及大学）	1784	9663.68	0	25000
低保救助	2354	7323.00	0	16000
医疗救助	609	3868.06	0	4000
就业救助	464	3151.34	0	150000
临时救助	554	1521.64	0	20000
慈善救助	302	1329.66	0	40000
自然灾害	298	899.02	0	20000
其他救助	759	3248.86	0	320000
节假日救助或物价补贴	615	530.57	0	15000
水电、燃料、取暖费减免	1109	299.70	0	23600

从分项资金投入的角度，建档立卡贫困户（4443 户）的人均大口径救助项目资金按投入强度排序（低保金、住房补贴、自然灾害、就业救助、教育救助、医疗救助、临时救助、节假日救助或物价补贴、水电、燃料、取暖费减免和慈善救助）的救助金额和补贴分别为 3594 元、1924.62 元、60.30 元、329.11 元、1062.35 元、530.19 元、189.73 元、73.44 元、74.81 元和 90.38 元，其中低保金在转移性收入中发挥了重要作用，具有针对性的住房补贴、教育救助、医疗救助和就业救助等项目也发挥了纾困作用。表 3-10 的最后一列是全口径的户均享受等值金额，反映了不同救助项目的资金强度，总的资金强度为 7928.93 元，约为低保资金强度的 2.2 倍，占建档立卡户总收入的 24.85%。

表 3-10 建档立卡贫困户 (4443 户) 各项救助项目户均等值金额情况

民生保障项目	N	总和	平均值（元）
低保救助	4443	1330967.55	3594
住房补贴	4443	8551101	1924.62
教育救助（学前教育、义务教育、高中/中专/高职、大专及大学）	4443	4720021.05	1062.35
医疗救助	4443	2355650	530.19

续表

民生保障项目	N	总和	平均值（元）
就业救助	4443	1462222	329.11
临时救助	4443	842989	189.73
水电、燃料、取暖费减免	4443	332363.22	74.81
节假日救助或物价补贴	4443	326297.76	73.44
自然灾害救助	4443	267907	60.3
慈善救助	4443	401557	90.38
总计			7928.93

四、基本民生兜底保障政策对困难人口的服务和福利供给效应评估

除了资金外，理论上，兜底民生保障的内容还包括服务供给见表3-11。从调查的各项服务对建档立卡家庭的可及性来看，由于很多贫困地方基础设施发展落后、居住偏远分散，社会服务的可及性并不强，60.77%的建档立卡家庭附近没有下列社会服务。附近社会服务中可及性最强的是"上门看病"，占比为31.27%，脱贫攻坚以来家庭签约医生制度发挥了一定的作用，其他社会服务的可及性都在10%以下。建档立卡老人/残疾人对各项社会服务的使用情况中，"都没有"使用过的占比最高，比重是65.69%。在所使用的社会服务中，"上门看病"的比重最高，占比为27.85%，这在一定程度上与附近医疗卫生服务的可及性强和贫困村民的实际需求有关，而对其他社会服务的使用率都较低。虽然当前为农村贫困人口提供的社会服务有限、水平较低，但随着基本民生兜底保障政策的不断完善，各类服务也逐渐有所拓展，如健康教育、康复护理、社会工作服务和上门送餐或老年餐桌服务等等，但总体来讲使用率仍处于较低水平，覆盖范围局限于集镇和中心村周边的村民。

表3-11 建档立卡贫困家庭老人/残疾人附近社会服务的供给情况

服务类型	选项	建档立卡户（供给）		建档立卡户使用）	
		频数	比例	频数	比例
上门送餐/老年餐桌服务	是	62	3.66%	15	0.88%
助浴服务（帮助洗澡）	是	36	2.12%	21	1.23%
上门做家务	是	117	6.90%	79	4.64%

续表

服务类型	选项	建档立卡户（供给）		建档立卡户使用）	
		频数	比例	频数	比例
上门看病	是	530	31.27%	474	27.85%
日间照料	是	70	4.13%	26	1.53%
康复护理	是	88	5.19%	52	3.06%
健康教育服务	是	116	6.84%	76	4.47%
心理咨询/聊天解闷	是	73	4.31%	47	2.76%
就医陪同、陪护	是	65	3.83%	32	1.88%
社会工作服务	是	105	6.19%	75	4.41%
喘息服务	是	45	2.65%	32	1.88%
以上都没有	是	1030	60.77%	1118	65.69%

除了社会救助项目外，建档立卡人口还享受了一些脱贫攻坚政策带来的有关服务。表3-12反映了建档立卡困难家庭所享受的扶贫和其他服务项目情况，覆盖情况排名首位的是危房改造项目（35.83%），主要针对农村低保户、分散供养特困人员、困难残疾户、低保边缘户等贫困家庭中安全等级为C级或D级发放新建或修缮补助，以保证房屋质量的安全性和实用性。技能培训服务项目主要包括扶贫部门实施的"雨露计划"和人社部门实施的"技能培训补贴"，项目覆盖人群比重分别为18.61%和23.47%，职业技能培训作为促进贫困地区技能人才培养的重要手段，主要通过实施技能培训补贴、交通生活补贴，以及为贫困劳动力免费提供就业技能培训或创业培训，确保贫困劳动力至少掌握一项专业技能。

除了社会救助项目的资金外，建档立卡人口还享受了一些脱贫攻坚政策带来的有关政策性现金补贴，他们在贫困地区发挥了"农民福利"或"农地福利"的作用。比较稳定和制度化地发挥作用的补贴包括：农地保护补贴（覆盖率26.77%）、退耕还林补贴（覆盖率31.4%）、公益林生态补偿金（覆盖率19.11%），这些项目鼓励农民主动保护耕地地力和生态环境，也解决了影响相关农户眼前的生计问题。其他针对特定群体的福利性政策包括：面向残疾人的机动轮椅车补贴、针对弱能群体的工作福利（公益性岗位）。在脱贫攻坚行动中一些地方还出台了许多针对老人和儿童的福利政策，如高龄补贴、事实困境儿童补贴等。

表3-12　建档立卡贫困家庭享受的扶贫补贴项目情况

类型	频次	比例	类型	频次	比例
"雨露计划"补贴	824	18.61%	农机具购置补贴	289	6.53%
技能培训补贴	1039	23.47%	农业保险保费补贴	634	14.32%
产业奖补金	1225	27.67%	公益林生态补偿金	846	19.11%
危房改造项目	1586	35.83%	退耕还林补贴	1390	31.40%
扶贫防贫保兑现	228	5.15%	残疾人机动轮椅车补贴	190	4.29%
其他项目	406	9.17%	公益岗位扶贫	1043	23.56%
农业支持保护补贴	1185	26.77%	以上都没有	565	12.76%

五、基本民生兜底保障政策对困难人口的减支及防贫效应评估

民生政策的防贫效应主要体现在两个路径上，一是通过提高兜底保障水平，保障低保等最低收入群体的收入高于贫困标准，维护他们的基本收入；二是通过政策补贴，减少贫困人口医疗、教育等方面的支出来预防贫困的发生。

从收入维护角度来看，农村低保制度作为一项基本的社会保障制度在脱贫攻坚中发挥了重要的兜底保障作用。2013年农村低保平均标准已经超过当年国家贫困线水平，2017年低于国家扶贫标准的贫困县减少到72个，我国农村低保标准增幅持续上涨并稳超国家贫困标准。如图3-2所示，截至2019年12月底，全国农村低保平均标准为每人每年5336元，占当年全国农村居民人均可支配收入（16021元）的33.3%，所有县（市、区）农村低保标准全部动态达到或超过国家扶贫标准。其中，22个脱贫攻坚任务重的省份农村低保平均标准为每人每年4697元，全国深度贫困县平均标准达到每人每年4199元，"三区三州"所辖县平均标准为每人每年4068元，均高于该年国家贫困线（国家统计局，2019）。近年来，低保标准的稳定增长已成为实现2020年现行扶贫标准下农村贫困人口全部脱贫的重要举措，低保收入的稳定性也有效地发挥了防贫效应。

图 3-2　中国农村低保平均标准与贫困线水平变化趋势

医疗费用高是造成贫困户致贫的最为重要原因之一。从医疗报销费用和政府救助金额来看，建档立卡户的基本医疗报销费用、商业保险报销费用和政府救助金额分别高于非建档立卡户见表 3-13。与非建档立卡户自付费用户均 9685.37 元相比，建档立卡户的医疗自付费用相对较低，为 5561.64 元，建档立卡户的支出水平是非建档立卡户的 57.75%。从各类家庭对医疗压力的主观态度来看见表 3-14，虽然这些家庭主观感知压力为"一般"的比重最多，但总体来看，建档立卡户的医疗支出的压力比非建档立卡户家庭明显要低。

表 3-13　建档立卡户与其他家庭的医疗支出情况

	建档立卡户			非建档立卡户		
	总和	户均 (N=4443)	比例	总和	户均 (N=1656)	比例
自付费用	24710374.96	5561.64	44.64%	16038965.5	9685.37	57.75%
基本医保报销费用	27246568.07	6132.47	49.22%	8623191.9	5207.24	31.05%
商业保险报销费用	479894.00	108.01	0.87%	79823.12	48.20	0.29%
政府救助金额	2355650.00	530.19	4.26%	721558.89	435.72	2.60%
医疗保健总费用	55359006.03	12459.83	/	27771631.68	16770.31	/

表3-14　建档立卡户与其他家庭的医疗压力情况

程度	建档立卡户		非建档立卡户	
	频数	比例	频数	比例
没有压力	1153	26.00%	249	15.05%
很少	491	11.07%	126	7.62%
一般	1384	31.21%	486	29.38%
明显有压力	697	15.72%	329	19.89%
非常大的压力	710	16.01%	464	28.05%
总计	4435	100%	1654	100.00%

教育支出也是造成贫困的原因之一。随着教育年限的增加，教育的花费金额也随之增长，大专/大学以及以上教育阶段的政府救助资金力度最大。其次是义务教育，"义务教育有保障"是教育精准扶贫的重要任务，也是学生资助政策体系的重要组成部分。与非建档立卡户相比，建档立卡户子女在学前教育、义务教育、高中/中专/高职、大专或大学及以上的教育阶段的教育花费均低于非建档立卡人口，同时政府救助金额和政府救助占比均高于非建档立卡家庭。表3-15反映了建档立卡贫困家庭与其他家庭子女在各教育阶段的支出和政府的救助情况。从对子女教育对家庭经济影响的主观态度上来看（见表3-16），大部分家庭都是持"一般，可以承受"的态度，但非建档立卡户中，所持"负担很重"态度的家庭占比为37.73%，存在一定的经济负担。

表3-15　建档立卡户与其他家庭子女教育的支出情况

	建档立卡户		非建档立卡户	
	总和	户均 (N=4443)	总和	户均 (N=1656)
家庭学前教育人数	504	0.11	235	0.1
学前教育花费	1767918	397.91	1875170	1132.4
政府救助金额	297973	67.07	30600	18.5
政府救助占比	16.85%	/	1.63%	/
家庭义务教育人数	2129	0.48	669	0.40
义务教育花费	6364376.3	1432.5	3338279	2015.9
政府救助金额	1443543	324.9	213396.8	128.9

续表

	建档立卡户		非建档立卡户	
政府救助占比	22.68%	/	6.39%	/
高中/中专/高职人数	611	0.14	184	0.11
教育花费	8193490	1844.1	2080533	1256.4
政府救助金额	1297739	292.1	140160	84.64
政府救助占比	15.84%	/	6.74%	/
大专/大学及以上人数	558	0.13	192	0.12
教育花费	10709245	2410.4	4027750	2432.2
政府救助金额	1680750	378.3	246007	148.6
政府救助占比	15.69%	/	6.11%	/
政府救助总计		1062.35		380.64

表3-16 建档立卡家庭与非建档立卡家庭关于"孩子上学费用对家庭经济影响"

	建档立卡户		非建档立卡户	
	频次	比例	频次	比例
完全负担不起	20	1.56%	12	2.73%
负担很重，对家庭经济的影响很大	160	12.45%	86	19.55%
负担较重，对家庭经济影响较大	184	14.32%	80	18.18%
一般，可以承受	624	48.56%	204	46.36%
负担较轻，对家庭经济没太大影响	117	9.11%	33	7.50%
负担很轻	56	4.36%	9	2.05%
完全无负担	124	9.65%	16	3.64%
总计（有效样本）	1285	100.00%	440	100.00%

通过建档立卡户与非建档立卡户教育和医疗的支出情况可以看出，教育救助和医疗救助在减轻困难群众的家庭支出负担方面，对家庭生活必要支出起到了代替作用，在有效巩固脱贫攻坚成果、降低防贫致贫风险中起到根本性稳定作用。由于非建档立卡群体实际就是农村低收入或相对贫困群体，上述关于医疗、健康压力的对比信息，揭示了未来解决相对贫困问题应该关注的重点领域和重点人群。与"预防"相联系的是政府对农业保险的支持，这项政策发挥了减低损失和

风险的作用。值得一提的是，在脱贫攻坚期间各地创新了一些扶贫防贫保障（险）项目，目前，建档立卡人口中扶贫防贫保的兑现受益覆盖人群占比为5.15%，有效防止因病、因灾、因学的脆弱群体返贫致贫。

第二节　脱贫攻坚后农村帮扶工作新议题

打赢脱贫攻坚战的目标已如期圆满完成，同时我们也要清醒地认识到那些刚刚摆脱贫困的脱贫人群、处于贫困边缘的相对贫困群体，自身可持续生计的发展基础还不够扎实，生产生活状态从全国范围来讲依然属于低水平的，仍然具有一定的风险和脆弱性。贫困地区人力资本严重缺乏，表现为贫困人口中老弱病残等人口特征突出，贫困劳动力中技能劳动力不足，部分家庭还有长期照护失能人员和残疾人的压力，相对应的个体抵御风险和风险恢复的能力较弱，一旦遇到意外风险和危机（如重大疾病、自然灾害、经济波动、重大突发公共卫生事件等），这些群体具有潜在的陷入贫困或返贫风险。在解决相对贫困问题、推进社会主义现代化国家建设的进程中，农村帮扶工作面临着新的挑战和要求，明确下一阶段农村帮扶工作的重要议题，对完善兜底保障机制体系、提高困难群众基本生活保障质量有正向的推动作用。

一、巩固脱贫成果、有效防止致贫返贫的现实要求

巩固拓展脱贫成果，警惕脱贫后返贫、新增贫困现象的出现，需要继续保持兜底救助政策的连续性和稳定性。如图3-3所示，从建档立卡贫困家庭对实现稳定脱贫的主观态度上来看，还有36.16%的家庭认为实现稳定脱贫一定离不开兜底保障政策，如果没有兜底保障政策，54.73%的家庭认为实现稳定脱贫存在风险和困难，只有不到10%的家庭认为可以独立实现稳定脱贫。2020年"现有扶贫标准下贫困人口全部脱贫"目标的达成并不是反贫困的终结，贫困户一旦脱贫退出后，政府的帮扶目标必然发生位移，有限的资源必然向更贫困群体倾斜，在政策松绑后，这部分退出建档立卡的退贫群体能否保持生计稳定直接决定了脱贫质量。事实上，由于自身可持续生计能力不足和贫困地区经济社会发展受限，已退出帮扶计划的精准脱贫户极可能由于遭遇风险冲击和生计动荡而再度陷入贫困。在可持续生计框架中，生计策略多样化被认为是农村可持续生计的核心战略（赵雪雁等，2020），可被看作是家庭应对外部干扰和维持生计能力的重要保障，也是家庭摆脱贫困的进步标志，生计多样化的选择直接关系到家庭实现收入、安全和福利的可能性。因此，在扶贫政策的边际效益不断递减、边际

成本不断上升的背景下，积极探索精准脱贫户生计多样化实现的影响因素，进一步优化农村帮扶措施、建立防贫治贫的长效机制，是避免已脱贫群体重新陷入贫困的关键所在，坚决预防后小康时代农村规模性返贫现象，这对巩固和扩大脱贫成果意义重大。

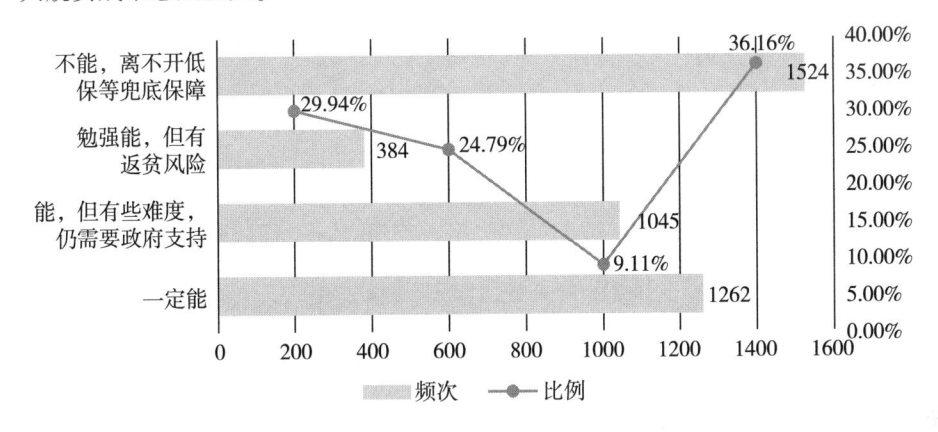

<!-- 图3-3 建档立卡贫困家庭对实现稳定脱贫的主观态度

- 不能，离不开低保等兜底保障：1524（36.16%）
- 勉强能，但有返贫风险：384（29.94%）
- 能，但有些难度，仍需要政府支持：1045（24.79%）
- 一定能：1262（9.11%）
-->

图 3-3　建档立卡贫困家庭对实现稳定脱贫的主观态度

二、长期存在的城乡、区域发展不平衡问题

我国区域发展不平衡和收入分配差距较大。区域不平衡的发展型贫困仍是今后一段时期农村地区以及老少边穷地区贫困的突出表现。我国各地农村的地理区位、资源禀赋与社会经济水平各有差异，如中国东部沿海地区、一些城市的郊区产生了一些"十亿元"村、"百亿元"村，无论是贫困人数还是贫困发生率，西部地区均显著高于东、中部地区，其公共服务、基础设施建设和农业规模化发展不充分，并没有依托自身资源形成可持续的经济社会发展动能。除区域发展不平衡外，城乡发展不平衡也是相对贫困问题的一个突出表现。2020 年我国城镇居民人均可支配收入 43834 元，农村居民人均可支配收入 17131 元（国家统计局，2021），城乡居民人均可支配收入比为 2.56，近年来城乡可支配收入呈持续下降趋势。2019 年农村高收入和低收入组家庭可支配收入绝对值为 31786.8 元（国家统计局，2020），较 2013 年的绝对值（18445.8 元）增加了 72.32%。由此来看，农村内部的收入差距和不平等问题日渐加重。

如表 3-17 所示，针对实际收入是否能维持家庭基本生活的情况，大部分家庭都处于"刚刚够"的程度，其中建档立卡户占比最高为 54.17%，非建档立卡户持"刚刚够"态度的比重 49.76%。与建档立卡户相比，非建档立卡户在"不太够"和"很不够"的比重较多，分别为 23.1% 和 17.84%。由此来看，部分已脱贫户和农村的低收入户其自身的脆弱性依然较强，存在一定程度的返贫风险，尤其是老人、病患或残疾等弱能群体以及支出型贫困群体，他们在很大程度上会成为相对贫困的目标对象。

表 3-17　建档立卡户与其他家庭的实际收入能否维持家庭基本生活

程度	建档立卡贫困户 频数	比例	建档立卡户中低保户 频数	比例	非建档立卡户 频数	比例
很不够	438	9.86%	282	11.19%	295	17.84%
不太够	788	17.75%	458	18.18%	382	23.10%
刚刚够	2405	54.17%	1355	53.79%	823	49.76%
较轻松	580	13.06%	309	12.27%	105	6.35%
非常轻松	229	5.16%	115	4.57%	49	2.96%
总计	4440	100.00%	2519	100.00%	1654	100.00%

如表 3-18 所示，从不同家庭对所在社区的社会经济地位主观评价的态度中可以看出，建档立卡贫困家庭认为自己处于中层地位的居多，占比为 34.1%，有 55.1% 的建档立卡贫困家庭中的低保户认为自己处于中层及中下层水平，46.1% 的非建档立卡户则认为自己处于下层水平。近年来脱贫攻坚力度之大、规模之广前所未有，相关的扶贫项目和民生兜底保障政策对建档立卡贫困户的覆盖率和瞄准度越来越高，使得非建档立卡贫困户存在一定程度上的心理落差，对自己的经济水平产生偏僻的判断和定位。当前社会保障资源在人群之间、城乡之间和项目之间配置不够均衡（何文炯，2020）。同时也要关注贫困户与非贫困户、贫困区与非贫困区之间的收入发展和相关社会服务供给差异。

表 3-18　在本社区中的社会经济地位的主观评价

社会经济地位	计数项	家户类型 建档立卡户	建档立卡户中低保户	非建档立卡户
上层	频数	41	14	6
	比例	0.90%	0.60%	0.40%
中上层	频数	144	65	29
	比例	3.20%	2.60%	1.80%
中层	频数	1517	743	351
	比例	34.10%	29.50%	21.20%

续表

社会经济地位	计数项	家户类型		
		建档立卡户	建档立卡户中低保户	非建档立卡户
中下层	频数	1163	646	471
	比例	26.20%	25.60%	28.40%
下层	频数	1463	988	763
	比例	32.90%	39.20%	46.10%
总计	频数	4443	2519	1656
	比例	100.00%	100.00%	100.00%

当前我国人民日益增长的美好生活需要和不平衡不充分发展之间的矛盾相适应，十九届五中全会将"人民生活更加美好，人的全面发展、全体人民共同富裕取得更为明显的实质性进展"作为远景目标提出，在全面建成小康社会、实现第一个百年奋斗目标之后，接下来我国的农村帮扶政策设计不仅注意缩小区域之间和城乡之间的发展差距，同时也要注意农民内部之间的收入和发展不平衡不充分的问题。脱贫攻坚后，中国贫困治理应以农民增收富裕为贫困人口基本目标，脱贫的绝对水平和相对水平还需要提升和巩固，既要长期有效地保证贫困群体稳定脱贫，又要实现区域协调发展的目标。

三、愈加突出农村老弱残脆弱性群体的基本需求

兜底保障的贫困人口具有脆弱性的特征。脆弱性是指农村困难群体本身的弱质性，个体的内生动力和能力作为可持续生计的重要保障，也是决定个体脆弱性的重要因素，同时还面临着包括自然灾害、经济波动和重大突发公共安全事件等在内的风险因素，三者共同嵌入于农户家庭的生计系统中。风险脆弱性的相互作用在一定程度上决定了农户家庭生计资本（物质资本、人力资本、自然资本、社会资本和金融资本）的性质和存量。虽然当前已实现全面消除绝对贫困的目标，但农村老弱病残幼等特殊困难群体属于脱贫不稳定和边缘易贫人群，他们的生计资本抗风险能力极其脆弱，囿于低水平的生计系统，可供这类群体选择的生计方式较为狭窄，自身的抗逆力较差，也是相对贫困问题的易发生人群，在需要政府社会提供的兜底保障政策和服务的作用下得以加强。

如表3-19所示，建档立卡户中的老人/残疾人与其他两类家庭的老人/残疾人对社会服务的需求情况总体来看是相接近的，在所需要的服务中，皆是对"上门看病"的需要比重最多，分别为29.87%，29.55%和32.56%。其次是"康复健全。

第三节　启示及建议

兜底保障是打赢脱贫攻坚战的一项底线制度安排，是国家治理体系和治理能力的重要组成部分，也是我们党践行坚持以人民为中心的价值追求。党的十八大以来，以习近平同志为核心的党中央高度重视基本民生兜底保障工作，以系统化思维全面加强基本民生保障体系建设，加强低保、特困供养、临时救助、医疗救助、住房救助、教育救助等专项救助工作，不断加大基本民生的保障和兜底力度，有效保障了困难群众基本生活。

从政策梳理和课题组对调查数据量化分析的结果来看，基本民生兜底保障政策在瞄准贫困人口、促进贫困人口增收、优化基本公共服务供给和有效防止致贫返贫方面发挥了积极的作用。从基本民生兜底政策的瞄准情况来看，在低保与扶贫开发政策两项制度衔接的实践中，建档立卡贫困户纳入低保的力度逐渐扩大，社会救助项目的覆盖面和救助标准不断提升。从救助资金的投入力度来看，政府转移性收入作为贫困人口收入的重要组成部分，为保障困难群众基本生活、巩固脱贫攻坚成效做出了重要贡献，不同困难程度的贫困家庭也享受到相应的基本社会救助，困难群众的多样化和多方面救助需求正逐渐得到满足。将项目覆盖广度和资金救助强度结合起来看，低保、住房、教育和医疗救助的覆盖范围和资金投入位居前列，在脱贫攻坚中发挥更好的兜底保障作用。随着社会服务资源供给力度不断扩大，救助方式也由传统的资金救助为主向"资金+物质+社会服务"的多样化社会救助方式发生转变。在有效防止致贫返贫方面，全国所有的县（市、区）的农村低保标准已稳定超过国家的扶贫标准，是实现2020年现行扶贫标准下农村贫困人口全部脱贫的重要保障。其中，建档立卡户医疗与教育总支出水平仍然较高，户均支出分别为12459.8元和6084.84元，占当年建档立卡贫困户总收入31906.25元的比重分别为39.05%和19.7%，与其他类型家庭的医疗和教育支出面临的压力相比，建档立卡户所享受的社会救助政策和力度较大，因学和因病等刚性支出费用较大导致的支出型贫困问题得到有效缓解，社会救助的减支效应尤为凸显。

当前"两不愁三保障"的突出问题已得以解决。新发展阶段，在推进实现共同富裕的过程中，要切实提高民生保障水平和质量以增强困难群众的获得感、幸福感和安全感，要把满足困难群众对美好生活的向往作为奋斗目标。围绕有效防止返贫和减少返贫致贫风险，既要保持基本民生兜底保障政策的稳定性和可持续性，又要积极创新多样化的救助服务方式。建立困难群众主动发现机制，切实提高困难群众的瞄准和救助效率。建立健全分层分类的社会救助体系，通过基本生活救助和专项救助政策的有效组合，切实提高不同困难群体接受救助的精准性和有效性。加大对农村低收入人群和老年人、残疾人、未成年人等弱能群体的兜底保障政策力度，提升区域性和低收入人群的基本福利水平。加强县域养老服务体系建设，提高农村养老服务的可及性、多样化水平，满足农村老年人多样化的养老需求。建立重大突发事件兜底保障机制，创新发展农村政策和商业保险项目，实现基本民生兜底保障的高质量发展，推动改革发展成果更多更公平惠及困难民众。

一、建立困难群众预警和主动发现机制，防止规模性返贫现象

有效防止贫困是巩固脱贫攻坚成果的工作重点。依托社会救助信息系统平台，打破部门之间的信息和数据壁垒，与医保、民政、公安、住建及应急管理的信息进行交流共享，对困难对象在住房、医疗、教育等方面存在的致贫风险进行排查监测，及时预警、核实和救助，防止出现致贫返贫的现象。除了关注监测对象家庭的人口基本生活、收支状况、生产经营等状况，还应适当考虑救助申请家庭的劳动力水平、就业情况、健康状况、教育程度等因素，综合评估、预测困难群众的生活情况和面临的风险。对重大突发事件和灾害的识别和监测也是从源头上减少风险的重要措施，密切关注潜在困难的群体，实行等级划分和标识管理，以提高救助措施的针对性和有效性。定点定期更新和收集相关数据，实行动态管理常态化，认真做好相关工作台账中的数据收集工作，落实专人按照定点定期动态管理。充分利用民政部官方平台和全国各级社会救助服务热线，畅通自下而上的困难群众求助渠道，切实提高社会救助的及时性和回应性。依托村（居）委会、社会工作者及志愿者、村（居）民等群体的力量，进一步推动自上而下的救助服务下沉，提高困难群众识别和救助的精准度和瞄准率。逐步取消地域户籍的申请限制，推广实施以急难发生地给予救助，使得各类困难群众都能得到相应的救助政策。

二、健全分层分类的社会救助体系，织密基本民生兜底保障网

根据不同困难程度和致贫原因，科学精准制定帮扶政策，健全分层分类的社会救助体系。通过基本生活救助和教育、医疗、住房、就业等专项救助政策的有效组合，使不同困难群体精准地享受到有效的求助政策，不断扩大社会救助的覆盖范围。加强对农村老弱病残等生理脆弱性群体的保护，提供基本的生活保障，以及相关的医疗、就业等专项救助服务。积极构建覆盖城乡的社区支持帮扶体系，

引入社工机构、养老机构等市场机构和社会力量共同参与到城乡贫困群体的帮扶和服务供给中，提高贫困人口的生活质量和社会福利水平。对于低收入困难人群，一方面根据实际困难情况给予相应的专项救助，另一方面，要致力于提高这部分群体的抗风险能力，积极拓展他们的生计活动选择空间。坚持以贫困劳动力培训需求为导向，提供有针对性和时效性的就业技能培训，拓宽贫困劳动力的就业渠道，进而提升他们在生计活动中初次分配的获得份额，并增强他们的就业质量和稳定性。对于因遭受突发事件而陷入困境的普通社会民众，要充分发挥急难型临时救助的作用。临时救助是国家对遭遇急难事件导致基本生活陷入困境的家庭或个人给予的应急性、过渡性救助，是基本民生保障底线中不可或缺的专项救助制度，其救助形式灵活多样、救助时效性较强，在防止暂时性困难转化为长期贫困的作用较突出。进一步加强临时救助的防贫功能，根据困难类型和困难程度及时按规定给予临时救助，助力有效化解城乡群众遭遇的突发性、紧迫性、临时性基本生活困难问题，防止困难群众因病、因灾、因急难事件等致贫返贫。

三、提升区域性和低收入人群的基本福利水平，减缓农村相对贫困

2020年已完成消除绝对贫困的目标，实际上还有一部分低收入人口、返贫风险较大的群体，其发展能力和抵御风险能力较弱，主要依靠兜底保障脱贫，这部分特殊困难群体也是农村相对贫困治理的重点对象，其生活和发展的质量则与兜底保障政策的实施情况紧密相关。一方面表现为收入水平的低下，另一方面由于收入分配差距或基本公共服务不均等因素导致部分家庭或个体的福利水平处于社会平均水平之下（凌经球，2019）。从农村困难群众接受的救助情况来看，基本生活救助和政策补贴的覆盖使得他们在物质生活各个方面的严重困难逐渐得到解决，但在服务方面的需要仍然得不到满足，尤其是其社会融入、心理调适、发展动力等方面遇到的内外障碍难以解决（关信平，2019）。新发展阶段，提升区域性和低收入人群的基本福利水平是减缓农村相对贫困的重要路径。在社会救助制度兜底覆盖的基础上，提供更充分的综合性服务，进一步提高农村居民教育、医疗、就业、住房、养老等普惠性服务的基本保障水平和服务质量，保证社会保护政策的稳定性和可持续性。逐步扩大救助对象的覆盖范围，完善特殊群体如农村老年人、残疾人和困境儿童的社会福利服务，给予困难流动人口（农民工）更多的重视与关注，合理界定农民工身份，逐步破除农民工持续参保的制度障碍，正视农民工的劳动者身份，实现就业与参保的高度关联，保护其劳动权益以降低群体贫困风险（左停，李世雄，2020），解决他们在城市享有待遇的机会和水平不平等问题。

四、加强农村县乡两级养老服务体系建设，减轻农村家庭养老负担

面对农村老龄化趋势愈发严峻以及养老服务资源配置不平衡的问题，全面提升县域农村养老综合服务能力，满足广大农村老年人尤其是经济困难老年人的养老服务需求，对积极应对人口老龄化国家战略有重要意义。着力增强县级综合性养老服务中心的养老服务能力，补齐农村养老服务短板，加快县域内优质养老服务资源向农村拓展延伸，推进乡镇敬老院的综合提升改造，发挥乡镇敬老院作为区域性养老服务中心的辐射效应；推进村级社区养老服务站建设，开展日间照料、提供助餐、助浴、康复护理、日间照料等服务。立足当地养老服务实际需求，创新探索农村养老服务方式，针对农村留守老年人、特困供养老人、高龄老人以及生活困难的弱能老年群体的养老难问题，积极整合县级福利中心和养护院、乡镇敬老院和卫生院、村级幸福大院等资源，为这类困难群体提供集中供养服务；有条件的地区加大对农村幸福院、日间照料中心、颐养院等建设项目的升级和改造，增加多种个性化、专业化的服务项目，为农村居家困难老年人提供一定时效范围内的生活照料、家政服务、康复护理、精神慰藉等服务，探索建立积分制度、设置兴趣小组、建立志愿者队伍、配备公益性岗位等常态化活动机制，充分发挥互助组织的凝聚力和低成本的作用，满足不同老年人救助型和适度普惠型的养老需求，大大激发乡村发展的内生动力。

五、建立重大突发事件兜底保障机制，创新发展农村政策保障项目

中国农村贫困的内在本质是脆弱性，它是与外在的特定风险相联系的（左停等，2020）。当前仍存在一些不稳定的脱贫人口囿于低水平的生计系统，可供选择的生计方式狭窄，自身抗逆力较差，重大突发事件的发生会进一步加剧困难群众的脆弱性。突发事件具有紧急性、危险性和不确定性的特征，要建立一整套完整的兜底保障机制，出台重大突发事件困难群体兜底保障的工作方案，明确不同救助方式相应的救助规范和措施，切实提高各地应对重大突发事件的防治能力，在急难发生时，便于因突发事件陷入困境的人员得到及时有效的救助。特别是要加强预防，建立健全及时响应的应急工作机制，要创新建立农村应对各种灾害与事故风险的普惠性保险项目，探索"基本生活救助+保障服务"等多种保险模式，不断提高急难型重大突发事件的兜底保障成效。社会组织、慈善力量的灵活性和及时性历来在应对突发重大事件中起到重要的作用，建立健全引导慈善力量参与应对突发事件的体制机制，畅通各地慈善组织进行应急物资管理、参与防灾减灾的渠道，大大激发社会各界参与慈善的积极性和主动性，在全社会形成崇德向善的良好氛围。

第四章 城市相对贫困基本民生兜底保障

工业革命以来世界城市化进程加快，根据联合国人居署发布的《2020年世界城市报告》：未来10年，世界将进一步城市化，城市人口占全球人口的比例将从目前的56.2%达到2030年的60.4%，其中96%的城市增长将发生在东亚、南亚和非洲的欠发达地区[1]。城市是人类生产和生活的重要场域，城市贫困问题也是世界各国面临的重要问题。伴随着现代化过程中稳定与动荡并存[2]，全球化、高科技、高风险等社会特征加剧了城市生活的不确定性。反观中国，由于正处于现代化进程中最为关键的社会转型期，又处于全球化、信息化的当今世界，既存在着亨廷顿所说的文明冲突的动荡风险，又存在着贝克、吉登斯等人所说的风险社会的风险。[3] 正是在这样的背景下，中国城市人口面临着高度的不确定性和社会负担，工作压力、高房价、老龄化问题以及互联网背景下金融风险的加剧，这些都加剧了城市人口致贫和返贫的风险，并且在城市高度密集、高度社会化的场域内，一场不经意的自然灾害抑或是人为事故都可能因为城市的社会属性而被放大从而引致更大的风险。随着2020年全面建成小康社会和脱贫攻坚任务的完成，我国绝对贫困群体大幅减少，但是相对贫困和多维贫困问题会更加突出复杂，尤其是在城市中的贫困问题将会进一步凸显出来。

巨大的风险冲击考验着城市居民的风险管理与风险应对能力。这些风险同时削弱了城市居民家庭的风险抵御能力，部分家庭随时会陷入贫困或贫困恶化。社会亟须一道安全网提供最基本的保障。社会救助制度在城市贫困人口的兜底保障中发挥着重要的作用，与教育、医疗、住房、养老等基本民生保障一起，旨在逐步解决城市的贫困问题，在共建共治共享过程中不断提升人民群众的幸福感、获得感、安全感、满足感。如何进一步充分发挥社会救助的兜底保障作用，使其发挥"承上启下"作用，即防止绝对贫困的反弹及应对新形势下贫困的新变化与新趋势，尤其是贫困的立体性、多维度性，城市居民生活的贫困脆弱性、社会生活

---

[1] 联合国人居署. (2020) 2020年世界城市报告关键信息. 人类居住, (04), 58-61.
[2] [美]塞缪尔·P. 亨廷顿. (2008). 变化社会中的政治秩序（王冠华，刘为等译）. 上海：上海人民出版社.
[3] 童星. (2012). 中国应急管理：理论、实践、对策. 北京：社会科学文献出版社, 8-12.

的不确定性等。如何在新的发展阶段，进一步实现更高水平的民生保障与民生发展。这些都是新时代对基本民生兜底保障提出的新要求。党的十九届五中全会明确了到二〇三五年民生保障的远景目标以及"十四五"时期民生保障的主要目标，中央对下一步解决相对贫困、巩固拓展脱贫成果作出了全面的部署和安排。顺着该方向指引，本研究试图在梳理当前我国城市相对贫困的现状与基本特征，以及城市相对贫困群体基本民生兜底保障的基础上，分析当前城市贫困治理与基本民生兜底保障面临的困难与挑战，提出城市贫困人口兜底保障的具体路径。

第一节　城市相对贫困现状与基本特征

一、城市相对贫困现状

通过对城市贫困人口的区域分布、人口学特征、收支状况进行分析，有助于梳理当前城市贫困的现状，并发现城市贫困治理存在的难点与问题，从而为城市人口的防贫、反贫工作制定政策提供参考依据。

（一）城市相对贫困的区域分布

目前城市贫困尚无统一的标准，较多研究者和有关部门根据纳入城市低保的人口来判定城市贫困的大致状况，近年来部分地区进一步扩大了贫困人口范围，将部分收入高于低保（一般在低保标准1.5—2倍左右）的低收入人群也纳入政策的惠及范围中。根据《社会救助暂行办法》规定，国家对共同生活的家庭成员人均收入低于当地最低生活保障标准，且符合当地最低生活保障家庭财产状况规定的家庭，给予最低生活保障。城乡居民最低生活保障制度是社会救助体系的基础，也是兜底保障的基石，在体现"底线公平"，保障城市贫困人口的基本生存与生活需要方面发挥了重要的作用。因此城市享受最低生活保障的人口具有城市贫困人口统计学的同质性、代表性。本研究选择在城市享受政府赋予最低生活保障的人口以及家庭为对象，分析当前城市贫困的区域分布状况。

表4-1　截至2020年10月我国各省份城市最低生活保障情况

地区	城市低保人数 （人）	城市低保户数 （户）	城镇人口数 （万人）	城市低保人数占 城镇人口比例
北京	69032	41402	1865	0.37%
天津	73823	48099	1304	0.06%
河北	184534	121065	4374	0.42%

续表

地区	城市低保人数（人）	城市低保户数（户）	城镇人口数（万人）	城市低保人数占城镇人口比例
山西	264032	148325	2221	1.19%
内蒙古	319868	202204	1609	1.99%
辽宁	354514	237546	2964	1.20%
吉林	402936	293247	1568	2.57%
黑龙江	564829	392997	2284	2.47%
上海	145432	104712	2144	0.68%
江苏	111765	72603	5698	0.20%
浙江	61630	47645	4095	0.15%
安徽	347564	233364	3553	0.98%
福建	60986	40068	2642	0.23%
江西	340640	211309	2679	1.27%
山东	123208	77414	6194	0.20%
河南	400894	273650	5129	0.78%
湖北	308107	197864	3615	0.85%
湖南	451489	290344	3959	1.14%
广东	152671	82206	8226	0.19%
广西	339285	149376	2534	1.34%
海南	36543	18862	560	0.65%
重庆	267335	173661	2087	1.28%
四川	706702	442537	4505	1.57%
贵州	620640	248882	1776	3.49%
云南	406607	259979	2376	1.71%
西藏	24782	13491	111	2.23%
陕西	202991	111500	2304	0.88%
甘肃	362631	163254	1284	2.82%
青海	62518	33411	337	1.86%
宁夏	84794	50527	416	2.04%

续表

地区	城市低保人数（人）	城市低保户数（户）	城镇人口数（万人）	城市低保人数占城镇人口比例
新疆	271622	150488	1309	2.08%
全国合计	8124404	4932032	84843	0.96%

数据来源：民政部2020年10月统计数据，2020年中国统计年鉴

分析我国各省份城市最低生活保障人数和家庭的分布情况发现，从绝对数值看，四川、贵州、黑龙江、湖南、云南、吉林、河南、甘肃、辽宁、安徽等省份的城市低保人数位居前10位，这与这些省份的人口基数有一定关系，同时说明这些省份城市贫困人口的绝对数量大，反贫困的难度依然不小。从地域分布来看，西南、东北三省以及中部部分地区是城市贫困人口的重灾区，呈现出城市贫困人口与经济发展水平相适应的特点。

再从表4-1各个省份城市贫困发生率看，贵州省以3.49%的比例位居各个省份第一，是唯一一个城市贫困发生率在3%以上的省份，其他城市低保人数比例较高的省份有甘肃、吉林、黑龙江、西藏、新疆、宁夏，主要分布在西部地区和东北地区。天津（0.06%）、浙江（0.15%）、广东（0.19%）、江苏（0.20%）、山东（0.20%）、福建（0.23%）等东部沿海省份普遍贫困发生率较低。

实际上，从历年的统计数据来看，城市低保人数2010年为2310.5万人，2011年2276.8万人，2012年2143.5万人，2013年2064.2万人，2014年1877.0万人，2015年1701.1万人，2016年1480.2万人，2017年1261.0万人，2018年1007.0万人，2019年860.9万人，2020年805.1万人，呈现逐年下降的趋势。[1]从2010年到2020年中国城市低保人数减少了1505.4万人，这得益于中国在减贫脱贫方面作出的巨大努力，但是这并不意味着我国城市返贫行动逐步走向终结，贫困的形势更加复杂，因此需要构建更高水平的兜底保障的目标，建设具普惠性的民生保障体系。

(二) 城市贫困人口的人口学特征

该部分主要选用民政部政策研究中心"2020年托底性民生保障政策支持系统建设"项目数据进行分析，该数据共10273个样本数，其中城市样本共4147个，分布在全国29个省份，说明样本具有较好的全国代表性。本研究将数据样本中的

---

[1] 民政部.2010—2020年社会服务发展统计公报[EB/OL].民政部网站 http://www.mca.gov.cn/article/sj/tjgb/

城市低保家庭以及低保边缘家庭均作为城市贫困人口，选取性别、年龄、婚姻、家庭人数、家庭类型、文化水平、政治面貌以及健康状况九方面作为体现城市贫困人口的人口学特征进行分析（见表4-2）。

表4-2 城市贫困人口学特征（样本量4147）

变量名	变量值	频次（个）	百分比（%）	变量名	变量值	频次（个）	百分比（%）
性别	男	1904	45.62	家庭类型	低保家庭	1037	24.84
	女	2270	54.38		低保边缘家庭	3137	75.16
	合计	4174	100		合计	4174	100
年龄组	29岁及以下	126	3.02	文化水平	没上过学	391	9.37
	30-39岁	327	7.84		小学	849	20.34
	40-49岁	1013	24.28		初中	1555	37.25
	50-59岁	1308	31.35		高中/中专/高职	961	23.02
	60-69岁	862	20.66		大专	294	7.04
	70岁及以上	536	12.85		本科	112	2.68
	合计	4172	100		硕士及以上	12	0.29
婚姻状况	有配偶	2620	62.77		合计	4174	100
	丧偶	662	15.86	政治面貌	中共党员	461	11.04
	离婚	545	13.06		民主党派	4	0.1
	未婚	347	8.31		共青团员	250	5.99
	合计	4174	100		群众	3459	82.87
家庭人数	1人	460	11.02		合计	4174	100
	2人	911	21.83	健康状况	很好	371	8.89
	3人	1199	28.73		较好	447	10.71
	4人	728	17.44		一般	1819	43.59
	5人	450	10.78		较差	881	21.11
	6人及以上	426	10.21		很差	655	15.70
	合计	4174	100		合计	4173	100

通过人口学特征的数据分析，得到如下结论：

（1）城市贫困略倾向于女性人口，但总体处于平衡状态。数据显示当前我国城市贫困人口中，男性占45.62%，女性略高于男性占54.38%，总体上处于平衡状态。我国城市贫困性别结构处于基本平衡状态，男性与女性人口比例倾向于女性人口，存在收入"性别歧视"，但是不严重。这是因为城市妇女对就业的预期比较现实，能够比较快地调整心态，也比较容易进入服务行业，获得谋生的手段比男性似乎要多一些，但是工资相对偏低，因此城市贫困人口在性别上有差异而不显著。[1]

(2) 城市贫困人口呈现"纺锤形"结构，中老年群体贫困趋势更加明显。数据显示，29岁以下的城市贫困人口占3.02%，30~39岁的占7.84%，40~49岁、50~59岁、60~69岁的中老年群体贫困人口比例较高分表占24.28%、31.35%、20.66%，到了70岁以上的贫困人口比例又有所下降为12.85%。中老年群体由于自身劳动能力不断下降并且随着年龄增长身体健康状况变差，因此容易因为收入减少或者医疗开支等过大而陷入贫困。在我国人口老龄化不断加剧的大背景下，2020年中国65岁及以上人口占比达13.5%，"未富先老"问题突出，因此老年人贫困问题不容小觑。

(3) 总体婚姻状况不佳，离婚和丧偶的比例较高。其中62.77%的城市贫困人口有配偶，但是有15.86%的城市贫困人口丧偶远高于全国5.72%的丧偶比率[2]，有13.06%的人离婚高于全国2.26%的离婚比率[3]并且高于本次调查农村贫困群体5.02%的离婚率，未婚人口占8.31%低于全国18.02%的未婚率。城市贫困人口较低的离婚和丧偶率，一方面由于该部分群体以中老年为主，因此丧偶的概率较高；另一方面贫困人口自身经济条件较差且文化水平低，不利于维系婚姻稳定；再者城市中的人口思想观念较之于农村更加先进，因此离婚比率更高。

(4) 城市贫困人口受教育水平偏低。其中近9.37%的人口没上过学，高于全国5.11%的文盲率，小学学历和初中学占据较高的比例分别为20.37%和37.25%，低于全国25.29%和37.29%的比例，高中/中专/高职的比例为23.02%，要高于全国17.74%的比例，而大专及以上的占10.01%低于全国14.58%的比例。[4] 因此城市贫困人口的受教育水平总体要低于全国平均水平，而较低的教育人力资本不利于贫困人口的就业和发展，还会产生教育贫困代际传递进而成为致贫的重要原因之一。

---

[1] 陈岱云，陈希. (2020). 人口年龄结构变动及其效应问题研究——基于山东省人口普查的资料. 山东社会科学, (11), 103-110.

[2] 全国数据来自2020年中国统计年鉴 http://www.stats.gov.cn/tjsj/ndsj/2020/indexch.htm, 此处丧偶率=全国丧偶人数/全国15岁及以上人口。

[3] 全国数据来自2020年中国统计年鉴 http://www.stats.gov.cn/tjsj/ndsj/2020/indexch.htm, 此处离婚率=全国离婚人数/全国15岁及以上人口。

[4] 全国数据来自2020年中国统计年鉴 http://www.stats.gov.cn/tjsj/ndsj/2020/indexch.htm.

(5) 城市贫困人口健康状况较差。城市贫困人口多为老弱病残，受访对象中有22.21%经历过家庭成员突发重大疾病，这给家庭带来心理以及经济方面的冲击。对于健康状况的评价，有43.59%的城市贫困人口健康状况一般，有21.11%以及15.70%健康状况为较差和很差，而健康状况较好和很好的受访者分别占10.71%和8.89%。城市贫困人口健康状况较差是致贫的重要原因之一，近些年因病致贫的支出型贫困问题更加突出。

(6) 家庭人口规模较大且抚养比高。本调查样本中城市困难家庭的家庭人口数以2人（21.83%）和3人（28.73%）为主，其中家庭人口数在5人及以上的占20.99%，高于全国平均13.70%的比例，家庭户均人口为3.43人高于2019年全国平均水平（2.86人/户）[1]。城市困难家庭不管是少儿抚养比以及老年抚养比均高于全国水平，具体见表4-3，说明城市困难家庭的劳动力数量少，少儿、老年人以及需要长期照料的人口偏多，家庭负担重。

表4-3 样本户抚养比与全国平均抚养比

	总抚养比（%）	少儿抚养比（%）	老年抚养比（%）
样本	71.84	25.82	46.02
全国	41.56	23.76	17.80

注：全国数据来自2020年中国统计年鉴 http://www.stats.gov.cn/tjsj/ndsj/2020/indexch.htm

(三) 城市贫困人口的收入与支出

城市困难家庭人口构成以老弱病残幼等弱势群体为主，劳动人口较为缺乏且收入水平低，抚养比高。城市困难家庭因病因残因学导致家庭重大刚性支出，如调查样本中有52.13%存在因家人疾病而负担重，因此家庭经济结构呈现高支出—低收入的特征。通过将农村困难家庭与城市困难家庭进行对比，其中城市困难家庭高支出—低收入的特征更加显著，如表4-4所示，城市困难家庭户均年收入为48693元，户均年支出131327元，家庭年净收入为-82634元，家庭经济入不敷出。另外，农村困难家庭虽然年收入为34351元低于城市困难家庭，但家庭年支出为40050元远低于城市困难家庭年支出，收支差为-5699元。不管从家庭年收支还是从月收支看，困难家庭都呈现"收不抵支"状态，并且城市困难家庭收支缺口较大，这也和城市困难家庭较高的生活负担分不开。

---

[1] 全国数据来自2020年中国统计年鉴 http://www.stats.gov.cn/tjsj/ndsj/2020/indexch.htm.

表 4-4 城乡困难家庭收支比较

类别	城市样本		农村样本	
	年户均值（标准差）	月户均值（标准差）	年户均值（标准差）	月户均值（标准差）
年收入	48693 元（63861）	4058 元（5322）	34351 元（81194）	2863 元（6766）
年支出	131327 元（5159777）	10944 元（429981）	40050 元（130074）	3338 元（10840）
收支差	-82634 元（5159680）	-6886 元（429973）	-5699 元（109529）	-475 元（9127）
样本数	4174		6099	

从支出类型看，城市困难居民家庭的医疗保健支出负担较大，据统计 2019 年城市家庭户均医疗保险开支为 24200 元，其中自付部分费用为 13253 元，占比 54.76%。因此，当问及医疗保健费用对家庭生活带来的压力时，其中有 24.92% 的受访者表示明显有压力，另外有 28.89% 的受访者有非常大的压力。表 4-5 样本户年各类收入占比显示，城市困难家庭的收入主要（占 58.01%）来自劳动净收入，其次转移性收入（占 32.04%），其中转移性收入包括政府社会救助收入、赡养（抚养、扶养）收入，经营性和财产性收入较少。这说明城市困难家庭的收入来源较为单一，主要靠劳动收入所得，其次由于家庭生活困难获得来自政府以及亲戚朋友的救助。

表 4-5 样本户年各类收入均值与占比

收入类型	样本数	收入（元）	标准差	占比
劳动净收入	4174	28247	48095	58.01%
经营性收入	4174	2166	21833	4.45%
财产性收入	4174	2281	26387	4.68%
转移性收入	4174	15601	28386	32.04%
其他收入	4174	508	4666	1.04%
全年总收入	4174	48693	63861	100.00%

需要注意的是，城市困难群体除了具有以上特征以外，城市中还存在大量特殊的群体，其贫困问题值得关注。其一，外来人口的贫困问题。外来人口一般不具有当地城市户籍，但在当地城市生活居住较长时间，在很多城市，这类人口被

表4-7 城乡贫困人口行业分布对比

行业	城市贫困人口		农村贫困人口	
	个数	比例	个数	比例
第一产业	256	6.13%	1989	32.61%
第二产业	676	16.19%	1175	19.26%
第三产业	1470	35.21%	873	14.30%
其他行业	885	21.20%	823	13.49%
未就业	875	20.96%	1206	19.77%
不知道	12	0.29%	33	0.54%
合计	4174	100.00%	6099	100.00%

3. 城市贫困群体主观社会经济地位偏下

一个反贫困政策即使是以客观贫困框架来制定的，但检验该政策成功与否的一个最终环节恰恰离不开贫困者自身的主观评判，即贫困者对政策是否认同、是否满意。[1] 贫困者自身社会经济地位的判断正是检验贫困群体主观贫困感知的重要维度之一，一定程度上影响着贫困者自身对兜底保障政策的感受。数据表明（表4-8）城市贫困群体中有近一半的受访者认为自身在本社区中的社会经济地位处于下层（49.50%），认为处于中下层以及中层的群体分别占32.25%和14.71%，而认为社会经济地位在上层和中上层的比例之和仅占1.60%。通过将城市贫困群体与农村贫困群体进行对比，发现城市贫困群体的主观经济地位要更低于农村受访者。贫困人口主观社会经济地位受到自身经济条件和自身主观认知的影响，因此有必要重塑城市贫困人口的"贫困认知"，不断提升城市贫困群体的幸福感、获得感和安全感。

表4-8 城乡贫困人口主观社会经济地位对比

题项	城市贫困人口		农村贫困人口	
	个数	占比	个数	占比
拒绝回答	1	0.02%	1	0.02%
不知道	4	0.10%	3	0.05%
上层	6	0.14%	47	0.77%
中上层	61	1.46%	173	2.84%

---

[1] 左停，杨雨鑫.(2013).重塑贫困认知：主观贫困研究框架及其对当前中国反贫困的启示.贵州社会科学，(09)，43-49.

续表

题项	城市贫困人口		农村贫困人口	
	个数	占比	个数	占比
中层	614	14.71%	1868	30.63%
中下层	1346	32.25%	1634	26.79%
下层	2066	49.50%	2226	36.50%
说不清楚	76	1.82%	147	2.41%
合计	4174	100.00%	6099	100%

(二) 城市贫困的区域差异性特征

结合前述关于中国城市低保人口空间分布的分析,可知城市贫困的区域差异性呈现如下特征:其一,城市贫困人口的空间分布与经济发展水平有较大的关系。其中西南、东北三省以及中部部分地区是城市贫困人口的重灾区,这与当前这些地方的经济发展状况比较一致,呈现出城市贫困人口与经济发展水平相适应的特点。东部沿海地区的城市贫困人口数量及贫困发生率都呈现较低的水平。其二,不同区域内部城市贫困呈现出不同的特征。有研究发现东北地区资源型城市呈现高人均GDP和高贫困发生率的"隐藏性贫困",西南地区部分少数民族聚居型城市呈现低人均GDP和相对低贫困发生率的"特殊性低贫"[1]。其三,城市贫困的区域差异和城市类型有较大的关系。资源型城市、老工业基地和少数民族地区是城市贫困人口聚集区。制度短缺、资源禀赋的不可逆性、产业的单一性、城镇功能的不完整性、环境质量的递减性和人文资源短缺等因素共同影响着资源枯竭型城镇的经济发展,是导致这些城镇贫困加深的主要原因[2]。大中城市贫困群体向支出型贫困转变[3],这和大城市生活成本较高,各类开支大特别是医疗、教育等方面加重了困难家庭的负担分不开,呈现出"入不敷出"的经济状态。

(三) 城市贫困的多维性特征

随着城市中收入匮乏型贫困大幅度减少,多维贫困问题不断凸显,表现为部分贫困群体不能融入主流社会,在各个层面都面临排斥的风险。

---

[1] 袁媛,古叶恒,陈志灏.(2016). 中国城市贫困的空间差异特征. 地理科学进展,(02),195-203.
[2] 杨伦超.(2006). 资源枯竭型城镇的困境凸现和贫困加剧的成因. 现代经济探讨,(06),5-9.
[3] 李姗姗,孙久文.(2015). 中国城市贫困空间分异与反贫困政策体系研究. 现代经济探讨,(01),78-82.

(1) 城市贫困家庭社会交往不足，社会关系网断裂。城市属于陌生人社会，城市中人与人之间的关系通过社会分工联系起来，而农村则是有亲属、邻里、友谊，以血缘、感情和伦理为纽带形成整体的统一有机关系。因此城市中的人与人之间的关系比较疏离，数据结果表明选择交往的人很少的城市贫困人口占比最高（59.13%），远高于农村的这一比例（42.04%），而在交往的人比较多以及较多的人中农村贫困人口的较高（见表4-9），此外城市贫困人口在社会参与方面要显著弱于农村贫困人口，一方面表现为城市贫困人口社会交往的意愿低于农村贫困人口，其中城市受访者经常联系交流的人数均值为15人，而农村则为城市的两倍（30人）；另一方面城市贫困群体参与社区公共事务的意愿也要显著低于农村贫困群体。

表4-9 城乡贫困人口社会交往情况的交互分析

城乡属性 与人交往	城市		农村		合计	
	个数	占比	个数	占比	个数	占比
交往的人很少	2468	59.13%	2564	42.04%	5032	48.98%
交往的人比较多	1230	29.47%	2324	38.10%	3554	34.60%
交往的人较多	379	9.08%	1062	17.41%	1441	14.03%
说不清	95	2.28%	145	2.38%	240	2.34%
不知道	2	0.05%	4	0.07%	6	0.06%
合计	4174	100.00%	6099	100.00%	10273	100.00%
$\chi^2 = 324.06$ $p < 0.001$ $N = 10273$						

(2) 许多城市贫困家庭教育、医疗、养老负担较重进一步消减了家庭的自我发展能力。城市人口面临着高度的不确定性和高强度的负担，工作压力、高房价、老龄化问题以及互联网背景下金融风险等，这些都加剧了城市人口致贫和返贫的风险。数据结果表明（表4-10），城市群体收不抵支的状态更加严重，因病、因残、因学等导致支出型贫困，城市贫困家庭近一年困难遭遇也呈现多维特征，其中家庭主要劳动能力没有工作的比例最高为53.79%，特别是受到近年疫情影响，一部分人经历了失业、无法外出打工以及收入下降等困难，其次是52.13%的城市贫困群体的家庭疾病负担重且有41.66%家庭的家人需要长期照料。再者还有家庭劳动能力缺乏（45.78%）、居住困难（35.31%）、子女教育负担（28.34%）以及赡养老人负担（27.96%）等多方面的困难，这些困难消减了家庭的自我发展能力。

表4-10 近一年来城市贫困家庭遭遇困难情况

遭遇困难情况	个案数	占比	排序
家庭主要劳动力没有工作	2245	53.79%	1
家人疾病负担重	2176	52.13%	2
家庭主要成员没有劳动能力	1911	45.78%	3
吃穿等基本生活质量低	1872	44.85%	4
家人需要长期照料	1739	41.66%	5
居住条件差	1474	35.31%	6
劳动/就业汇报明显偏低	1418	33.97%	7
子女教育负担难以承受	1183	28.34%	8
赡养老人负担	1167	27.96%	9
其他	516	12.36%	10
遭受重大财产损失	225	5.39%	11
家庭最主要收入人被长期拖欠工资	211	5.06%	12

（3）城市贫困家庭缺乏应对风险的能力，无法选择合理的行动来应对风险，缺乏行动选择的自由。表4-11数据显示，2019年城市贫困家庭经历了收入锐减、失业、疾病、事故以及灾害等突发困难，导致家庭困难。全球化、高科技、高风险使得城市不确定性的特征日益显著，在城市这样高度密集高度社会化的场域内，一场不经意的自然灾害抑或是人为事故都可能因为城市的社会属性而被放大从而引致更大的风险，这些加剧了城市人口致贫和返贫的风险，然而当前城市贫困家庭缺乏应对风险的能力。相对贫困已进入新阶段，需要多维度认识贫困。强调非收入因素对人的福利的作用，深化人们对社会需要、社会机会的认识，力图从增权或能力提升、社会融合等新视角进行考察。[1] 更加关注社会关系（地位、权利）等非经济资源分配。

表4-11 2019年城市贫困家庭遭遇突发困难情况

突发困难类型	个案数	占比	排序
因灾害疫情等不可抗力导致家庭收入锐减	1363	32.65%	1
短期失业	1221	29.25%	2

---

[1] 杨团.（2002）.社会政策研究范式的演化及其启示.中国社会科学，（4），127-139.

续表

突发困难类型	个案数	占比	排序
因灾（含新冠疫情）导致临时生活困难	1164	27.89%	3
家庭成员突发重大疾病	927	22.21%	4
其他	338	8.10%	5
交通事故等突发意外	159	3.81%	6
主要劳动力去世	122	2.92%	7

（四）城市流动人口贫困与"隐藏式贫困"问题突出

随着社会经济的发展以及城市化进程的不断推进，流动人口不断增加，从2010年的1.21亿人到2019年2.36亿人[1]。但流动人口因教育水平、生活习惯、经济资本、社会资源等方面的不同差异，表现为不同的市场议价能力和生存发展机会，带来流动人口与本地市民之间、流动人口内部之间的贫富分化，从而产生相对剥夺感及社会矛盾冲突[2]。因此在全面建成小康社会进程中，城市流动人口贫困问题也引起社会各界的高度关注。城市流动人口的贫困问题具体表现为：其一，城市流动人口的住房问题较为突出。城市中日渐攀高的房价让中低收入的流动人口"望而却步"，此外租房保障体系不够完善导致一部分群体特别是大学生"蚁族"面临住房"难、贵、差"的困境；住房租赁中介乱象频频，如中介收费混乱、售后无保障，此外2020年还出现长租公寓"连环爆雷""中介卷钱跑路"的现象；群租房太多，市区老破小住房较多且居住环境较差影响居住体验；因公共基础设施配置不均衡增加了住房选择的困难，例如要考虑工作地点与居住地点的距离，同时又要兼顾交通、医院等基础设施配置问题。其二，城市流动人口由于户籍壁垒造成市民化进程的障碍，无法享受城市中的社会福利。当前城市中的福利还是与户籍相挂钩，而大城市由于公共服务资源供给与人口需求之间存在着不匹配，导致部分流动人口被部分地排斥在城市福利之外或者较少地享受到社会福利。此外由于人户分离现象普遍，流动人口也较少能享受到户籍地的福利。其三，城市流动人口社会融入问题。流动人口与户籍地的社会关系发生断裂，且城市出现陌生人社会（主要以分工和生产来维系社会关系），因此会产生社会融入困难型贫困。其四，就是因就业不稳定导致的贫困风险。特别是受到疫情的影响，

---

[1] 全国数据来自2020年中国统计年鉴 http：//www.stats.gov.cn/tjsj/ndsj/2020/indexch.htm
[2] 朱晓，秦敏.（2020）.城市流动人口相对贫困及其影响因素.华南农业大学学报（社会科学版），19（03），115-129.

经济受创,有的家庭收入明显下降,有的无法正常外出务工,有的因为企业停工甚至倒闭而失业,这些都增加了流动人口致贫的风险。

此外,由于城市流动人口本身兼具流入地和流出地的"双重身份"以及由此带来个人家庭收入与资产的"双重性",其贫困状况更难识别、追踪和帮扶,难以表达自身诉求并获得相应资源,容易成为社会兜底保障的盲点从而造成"隐藏式贫困"。

第二节 当前城市相对贫困群体的基本民生兜底保障

一、城市贫困治理的基本内涵

城市贫困一直是全球性的问题。随着城市化进程的推进以及城市结构的不断多样化,城市贫困问题日益多维复杂,这给新时代城市贫困治理提出新的要求。

近些年中国经济持续向好发展为贫困治理提供了强劲的动力支持,产生了明显的涓滴效应,但与自由主义贫困治理学说不同的是,中国的贫困治理并不完全依赖于市场要素,在提升经济增长益贫效应的同时,特别强调政府主导的开发式扶贫[1]。然而不可忽视的是,经济发展的涓滴效应对于贫困治理是有限度的,从已有的减贫经验和国外的研究成果来看,经济发展的涓滴效应发生有一个测算的限值,即当贫困人口的规模高于总人口的百分之十时,经济发展才能惠及贫困群体;而当贫困群体的规模低于总人口的百分之十时,经济发展的涓滴效应已经很难发挥作用[2]。因此,新时期如何消减和缓解城市贫困,不应该只是经济的单维度增长,而是一种包容性增长,亟须治理理念的引入。

所谓"治理",早在20世纪末这一概念即已兴起,并被广泛应用于公共治理的研究中,体现了权力多中心、协调的不间断性,公共部门和私人部门共同承担等内在含义[3]。因此贫困治理不是政府单方面参与,而是需要全社会共同努力,即贫困治理主体不应是政府单一主体,而应是政府、市场组织、社会组织、民众等多主体合作的网络状结构;贫困的社会治理超越于合作型反贫困,它是减贫主

---

[1] 高飞,向德平.(2017).社会治理视角下精准扶贫的政策启示.南京农业大学学报(社会科学版),17(04),21-27+156.

[2] 吕方.(2012).发展的想象力:迈向连片特困地区贫困治理的理论创新.中共四川省委省级机关党校学报,(3),112-117.

[3] 高飞,向德平.(2017).社会治理视角下精准扶贫的政策启示.南京农业大学学报(社会科学版),17(04),21-27+156.

体的互构，而不仅仅是合作；贫困的治理过程是多主体资源投入并相互协商、协作过程；贫困治理的总体效应是减少贫困，提高社会均衡程度。[1] 对城市贫困的治理则是将贫困治理置于城市这一场域内。综上，城市贫困治理的基本内涵如下：

（1）城市贫困治理的主体以政府为主且不局限于政府单一主体，同时强调市场、社会、公众等多元主体的参与和协调。

（2）城市贫困治理的性质是社会资源的创造与分配，城市贫困问题的质是国家治理过程中有限的社会资源总量与超大规模社会对国家治理资源大规模需求之间的矛盾。城市贫困治理不仅仅是减少贫困的问题，更是"大国治理"的问题，要解决有限资源与大规模需求的矛盾。[2]

（3）城市贫困治理的最终目标是缓解或消除城市贫困问题。新时代背景下城市贫困呈现出新的特点，这对城市贫困治理提出了更高的要求，因此要通过城市贫困治理进一步缓解或消除城市贫困问题。

（4）城市贫困治理的手段是"兜底保障"。城市贫困治理不仅仅依赖于特定的扶贫项目，而是要内嵌于国家和社会治理之中，其中城市基本民生兜底保障就是重要手段之一。

"兜底保障"实际上是"民生底线"的阐释性表述，具有动态性特征。有关"民生底线"的官方表述最早见于2014年的政府工作报告，2015年"中共中央关于十三五规划建议"和2016年"国家十三五规划纲要"均指出，要"坚守底线"和"保障基本民生"，主要关注就业、公共服务、收入差距以及社会保障等层面。此外，国家领导人在不同场合也有过相关表述，如习近平总书记在中央财经领导小组第十一次会议上强调："社会政策要托底，就是要守住民生底线，做好就业和社会保障工作，切实保障群众基本生活。"李克强在2014年政府工作报告中指出，要"兜住民生底线""保障群众基本生活"。很多研究者往往也从这个意义上去研究这一问题，将之理解为关注和切实解决下岗失业职工、城乡贫困群体、老人、儿童、病弱者、残障者、失学者的基本需求问题，涵盖了居民的收入、教育、就业、环境、食品安全等多个方面，从社会保障制度的兜底来看，则包含了社会保障制度的各个层面，社会救助、社会保险、社会优抚以及社会福利制度安排，通过这些制度的兜底设计来实现最基本的民生保障。

一些研究者认为，"兜底"包括三个方面：发展干预顺序上的兜底，即产业、劳务输出、易地搬迁、生态保护、教育发展以及低保兜底脱贫，如前几个措施不能帮助贫困人口脱贫，就通过低保兜底来解决；贫困群体分类中的兜底，即认为

---

[1] 李雪萍，陈艾. (2016). 社会治理视域下的贫困治理. 贵州社会科学，(04)，86-91.
[2] 李雪萍，陈艾. (2016). 社会治理视域下的贫困治理. 贵州社会科学，(04)，86-91.

没有劳动能力的群体是兜底的对象，认为"扶贫针对有发展能力的群体，低保针对没有能力的群体"；"家庭—集体—国家"帮扶主体顺序上的兜底，即从对困难群体的帮助主体来讲，中国的基本制度设计应是"家庭—集体—国家"，即在家庭、集体经济等都无效时，由国家的低保政策予以救助。[1] 一些研究对"兜底"内涵的理解局限在"标准"与"水平"的层次上，认为"兜底"就是所有的社会保障项目设定最基本的"标准"，保证最适度的"水平"。

本书认为兜底应是确定社会底线位置并建立最后的社会安全网。这是一张严密且具有张力的安全网，能够提供向上的作用力，帮助其脱困。简言之，所谓"兜底"保障，就是基于底线公平和需要与需要满足的理论，通过一系列的制度安排，构建社会安全网，保障公民最基本的生存与生活，使其不至于陷入贫困或重返贫困。

本书中有关"兜底保障"的核心观点为：

（1）"兜底保障"不仅仅强调的是"标准"与"水平"的兜底，且这种标准与水平也不是最低标准，"兜底保障"同时也是对政府责任的强调，政府在"兜底保障"中居于主导地位。

（2）"兜底保障"在强调政府责任的同时，也强调政府责任的边界性，换言之，"兜底保障"虽然不一定是最低水平的兜底，但一定是"适度"的兜底，这种适度体现在内容与水平两个层面：内容上涵盖的是保障居民基本生活层面的维度，包括生存、教育、医疗、住房、就业以及一些临时性、应急性的困难；水平上是保障各个维度的基本水平，体现需要满足的"基本"原则。

（3）在制度的操作层面，兜底保障不是笼统意义上的兜底，也不是所有社会保障制度的兜底，"兜底保障"主要是指社会救助的兜底保障。

针对城市贫困而言，"兜底保障"需要与新时代城市治理的要求相适应。2018年11月6日至7日，习近平总书记在上海视察强调，"城市治理是国家治理体系和治理能力现代化的重要内容。一流城市要有一流治理，要注重在科学化、精细化、智能化上下功夫。既要善于运用现代科技手段实现智能化，又要通过绣花般的细心、耐心、巧心提高精细化水平，绣出城市的品质品牌。""要提高社会治理社会化、法治化、智能化、专业化水平，更加注重在细微处下功夫、见成效。要坚持以人民为中心的发展思想，坚持共建共治共享，坚持重心下移、力量下沉，着力解决好人民群众关心的就业、教育、医疗、养老等突出问题，不断提高基本

---

[1] 左停，贺莉，赵梦媛. (2017). 脱贫攻坚战略中低保兜底保障问题研究. 南京农业大学学报，(4)，28-36.

公共服务水平和质量,让群众有更多获得感、幸福感、安全感。"[1] 这实际上给新时代城市贫困治理提出了新的要求,针对城市贫困的新特点,要用新的思维,促进城市贫困治理的科学化、精细化与智能化。

二、城市基本民生兜底保障的主要手段

当前,城市贫困人口兜底保障主要由社会救助制度承担,根据现行《社会救助暂行办法》,兜底保障的对象基本包括最低生活保障家庭、特困供养人员、受灾人员、医疗、教育、住房、就业、临时救助人员等。中国已经基本构建了"8+1"的社会救助体系,体现了国家治理的"底线思维"和"多层次、跨部门、强基层"的体系特征,社会救助体系进入整合和优化发展阶段。在救助体系设计上,从最低生活保障制度开始,到逐步健全专项救助制度,最后推出临时救助制度,系统构建了多层次社会救助体系,同时从部门救助资源分割转变为部门资源统筹运用;在城乡救助发展统筹上,由城乡二元向统筹城乡社会救助发展转变;在救助参与主体上,由以政府组织开展社会救助项目为主,向政府主导下的政府和社会协同配合转变,形成了社会力量积极参与的社会救助新格局。[2]

(一) 最低生活保障

根据《社会救助暂行办法》规定,国家对共同生活的家庭成员人均收入低于当地最低生活保障标准,且符合当地最低生活保障家庭财产状况规定的家庭,给予最低生活保障。城乡居民最低生活保障制度是社会救助体系的基础,也是兜底保障的基石,在体现"底线公平",保障城市贫困人口的基本生存与生活需要方面发挥了重要的作用。

截至 2020 年底,全国共有城市低保对象 488.9 万户、805.1 万人。全国城市低保平均保障标准 677.6 元/人·月,比上年增长 8.6%,全年支出城市低保资金 537.3 亿元;农村低保对象 1985.0 万户、3620.8 万人。全国农村低保平均保障标准 5962.3 元/人·年,比上年增长 11.7%,全年支出农村低保资金 1426.3 亿元。[3]

依据《中国城市发展报告 No.4》中提出的中国城市合理贫困线在人均年收入 7500—8500 元之间的标准测算,城市合理低保标准应设立在 625—708 元/月的范围内。2020 年第 3 季度 31 个省(自治区、直辖市)的城市最低生活保障标准

---

[1] 新华社. 习近平在上海考察 [EB/OL]. 2018.11.8. http://cpc.people.com.cn/n1/2018/1107/c64094-30387788.html.

[2] 林闽钢. (2018). 我国社会救助体系发展四十年:回顾与前瞻. 北京行政学院学报, (5), 1-6.

[3] 数据来自 2020 年民政事业统计发展公报:http://www.mca.gov.cn/article/sj/tjgb/.

数据显示，城市最低生活保障标准未达到最低标准 625 元/月的有 12 个省份及直辖市，包括新疆维吾尔自治区、湖南省、吉林省、海南省、甘肃省、河南省、黑龙江省、山西省、四川省、宁夏回族自治区、陕西省、重庆市，超过最高标准 708 元/月的地区有内蒙古自治区、广西壮族自治区、江苏省、浙江省、西藏自治区、广东省、天津市、北京市、上海市这 9 个省（自治区、直辖市）。31 个省（自治区、直辖市）的低保标准中位数为 643.5 元/月，仅比最低标准（625 元/月）高出 18.5 元，但仍低于最高标准（708 元/月）。因此，总体，而言低保标准仍需要逐步提高。

（二）其他专项社会救助

1. 特困供养

国家对无劳动能力、无生活来源且无法定赡养、抚养、扶养义务人，或者其法定赡养、抚养、扶养义务人无赡养、抚养、扶养能力的老年人、残疾人以及未满 16 周岁的未成年人，给予特困人员供养。

截至 2020 年底，全国共有农村特困人员 446.3 万人，全年支出农村特困人员救助供养资金 424.0 亿元；全国共有城市特困人员 31.2 万人，全年支出城市特困人员救助供养资金 44.6 亿元。[1] 由于各省会城市之间对特困人员统计口径存在较大差异，且多数城市特困标准仅规定按低保标准的相应倍数浮动确定，较难进行比较，这里只显示部分数字较为明确的城市特困人员集中供养标准。尽管这里只列举了十个地区的供养标准，但将这些数据与之前各省会城市低保标准制定情况统筹考虑，可以发现，各地特困人员供养标准与低保标准差异情况基本保持一致，这也符合特困人员救助政策中要求特困标准与低保标准之间以一定倍数关系进行计算的要求。如表 4-12 中所示，各地基本按当地低保标准的 1.3 倍确定城市特困人员供养标准，其中，南京的城市特困供养标准按当地低保标准的 2 倍调整。

表 4-12　我国部分省会城市特困人员供养标准统计表（2022 年）

地区	供养标准
沈阳	1144 元/月
长春	845 元/月
哈尔滨	1018 元/月（9 区） 829 元/月（9 县（市））
上海	1850 元/月

---

[1] 数据来自 2020 年民政事业统计发展公报：http://www.mca.gov.cn/article/sj/tjgb/.

续表

地区	供养标准
南京	1970 元/月
杭州	1837 元/月
郑州	1110 元/月
武汉	1820 元/月
重庆	710 元/月
兰州	1189 元/月

数据来源：各省会城市民政局最新相关公示

在资料收集过程中可以发现，目前各地区对于特困人员统计的细分存在较大差异，不利于相关数据的比较。部分城市在特困人员公示中分类较粗，仅统计并公开特困人员一个口径。部分城市做到了区分城市特困与农村特困，但在城镇"三无"、孤儿等按种类划分人员时存在混淆。也存在部分城市特困仅统计城镇"三无"而部分城市的城市特困又包括孤儿的情况。

2. 灾害救助

国家对基本生活受到自然灾害严重影响的人员，提供生活救助。

31 个省（自治区、直辖市）都已基本建立灾害救助相关政策条例，但从落实情况来看，却少有具体城市的灾害救助情况的信息统计与公开。在这一层面上，杭州市民政局做得较好，设立了专门版块"灾情信息公开"进行灾害救助相关内容的公示。城市灾害救助在整个救助体系中具有其特殊性，较之其他救助制度独立性较强，在过去往往被单独考虑。但其拥有的独立性特点也为其带来了灵活性较强的特性，较强的灵活性使其成为特殊时期城市兜底安全网的有力补充。

3. 医疗救助

国家对最低生活保障家庭成员、特困供养人员、县级以上人民政府规定的其他特殊困难人员提供基本医疗卫生服务。

目前我国医疗救助的统计口径主要为门诊救助与住院救助两类。门诊救助包括基本医疗门诊救助和大病门诊救助，住院救助包括基本医疗住院救助、重特大疾病住院救助和特殊疾病救助。城市医疗救助与教育救助、住房救助、就业救助相比，关系到人的健康权乃至生命权，较之三者，它更为接近兜底的本意。目前医疗救助的方式也较为多样。2017 年，资助参加基本医疗保险的 5621.0 万人，合计支出 74.0 亿元，人均补助水平 131.6 元。2017 年，实施住院和门诊医疗救助 3517.1 万人次，合计支出 266.1 亿元，住院和门诊每人次平均救助水平分别为 1498.4 元和 153.2 元。2017 年，全年累计资助优抚对象 367.1 万人次，合计支出优抚医疗补助资金36.1亿元，人均补助水平982.3元。从实际情况看，我国医保改革是近年来的热点，作为与医疗保险衔接最为密切的医疗救助，城市医疗救助改革也应尽快提上日程。此外，在救助方式上，从目前统计口径来看，仍普遍以现金作为主要救助方式，且以病后治疗作为主要救助方向，在之后的发展中，城市医疗救助可以借助智慧医疗等手段发展医疗预防救助、医疗康复救助、医疗护理救助等新的方式与方向。

4. 教育救助

国家对在义务教育阶段就学的最低生活保障家庭成员、特困供养人员，给予教育救助。

相对于低保、特困、医疗、临时救助等常规救助制度，教育救助制度涉及部门较多。《社会救助暂行办法》中的教育救助主要对象是义务教育阶段的低保家庭成员及特困供养人员，对于符合条件的义务教育阶段的救助对象，减免学杂费，对其中特困家庭学生免费提供教科书。对特殊教育学校的学生减免学杂费，并免费提供教科书，对特困家庭住宿学生补助生活费。

对于非义务教育阶段也就是普通本科高校、高等职业学校和中等职业学校家庭经济困难学生的救助，目前，形成了以国家奖学金、国家励志奖学金、国家助学金、国家助学贷款、师范生免费教育、勤工助学、学费减免等多种形式并存的高校家庭经济困难学生资助政策体系。尤其以高等教育为例，1997年以来，国家相关部门通过确立"奖、贷、助、补、减"这五个方面的救助体系，着力解决家庭贫困大学生的学习、生活等问题。其中，"奖"是指我们非常熟悉的学校各类奖学金，用以资助家庭经济困难而学习优秀的学生和学习农业、师范、体育、航海、民族等特殊专业的学生；"贷"是指由金融机构对高校贫困学生开展的各种贷款，其中部分利息由国家财政解决；"助"是指高校经济困难学生在学校设立的勤工助学岗位上适当劳动，给予适当的报酬；"补"是指中央和地方政府专款用于家庭困难大学生的困难补助，国家规定高校每年都要从学费中提取10%左右的用于困难学生的补助；"减"是指减免学费，国家规定对学习农业、师范、体育、航海、民族等特殊专业的学生和家庭困难的大学生减免学费。

需要说明的是，非义务教育阶段不在现行教育救助政策范畴，但实际上很多地方都有相应的配套救助政策，例如，针对一些低保家庭上大学的子女，很多地方每年会给予6000—8000元不等的学费生活补贴，以资助这些贫困家庭的子女能顺利完成学业。这些学生在学校还可以通过一定的途径获取学校等教育部门提供的相应救助与资助。目前非义务教育阶段的救助实际上较为混乱，在很多地方出现重复救助的情况。此外，学前教育的救助还存在一定的短板，优质的学前教育资源相对短缺，尤其是公办托育服务发展相对不足，民办托育机构质量参差不齐，城市贫困家庭中的幼儿教育可能会面临高昂的托育、幼教支出以及幼儿教育资源缺乏的问题，如何实现党的十九大报告中提出的"幼有所育"的目标也是急需解决的重大问题。

5. 住房救助

国家对符合规定标准且住房困难的最低生活保障家庭、分散供养的特困人员，给予住房救助。

城市住房救助主要通过配租公共租赁住房、发放住房租赁补贴的方式实施。前者主要由住房保障部门负责，后者主要由民政部门负责。这在一定程度上导致了部分城市在住房救助数据上存在的部分空白。在部分城市的国民经济与社会发展统计公报中，保障性住房的内容被列入固定资产投资，在社会保障部分少有涉及。在部门信息中，尽管公共租赁住房的部分信息在住房部门有所呈现，但普遍存在缺少发放住房租赁补贴情况的公示。在救助房申请过程中，各省会城市存在要求上的共性，分别是在居住时间、户籍、收入、现有住房方面的相关规定。需要注意的是，目前城市中存在的"居住贫困"现象值得关注，尤其是在高房价的压力之下，许多人群在城市中居无定所，严重影响其生存与发展。

6. 就业救助

国家对最低生活保障家庭中有劳动能力并处于失业状态的成员，通过贷款贴息、社会保险补贴、岗位补贴、培训补贴、费用减免、公益性岗位安置等办法，给予就业救助。

就业救助主要是针对有劳动能力的贫困人群，通过"救助"实现这些人群的"自助"。就业救助是非常具有发展性的救助措施。后期需要在提供就业信息、资源链接等方面提供就业救助，并且在服务上进一步提升。

7. 临时救助

国家对因火灾、交通事故等意外事件，家庭成员突发重大疾病等原因，导致基本生活暂时出现严重困难的家庭，或者因生活必需支出突然增加而超出家庭承受能力，导致基本生活暂时出现严重困难的最低生活保障家庭，以及遭遇其他特殊困难的家庭，给予临时救助。

2020年，全年共实施临时救助1380.6万人次，其中救助非本地户籍对象8.4万人次。全年支出临时救助资金165.7亿元，平均救助水平1200.3元/人次[1]。

临时救助在城市"救急难"中发挥了巨大的作用。在当前的高风险社会，临时救助由于其灵活、快速的特点，能够及时地帮助贫困家庭应对各种风险冲击，

---

[1] 数据来自2020年民政事业统计发展公报：http：//www.mca.gov.cn/article/sj/tjgb/.

尤其是一些突发的关键生命事件的冲击，帮助这些家庭渡过难关，最后实现"自助"。此外，随着快速的社会变迁，城市流动人口日益增多，一些没有当地城市户籍但在城市中长期或短期居住、生活和工作的群体，在面临一些困难时，迫切需要政府的救助，很多地方也在探索流动人口的非城市户籍居民的临时救助问题，也取得了一定的成效。

8. 社会力量参与

国家鼓励单位和个人等社会力量通过捐赠、设立帮扶项目、创办服务机构、提供志愿服务等方式，参与社会救助。

社会力量的广泛参与是政府救助的有力补充。近年来我国各类慈善组织、公益组织蓬勃发展，为城市贫困人口提供了包括现金、服务在内的各种救助，取得了不错的效果，各类社会组织也通过政府购买服务的途径参与到政府的事务中，发挥了巨大的作用。目前存在的问题是，参与社会救助的各类社会力量的专业化程度还有待进一步提升，社会组织自身的能力建设还有待进一步加强，社会力量参与社会救助的具体方式还有待进一步探索。

三、城市基本民生兜底保障的主要成效

截至 2020 年底，全年社会救助资金支出 2146.5 亿元。2020 年 10 月，全国有城市最低生活保障对象 493.2 万户、812.4 万人。2020 年全国城市低保平均保障标准 677.6 元/人·月，比上年增长 8.6%。2020 年全国共有城市特困人员 31.2 万人，全年支出城市特困人员救助供养资金 44.6 亿元。2020 年，全年共实施临时救助 1380.6 万人次，全年支出临时救助资金 165.7 亿元，平均救助水平 1200.3 元/人次。

（一）救助体系相对成熟，配套政策不断完善

通过全面建立城乡最低生活保障制度，逐步健全配套的医疗救助、教育救助和住房救助等专项救助制度，最后推出临时救助制度加以完善。为加强社会救助，保障公民基本生活和社会公平稳定，《社会救助暂行办法》在现行规定基础上，坚持托底线、救急难、可持续的原则，进一步规范了各项社会救助的内容，并对社会救助的具体实施和管理运作做出了具体的要求，搭建起广覆盖、多层次、全纵深的新型社会救助体系"8+1"框架。其中，最低生活保障、特困人员供养解决城市贫困家庭的基本生活问题；医疗救助、住房救助、教育救助等解决专门问题；临时救助解决突发问题；社会力量帮助解决个性化突出问题。

近些年来，各类救助标准有不同程度的提高与居民消费水平相适应，社会救助水平也不断提升。救助水平和标准不断提升。其中最低生活保障制度作为社会

救助体系中的核心制度，在缓解贫困、保障贫困群体的基本生活方面发挥着基础性作用。通过表4-13可知，近些年城市低保标准的增速以及城市低保支出有所下降，这也和近些年城市贫困治理取得的成效分不开。

表4-13 2015-2020年城市低保标准以及支出

年份	城市低保平均保障标准（元/人·月）	城市低保平均标准增长率（%）	城市低保支出（亿元）
2015年	451.1	9.5	719.3
2016年	494.6	9.6	687.9
2017年	540.6	9.3	640.5
2018年	579.7	7.2	575.2
2019年	624.0	7.6	519.5
2020年	677.6	8.6	537.3

数据来源：2015-2020年民政事业发展统计公报。

（二）社会力量参与救助服务满足多样化需求

《社会救助暂行办法》主要围绕四项工作鼓励引导社会力量参与，一是完善社会力量参与社会救助的优惠政策；二是发展政府向社会力量购买服务；三是发挥社会工作服务机构和社会工作者在专业社会服务方面的作用；四是建立健全政府机构和社会力量参与之间的机制渠道。之后又出台《关于加快推进社会救助领域社会工作发展的意见》《关于积极推行政府购买服务 加强基层社会救助服务经办能力的意见》《关于开展社会救助改革创新试点的通知》等相关文件。近年来，各地在认真落实《社会救助暂行办法》等政策文件要求基础上，结合本地实践，鼓励支持引导社会力量参与救助，积极探索社会救助新模式，注重盘活救助资源。各地重视政府购买社会救助服务，不断规范政府购买行为。县级以上地方人民政府作为购买社会救助服务的主体，具体工作由民政部门负责组织实施，购买事务性工作和服务性工作两类的社会救助服务；符合条件的社会组织、事业单位法人、企业、机构等社会力量都可以公平参与竞争，承接社会救助服务。政府购买服务所需经费要列入财政预算，从各级既有的社会救助工作经费或社会救助专项资金等预算中统筹安排。此外，上海市政府还委托第三方开展政府购买社会组织服务项目绩效评估，同时严格监督管理，确保购买行为公开透明、规范有效。地方民政部门以社区为平台，结合城乡社区建设，积极促进驻社区单位、社区社会组织、业主委员会、社区志愿者等主体参与社会救助，鼓励引导社区居民开展社会救助志愿服务和互助服务，社会综合帮扶卓有成效。各地大力发展社区慈善，规范社区募捐，探索设立社区爱心救助基金，鼓励、支持社会组织、企事业单位和爱心人士等针对困境家庭和救助对象开展慈善救助，培育发展社区社会救助社会组织，创新发展慈善超市，建立社会捐助站点。同时，在工作中加强资源信息共享，实现困难群众的救助需求信息、政府相关部门的救助资源、社会组织的救助项目、社会各界的爱心捐赠和志愿服务的有效对接。以河南省为例，将慈善工作引入社会救助体系，形成慈善协会为依托，各类社会组织为依靠的慈善工作网络，开辟了"慈善+扶贫"新路径。在服务形式上，充分发挥社会工作服务机构和社会工作者在社会服务方面的专业优势。积极将社会工作专业理念、方法技巧引入社会救助，不断完善救助服务方式，为困难对象提供困难帮扶、社会融入、心理疏导、资源链接、社会康复、权益维护等专业服务，积极构建物质资金帮扶与心理社会支持相结合、基本照料服务与专业化个性化服务相配套的救助服务模式。

（三）城市贫困群体对各类兜底保障措施感知良好

通过受访者对于各类救助项目的作用感知进行分析，表4-14城市困难家庭参加各类社会救助的情况表明，4174位城市困难家庭中有28.70%正在享受最低生活保障；其次是水电、燃料、取暖费减免；再是节假日救助或物价补贴以及其他救助。而诸如住房补贴、自然灾害救助、就业救助和临时救助等享受的城市贫困群体比例较小。再从各类金额每年享受情况来看，最低生活保障制度的救助金额，最高年户均9814.14元；其次是慈善救助5984.59元，城市相较于农村经济更发达，慈善事业发展水平高以及社会崇德向善氛围浓厚，因此慈善救助在城市贫困兜底保障中也发挥着重要的作用。再者，住房、租房补贴5717.78元，就业救助5341.39元，其他救助的金额相对较小。

表4-14 城市贫困家庭参加各类社会救助的情况

救助项目	参保人数（人）	参保人数占比（%）	每年享受金额（元）
低保制度	1198	28.70	9814.14
住房、租房补贴	299	7.16	5717.78
自然灾害救助	63	1.51	740.67
就业救助	44	1.05	5341.39
临时救助	366	8.77	1203.92
节假日救助或物价补贴	572	13.70	715.75
水电、燃料、取暖费减免	599	14.35	314.93
慈善救助	278	6.66	5984.59
其他救助	470	11.26	2208.01

再对享受过各类社会救助的城市贫困对象对于各个救助项目的作用感受进行计算分析。首先对选项进行重新赋值，很大＝5分、较大＝4分、一般＝3分、较小＝2分、无作用＝0分，最后得到各个救助项目作用感知的均分并排序如表4－15。结果表明，在各类社会救助项目中最低生活保障的作用感知得分最高，其次是慈善救助、临时救助、住房租房补贴，而就业救助、水电燃料取暖费减免、自然灾害救助等则作用感知最小。救助金额与样本户自身作用感知之间的关系存在一定程度的关联，但是也存在救助金额与救助作用之间的脱钩如救助金额较大的就业救助在其他救助措施中并未给城市困难家庭带来较大的作用。

表4－15 各类社会救助作用感知及排序

救助项目	样本数	每年享受金额（元）	作用感知得分	作用感知排序
低保制度	1195	9814.14	4.22	1
慈善救助	278	5984.59	3.88	2
临时救助	366	1203.92	3.76	3
住房、租房补贴	298	5717.78	3.71	4
其他救助	469	2208.01	3.59	5
节假日救助或物价补贴	572	715.75	3.59	6
就业救助	44	5341.39	3.57	7
水电、燃料、取暖费减免	598	314.93	3.52	8
自然灾害救助	63	740.67	3.44	9

第三节 城市基本民生兜底保障面临的困难与挑战

一、城市贫困人口的精准测度问题

纵观新中国成立以来我国反贫困的历史进程，不难发现，我们对贫困问题的关注以及反贫困的工作重点曾经发生多次转移。我国由于农村人口众多，反贫困的重点与难点过去一直在农村，直到20世纪90年代，关注的重点才由农村贫困转到城市贫困。而这一转变与我国城市在社会转型时期贫困群体大量涌现的现状密切相关。如何对城市贫困人口的精准测度问题，一方面社会各界较多关注农村贫困问题对城市贫困的关注不够且缺乏系统认识；另一方面城市生活的不确定性以及城市人口流动增加了城市贫困人口的精准测度问题。

(一) 对城市贫困的关注不够且缺乏系统认识

国有企业改革与调整，经济制度转型的负面效应和社会保障体系的缺陷成为中国城市贫困的主因。在短短的几年时间内，城市中迅速形成了以部分失业人员、下岗人员、待岗人员和退休人员及其赡养的人口为主体的城市贫困群体。如何帮助这些日渐庞大的城市贫困群体摆脱贫困，走出生存和发展的困境，是迫切要解决的重大问题。[1] 近年来，农村扶贫攻坚又成为理论界与实务部门关注的焦点与热点，比如精准扶贫、脱贫攻坚、深度贫困等等，关注的重点主要在中国农村。而实际上，一直以来，我们对城市贫困缺乏较为精准与系统的认识。

官方一直没有对城市贫困人口的规模有一个准确和权威的统计数字，较多的依赖于一些数据的推测和估计，部分研究者以各个地方的低保标准作为城市贫困的标准，不一定很合适，但不失为一种较为合理的权宜选择。总体而言，目前对城市贫困人口的认识准确性略为欠缺，精准性不足。我国城市贫困人口的具体规模有多少？具体的构成怎样？可以分为哪些类型？分别有哪些特点？城市贫困人口有哪些需求？流动人口的救助如何解决？学前教育救助如何发展？就业救助如何进一步延伸？这些问题缺乏系统性的分析。

(二) 城市人口流动增加了城市贫困精准测度的困难

社会转型时期，社会流动加大，城市中存在大量的外来人口，虽然不具有城市户籍但长期在城市中居住，很多人只拥有暂住证，绝大多数城市中这些人都不能享受赋予城市户籍人口的社会保障权利，包括在居住地申请社会救助的权利。在户籍制度改革的背景下，这些群体的社会救助也是一个亟待解决的问题。党的十九大以来，社会主要矛盾发生了转变，在这种形势下的城市贫困问题应该有着相应的变迁，如果还是以旧思维来看待城市贫困问题，可能会出现一定的偏差。我们对城市贫困问题迫切需要精准性与系统性的认识，从贫困标准、人口统计、贫困类型等诸多方面需要更为系统、规范性的认识。城市居民家庭还面临着教育投入不足导致的贫困代际传递，并且医疗负担重、有病不能医的现象普遍存在，突发的火灾、交通事故等意外事件的负面冲击也会导致城市困难家庭随时陷入困境，这些不确定性进一步加剧了城市贫困精准测度的难度。

(三) 城市特殊困难群体的"隐蔽性"

城市中特殊贫困群体具有"隐蔽性"，具体表现为：其一，智力残疾、精神

---

[1] 祝建华. (2011). 城市居民最低生活保障制度的评估与重构. 北京：中国社会科学出版社.

疾病、困境儿童等"沉默"人群，由于这类群体缺乏正常表达和主动交流能力，社会救助基层工作人员往往容易忽视其客观存在但主观"沉默"的需求。其二，城市流动人口表达自身需求渠道少，因此也容易被忽视。而且高房价下很多城市存在大量的无房户，尽管有相应的住房救助政策，但其主要是针对户籍人口的救助措施，而一些持有暂住证长期在城市中生活和工作的人群，经常居无定所，严重影响其生存与发展以及子女教育，城市中这类人群的"居住贫困"问题值得关注。其三，困难老年人和单亲贫困家庭。这两类群体的救助不仅仅是提供现金救助，还需要提供相应的社会救助服务，因此，针对此类人群的救助需要社会救助方式的多样化供给。

二、城市贫困的多维复杂性

实际上，贫困并不是单纯的收入低下这一单一维度的概念，现在我们强调贫困的多维性，主要是基于我们对贫困认识的视角的转变。在 20 世纪 90 年代，城市居民最低生活保障制度建立之前，政府提供的救助主要是基于收入维度的救助，尤其是 1999 年颁布实施的《城市居民最低生活保障条例》为核心。低保救助对城市困难人口的兜底保障主要在保障基本生活所必需的衣、食、住费用，并适当考虑水电燃煤（燃气）费用以及未成年人的义务教育费用，其目标对象也是传统的"三无"人员和收入低于当地低保标准的家庭。从 2014 年《社会救助暂行办法》开始正式实施以后，政府的兜底保障实际上已经开始转向对贫困的多维度性的关注，除了基本的生活保障以外，还涵盖了特困供养、灾害、医疗、教育、住房、就业以及临时救助等，这实际上是对多维度贫困的回应。需要注意的是，后期增加的专项救助制度很大程度上是在低保生活救助之上的叠加，生活救助的"门槛效应"突出。现实情况是，城市贫困人口的多维贫困更加突出，更为复杂。

（一）教育投入不足导致的贫困代际传递

一些研究表明，教育是贫困代际传递的重要影响因素。缺乏必要的人力资本投资，会使得下一代处于教育不足的状态，影响其后期在社会中的竞争力。调查显示，城市困难家庭的经济困难现状，导致这些家庭在学龄期儿童素质教育上投入不足，由于经济困难的原因而无法为其子女选择教学质量较好的学校，或是父母忙于生计和文化程度偏低等原因，在辅导子女学习以及与子女娱乐互动等方面存在不足，极有可能导致这些家庭的子女呈现生活上缺人照应、行为上缺人管教、学习上缺人辅导的"三缺"状况。而这些城市低保家庭子女在教育上的不足会在一定程度上对其成年后的职业产生影响，低收入、不稳定的非典型就业形态凸显了贫困代际传递的特征。

(二) 因病致贫的风险冲击

医疗负担重，有病不能医的现象普遍存在于城市困难家庭中，部分城市困难家庭上一代健康状况较差，获取收入能力不足，直接影响其生活水平，进而影响儿童的成长与发展。这些家庭的家庭成员医疗健康状况不容乐观，许多困难家庭中子女贫血的程度要明显高于其他正常的家庭，这对儿童的身心健康发展极其不利。此外，与正常家庭相比，困难家庭更加不注重食品的营养搭配，导致儿童的营养健康状况不容乐观。城市困难家庭提供的供养条件的不足，如膳食结构等都会影响到子女的营养状况和身体发育状况，其在后期竞争中可能会处于弱势。

(三) 突发的关键生命事件的负面冲击

在分析城市居民家庭近5年来所经历的关键事件中不难发现，在众多的事件中，"失业""成员开始读书""成员健康变化""受伤或患大病""家庭成员毕业"是城市居民家庭经历的最为关键的事件，对其生活产生巨大的影响。[1] "失业"会导致家庭经济状况恶化。"成员开始读书"意味着教育负担的增加，这也是部分家庭因学致贫的表现。"成员健康变化"以及"受伤或患大病"是城市居民医疗健康领域的重大变化，会导致因病致贫的现象出现。这些关键的突发事件会对城市居民家庭形成负面冲击，这提醒政策的设计者，对城市困难家庭的政策干预需要考虑这些关键生命事件的影响，依据生命周期理论制定相应的专项制度。

尤其是随着城市化的进一步发展，城市的容纳力、环境、就业、消费、社会管理等面临巨大挑战。高CPI、高房价、老龄化、繁重的教育负担、巨额的医疗支出形成巨大风险冲击。风险与不确定性成为中国社会各个阶层的核心忧虑。快速老龄化，教育、医疗、养老负担较重，进一步消减了城市困难家庭的自我发展能力，增加了城市生活的不确定性。因此，当前城市贫困人口的多维贫困更为复杂，这对兜底保障的制度设计提出了更高的要求。

三、支出型贫困问题突出

随着经济社会发展的变化以及当前中国贫困治理实践的深入，现行标准下的绝对贫困问题不断得到解决，反贫困的思路需要动态调整，即从绝对贫困转变为相对贫困，从单一收入型贫困转变为多维贫困，其中，支出型贫困进入研究者和实际工作部门的视野。2014年5月1日国务院正式实施《社会救助暂行办法》，

---

[1] 祝建华.(2015).缓解城市低保家庭贫困代际传递的政策研究.杭州：浙江大学出版社，79.

该办法以行政法规的形式构建了我国社会救助体系的整体框架,形成包括生活救助、特困人员供养救助、灾害救助、医疗救助、教育救助、住房救助、就业救助、临时救助和社会力量参与的"8+1"社会救助模式。这一救助模式的提出扩大了社会救助的对象范围,让更多的困难家庭生活得到保障。但是以低保制度为基础社会救助体系,主要考虑家庭收入与财产标准,那些收入高于低保标准却因病、因残、因学造成刚性支出过大而陷入困境的家庭常常处在社会兜底保障的夹心层,实际生活困难。因此如何更好地实现对这类支出型困难家庭的兜底保障也是当前贫困治理的重点和难点。

(一)支出型贫困家庭的救助标准模糊

当前,专门针对支出型贫困出台政策文件的省及直辖市主要有上海市、青海省、福建省、江西省等。上海市最早出台支出型贫困的政策文件,其中专门针对因病支出型贫困家庭出台救助办法,详细规定了救助对象范围、申请条件、救助标准、申请程序等内容。《上海市社会救助条例》第十二条专门对支出型贫困家庭作出规定,在《社会救助暂行办法》"8+1"的体系基础上形成"9+1"的救助体系。青海省则是第二个出台支出型贫困家庭救助办法的省份。但是也有较多省份尚未出台支出型贫困家庭的专项救助政策,导致一部分家庭无法受惠于各类救助政策,或者通过纳入低保或者低收入家庭,无法解决支出型贫困家庭在医疗方面过大的刚性开支。此外各地支出型贫困家庭刚性支出的界定标准也不一,有将家庭教育和医疗开支作为刚性支出,有些将家庭医疗自付费用作为刚性支出,也以医疗费用支出和其他必须性支出作为刚性支出,尚且缺少统一的认定标准。

(二)低保门槛效应过强

当前各地对支出型贫困家庭的救助基本与低保制度挂钩,通过将支出型贫困家庭纳入低保之后,再让这类家庭享受相应的医疗、教育救助等政策。换言之,低保身份非常重要,这是一个非常重要的门槛。通过核定其收入、支出、家庭财产等条件,部分不符合低保标准的支出型贫困家庭因不能纳入低保而无法享受医疗救助、教育救助以及住房救助等,其实际生活比低保家庭困难。从浙江、青海、山西等地支出型贫困家庭救助实践看,主要通过将支出型贫困家庭纳入低保或低边,享受生活救助及其附带的相关医疗救助、教育救助等,少部分地区对收入不符合标准的支出型贫困家庭通过纳入临时性救助范围解决他们短期的困难,但是对于生病、残疾等长期持续困难的家庭效果甚微,从而引起这部分边缘家庭实际生活比低保家庭困难的现象,产生"悬崖效应"。

（三）对救助对象的实际需求估计不足

一方面，多数地区医疗救助的门诊报销仅包括特定的 25 类病种，大病救助也规定了特定的疾病病种，部分罕见病未纳入救助范围。如调研访谈案例中的一户支出型贫困家庭，户主妻子患重症肌无力，该病尚未被纳入医保大病目录范围，因此，无法享受相关医疗救助。另一方面，门诊医疗费用以及异地就诊的医疗费用报销比例低，加重了支出型贫困家庭的负担。此外，看病产生的实际成本既包括直接医疗费用，也包括间接的非医学费用。这些非医学支出包括护工成本，照顾患者的家庭成员在就医期间的护理、出行、食物和住宿成本以及因为照顾家庭成员而导致的收入损失等。直接的医疗费用报销和救助的比例偏低，而非医学支出基本上是不能纳入报销或救助的范畴，但实际上这部分支出应该也算是刚性支出，实际救助过程中对救助对象的实际需求估计不足。

四、兜底保障的精细化问题

精细化治理是我国社会治理创新的重要方向，这也和我国兜底保障精细化管理具有内在契合性。当前城市贫困与 20 世纪 90 年代相比，面临的形势更为复杂，贫困类型更加多样，这对贫困治理提出了更高的要求。

（一）智慧救助发展有待进一步精细化

随着这几年信息化急速发展，大数据广泛应用，对城市贫困人口的兜底保障更应借助大数据等信息化、智能化的手段，在标准确定、对象识别与瞄准、贫困预警、管理信息化建设等方面发挥更大作用，进一步提高社会管理的科学化、智能化水平与效率。现行制度设计与实施中，在救助平台建设，经济状况核对系统、低保管理系统、数据比对系统等方面也开展了卓有成效的工作，尤其是在促进各部门的数据整合与共享方面也取得了一定的成绩，但仍然有很大的提升空间。表现为：一些救助管理部门尚未开发信息系统，人工共享信息需要尽快向自动化转变；一些部门单位尚未共享数据，多类信息还未实现对接，制约了核对业务精准化水平的进一步提升；一些创新做法尚未在全省推广，如：惠民联办、主动发现、精准识贫，以及低保申请后自动享受水、电、煤、有线电视费的减免优惠等功能，只在点上开花，没有把盆景变成风景。从平台运行看，数据还不够精准，特别是导入省平台以前的数据缺项较多，农村和城镇区分不够准确，有的地方"两线合一"认定工作进展不快，有的经办人员对操作使用平台不够熟悉。如何更好地发挥大数据的作用，如何更好地提高社会救助的信息化、智能化水平，是后期兜底保障需要解决的重要问题之一。

(二)救助服务发展有待进一步精细化

长期以来,我国社会救助工作主要通过发放救助资金、提供物资等物质性给付方式提供,非物质性服务手段发展不足。原因如下:一是政府对社会服务的支持力度不足。一方面,《社会救助暂行办法》未系统对救助提供方式进行规定,目前,关于社会救助服务的专项政策文件也较少,地方层面立法更为缺失,同时法律位阶较低,实质性规范不足。另一方面,财政对社会救助服务的投入不足。目前,由于资金有限,民政部门主要通过购买事务性工作的服务,以此减轻基层民政工作人员的行政工作负担,较少购买服务性工作提供社会救助服务。二是社会力量在社会服务供给上发挥的作用较弱。要满足城市困难群体多样化的需要还需提供更加精细化的救助服务。虽然社会服务的多元供给格局已形成,但整体而言,社会力量对于社会服务的参与仍然不足,尤其是非营利组织在进入和发展上存在许多障碍,这在很大程度上影响了服务供给的数量和与水平。

五、兜底保障的制度整合问题

现行社会救助体系体现出"多层次"性,基本涵盖了城市居民生活的主要维度,这种"多层次"性决定了其在制度的实施阶段必然涉及"跨部门"的合作。制度的整合主要来自制度的内部与外部整合两个方面。

(一)社会救助体系内部的制度整合

在社会救助体系内部制度整合来看,生活救助、医疗救助、教育救助、住房救助、就业救助等各种专项救助制度之间彼此还需要进一步加强协调与整合,在救助标准、救助方式、部门合作等问题上还存在有效衔接不足的情况,尤其是在面对复杂的城市多维度贫困时,在救助的科学化与精细化方面还有进一步提升的空间。各项救助制度的整合还涉及部门之间的协同问题,如民政、医保、人社、住建、司法、教育、应急、慈善总会、红十字会等部门需要进一步加强协作,形成合力,完成各自的部门信息归集汇总,借助社会救助数据库,通过多部门协同办理实现救助类型的自动研判、救助信息的主动推送、救助事项的联动转办。如果部门之间不能很好地协同,就会导致重复救助和救助"盲区"并存。当前部门之间的协同不够主要表现为:民政、教育、住建、医保、工会以及妇联等不同部门都有关于贫困家庭的救助,部门之间信息共享不足可能造成救助上的遗漏以及重复救助。此外,同一个家庭的救助需求可能是多样化和多层次的特点,这些家庭在申请救助时,通过"一门受理",需要受理不能及时地进行研判,综合评估,并进行部门间的转介。只有部门协同,信息共享,才能进一步优化程序,提高救助效率。

（二）社会救助制度与其他反贫困制度的整合

一是实现低保与扶贫对象紧密衔接。统一认定程序与方法，解决了以前各自认定、方法不统一、易造成目标人群的偏离与遗漏的问题。二是实现救助与扶贫政策相互覆盖，保障了各类群体都能享受到相应的救助或扶贫政策。三是实现造血与输血有机结合。社会救助进行生活兜底保障，负责"输血"脱贫；扶贫开发进行生产性帮扶，负责"造血"增收。既发挥民政部门制度与工作规范的长处，又发挥农办资源丰富、行之有效的优势，各尽所长，相得益彰。

低保与扶贫开发的有效衔接有利于打破"多龙治水"的贫困治理格局，理念上形成"保生存"与"促发展"相结合的反贫困思路，制度上形成社会救助与扶贫开发协调统一的制度体系，主体上形成政府为主导，整合其他多元主体参与的贫困治理架构，目标上共同作用于低收入家庭，工作程序上形成统一协调、信息共享、鼓励创新的良好方法，奠定了未来反贫困制度创新的基础。

（三）社会救助制度的外部整合方面

社会救助在脱贫攻坚中发挥着"兜底"的作用，社会救助兜底在次序上应当扮演最后的"出场者"角色；在程度上是对贫困人口突发疾病、遭遇不测等意外变故造成基本生活难以维持时的"雪中送炭"；在对象上是面向社会救助重在瞄准脱贫路上"跑得慢的、跑不动的"贫困人口；在保障主体上是在家庭、集体、市场主体等无法有效解决贫困问题之后的制度安排。社会救助制度与社会保险、社会福利以及其他的反贫困政策安排之间如何做到有效衔接也是急需解决的问题。例如，针对城市困难家庭中的医疗问题，由于巨额的医疗支出导致的贫困，应该重点发挥医疗保险的作用，而不能简单地用医疗救助兜底来替代，这实际上是整个社会保障体系中制度的职能分工不清晰的直观体现，可以考虑借鉴上海市长宁区的"基本医疗保险+基本医疗服务+政府医疗救助+社会组织医疗帮扶"四医联动的方式来共同解决城市贫困人口的医疗问题。但如何真正能够做到"四医联动"，则需要制度的进一步有效整合，是后期迫切需要解决的问题之一。需要明确的是，我们试图建立的能够发挥兜底保障的"社会安全网"并不是万能的安全网，而是一张具有科学化、精细化设计的安全网，"社会安全网"的建设过程是与其他的社会保障体系建设同步构建的过程。

第四节 启示及建议

一、树立预防性系统性的社会政策理念

这是当前社会保护理念所大力倡导的做法。综合欧盟的积极社会政策取向，世界银行的风险管理框架以及国际劳工组织的社会投资策略，基于"预防性"的社会保护理念更强调人力资本投资，强调作用于家庭而提升家庭的自我发展能力，关注儿童的早期干预，强调劳动力市场的社会保护。其关注的群体除了传统的困难群体之外，拓展到脆弱性群体，包括既贫困又脆弱的群体和不贫困但是脆弱的群体。政策手段上更为积极主动，不仅仅局限于"收入匮乏"的底线保护，还包括能力提升、家庭资产投资等更为积极的措施；参与主体更为多元，除国家外，还提倡市场与社会力量的广泛参与；具体方式上更有深度，不仅仅要解决收入贫困的问题，还要通过上游干预的策略，预防家庭陷入困境；目标对象上更为广泛，从贫困群体扩展到脆弱性群体，涵盖了经济社会发展过程中几乎所有的弱势群体；政策效果上更为可持续，多元主体的参与，强调家庭功能的恢复以及自我发展，在维持生计、能力建设以及家庭经济能力的增强层面保持均衡发展。总之，预防性社会政策理念致力于解决贫困的根源而非表象。它承认贫困的多维性，除了关注贫困群体外还关注低收入群体，充分兼顾了贫困的动态性特征，更具前瞻性和战略性。[1] 此外，该理念不仅仅强调对高风险社会中的弱势群体的兜底保障作用，更强调的是能够通过多种机制来帮助家庭恢复功能，提升能力，自我发展。

坚持系统观念，是党的十九届五中全会提出的"十四五"时期经济社会发展必须遵循的原则之一。系统观念强调系统是由相互作用、相互依赖的若干组成部分结合而成的、具有特定功能的有机体；要从事物的总体与全局上、从要素的联系与结合上研究事物的运动与发展，找出规律、建立秩序，实现整个系统的优化。[2] 2021 年 2 月 26 日，习近平总书记在中共中央政治局第二十八次学习时强调，我国社会保障制度改革已进入系统集成、协同高效的阶段。进入新发展阶段，城市贫困原因呈现多样化、差异化、复杂性的特征，同时存在着民生保障的区域差异、收入差异、群体差异，因此，要坚持系统观念，既要强调城市困难家庭生

---

[1] 赵会，陈旭清.社会保护政策：新时期贫困问题治理的新视角［J］.安徽师范大学学报，2017 (5)，653–659.
[2] 中国共产党新闻网：深入理解"坚持系统观念". http://theory.people.com.cn/n1/2020/1112/c40531-31927887.html.

命周期不同阶段的兜底保障，又要关注不同区域的协调发展，兼顾全局的同时又突出重点。因此，社会救助兜底保障的政策设计过程中需要贯彻预防性系统性的政策设计理念。

(一) 加强人力资本投资

所谓人力资本投资，是指投资者通过对人进行一定的资本投入（货币资本或实物），增加或提高人的智能和体能，这种劳动能力的提高最终反映在劳动产出增加上的一种投资行为。安东尼·吉登斯（Anthony Giddens）认为福利改革的基本原则是在可能的情况下尽量减少直接提供经济资助，而要实施社会投资战略，建设社会投资型国家，如通过教育和培训途径投资人力资本、强调终身教育。[1] 城市贫困人口特征分析表明，城市贫困家庭的中老年群体贫困趋势更加明显、总体婚姻状况不佳、受教育水平偏低、人口健康状况较差、家庭人口规模较大且抚养比高，因此要做好家庭计划，注重城市贫困人口的人力资本投资。

(1) 加强教育人力资本投资。教育人力资本投资主要包括家庭成员所有相关的教育活动，不仅仅局限于家庭中子女的教育，成年人的教育投入也是家庭人力资本投资与再生产的重要环节。城市贫困人口的受教育水平总体要低于全国平均水平，而较低的教育人力资本不利于贫困人口的就业和发展。教育是贫困代际传递的重要影响因素。缺乏必要的人力资本投资，会使得下一代处于教育不足的状态，影响其后期在社会中的竞争力。[2] 因此，民生兜底保障要加强教育投入，通过兴办教育能够加强上游干预，减少因教育不足带来的贫困代际传递。此外，要聚焦贫困群体增加教育救助投入。例如，青海省按照《西宁市贫困家庭大学生资助实施办法》对贫困大学生资助学费及生活费，对考入一本院校每人每年资助7000元，考入二本三本院校资助6000，考入专科及高职院校资助5000，资助最长4年至大学本科毕业，且纳入低保范围的同时享受每月生活资助。青海省在教育救助方面投入力度大，有助于缓解因学致贫问题。

(2) 注重健康投入和疾病预防。因病致贫是城市困难家庭的典型特征。家庭因为疾病医疗开支过大，同时家里劳动收入骤减而陷入贫困。医疗救助是在疾病之后进行干预，只能解决困难家庭是燃眉之急较难保证健康恢复。国外注重健康保险的投入，例如，美国为国民提供了思想健康保险计划：医疗保险（Medicare）、医疗补助（Medicaid）、儿童健康保险计划（CHIP）和可负担医疗法案

---

[1] 王桑成，刘宝臣. (2019). 构建更加积极的教育救助：社会投资理论的启示. 社会保障研究，(01)，44-50.//安东尼·吉登斯. (2000). 超越左与右——激进政治的未来 (李惠斌，杨雪冬译). 北京：社会科学文献出版社，120-130.

[2] 祝建华. (2014). 城市贫困家庭贫困代际传递的影响因素及政策干预. 团结，(03)，38-41.

（ACA）市场补贴，上述健康保险计划有助于缓解灾难性医疗支出对家庭生计的影响，有助于减少因病致贫、因病返贫现象。[1] 英国则大力投资于国民健康服务（NHS），形成了初级照顾、二级照顾和三级照顾的三类健康照顾服务，其中初级照顾是由诊所和社区场所提供诸如预防服务、照顾和治疗，二级照顾是由医院提供急诊和专业治疗服务，三级照顾是由其他医院和专家求助的复杂病症。[2] 相较而言中国城乡居民基本医疗保险不足[3]，并且专项医疗救助保障水平较低，不利于因病致贫支出型问题的缓解。因此需要在发挥医疗救助的同时，加大医疗保险以及疾病预防投入。

（3）倡导理性的婚姻计划和生育计划。结婚意味着一个新家庭的建立，婚姻当事人两者的素质决定了家庭以后的发展，所以在婚前配偶的选择就成了关系未来家庭发展的关键。[4] 因此，要倡导理性择偶，结婚前做好精神准备和物质准备。此外，合理的人口生育计划也是有必要的，相对而言城市贫困人口存在着家庭人口规模较大且抚养系数高的特点，加重了家庭的负担。通过合理的生育计划，达到人口再生产过程的遗传疾病预防，出生素质提高，进而为提高人口的整体素质打好基础。[5] 有研究提出绿色生育计划，是指社会要为处于人口再生产周期中的人口提供无污染的绿色环境，一方面让他们个体健康成长发育，另一方面让他们为人口的再生产孕育优秀的"种子"，生育健康的人口，从根本上解决提高人口素质的问题。实施绿色生育计划是防止人口陷入贫困的重要环节，进行资本投入是防贫的根本，是源头计划，其效用最大。[6]

（二）提高家庭经济韧性

中国在经历了以脆弱性治理为重点的减贫阶段、以包容性治理为重点的扶贫阶段后，治理范式将步入以韧性治理为重点的反贫阶段，所谓韧性治理是建立在弹性、包容、活力的社会系统之上的，它以人的自由发展为本，致力于达成公众

---

[1] 左停，李世雄，武晋. (2020). 国际社会保障减贫：模式比较与政策启示. 国外社会科学，(06)，35-45.

[2] Alcock, P., May, M., & Rowlingson, K. 解析社会政策（下）：福利提供与福利治理（彭华民译）. 上海：华东理工大学出版社，219-228+254.

[3] 高健，李华，徐英奇. (2019). 商业医疗保险能缓解城乡居民医保家庭"因病致贫"吗？——大病冲击下的经验证据. 江西财经大学学报，(05)，81-91.

[4] 陈岱云，陈希. (2016). 城市贫困人口的人口学特征及其防贫研究——基于山东省三个城市的调查. 清华大学学报（哲学社会科学版），31 (06)，183-191+195.

[5] 陈岱云，陈希. (2016). 城市贫困人口的人口学特征及其防贫研究——基于山东省三个城市的调查. 清华大学学报（哲学社会科学版），31 (06)，183-191+195.

[6] 陈岱云等. (2011). 统筹解决人口转变之后续人口问题的机制与政策选择. 济南：山东人民出版社，39-88.

的生存安全、生命健康与生活幸福。[1] 随着物质性救助的作用不断消减，引起城市贫困治理要向上游干预转移，通过提升家庭经济韧性来降低贫困风险。发达国家正是由于经济发展水平较高，较少存在因基本生存问题而产生的贫困。发达国家贫困发生的一个重要原因是失业引起的，在人口流动较为频繁的情况下，贫困人口一般倾向于到大城市去寻求工作机会或者希望在大城市能够获得社会或者他人救助的机会，因此，发达国家的贫困人口主要集中在城市地区，乡村地区由于人口密度较低，加之很多人拥有土地等生产资料，贫困人口的数量反而没有城市的集中度高。[2] 因此，经济增长是反贫困的最根本途径，发达国家的贫困问题明显比发展中国家的情况要好，其反贫困工作主要是围绕解决相对收入不足而展开的。通过经济发展，国家可以获得更多的物质资源致力于城市贫困治理，家庭能够不断提升经济韧性，增强抵御风险冲击的能力。具体而言，一方面通过提供技能培训可以满足劳动人口学习的需要，提高他们的资质，从而改善他们的就业前景，减少因失业带来的贫困问题。例如英国在 2003 年白皮书《21 世纪的技能——明白我们的潜力：个人、雇主和国家》确立了技能战略，它概括了政府优先资助最急需的成人教育的原则，还比较清晰地界定了可以享受免费学习的成年人群体（19 岁以上）、哪种学习类型是免费的，以及谁需要缴纳学费。[3] 总之，要为能力建设而服务是将对穷人的实物、金钱资助演变为提供服务和技能培训，实现由"输血"到"造血"的转变，帮助家庭提高独立自助能力；为无助者提供预防再度发生贫困危机的服务；激励受助者逐渐摆脱资助；促使贫困者自立自强。[4] 另一方面，针对当前存在着部分贫困家庭福利依赖的现象，应激发弱势群体社会参与的内生动力，拓展有助于社会参与和能力竞争的项目，挖掘其自身潜在动力和能力，逐步走"要我扶"向"我要扶""他助"向"自助"的转变之路。

（三）重构城市贫困空间格局

城市贫困的空间分布呈现出空间集聚的特点，以城市低保人口数量以及比例为例，我国西南地区以及东北地区的贫困问题更为突出，这与城市经济发展具有一定的关联。同时，也和城市类型具有一定的关系，例如，资源型城市、老工业

---

[1] 翟绍果，张星.(2021).从脆弱性治理到韧性治理：中国贫困治理的议题转换、范式转变与政策转型.山东社会科学,(01),74-81.
[2] 闫坤，孟艳.(2017).国外反贫困实践对我国的启示.中国财政,(01),25-27.
[3] Alcock, P., & May, M., & Rowlingson, K.(2017).解析社会政策（下）：福利提供与福利治理（彭华民译）.上海：华东理工大学出版社,219-228+254.
[4] 张暄.(2005).国外城市社区救助.北京：中国社会出版社,19.

基地和少数民族地区是城市贫困人口聚集区。此外，城区老工业区、棚户区、城中村和旧住宅区是城市贫困人口的聚集区，这些地区住房简陋、环境较差、安全隐患多，需要通过科学的城市规划打破贫困群体的空间固化。[1]因此，需要从系统观念出发，加强城市整体规划和有机更新，完善城市基础设施，特别是加强城市老工业区、棚户区、城中村以及老旧小区改造，改善城市人居环境。通过就近安置和异地安置相结合的方式打破固有居住格局，尤其对异地安置的需要充分考虑安置居民就业、医疗、教育等需求，合理规划选址。[2]关注城市变迁过程中带来的贫困问题，比如失业问题、农民工问题等等，合理规划城市空间，破除城市贫困聚集问题。

二、精准测度城市贫困人口

有效识别和瞄准城市困难人口是城市贫困治理的基础，那么如何精准测度城市贫困人口，既需要明确城市贫困的界定标准，也需要通过城市治理"智能化"提高兜底保障的"精度"。首先，城市贫困的标准要根据困难群众的收入水平、刚性支出状况、贫困程度、贫困类型等各种因素，结合大救助信息平台的数据核对及线下的调查摸排状况，进行城乡居民家庭困境的综合评估，分层次、分类型、分梯度形成梯度救助格局。城市贫困人口的测度则需要将信息技术手段与救助探访制度相结合。

（一）城市贫困的标准问题

目前，我国绝对贫困问题已得到解决，并且已经转变为相对贫困。因此，要在原先单一的收入标准贫困基础上进一步将健康、教育等涉及人类需求的多维衡量标准纳入进来。当前发达国家以及国内一些地区已有各自的衡量指标和方法，但是，由于各地社会经济发展状况存在差异，因此，难以制定出一套通用的相对贫困指标体系。当前各地相对贫困的界定标准主要按照最低生活保障的一定倍数进行设置，较少综合考虑经济、文化、社会等不同方面，导致界定标准不够精准化。在风险型社会背景下，返贫致贫的风险加大，困难对象更具动态性、变动性和困难性。2020年，中共中央办公厅、国务院办公厅印发《关于改革完善社会救助制度的意见》中提到，社会救助工作要"坚持尽力而为、量力而行，与经济社会发展水平相适应，既不降低标准，也不吊高胃口。坚持统筹兼顾，加强政策衔

---

[1] 李姗姗，孙久文．(2015)．中国城市贫困空间分异与反贫困政策体系研究．现代经济探讨，(01)，78-82．

[2] 李姗姗，孙久文．(2015)．中国城市贫困空间分异与反贫困政策体系研究．现代经济探讨，(01)，78-82．

接，形成兜底保障困难群众基本生活的合力。"因此，如何确定相对贫困的衡量标准，一方面要综合考虑不同困难维度构建综合性分层分类的困难界定标准；另一方面也要坚持尽力而为、量力而行，与经济社会发展水平相适应。

如何界定贫困的标准，可从以下几方面展开：

（1）确定基本需要的范围。面对当前城市复杂的多维度贫困，有必要在收入多维度标准的基础上进一步拓展城市贫困的内涵和范围，将教育、医疗、住房等多方面纳入进来。在此基础上构建精准系统的多维贫困评估指标体系，如梳理出"经济、健康、教育、居住、就业、社会参与"六个维度和"收支状况、健康及就业状况、生活环境"三类主要参数作为调查家庭贫困境况的评估指数。制定城市困难群众家境调查地方标准，建立多维度贫困评估指标体系，对照经济状况、健康状况、教育状况、居住状况、就业状况、社会参与六个维度，对困难家庭贫困境况和救助需求进行科学调查和综合评估。

（2）对城市困难群体进行类型划分，打造多层次社会救助体系。第一层为最低生活保障家庭，该部分家庭主要通过最低生活保障以及各类专项救助进行兜底保障；第二层为低收入家庭，通过精准识别、靶向帮扶低收入家庭；第三层为支出型困难家庭，完善支出型困难家庭的认定和救助标准；第四层为特殊困难家庭（包括困难未成年人群体、困难残疾人群体、失独家庭等），这些特殊群体也被称之为生活在城市发展"间隙"里的人，针对这类群体通过照料慰藉并重，确保没有一个受冷落的人。同时要特别关注城市以三无人员、下岗失业无业者、在业低收入者为代表的户籍贫困人口，和以农民工为代表的流动贫困人口。[1]

（3）进一步确定具体的标准。以当前城市贫困现状来看，依然是要采用以收入标准为主、其他标准为辅的多维贫困标准。具体采用城市居民人均可支配收入中位数的40%—50%作为相对贫困标准，其间根据价格指数进行调整，其他标准包括教育、健康、社会保障、对外沟通等四个方面。[2]

（二）城市贫困人口的测度

"后扶贫时代"社会救助的积极主动干预倾向将会更加明显。社会救助将经历受助对象范围从"选择性"向更加"普惠性"的转变，实现功能从消极的应急性救助向积极早期干预的转变。要注重区分积极救助和消极救济的区别，进行救助的最好时机是发生困难前，它的目的是防止、遏制困难的扩大，被救助者和救

---

[1] 孙久文，张倩.(2021).2020年后我国相对贫困标准：经验实践与理论构建.新疆师范大学学报（哲学社会科学版），(04)，1-13.

[2] 孙久文，张倩.(2021).2020年后我国相对贫困标准：经验实践与理论构建.新疆师范大学学报（哲学社会科学版），(04)，1-13.

助方之间有共同的合作义务，是针对被救助者愿望和需求而进行的。它的系统性和持续性同样要求救助是积极主动的干预行为。主动性原则不仅要求社会救助在工作机制与程序上积极主动，更重要的是在救助理念上，提倡主动发现、早期干预、早期预防的理念，尤其是针对困难家庭的贫困代际传递现象，更需要积极主动的早期干预。这种兜底保障的成本与效果会更好。

建立线下的社区网格服务主动发现机制。首先，充分发挥社区网格管理员作用，经常深入院落、楼群和居民家庭了解情况，掌握第一手资料，在第一时间对新出现困难的家庭进行发现、第一时间进行报告和处理。其次，可以通过"邻里守望"主动发现。利用楼道长、社区成员会议及社区企退人员活动时机，宣传相关政策，了解弱势群体情况；发动热心居民，经常关心和过问邻居，及早发现，及时报告，形成"邻里守望"的良好氛围。

建立线上主动发现预警。首先，通过打通其他社会救助管理部门的系统数据建立"预警库"，打通内部信息孤岛，加强市、区相关部门数据交换，促进跨部门、跨层级信息共享，构建横向全面覆盖、纵向无缝衔接、业务互联互通、数据实时共享的社会救助大数据库。如通过获取农办和医保办数据，将低收入农户、大病报销数据，当设定条件超过标准后进入预警库，政府部门主动启动救助申请流程。其次，鼓励线下主动发现者能够通过政务网、微信公众号等线上信息平台在线主动帮助他人提交救助申请。

结合"最多跑一次"理念，借助大数据以及信息化系统等，简化工作程序，强化家庭经济状况信息核对，提高工作效率。在进行保障对象目标定位时，通过大数据比对协查，主动发现符合要求的对象，通过电话邮件等方式通知对象有关资格认证的相关事宜，提高精准识别能力，避免因对象自身不清楚申报资格情况而造成的漏保行为；在进行具体申报相关事宜时，通过健全"委托人代办"制度，让熟悉业务和流程的中间人员代替保障对象本身去提交材料以及与相关部门进行往来，此举不仅方便了保障对象本身，还可以避免因保障对象对流程的生疏造成的申报资料不全，沟通不畅等问题。

三、扩大兜底保障的范围

2020年，我国全面建成小康社会和取得脱贫攻坚战的胜利之后，公民的衣食住行等基本生存需要得到满足，继而对医疗、教育等发展性需求提出了更高的要求。与此同时，党的十九大报告中明确提出了"弱有所扶"的目标，这对新时代社会救助兜底保障功能提出了新的要求。因此需要进一步扩大兜底保障的范围，关注相对贫困人口及相对弱势群体。

(一) 从低保家庭到低收入家庭

随着我国社会经济的发展以及反贫困行动的不断深入，全国生存性贫困不断消除，随之而来的是相对贫困问题。党的十九大报告中明确提出了"弱有所扶"的目标，这对新时代社会救助兜底保障功能提出了新的要求。在我国城市中，"弱有所扶"的"弱"的具体对象是：城市中以低收入家庭为主（低保户、低保边缘户），其他符合多维度贫困特征的群体。尤其重点关注贫困老人、贫困儿童及残疾人。简单地说，包括传统的"三无"人员（特困供养）及城市新贫困群体（收入、教育、医疗、住房、就业、临时等层面的多维度贫困），还包括部分在经济、社会生活中处于相对弱势的群体，如部分高龄老人、退伍军人、残疾人、长期慢性病重病患者、精神障碍、文盲半文盲等。因此，城市贫困治理与基本民生兜底保障要从关注低保家庭转变为关注低收入家庭。

如何让社会中以低收入家庭为主的弱势群体都能得到基本的救助与帮扶，弥补这些群体在经济、社会发展进程中的短板。因此，我们需要了解广义上的"扶"包括让各类弱势群体摆脱生活窘迫的状况和发展困境，分享经济社会发展的成果，体现社会公平。而狭义上的"扶"包括救助与帮扶，救助主要针对陷入收入贫困或多维度贫困的群体，提供最基本的保障措施，解决这些群体最基本的生存与发展需求；帮扶主要针对在经济、社会发展中遭遇各种障碍，处于相对弱势的群体，通过一定的帮扶措施，例如，社会保险、社会救助、社会福利、优抚安置、慈善等，让这些群体摆脱相对弱势的状况，摆脱生活与发展的困境，融入主流社会生活。换言之，"弱有所扶"目标的实现，不仅仅需要兜底保障，还需要其他各种制度的相互配合与整合，通过综合性的保障措施来实现"扶"的目标。

(二) 支出型贫困家庭的兜底保障

当前以低保制度为基础的社会救助体系，主要考虑收入低下型困难家庭，那些收入高于低保标准但因刚性支出过大而陷入困境的家庭常常处在社会兜底保障的夹心层，实际生活困难。如何对支出型困难家庭进行兜底保障，明确支出型困难家庭的认定标准是救助前提，但从现行各地出台的相关政策文件看，支出型困难家庭的认定标准模糊。因此，有必要从不同层次、不同维度明确支出型困难家庭的界定标准。首先，重新厘清贫困的内涵，贫困可分为收入低下贫困和变动性多维贫困。收入低下贫困家庭的平均收入低于低保线，变动性多维贫困家庭的平均收入不一定比低保线低，其贫困主要是基于收入的变动和不稳定的因素，如医疗、教育、住房支出等，对应的是"相对支出型贫困家庭"。再进一步对变动性多维贫困也即本研究的支出型贫困进行界定，按照刚性支出类型，将相对支出型困难家庭划分为医疗支出型困难、教育支出型困难和住房支出型困难以及综合支出型困难。（1）医疗支出型贫困：（家庭年度可支配收入＋家庭财产－家庭医疗刚性支出）÷12÷家庭人口数＜最低生活保障标准；（2）教育支出型贫困：（家庭年度可支配收入＋家庭财产－家庭教育刚性支出）÷12÷家庭人口数＜最低生活保障标准；（3）住房支出型贫困：（家庭年度可支配收入＋家庭财产－家庭住房刚性支出）÷12÷家庭人口数＜最低生活保障标准；（4）综合支出型贫困：（家庭年度可支配收入＋家庭财产－家庭各类刚性支出）÷12÷家庭人口数＜最低生活保障标准，通过上述划分可将支出型困难家庭分别纳入教育、医疗、住房等专项救助以及临时救助。

其次，加强对支出型困难家庭政府保障层次的顶层设计，政府保障是解决支出型困难的重点，因此，可以建设专门的支出型困难家庭救助制度。这实际上是将社会救助体系分为两类，收入型社会救助与支出型社会救助，其区别在于确定救助对象的时候是否要考虑支出的因素。收入型社会救助体系实际上就是现行的社会救助体系，先通过收入核查等方式确定低保或低收入家庭，再根据这些家庭的实际需求给予相应的专项救助。支出型社会救助专门针对支出型贫困家庭，现在很多地方也出台了针对支出型困难家庭救助办法是一种有效的制度创新。支出型困难家庭救助制度对收入与财产的定义相对于传统的社会救助制度要宽松很多，一些地方扩大到低保边缘家庭（低收入家庭），一些地方则将收入扩大到不超过上年度城镇居民人均可支配收入。最主要的是收入与支出的差值，一般的做法是低于低保标准的纳入低保救助，高于低保标准但低于低保边缘标准的，不纳入低保但转介到专项救助。

或者也可以通过将支出型贫困家庭纳入专项救助，不设立专门的支出型困难救助制度。由于现行社会救助暂行办法的"8＋1"体系本就是回应了多维贫困的需求，而正如前文所述，支出型困难家庭的问题实质是多维贫困的问题。因此，在精确计算城市居民家庭的收入与支出以后，存在基本生存需求的就给予低保救助，存在其他专项需求的（专项支出过大）给予专项救助。这与现行社会救助制度的区别在于进一步"去低保化"，破除低保的门槛效应。

（三）从长期困难家庭到突发困难家庭

2020年8月，中共中央办公厅、国务院办公厅印发《关于改革完善社会救助制度的意见》中指出要强化急难社会救助功能。对遭遇突发性、紧迫性、灾难性困难，生活陷入困境，靠自身和家庭无力解决，其他社会救助制度暂时无法覆盖或救助之后生活仍有困难的家庭或个人，通过临时救助或生活无着流浪乞讨人员救助给予应急性、过渡性生活保障。依据困难情况制定临时救助标准，分类分档予以救助。逐步取消户籍地、居住地申请限制，探索由急难发生地实施临时救助。畅通急难社会救助申请和急难情况及时报告、主动发现渠道，建立健全快速响应、个案会商"救急难"工作机制。

强化救共体急难社会救助功能，应对突发性致贫致困问题。2020年以来，重大突发公共卫生事件以及自然灾害的发生，全国经济受到影响，有一部分原本正常的家庭因此而陷入困难。群众面临的失业风险、健康风险以及一些意外事故产生的风险都在加大，这对社会救助工作也是一场考验。因此，要通过强化急难型社会救助工作，对遭遇突发性、紧迫性、灾难性困难，生活陷入困境，靠自身和家庭无力解决，其他社会救助制度暂无法覆盖或救助之后仍有困难的家庭或个人，通过临时救助或者其他专项救助进行开展，同时发挥基层社会救助的力量及时有效地对陷入贫困的急难型家庭进行困难识别。

四、拓展兜底保障的主体

城市贫困治理的"社会化"指的是社会治理不仅仅是政府的事情，政府应该改变过去对社会治理事务大包大揽的做法，将适合由企业和社会组织承担的社会治理任务通过职能转移、购买服务和招投标等方式交给企业和社会组织来承担，从而一方面实现培育新的社会治理主体的目标，另一方面更有效地构建共建共治共享的社会治理格局。

（一）政府主导

提供财政支持无疑是政府主导责任的重要体现。再好的制度设计，如果没有有效的公共财政供给，也将会成为无源之水，无本之木，难以为继。政府在社会再生产过程中，通过多种收入形式，集中一部分国民生产总值或国民收入，用于满足实现其职能需要，例如通过财政拨付行政经费、教育经费、基本建设投资支出、优抚救济支出、扶贫支出，为保证因无劳动能力和其他要素而无收入或收入甚少者的最基本生活需要，通过转移性支出，如社会保障支出、救济支出、补贴等，使每个社会成员得以维持起码的生活水平和福利水平。

坚持政府主导的原则还需注意两点。其一，中央与地方之间的权责分担问题。由于我国人口众多、地区发展不平衡以及多民族构成等特点，在明确中央政府的主导性以外，还需要明确包括各个地方政府在内的各个责任主体之间的权责分担。中央政府主导制度的改革与建设，同时考虑到巨大的地区差异性，需要充分调动地方政府对在城市困难人口兜底保障问题上投入和建设。中央政府与地方政府分担财政与监管责任等，在强化中央政府的责任同时强化地方政府的责任。在一定条件下，中央政府可以通过财政转移支付方式，确保地方政府的职责与财力匹配。其二，适度的引入市场机制作为补充。政府不是万能的，不要排斥市场机制的介入，在保障社会公平的前提下，合理利用市场机制和市场资源，弥补政府主导功能的不足。政府主导责任应有边界，否则就会出现美国"伟大社会"建设后期的政府严重财政负担，各种开支严重膨胀的严重后果。当前我国一些经济发达地区的地方财政相对比较好，能够支撑大量的福利支出，政府大包大揽，看起来毫无问题，反而成为很多地方突显制度优越性和政府惠民的举措，政府责任的边界模糊不清。一旦经济下行，这种模式很显然是不可持续的。所以，强调政府主导责任的同时要明确政府责任的边界，有意识地鼓励多种力量参与到反贫困的事业当中。

（二）社会力量广泛参与

城市困难人口的兜底保障工作实际是一种社会治理方式与手段，既重视政府功能发挥又重视社会力量群体合力。在一些公共产品的供给方面，社会力量可以发挥其不可替代的功能，特别是在关爱弱势群体、促进社会公平正义、社会动员和社会倡导、提供社会服务等方面更是具有政府和市场无以比拟的优势。"后扶贫时代"，各种社会力量参与社会救助形式将进一步扩展，制度环境将进一步规范，作用将进一步凸显，成为这道社会安全网的有机整合力量。多元主体的参与在"后扶贫时代"给社会安全网提供了多元的实体支撑。可以利用不同主体的特色和优势，开展内容丰富、形式多样的社会救助项目，促进各主体之间的相互尊重、平等协商、沟通合作、互利共赢的协同治理的兜底保障格局。

首先，政府建立信息的定期发布制度，使其他的主体，尤其是企业（个人）、社会组织能获得需求者的信息。一般而言，民政部掌握着城市困难人口、困难家庭的信息，并建有低保对象档案，内容涉及他们的年龄、收入、致贫原因、家庭人口数等信息。这些信息能够帮助社会组织、企业或者慈善个体，精准的找寻需要救助的对象，并提供精准的救助服务。

其次，作为依靠生产、出售产品而营利的组织，企业并不善于从事社会救助，但是企业有其相应的社会责任。企业提供的资金可以交给专业化的社会组织来协助完成社会救助过程。企业还可以选择直接为弱势群体提供现金救助，直接为弱势群体提供相应的志愿者服务。企业还通过设计带有激励性的广告语倡导语与公众进行沟通，加强公众对社会救助的了解和关心，鼓励更多的人参与到救助帮扶弱势群体的活动中来。在这一过程中，企业还可以与需要救助帮扶的弱势群体一起实现双赢，把慈善捐赠与企业的营销战略结合起来以促进企业产品销售，企业可以组织其员工、分销商、零售商等合作伙伴奉献他们的时间为残疾人、老年人、困难家庭等弱势群体提供服务，以期通过志愿服务提高企业声誉，树立良好企业形象等。

再次，社会组织具有亲和力强、灵活性大、资源广泛等优势，组织成员本身来自社会各界各个层次，与目标对象之间能够更为平等地交流与沟通，更能知晓城市弱势群体的真实需求。同时社会组织成员由于来自各行各业，有很多专业人士，在社会组织具体从事的领域更为专业，能够调动各种社会资源，以多种手段帮助目标对象走出生活困境。此外，群众参与、群众自治的社区社会组织也便于群众监督。群众在信任了解组织的基础上更乐于提供辅助这些组织进行社会救助的各类资源。[1] 可以结合社区文化资源，开展邻里互帮互助各类公益活动，让救助对象感受到社区邻里的"温度"，用社区新型和睦文化来助力"弱有所扶"。

最后，家庭与个人也是重要的参与者。个人通过慈善募捐、志愿者服务等方式参与社会救助，营造良好的社会氛围。对困难家庭进行帮扶离不开家庭和个人的基础作用。根据联合国开发计划署的人类发展报告的分析，穷人、非正规就业人群、妇女、残疾人、儿童、老年人等都是家庭中相对弱势的群体，在健康、教育和资源控制方面的能力有限，显得尤其脆弱。家庭可通过调整家庭消费结构、增加教育投资、增加家庭收入来源等方式，逐步恢复家庭功能，从而帮助这些群体渡过难关。从目前的情况来看，可以做到的是，重点关注老年人的医疗支出，协助家庭满足儿童教育开支，鼓励儿童走出家庭，参与社会活动，增强自信心，给予残疾人更多的照顾和服务。此外，一些特殊的家庭，例如单亲家庭，家长忙于奔波维持生计更易造成对单亲儿童的忽视，也不利于儿童的成长。这些不仅需要依靠政府、市场和社会组织的帮助，还需要家庭的互助功能的发挥。

要形成社会救助兜底保障参与主体的多层次性，最重要的是要理顺政府与社会力量的关系。社会力量参与社会救助的方式有以下几种：其一，项目合作模式，强调社会力量各个主体与政府间的项目合作；其二，"1+X"模式，即建立以政府为主导，社会力量主体参与社会救助的模式，要求政府以政策引导社会力量发展方向，搭建信息共享平台、促进救助供需对接，加强主体间的交流沟通、建立稳固合作关系，鼓励多方参与；其三，"四位一体"政府社会协作模式，指政府、社会组织、企业（个人）、困难群众相互配合、协调、联动，多元主体协同参与。要推动平等合作机制、协调对话沟通机制、资源共享机制、购买服务机制等有利于多元合作形成的机制建设。从目前现状来看，以政府为主导、慈善组织为补充、

---

[1] 田俊乐．(2015)．我国城市社会救助中多元主体参与协作问题研究——基于福利多元主义理论分析（硕士学位论文）．太原：山西财经大学．

多元主体参与的"大救助"模式将是中国未来一段时期内的必然选择。[1]

五、兜底保障的多层次性

根据研究，城市居民家庭的贫困可以分为两大类型，即收入低下贫困和变动性多维贫困。收入低下贫困的家庭平均收入低于低保线以下，基本上属于贫困家庭，进行兜底线的收入保护是最为必要的措施之一，除此之外需要其他的外部干预和社会保护策略的跟进。变动性多维贫困的家庭的平均收入不一定比贫困线要低，其贫困主要是基于收入的变动和不稳定的因素，如医疗、教育、住房支出等，进行预防性和投资性的策略，降低社会风险，提升其能力，甚至是改善其行动是必要的措施之一。随着中国的反贫困不断取得巨大推进，基于变动性的多维贫困将会成为政策设计者在后期需要关注的重点。因此要加强兜底保障的多层次性，以此满足城市困难人口基本生存需要、能力提升、行动改善、收入提升的需要。

（一）基本生存需要的满足

生存满足的目标需要兜底线的社会安全网来实现，这是一种底线性策略。不管是基于收入低下的贫困还是基于变动性多维贫困，满足城市居民家庭的基本生存需要，构建兜底线的社会安全网都是最为基本的应对策略，这方面作为有效的政策就是社会救助制度。

围绕社会救助是基于需要为本还是基于正义为本有着广泛的讨论。如何在基于需要的基础上满足正义的原则，在保障基本的基础上体现发展的取向，并使制度走向更为包容，更为规范，最终实现法制化成为众多发展中国家的可能选择路径之一。社会政策本质上体现为对公民需要的满足，对"基本需要"的不同理解可能会导致制度朝着不同的趋势发展。1974年国际劳工组织首先正式使用了基本需要（Basic needs）这个概念，包括："第一，包括家庭私人消费的最低需要，如足够的食品、衣物和住宅，以及某些家具和家用器具。第二，包括当地社区提供的一些基本服务，如卫生的饮用水、卫生设施、公共交通、医疗和健康服务、教育以及文化设施。在任何情况下，基本需要都不应当仅仅等同于生理性的最低需要，它应当被置于民族自立的背景中，考虑到个人和人民的尊严，使他们没有障碍地自由把握自己的命运"。这是在满足基本生存需要的基础上体现社会正义的原则。我们认为构建兜底线的社会安全网，满足公民的基本生存需要，应包含国际劳工组织所言的第一层次和第二层次的基本需要。这个层面的生存满足，除了

---

[1] 孙远太.（2015）.政府救助与慈善救助衔接机制构建研究——基于整体性治理视角.中国行政管理,（8）,52-56.

基本的衣食需要之外，还包括基本的医疗、教育、住房、就业等维度的需要满足。

(二) 能力提升与行动改善

家庭能力的提升被认为是兜底保障的重要目标之一。一般而言，提升家庭能力主要在两个方面，一是家庭的经济资本的增加，二是人力资本的投资。保持经济增长，增加家庭收入是消减贫困的重要因素，在一个经济停滞不前的社会，很难想象困难家庭能够很从容地应对风险冲击。需要创造机会，保障家庭成员的就业以及获取收入的能力。一些社会救助和社会福利项目也可以在其中发挥重要作用，例如，家庭生育行为一般开始于父母生活的最佳时期，在这个时期，早期育儿发展计划能解决这些家庭父母的很多后顾之忧，使其能有更多机会获取更多的社会资本。如何为父母提供良好的教育培训，尤其是那些设计良好，面向年轻母亲的文化课程，对这些母亲及其子女都有着非常明显的收益，而且这种收益对整个家庭的未来都有着持续的好处。大量的理论和实证分析都表明，以教育、健康为主要指标的人力资本匮乏，是发展中国家贫困发生率长期居高不下、弱势人群陷入持久贫困的根本原因之一。[1] "知识改变命运"，教育在个人成长与发展的过程中发挥着极其重要的作用。一些家庭存在着教育投资不足、教育投资负担重以及教育投资抗风险能力弱等特点。而对家庭子女教育公平和对家庭子女的教育救助的讨论则是基于家庭本身获取资源的薄弱能力而展开，希望通过促进家庭子代向上社会流动的反贫困政策理念来阻断贫困的代际传递。[2] 切实改变困难家庭子女的受教育状况，在观念上建立人力资本投资的理念，在行动上策划和发展有效的职业训练方案。当然，人力资本投资的形式可以有很多种，可以通过直接补贴的形式作用于贫困家庭儿童自身，帮助他们完成正常的基础教育，甚至接受更高、更好的教育，帮助他们获得健康的身体，帮助他们习得良好的生活习惯，帮助他们掌握必备的职业技能。还可以通过投资于困难家庭中的父母，来间接投资于其子女，帮助困难家庭父母进行职业技能培训，重返劳动力市场，给困难家庭父母提供良好的育儿观念与方法，帮助这些父母在面临社会风险的时候采取正确的行动。

行动作为影响贫困的重要因素之一，其重要性不言而喻。如果一个家庭即使拥有足够的抵御社会风险的能力，比如，拥有足够的家庭资产，但如果在风险冲击来临之时没有采取合理的家庭行动，很有可能会进一步加深风险的冲击，从而

---

[1] 卢迈. (2013). 儿童早期发展与反贫困. 王梦奎 (编). 反贫困与中国儿童发展. 北京：中国发展出版社, 21.
[2] 刘精明，杨江华. (2007). 关注贫困儿童的教育公平问题. 华中师范大学学报, 46 (2), 120-128.

务"。为能力建设而服务是将对穷人的实物、金钱资助演变为提供服务和技能培训,实现由"输血"到"造血"的转变,帮助家庭提高独立自助能力;为无助者提供预防再度发生贫困危机的服务;激励受助者逐渐摆脱资助;促使贫困者自立自强。[1] 此外,部分地方已开展第二阶段救助服务,如帮助困难家庭进行家政活动、托管儿童、照料老人等,使家庭劳动力人口能够安心工作,等等。[2] 为进一步发挥社会救助的兜底保障作用,需要创新多种形式,通过社会救助服务的供给,来满足公民的多种需要,从而实现困难家庭需要与需要满足的有效对应。

六、兜底保障的分类目标

教育、医疗以及住房等多维贫困问题其本质还是家庭收入不足难以应对各类风险冲击,加大了致贫与返贫的风险性,因此,要通过收入提升来增强城市困难家庭的应对风险冲击的韧性,在此基础上进一步对多维贫困进行治理。

(一) 收入提升

首先,要发掘城市困难家庭的内生动力。习近平总书记在党的十九大报告中明确指出,"注重扶贫同扶志、扶智相结合"。当前各种福利叠加导致部分群体产生"福利依赖",此外城市困难群众参与扶贫脱贫过程不足以及尊崇依靠自身勤劳脱贫的氛围未能形成等原因造成城市困难群体内生动力不足,因此收入提升首先要激发城市困难群体的内生动力,具体可以通过给困难群众充分的知情权、让困难群众参与到扶贫项目的运行实施管理之中、耐心宽容对待困难群众的参与等方式扩大困难群众的参与范围,并且着力营造自力更生光荣脱贫氛围[3]。其次,要提升城市困难家庭风险防控能力,特别是城市中非正规就业群体遇到风险冲击容易因失业、收入减少等陷入贫困,因此,要通过能力提升项目来改善家庭自身风险抵御能力能够提高家庭面对风险冲击的韧性。已有研究表明,家庭特征、家庭生产经营活动、家庭教育与培训、家庭中年轻劳动力的状况、家庭中父母的教育、营养与健康状况等都可能对贫困脆弱性产生深刻地影响。而贫困脆弱性往往与家庭贫困风险相互作用,降低贫困脆弱性能够提升家庭贫困风险系数从而减少致贫概率。因此有必要从降低贫困脆弱性提升家庭风险防控能力的角度来预防贫困风险,一方面提升人力资本,对困难群体增加教育投入或者就业培训等来改善,另一方面增加家庭经济资本,稳定的家庭收入来源依然是家庭抵御风险冲击的前

---

[1] 张暄. (2005). 国外城市社区救助. 北京:中国社会出版社, 19.

[2] 林闽钢. (2014). 现代社会服务. 济南:山东人民出版社, 170-171.

[3] 薛刚. (2018). 精准扶贫中贫困群众内生动力的作用及其激发对策. 行政管理改革, (07), 51-55.

提条件,所以要创造更多的就业机会来保障家庭获取收入的能力。[1]最后心理健康也值得关注,一个家庭面对风险冲击陷入困难受到的打击是巨大的,往往容易呈现出"悲观、忧愁、抑郁"的状态,因此要关注心理方面的能力提升。

(二) 多维贫困治理

多维度贫困救助不仅仅关注和解决收入贫困单一维度的问题,还要关注和解决支出贫困、权利贫困、能力贫困等维度的问题。比如许多困难家庭因为重病、重残、年老、长期慢性病折磨等存在丧失劳动力的风险;青少年失学降低了人力资本,永久削弱了其脱贫能力。疾病及营养不良影响健康,体质下降,导致劳动技能退化或丧失;就业不足,教育、医疗、住房、养老负担较重进一步消减了家庭的自我发展能力;部分家庭社会交往不足,社会关系网断裂,遭受社会排斥;一些家庭缺乏应对风险的能力,无法选择合理的行动来应对风险等等,都需要建立和完善多维度的综合识别指标体系,实现精准识贫、精准施策。

城市多维贫困的治理,首先,应当推进分类分档精准救助。根据部门救助职责,依据申请人家庭人口、收入、财产、支出等核对情况,精准认定救助对象,实施类别化、差异化救助。拓展社会救助类型和对象,扩大社会救助覆盖面。结合户籍制度和居住证制度改革,加强流入地和流出地、相关部门之间的联动,完善常住人口社会救助。其次,强化救助项目统筹。对资金投入方向、管理方式相近的社会救助项目进行统筹整合,避免应救未救或过度救助。对符合条件的收入型贫困对象,纳入基本生活救助,实施医疗、教育、住房、就业等专项救助。对符合条件的支出型贫困对象,给予最低生活保障或临时救助,实施医疗、教育等专项救助,加强社会力量帮扶,通过多途径叠加措施有效减缓困难程度。对符合条件的非户籍常住人口,在实施临时救助制度的基础上,逐步开放医疗救助、教育救助等专项救助。对老年人、残疾人、困境儿童等弱势群体,加强救助项目与福利项目衔接,提高基本生活兜底保障水平。加强生活无着流浪乞讨人员救助管理,兜住安全底线。对因自然灾害造成家庭困难的,要及时启动应急救助,安排好受灾群众生活。对受灾影响持续时间长的对象,在自然灾害救助后,符合条件的纳入最低生活保障或最低生活保障边缘救助范围。再者是稳步提升社会救助标准。要根据当地经济社会发展水平和物价变动情况,完善低保标准动态调整机制。合理制定并落实特困人员救助供养标准,照料护理标准依据特困人员生活自理能力和服务需求确定。完善困难群众基本生活价格补贴机制,按月启动,及时发放。

---

[1] 祝建华. (2019). 城市居民家庭贫困脆弱性的测度、因素识别与消减策略. 河北大学学报(哲学社会科学版), 44 (03), 129–138.

加强和改进临时救助工作，科学制定分类分档临时救助标准。适当提高医疗、教育、住房、就业等专项救助水平，持续加大救助力度。最后，要从基本民生兜底保障的角度，继续为困难居民的收入提高创造机会；提高全民的受教育水平，从强制性上保证低收入人群接受九年义务教育；扩大医疗保险的保障范围，尤其是要建立以居住地为依据的医疗保障体系；改善城市居民的住房和卫生条件等。[1]

七、兜底保障制度的整合

美国"向贫困开战"计划中，各项目计划之间存在较为零碎和分散的问题，造成事实上福利资源浪费的同时影响了制度的效率。此外，矛盾、零散、混乱的制度安排，只会让受助者无所适从，丧失对政府反贫困的信心，缺乏自我发展的动力，最终导致影响反贫困的效果。我国必须汲取美国的经验教训，推进制度之间的协调与统一，加强彼此的联系与协作，理清彼此交叉、重叠、矛盾的地方，充分发挥制度的合力，共同构建牢固的社会安全网。"后扶贫时代"的多制度整合促进社会救助制度体系的分层分类发展与整合，也要促进社会救助制度与其他社会政策的整合。

（一）社会救助制度体系的分层分类发展与整合

在体系内部要根据城市贫困人口的多维度贫困需求，进行各项专项制度的整合，同时在物质与现金救助的基础上推进社会救助服务。实现以"现金救助+服务救助"为基础，发挥出救助的合力效果，实现兜底保障的综合性。在完善低保制度兜底保障的基础上，积极发挥临时救助和专项救助的作用，在社会救助制度内部，打造分层次、分类别的梯度救助模式。分层次要求明确低保救助的基础性地位，并在此基础上，实现其余各项专项救助与低保制度的"协作"。这有利于进一步发挥社会救助的兜底保障作用，真正按照致贫原因实现按需施救。[2] 进一步实现梯度救助，要求按照底线原则和紧要程度将医疗和教育排在首位。建议设置以实现四大专项救助为目标，打破专项救助壁垒的综合救助项目，实现一个项目提供多种救助的目的。例如，浙江省创新开展的"最多跑一次改革工作中"的实行的"八统一"制度，申请特困供养、低保、低保边缘家庭以及因病致贫困、医疗救助、临时救助统一使用一张申请表，在审批过程中进行梯度认定。此外，在内部制度设置时可增添对救助对象进行正常生产生活能力恢复救助的内容，以实现保护性救助与发展性救助的结合。

---

[1] 于涛.(2019).中国城市贫困的多维测度及治理.河北经贸大学学报,40(03),23-30.

[2] 左停,贺莉,赵梦媛.(2017).脱贫攻坚战略中低保兜底保障问题研究.南京农业大学学报,(4),28-36.

（二）社会救助制度与其他社会政策的整合

城市贫困人口的兜底保障除了需要社会救助兜底以外，在社会救助制度外部实现与其他社会保障制度的整合与协调也十分重要。在这一过程中尤其是要发挥社会保险的作用。很多国家主张通过社会保险项目来预防风险冲击，这是从国家层面给出的预防性策略。各种社会保险项目涵盖了家庭生命周期的各个阶段，包括生育、医疗、教育、失业、养老保险等。包括企业以及各种社会组织在内的社会力量，可以通过具体社会保护项目的形式来帮助家庭进行风险管理预防风险的冲击，例如实施儿童津贴计划、有条件的现金转移支付项目、开端计划等。社会福利是无论老年人、儿童、妇女还是残疾人，均需要有相应的福利制度安排和提供相应的福利性服务，其中既有需要政府托底的困难群体，也有只有通过市场供给才能获得更好满足的高收入阶层，更有需要政府、市场、社会及家庭或个人形成合力才能全面满足的中低收入群体[1]。要不断促进社会福利供给的公平性和均衡性，一方面补齐短板，增加面向老年人、儿童、残疾人的社会福利供给，另一方面扩大供给，打破以户籍制度为基础的福利分配，构建更加开放包容的社会福利分配格局。总之，社会救助制度与其他社会政策的整合需要政府、市场、社会、个人及家庭等多元主体的作用，厘清各项社会政策功能定位。例如，城市贫困人口的医疗问题是一个极其核心的问题，也是一个各种问题交织在一起的非常难以解决的综合性问题。要实现城市贫困人口的兜底保障，医疗问题必须通过整体性社会治理的整合来解决。上海市长宁区给出了一个"四医联动"的方案，很有参考价值。所谓"四医联动"就是"基本医疗保险+基本医疗服务+政府医疗救助+社会组织医疗帮扶"共同解决城市贫困人口的医疗问题，这实际上是协同了社会保险、社会救助、慈善帮扶、社会服务等各种社会政策，形成综合帮扶的格局，共同解决城市贫困人口的相对贫困问题。社会救助制度与其他社会政策的有效协同与整合，对城市贫困人口的生存和发展显得至关重要。

---

[1] 郑功成.（2019）.多层次社会保障体系建设：现状评估与政策思路.社会保障评论，3（01）：3-29.

第五章 儿童相对贫困与社会救助兜底

儿童是国家的未来和家庭的希望，也是最容易受贫困问题影响和伤害的群体。儿童期是个人成长发展的关键时期，这一时期的身心健康将会对人的一生产生至关重要的影响。全面建成小康社会和实现脱贫攻坚的任务目标后，我国针对儿童的救助已由过去的绝对贫困过渡到相对贫困范畴。目前，我国儿童救助政策仍然处于发展和完善过程中，项目覆盖面偏窄、保障水平偏低等问题一定程度上影响了救助效果。与其他儿童相比，贫困儿童在基本生活保障、监护、教育、医疗、营养、心理健康等方面都面临巨大困境。加强对经济困难儿童的救助，满足其基本需求，能从一定程度上能提升起点公平、避免贫困的代际传递。当前，我国正朝着共同富裕迈进，研究儿童相对贫困及其社会救助问题就显得更加迫切。

第一节 儿童相对贫困与社会救助文献回顾

在我国，相对贫困儿童可分为低保家庭儿童、低保边缘家庭儿童、建档立卡户家庭儿童三类。从相对贫困儿童救助保护研究来看，相关文献可以分为现金救助和服务救助两个方面。

一、儿童贫困概念界定

明确儿童贫困概念对于贫困儿童社会救助至关重要。但是，对于什么是儿童贫困，迄今为止仍然存在明显争议。由于儿童自身没有收入，因此，很难运用以收入和消费为基础的测量方法来界定儿童贫困。那么什么是儿童贫困呢？联合国儿童基金会认为，贫困儿童是"经历过生存、发展和成长所需的物质、精神和情感资源的剥夺"而不能享受其权利，不能发挥其潜能或作为完整、平等的成员参与到社会中的儿童（UNICEF，2005）。关于儿童贫困，联合国儿童基金会是从多维贫困的角度来界定的，其内核是能力和机会剥夺，即贫困儿童缺乏赖以生存的一系列最基本的商品和社会服务，例如食品、安全饮用水、卫生设施、卫生保健服务、住所、教育和信息服务，因此，不能像其他儿童一样享有平等的权利。

虽然儿童自身没有收入，但是有一种观点认为生活在贫困家庭的儿童就可以定义为儿童贫困。如我国有学者把贫困儿童界定为其家庭收入低于当地最低生活保障标准的所有儿童，并提出家庭月人均收入在当地最低生活保障标准的110%~150%之间的低收入家庭的儿童也应在贫困儿童范围内（张时飞、唐钧，2009）。尽管贫困儿童并不完全等于贫困家庭中的儿童，但是这种测量方法在政策实践上具有更强的可操作性，因此，在研究中也被广泛采用。从我国的目前情况来看，贫困家庭大体包括低保户、低保边缘户或低收入户和建档立卡户三类。因此，贫困儿童也可以相应地分为低保家庭儿童、低保边缘家庭儿童和建档立卡家庭儿童。

第一，低保家庭儿童。低保户是指因家庭成员因病、因残、失业等原因，家庭人均收入低于当地规定最低生活保障标准而享受最低生活保障的家庭。低保家庭儿童是指生活在城乡居民最低生活保障家庭中的儿童。按照政策规定，低保家庭如果有未成年子女，其低保金能够额外享受一定比例的分类施保待遇。

第二，低保边缘家庭儿童。低保边缘贫困人群一般指的是收入低或接近低保标准但因不符合低保资格而没有被纳入低保制度中的人群（徐月宾，张秀兰2009）。低保边缘家庭的主要类型是支出型贫困家庭。目前，低保边缘户或低收入户的认定尚无较为统一的标准。从各地的实践来看，低保边缘户或低收入户一般是指家庭月人均收入为当地最低生活保障标准1.5倍至2倍之间的家庭。但是也有例外情况，例如，北京市的低收入标准就是最低工资标准。生活在低保边缘家庭或低收入家庭的未成年人也是贫困儿童。

第三，建档立卡户家庭儿童。建档立卡是各省（自治区、直辖市）按照县为单位、规模控制、分级负责、精准识别、动态管理的原则，以2013年农民人均纯收入2736元的国家农村扶贫标准为识别标准对每个贫困户建档立卡，建设全国扶贫信息网络系统。建档立卡贫困户（简称建档立卡户）即指纳入全国扶贫信息网络系统的贫困户，建档立卡户家庭儿童是指生活在建档立卡户家庭的未成年人。

二、贫困儿童救助政策和文献

贫困儿童救助可以分为两个方面：一是现金救助，即直接通过现金转移支付的方式给贫困儿童及其家庭给予资金支持，帮助其解决生活困难。例如，孤儿基本生活费、事实无人抚养儿童生活补贴、低保、教育救助等。二是服务救助，即通过政府相关机构或社会组织为贫困家庭的儿童提供监护、营养与健康、教育、心理等方面的福利服务，以促进贫困儿童健康发展和成长。以下分别从政策和研究文献角度分别对这两个方面进行阐述。

(一) 贫困儿童现金救助保护政策和研究文献

1. 贫困儿童现金救助政策

我国目前的儿童福利政策的基本假设是：家庭是儿童健康成长的最佳场所，儿童的需要与家庭的需要是不可分割的，对家庭的帮助就是对儿童的帮助。因此，我国的社会福利政策基本上是以家庭为单位，贫困儿童是各类社会福利政策的受益者。在大多数情况下，他们只是作为家庭的一名普通成员进入政策视野（陶传进、栾文敬，2011）。因此，我国关于贫困儿童的一般性现金救助政策散见于各项社会政策中，具体包括城乡居民最低生活保障制度、专项救助和临时救助、建档立卡户各类补贴等。

第一，低保制度。最低生活保障制度为我国城乡居民困难家庭提供了兜底保障，也在一定程度上惠及低保家庭儿童。城市居民最低生活保障制度始于20世纪90年代初期的上海。1999年10月，国务院实施《城市居民生活最低保障条例》之后，城乡居民最低生活保障制度的逐渐建立和普及，并对于保障低保家庭儿童基本生活发挥着重要作用。截至2019年底，全国共有城市低保对象524.9万户，有农村低保对象1892.3万户（民政部，2019）。如果按照每户平均1个未成年人推算，那么，全国有2400万左右的儿童生活在低保家庭中。因此，尽管低保制度并不是专门保障儿童，但中国最大的儿童现金支持项目应该是低保制度。除此以外，低保制度针对有儿童家庭还实施分类施保。例如，安徽省黄山市徽州区规定，低保家庭有14周岁以下的未成年人，低保待遇可以在本人月补差标准的基础上上浮20%（黄山市徽州区人民政府，2019）。陕西省规定，对城乡低保家庭中的18周岁（不含）以下未成年人，按每人每月不低于当地低保标准的30%增发低保金（陕西省民政厅、财政厅，2020）。因此，通过分类施保可以让这些儿童家庭得到更多的收入支持。此外，低保家庭除了享受低保金之外，还能获得专项救助（教育救助、医疗救助、住房救助和就业救助）、节假日救助或物价补贴、水电气费用减免等。

第二，专项救助和临时救助。根据2014年国务院颁布的《社会救助暂行办法》，低保户可以自动获得专项救助的资格。尽管低收入户或低保边缘户不能享受低保金，但是却可以申请专项救助。专项救助中的教育救助、医疗救助主要是现金救助，住房救助如果采用租金减免也可以看作现金救助。临时救助也通常是现金给付，主要受益对象包括因火灾、交通事故等意外事件，家庭成员突发重大疾病及遭遇其他特殊困难等原因，导致基本生活暂时出现严重困难的家庭。对于那些生活在低收入家庭和遭受重大意外事故家庭中的孩子来说，专项救助和临时救助给付同样也能给提供保护和支持，保障他们的基本生活。

第三，建档立卡户各类补贴。农村扶贫是我国最重要的反贫困项目。农村扶贫并非输血式的现金给付，但是各类扶贫项目基本上都是国家各级财政现金转移支付，通过各种补贴、低息或无息贷款等方式帮助农村贫困户发展生产、提高收入，因此也一定程度上可以看作是现金救助。农村建档立卡户的各类补贴项目主要包括"雨露计划"补贴、技能培训补贴、农业支持保护补贴、农机购置补贴、农业保险保费补贴、公益林生态补偿金、退耕还林补贴、产业奖补金、残疾人机动轮椅车燃油补贴、易地扶贫搬迁安置、危房改造项目、公益岗位扶贫、扶贫小额贷款、扶贫防贫保险等。各类补贴项目能够提高建档立卡户的家庭收入，有助于提高家庭成员（包括儿童）的生活水平。

贫困儿童除了受惠于一般性的家庭现金救助之外，我国还建立了一些专门针对该群体的现金救助制度。这主要包括孤儿基本生活费、事实无人抚养儿童生活补贴和教育救助四个项目。

一是孤儿基本生活费。2009 年，民政部办公厅下发了《关于制定孤儿最低养育标准的通知》，制定了全国统一的社会散居孤儿最低养育标准，要求对城乡孤儿发放儿童福利津贴。从保障对象上看，儿童福利不再局限于福利机构内集中养育的孤儿、弃婴，而是拓展到所有孤儿，这是中国儿童福利制度历史性的进步。2010 年 11 月 26 日，民政部、财政部下发了《关于发放孤儿基本生活费的通知》，决定自 2010 年 1 月起为全国孤儿发放基本生活费，标志着中国有了第一个面向家庭的儿童现金福利项目的产生，也意味着国家对孤儿生活的保障真正从院内扩大到院外。截至 2019 年底，全国共有孤儿 23.3 万人，其中社会散居孤儿 16.9 万人，基本生活保障平均标准 1073.5 元/人·月（民政部，2019）。从目前的情况来看，由于孤儿基本生活费的保障标准远高于低保标准，因此该项目能够给城乡孤儿提供较好的基本生活保障。

二是事实无人抚养儿童基本生活补贴。事实无人抚养儿童生活补贴制度起源于困境儿童保障工作。困境儿童包括因家庭贫困导致生活、就医、就学等困难的儿童，因自身残疾导致康复、照料、护理和社会融入等困难的儿童，以及因家庭监护缺失或监护不当遭受虐待、遗弃、意外伤害、不法侵害等导致人身安全受到威胁或侵害的儿童（国务院，2016）。事实无人抚养儿童是困境儿童中最困难的那部分。在早期的实践中，针对事实无人抚养儿童并没有单独的现金救助，而是将他们纳入低保、特困和临时救助等不同救助制度中。由于中央没有统一政策规定，各地对于事实无人抚养儿童的保障标准差异很大。到 2019 年，民政部等 12 部门联合印发了《关于进一步加强事实无人抚养儿童保障工作的意见》，规定各地事实无人抚养儿童发放基本生活补贴标准按照当地孤儿保障标准执行，标志着事实无人抚养儿童基本生活补贴制度正式建立。

三是教育救助。我国从学前教育一直到高等教育阶段都对贫困儿童实行教育救助，为各类贫困儿童提供现金支持。2004 年，民政部和教育部发布了《关于进一步做好城乡特殊困难未成年人教育救助工作的通知》，要求对农村五保供养未成年人、城市"三无"对象中的未成年人、城乡最低生活保障和农村特困户家庭的未成年子女进行教育救助（民政部、教育部，2004）。救助内容主要包括对义务教育阶段实行"两免一补"（免杂费、免书本费、补助寄宿生活费）。近年来，由于教育救助被当成脱贫攻坚的重要手段之一，教育救助得到了极大的重视，各地出台和实施了一些新的教育救助政策。到目前为止，各地建立了从学前教育到研究生阶段，以国家资助为主体、学校和社会资助为补充，包括"助、奖、免、补、贷、偿、食、勤"等多种手段在内的学生资助政策体系，很好地保障了贫困学生的受教育权。

四是艾滋病病毒感染儿童基本生活费。根据民政部、财政部《关于发放艾滋病病毒感染儿童基本生活费的通知》，自 2012 年 1 月起国家将为全国携带艾滋病病毒及患有艾滋病的儿童（统称艾滋病病毒感染儿童，儿童系指未满 18 周岁的未成年人）发放基本生活费，发放标准参照当地孤儿基本生活费额度，全额执行。中央财政按照此标准对各地发放感染儿童基本生活费进行补助。

2. 贫困儿童现金救助研究文献

目前学界关于贫困儿童现金救助的系统研究较少。从其研究对象上来看，大部分集中于对城乡低保家庭儿童的研究。

第一，城市低保家庭儿童救助。城市地区越发达其异质性就越高，贫富差距也越大。低保家庭儿童作为城市典型的弱势群体面临着被边缘化的问题。如果没有社会救助，他们的基本权益与基本需求得很难得到应有的保障与满足。由于城市低保家庭存在就业不利、收入支出劣势等生存脆弱性及教育投入、子女营养双重不足的发展性脆弱，极易形成贫困的代际传递，这加剧城市低保儿童贫困问题（林闽钢、祝建华，2011））。除了基本物质需求的基本保障面临困难之外，还有研究对城市低保家庭进行分析发现，低保儿童的无助感、耻辱感和社会排斥感比较明显。另一项对北京低保家庭的研究也显示，低保儿童面临一定程度的生活困难和社会融入等问题（齐亚静，2019）。

第二，农村低保家庭儿童救助。对于拥有相对更少社会资源的农村低保家庭儿童来说，其贫困问题更加复杂性，物质和精神的双重贫困特征更加明显。由于农村低保家庭收入水平较低，低保家庭中的儿童在生存与发展方面面临着巨大的困境。同时，他们还存在着教育、社会关系、医疗等方面社会排斥以及代际贫困传递的风险。在心理层面，有研究表明，农村低保家庭中青少年自我认同感偏低，常常贬低自己，做事缺乏信心，这都不利于他们的健康成长（陈姗，2017）。

除了城乡低保儿童救助之外，还有一部分学者对儿童困境的研究关注一些其他类型的儿童，如留守儿童、流动儿童、流浪儿童以及受艾滋病影响儿童。除了生活救助之外，其他贫困儿童的现金救助主要集中在医疗救助、教育救助两个方面。

一是医疗救助。在医疗现金救助领域，目前我国还没有建立起专门的儿童医疗保障体系，儿童的健康依然面临疾病威胁。尤其在农村地区，困难家庭儿童的医疗现金救助在一定程度上缓解了贫困家庭的经济负担，但作用十分有限（杜泽华，2020）。也有人通过对我国儿童医疗救助政策的梳理，认为我国儿童医疗救助政策经历了隶属公费医疗、合作医疗、劳保医疗、完全家庭保障，城镇居民医疗保险、新型农村合作医疗，儿童大病医疗救助四个阶段。从以家庭为主到以政府为主导、社会参与，从残补型儿童救助发展到制度性救助，其主要特点是广覆盖且低水平（栾文敬、童玉林、胡宏伟，2012）。这种政策趋势体现了儿童优先理念、儿童利益最大化原则正成为我国政策制定及落实的重要取向。

二是教育救助。在教育救助方面，我国自改革开放以来弱势儿童教育发展经历了弱关注的发展、关注觉醒的发展、综合发展阶段，并取得了巨大成就（陈家斌，2009）。有研究通过与城市普通家庭儿童进行比较研究发现，城市困难家庭儿童教育经费支出水平低于普通家庭，进一步导致其受教育程度、质量均呈现较低水平，其对自身的教育成就和职业发展的期待明显低于普通家庭（孙莹、周晓春，2004）。也有研究发现，经济困难儿童教育公平受阻的直接原因在于经济负担和自愿失学两个方面。教育负担、贫困文化等也是阻碍困境儿童获得教育机会的重要因素（刘精明、杨江华，2007）。

（二）贫困儿童救助服务政策和文献

1. 救助服务政策

贫困儿童救助服务是缓解保障贫困儿童健康成长和发展的重要方式。贫困儿童救助服务主要内容包括监护供养、营养健康保障服务、受教育权利保障服务等。

第一，监护供养。儿童福利院机构供养是我国孤残儿童救助服务的主要形式。解放初期，新中国的儿童福利院大都是从国民党时期的"育婴堂"以及外国人在华兴办的孤儿院等慈善机构接管而来的。到20世纪50年代末期，我国儿童福利机构的管理开始走向定型化。1958年，我国对社会福利机构进行了调整，儿童福利服务机构统称为儿童福利院，专门收容"无依无靠、无家可归、无生活来源"的"三无"孤儿、弃婴和残疾儿童。此后一直到今天，我国儿童福利院一直面向孤残儿童，为他们提供生活照料、教育、医疗康复等方面的救助服务。

新中国成立以后，我国农村地区的孤儿救助主要是通过农村"五保"供养制度来实现。五保供养主要包括供给食品、生活燃料、衣物等生活用品，提供基本的居住条件，提供疾病治疗和并对生活不能自理者安排人员予以照料，办理丧葬事宜，以及保障儿童接受教育等。2014年国务院实施的《社会救助暂行办法》，将农村五保供养制度和城市"三无"人员救助合并为特困人员救助供养制度。根据《国务院关于进一步健全特困人员救助供养制度的意见》，特困人员救助供养内容主要包括提供基本生活条件、住房救助、医疗救助等。

第二，营养与健康服务。经济困难地区儿童营养改善项目是国家卫生健康委为改善贫困地区早期儿童营养状况所实施的国家行动，为6-24个月婴幼儿免费提供营养包，普及婴幼儿科学喂养知识与技能。2012年儿童营养改善项目启动，2019年扩大到22个省份的832个县。项目依托妇幼保健服务体系，充分发挥村医作用，进行营养包发放。在持续监测的项目地区，2018年，6至24月龄婴幼儿平均贫血率为23.5%，显著低于2012年32.9%的基线调查监测结果；婴幼儿生长迟缓率为7.2%，显著低于2012年10.1%的基线调查监测结果（田晓航，2020）。同时，《国务院办公厅关于实施农村义务教育学生营养改善计划的意见》规定，从2011年秋季学期起，在集中连片特殊困难地区的农村（不含县城）启动该项目的试点工作。试点内容包括："中央财政为试点地区农村义务教育阶段学生提供营养膳食补助，标准为每生每天3元（全年按照学生在校时间200天计算），所需资金全部由中央财政承担。对连片特困地区以外的地区，各地以贫困地区、民族地区、边境地区、革命老区等为重点，因地制宜开展营养改善试点工作，对工作开展较好并取得一定成效的省份中央财政给予奖励性补助"。2014年11月，中央财政对699个国家试点县农村义务教育学生营养膳食补助标准从每生每天3元提高到4元。

在健康服务方面，国家卫计委2017年发布的《关于印发农村贫困人口大病专项救治工作方案的通知》规定，要对"'健康扶贫管理数据库'里的建档立卡农村贫困人口和经民政部门核实核准的农村特困人员和低保对象中，罹患食管癌、胃癌、结肠癌、直肠癌、终末期肾病、儿童白血病和儿童先天性心脏病等大病患者进行集中救治。对上述疾病实行单病种付费，降低患者实际自付费用"。2018年发布的《健康儿童行动计划（2018—2020年）》提出：以基层为重点，加大对农村和贫困地区儿童健康事业发展的投入，补齐短板，夯实基础，缩小城乡、地区之间差距。在困难家庭儿童心理健康方面，《国务院关于加强农村留守儿童关爱保护工作的意见》强调要全面加强儿童青少年心理健康教育，尤其要关心留守儿童、流动儿童心理健康，健全政府、社会、家庭"三位一体"的帮扶体系。

第三，教育救助服务。教育救助服务是指针对免费义务教育、学前教育、普通高中、中等职业教育中针对困难家庭儿童实施的儿童社会救助服务措施，以保障他们的基本教育权利。此外，针对贫困残疾儿童，我国《残疾人教育条例》中规定："逐步为家庭经济困难的残疾学生提供包括义务教育、高中阶段教育在内的 12 年免费教育；对残疾儿童普惠性学前教育予以资助；对残疾学生特殊学习用品、教育训练、交通费等予以补助"。因此，贫困残疾儿童除了享受普通儿童的基本公共教育服务之外，还获得了特殊的政策关照。

第四，其他社会救助服务。困难儿童的需求是多方面的，联合国儿童基金会将儿童困难划分为九个维度：经济、教育、营养、健康、住所、水及环境卫生、工作、休闲、融合以及社会保护。我国有关困难儿童的福利政策在内容上存在很多欠缺。虽然我国在儿童的基本生活保障以及教育方面制定了相关的福利政策，但在其他方面，如困难儿童的心理、社会参与和社会融合等方面救助保护服务还有待于进一步加强。

2. 贫困儿童服务救助研究文献

社会服务救助作为一项有力的政策工具，对改善贫困儿童生存生活状况、促进其身心健康具有重要作用。缓解儿童相对贫困应重点健全与完善社会服务救助政策，以满足贫困儿童不同类型的基本服务需求。以下从监护、营养健康、教育服务几个方面来梳理相关研究文献。

第一，监护。监护在儿童成长发展中发挥着巨大作用，良好的监护可以能够为儿童成长发展提供保障。但是困境儿童的监护，尤其是农村困难留守儿童的监护问题越发凸显，家庭监护陷入困境，存在监护意识缺失、监护能力不足以及监护支持系统缺乏等问题（黄君、陈玲，2020）。也有研究认为，隔代照顾、留守经历、家庭贫困会对儿童的心理、行为、学业等方面会造成不良影响（石玉春，2018）。因此，需要提升困难儿童监护人的监护意识和能力，建构"家庭—学校—社区"三位一体的监护体系，才能做好困难儿童的关爱保护服务工作，促进他们的成长和发展。

第二，营养与健康。早期身心发展水平状况极大地影响着个人的发展和幸福，及社会的和谐稳定。儿童期是身心发展的关键时期。研究发现，困难儿童的语言、情绪、认知和社会性发展水平低于其他正常同龄儿童，表现出较多的心理和行为问题（中国发展研究基金会，2017）。有研究围绕困难儿童发展过程中存在的认知、情感和行为问题，并梳理了养育质量、父母受教育水平和心理健康状况等家庭风险因素发现，家庭困难会对儿童心理产生重要影响（谢康、潘小燃、曾天德，2020）。一些研究证实了社会救助项目对儿童营养的积极影响。一项针对中国湖南省农村留守儿童的研究发现，有条件现金转移计划有效地提高了照顾者的营养知识和饮食习惯，从而改善了儿童的营养状况。也有研究发现，农村低保户会通过将健康和食品优先于其他支出来改变他们的消费模式，这有利于改善低保家庭儿童的营养和健康状况。

第三，教育。目前学界对于贫困儿童救助服务工具的研究焦点更多地集中于教育服务，多数学者认为儿童的教育问题是贫困家庭面临的重要问题。尤其是学前教育，从教育机会均等、终身教育的思想出发，从教育经济学的角度考虑，有必要大力发展我国贫困地区的儿童教育（胡娟，2002）。李敏、陈卫采用定量分析的方法分析贫困对儿童教育的影响发现，困难儿童年龄、性别、母亲的受教育水平等特征对困难儿童学习状况具有显著影响（李敏、陈卫，2007）。在困难儿童早期教育帮扶方面，杨晨晨、刘云艳认为应构建包含"多维识贫、多元治贫、考核评估、重点预防"等环节在内的早期儿童教育扶贫实践路径，才能更好地实现儿童减贫战略目标（杨晨晨、刘云艳，2017）。社会救助对儿童教育的有显著效果。有研究表明，农村低保显著增加了家庭在教育方面的支出，这有助于打破贫困的代际传递。

第二节　相对贫困儿童救助的描述性统计分析

本节采用描述性统计方法，分析贫困儿童现金救助和服务救助现状及政策效果。其中，现金救助包括低保、其他相关社会救助、扶贫项目补贴。服务救助包括监护、教育等方面。

一、数据和样本

本书数据来源于民政部政策研究中心"2020年托底性民生保障政策支持系统建设项目"，该项目共访问城乡困难家庭共10273户。从城乡属性来看，城市有4174户，占比40.6%。农村有6099户，占比59.4%。从家户类型来看，低保户有3091户，占比30.1%，低保边缘户或低收入户有4142户，占比40.3%，建档立卡户有3040户，占比29.6%。从家庭成员数来看，家庭成员人数在1人至5人间的占比86.4%，平均家庭成员数约为4人。其中，没有未成年的家庭有6479户，占比63.1%，至少1个孩子的家庭为3794户，占36.9%。本书将贫困儿童界定为生活在困难家庭中的未满十六周岁的未成年人。调查数据中的困难家庭包括低保户、低保边缘户/低收入户和建档立卡户三类。因此，本书所定义的困难儿童即为这三类困难家庭中未满十六岁的未成年人。数据中困难儿童具体情况见表5-1。在三类困难家庭中，至少有1个孩子的低保家庭为1000户，占低保家庭总数的 32.4%。至少有 1 个孩子的低保边缘家庭为 1466 户，占低保边缘家庭的 35.4%。至少有 1 个孩子的建档立卡户为 1328 户，占建档立卡户总数的 43.7%。

表 5-1 三类困难家庭的未成年人情况（N=10273）

	无未成年子女		未成年子女人数 >=1)	
	频数（户）	百分比（%）	频数（户）	百分比（%）
低保户	2091	67.6	1000	32.4
低保边缘户	2676	64.6	1466	35.4
建档立卡户	1712	56.3	1328	43.7
合计	6479		3794	

二、贫困儿童现金救助现状及政策效果

（一）低保救助状况

低保是我国最大的现金救助项目，也是最大的贫困儿童救助项目。表 5-2 数据显示，在所有 3794 户有 16 岁未成年子女的困难家庭中申请过低保的占总数的 69.0%，占比较大；其中，成功申请低保的家庭占总数的 57.9%。这表明，低保制度是缓解儿童贫困最重要的手段。另外，如果家庭中有未成年子女，那么其获得低保的概率也会非常高。享受过低保救助的家庭占总数的 56.9%，目前还在享受低保的家庭数占总数的 39.2%。由此可见，低保制度对于城乡困难家庭儿童的基本生活保障的作用非常关键。

表 5-2 有未成年子女家庭申请和获得低保救助状况（N=3794）

	是否申请过低保（%）	是否成功申请低保（%）	是否享受过低保（%）	是否还享受低保（%）
是	69.0	57.9	56.9	39.2
否	30.9	11.0	1.0	17.5
不知道	0.1	0.1	0.0	0.1
不适用	-	31.0	42.1	43.1
总计	100	100	100	100

数据分析也发现，在享受过低保的有孩子的受访家庭中，退出次数最多者达 11 次，平均退出次数约为 0.41 次。这表明，有孩子的低保家庭的进退低保的频率比较频繁，低保的动态调整机制较为健全。有孩子的低保家庭平均享受低保年

数约为 5.12 年，这表明低保制度对贫困儿童基本生活保障的时间较长。在所有有孩子的低保家庭中，2019 年还在享受低保的每月最多可以领到 16000 元低保金，领取低保平均金额为 745.49 元/月。

（二）其他社会救助情况

根据表 5-3 显示的是至少有 1 个有未成年子女的低保、低保边缘、建档立卡家庭获得其他社会救助的情况。从住房救助来看，几乎一半的建档立卡户家庭获得了住房/租房补贴，而低保和低保边缘户获得此项救助的比例只有大约 25%。超过一半的建档立卡户获得了灾害救助，低保户这一比例为 28.2%，低保边缘户只有 19.3%。在就业救助方面，建档立卡户获得的比例远超其他两类贫困家庭（达到 77.7%），低保户这一比例为 15%，低保边缘户只有 7.3%。临时救助的情况也比较相似，也是建档立卡户获得的比例最多，其次是低保户，第三是低保边缘户。但是，低保户在"节假日救助或物价补贴""水电、燃料、取暖费减免""慈善救助"这三项救助方面获得的比例要超过建档立卡户。这三项救助获得比例最少的是低保边缘户。总体看来，三类贫困家庭中的建档立卡户获得其他救助最多，其次是低保户，而低保边缘户很容易成为贫困救助中被忽略的对象。由于不同类型贫困家庭获得救助资源有差异，因此，在一定程度上会影响问题的解决。

表 5-3　三类有未成年子女的困难家庭获得其他社会救助情况（N=3794）

	是		
	低保户（%）	低保边缘户（%）	建档立卡户（%）
住房/租房补贴	24.2	26.4	49.4
自然灾害救助	28.2	19.3	52.5
就业救助	15.0	7.3	77.7
临时救助	30.4	26.5	43.0
节假日救助或物价补贴	34.8	32.3	32.9
水电、燃料、取暖费减免	41.7	23.4	34.9
慈善救助	37.7	28.8	33.5
其他救助	25.0	27.2	47.8
以上都没有	23.9	49.8	26.3

(三) 扶贫项目补贴状况

表5-4数据显示，在有未成年人的三类困难家庭中，建档立卡户家庭获得扶贫项目补贴要远远多于低保家庭和低保边缘家庭。建档立卡户在技能培训补贴、公益林生态补偿金、退耕还林补贴、产业奖补金、易地扶贫搬迁安置、公益岗位扶贫获得的比例均超过80%，在"雨露计划"补贴、农业支持保护补贴、农机购置补贴、农业保险保费补贴、危房改造项目、扶贫防贫保获得的比例也都超过了70%；也有部分低保户获得了扶贫项目补贴，这可能是由于各地低保户和建档立卡户存在重叠的情况。低保家庭获得残疾人机动轮椅车燃油补贴的比例达到了38.4%。低保家庭获得农业保险保费补贴、扶贫防贫保的比例超过了20%。低保家庭在"雨露计划"补贴、技能培训补贴、农业支持保护补贴等十个扶贫项目补贴方面获得的比例也超过了10%。总体看来，低保边缘户获得扶贫项目补贴的比例都非常少，绝大部分都没有超过10%。

表5-4 三类有未成年子女的困难家庭获得扶贫项目补贴状况（N=3974）

	低保户（%）	低保边缘户（%）	建档立卡户（%）
"雨露计划"补贴	18.1	5.5	76.4
技能培训补贴	14.1	4.0	81.9
农业支持保护补贴	18.7	5.7	75.6
农机购置补贴	14.6	5.6	79.9
农业保险保费补贴	20.1	6.0	73.9
公益林生态补偿金	12.1	2.9	85.0
退耕还林补贴	10.3	4.0	85.8
产业（种植业、养殖业、林果业）奖补金	15.3	3.3	81.4
残疾人机动轮椅车燃油补贴（5.0%）	38.4	8.2	53.4
易地扶贫搬迁安置	9.8	2.9	87.3
危房改造项目	17.4	6.2	76.4
公益岗位扶贫	13.9	2.8	83.3
扶贫小额贷款	12.8	5.9	81.4
扶贫防贫保	21.3	7.4	71.3
其他扶贫项目	33.3	11.1	55.6
以上都没有	45.3	19.6	35.2

（四）现金救助效果

现金救助主要是为了增加贫困家庭的收入，帮助其改善生活水平。本次调查有未成年人的低保家庭平均每月领到低保金798.35元。其中，有56.3%的家庭认为低保金作用很大，17.9%的家庭认为低保作用较大，18.5%认为作用一般。总体看来，大部分家庭认为低保金在其生活中起到较大的作用（见表5-5）。

表5-5 低保金对未成年家庭的作用评价（N=698）

	百分比（%）
不知道	0.1
很大	56.3
较大	17.9
一般	18.5
较小	5.6
无作用	0.9
说不清	0.7
总计	100.0

数据统计结果显示，三类有未成年子女的困难家庭2019年获得的住房/租房补贴平均金额最高，达到16836.18元。其次是慈善救助，平均金额达到4574.4元，再次是就业救助，平均金额达到3695.46元。其他救助项目绝大部分的平均金额都低于2000元。另外，困难家庭获得慈善救助最高到了28万元，住房/租房补贴金额最高达到了20万元。表5-6显示的是有未成年子女的贫困家庭对其他社会救助效果的评价。总体看来，贫困家庭对于住房/租房补贴、慈善救助评价最高，认为作用很大的比例接近50%。其次，认为就业救助、临时救助、其他救助作用很大的比例也超过40%。再次，认为自然灾害救助、节假日救助或物价补贴、水电/燃料/取暖费减免作用很大的比例均低于40%。这表明，在除低保之外的其他社会救助中，住房救助、慈善救助的救助效果得到了贫困家庭的高度评价。

表5-6 三类有未成年子女困难家庭对其他救助效果的评价

	很大（%）	较大（%）	一般（%）	较小（%）	无作用（%）	总计（%）
住房/租房补贴（N=329）	48.3	18.2	26.1	5.5	1.8	100.0
自然灾害救助（N=181）	29.8	17.7	40.9	9.4	2.2	100.0

续表

	很大(%)	较大(%)	一般(%)	较小(%)	无作用(%)	总计(%)
就业救助（N=274）	40.1	23.1	32.0	4.5	0.4	100.0
临时救助（N=381）	44.9	22.0	23.9	6.8	2.4	100.0
节假日救助或物价补贴（N=431）	39.0	20.6	29.7	8.1	2.6	100.0
水电、燃料、取暖费减免（N=661）	32.1	17.7	37.1	11.2	2.0	100.0
慈善救助（N=215）	49.8	18.6	27.0	4.7	-	100.0
其他救助（N=552）	40.4	22.4	27.4	8.0	1.7	100.0

表5-7是三类有未成年人子女困难家庭对扶贫项目补贴效果的评价。数据显示，困难家庭对于"雨露计划"补贴、易地扶贫搬迁安置、危房改造项目、公益岗位扶贫、扶贫小额贷款、扶贫防贫保六个项目的评价最高，认为作用很大的家庭的比例占50%以上。其次，困难家庭对于农业支持保护补贴、农机购置补贴、农业保险保费补贴、公益林生态补偿金、产业奖补金、残疾人机动轮椅车燃油补贴等七个扶贫项目也较高评价，认为作用很大的家庭比例在40%到50%之间。对于技能培训补贴、退耕还林补贴两个扶贫项目的作用评价较低，认为作用很大的家庭比例均低于40%。总体看来，困难家庭对所有扶贫项目均有较为积极的评价，认为完全没有作用的家庭所占比例非常少。因此，生活在这些家庭中的未成年人必然从这些扶贫项目中获得一定的益处，发挥一定的保护效果。

表5-7 三类有未成年人子女的困难家庭对扶贫项目补贴作用评价

	很大(%)	较大(%)	一般(%)	较小(%)	无作用(%)	总计(%)
"雨露计划"补贴（N=403）	51.6	17.9	27.0	2.2	1.2	100.0
技能培训补贴（N=548）	35.2	20.8	36.7	4.6	2.7	100.0
农业支持保护补贴（N=540）	40.6	20.7	33.3	3.5	1.9	100.0
农机购置补贴（N=144）	48.6	14.6	31.9	2.1	2.8	100.0
农业保险保费补贴（N=284）	41.2	18.3	33.5	5.6	1.4	100.0
公益林生态补偿金（N=420）	42.6	17.9	30.7	6.7	2.1	100.0
退耕还林补贴（N=653）	31.9	16.1	38.7	10.9	2.3	100.0
产业（种植业、养殖业、林果业）奖补金（N=570）	45.1	17.7	30.0	5.8	1.4	100.0

续表

	很大(%)	较大(%)	一般(%)	较小(%)	无作用(%)	总计(%)
残疾人机动轮椅车燃油补贴（5.0%）(N=73)	43.8	17.8	30.1	4.1	4.1	100.0
易地扶贫搬迁安置（N=244）	68.9	15.2	13.1	0.4	2.5	100.0
危房改造项目（N=649）	61.8	18.6	16.5	2.5	0.6	100.0
公益岗位扶贫（N=466）	56.4	19.7	20.6	2.4	0.9	100.0
扶贫小额贷款（N=681）	61.8	20.6	14.4	1.5	1.8	100.0
扶贫防贫保（N=94）	51.1	19.1	29.8	–	–	100.0
其他扶贫项目（N=153）	49.0	19.0	25.5	3.3	3.3	100.0

尽管我国目前有孤儿基本生活费、事实无人抚养儿童生活补贴等项目为困境儿童提供收入支持，但是由于我国孤儿和事实无人抚养儿童的数量很少，因此这两项儿童补贴只是保障了最困难的儿童。大量其他贫困儿童需要依靠其他救助制度来保障其基本生活。数据分析显示，有孩子的贫困家庭成功申请低保并获得低保的占家庭总数将近60%。这表明，低保制度是我国缓解儿童贫困最主要的政策手段。总体看来，三类贫困家庭中的建档立卡户获得其他专项救助和扶贫项目补贴最多，其次是低保户，而低保边缘户最少。在脱贫攻坚时期，保障2020年如期脱贫是压倒一切的政治任务，救助资源向建档立卡户倾斜也就很好理解。低保边缘户实际上并没有获得政府认定救助的资格，也就很难获得相应救助资源。

从政策效果来看，由于我国分类施保政策，有未成年人的低保家庭会比其他家庭获得更多的收入支持，这有利于保障贫困家庭儿童的基本生活。数据分析结果也表明，大部分低保家庭也认为低保金在其生活中起到较大的作用。在专项救助中，住房救助的救助效果得到了贫困家庭的高度评价。住房支出通常是城乡居民最大的支出，如果能获得住房救助那么能够解决困难家庭的大问题。脱贫攻坚时期，扶贫项目非常多。扶贫项目的作用主要是增加家庭收入，例如"雨露计划"补贴、公益岗位扶贫、扶贫小额贷款等。收入的增加有利于改善贫困家庭生活状况并惠及生活在这些家庭中的儿童。

三、贫困儿童救助服务现状及政策效果

（一）监护

从表格5-8可以看出，在3794户有未成年人（未成年人数>=1）的困难家

庭中，不管是低保户、低保边缘户还是建档立卡户，母亲监护的比重均较大（比例均在60%以上）。这表明，困难家庭未成年人的监护主要由母亲来负责。也有超过30%的困难家庭的孩子主要由父亲监护照顾。值得注意的是，也存在一定比例（接近30%）的孩子主要由祖父母负责日常生活和学校的监护照顾。这表明，隔代监护的问题不同程度地存在于低保户、低保边缘户、建档立卡户三类家庭中。

表 5-8 三类贫困家庭孩子的日常生活、学习等事项主要由谁负责监护照顾？

	父亲		母亲		祖父母		外祖父母	
	是	否	是	否	是	否	是	否
低保户（%）（N=701）	37.4	62.6	60.6	39.4	29.0	71.0	7.6	92.4
低保边缘户（%）（1029）	34.6	65.4	70.7	29.3	26.2	73.8	7.0	93.0
建档立卡户（%）（N=952）	37.9	62.1	64.3	35.7	27.3	72.7	3.6	96.4

（二）教育

第一，网课情况。数据分析结果显示，2020年新冠疫情期间，有未成年人的家庭中有超过一半的低保户、低保边缘户、建档立卡户的未成年人上网课，未上网课的占比较小。并且，三类贫困家庭孩子上网课的比例没有显著差异。对于影响孩子上网课质量的原因中，家长没时间监管是最主要的原因，占比21.7%。其次是网络不太稳定，占比为16.4%。再次是没有无线网络、家里太小和其他原因。这表明，家庭贫困对于儿童上网课还是有一定影响（见表5-9）。

表 5-9 您认为影响您家孩子上网课质量的最主要原因是什么？（N=2113）

原因	百分比（%）
网络不稳定	16.4
家里太小，找不到安静的空间	8.4
家长没时间监管	21.7
没有无线网络	8.5
其他原因	10.7
没什么影响	34.0
不知道	0.2
总计	100

第二，辍学情况。数据分析结果显示，在3794户有未成年人（未成年人数>=1）的家庭中，三类困难家庭义务教育阶段的孩子辍学的占比极小。其中，低保户占比为1.1%，低保边缘户占比为1%，而建档立卡户占比为0.5%。由于义务教育是法定义务，因此辍学情况是不应该发生的。从辍学的原因来看，"孩子自己不愿意学""上学费用太高，负担不起""孩子成绩不好、上学也没有用"是三个最主要的原因。另外，也有部分家庭将孩子辍学的原因归结为家里缺乏劳动力、学校教学水平太差和上学路程远等原因。这表明，经济负担仍然是困难家庭儿童辍学的重要原因（见表5-10）。

表5-10 困难家庭义务教育阶段孩子辍学原因（N=32）

	是（%）	否（%）
孩子自己不愿意学	40.6	59.4
学校教学水平太差	3.1	96.9
上学费用太高，负担不起	40.6	59.4
上学路程太远，来回困难	6.3	93.8
家里缺乏劳动力	12.5	87.5
孩子成绩不好，上学也没有用	21.9	78.1
其他原因	34.4	65.6

注：本题为多选题。

第三，上学费用对家庭经济影响。表5-11是困难家庭孩子上学费用对家庭经济状况影响的评价。有2.1%的家庭认为完全负担不起。有32.7%的家庭认为负担很重/较重，对家庭经济影响很大/较大。有47.7%家庭认为家庭负担一般，可以承受。有11%的家庭认为负担很轻/较轻。另外，也有6.5%的家庭认为完全无负担。总体看来，有很大一部分（超过三分之一）贫困家庭的孩子上学费用对于家庭来说负担很重。

表5-11 您家孩子上学费用对家庭经济的影响有多大？（N=3794）

	频率	百分比（%）
完全负担不起	52	2.1
负担重，对家庭经济影响大	823	32.7
负担一般，可以承受	1200	47.7
负担轻，对家庭经济影响小	278	11.0
完全无负担	164	6.5
总计	2517	100.0

（三）服务需求

表 5-12 是三类困难家庭孩子最希望获得的帮助。从低保户的情况来看，排在前四位的分别是"其他帮助""心理咨询和心理服务""生活物品""认识更多朋友"。低保边缘户排在前四位的需求是"认识更多朋友""生活物品""学业辅导""资金资助"。而建档立卡户排在前四位的需求是"学业辅导""生活照顾""资金资助""心理咨询和心理服务"。这表明，不同类型困难家庭的儿童需求有一定差异。低保家庭儿童在其他帮助（康复、医疗等）和心理服务需求更强烈，低保边缘家庭儿童在社会融入和生活物品需求更强烈，建档立卡户家庭儿童在学业辅导和生活照顾方面的需求更强烈。值得注意的是，低保边缘家庭儿童对于绝大多数各类需求的强烈程度都高于低保家庭和建档立卡户家庭。

表 5-12　您家孩子最希望获得以下哪方面的帮助？（N=3794）

	低保户（%）	低保边缘户（%）	建档立卡户（%）
生活照顾	30.6	35.1	34.3
资金资助	29.7	37.7	32.6
生活物品	32.8	38.6	28.6
学业辅导	26.7	38.5	34.8
认识更多朋友	30.8	41.5	27.7
心理咨询和心理服务	34.5	35.7	29.8
其他帮助	49.2	30.8	20.0

从生存状况情况来看，困难儿童有较大一定比例（接近30%）主要由祖父母负责监护照顾。另外，单亲抚养也是困难儿童监护的重要特征。监护的缺失会给儿童的身心健康造成一定的影响，这就需要在养育过程中为其提供养情感、心理等方面的服务介入。贫困对儿童教育也会有重要影响。贫困不仅容易造成儿童辍学，也会制约儿童的发展机会。在疫情期间，大量采用上网课的方式进行教学。贫困家庭由于难以保障稳定的网络流量、狭小的居住空间等，这会影响了其学习质量，并进一步加剧儿童贫困。

不同类型的困难儿童的服务需求是有明显差异。低保家庭儿童在康复、医疗等和心理服务需求更强烈，这可能是因为我国低保对象中重病、重残的比例较高，因此，迫切需要医疗和康复服务解决他们所面临的问题。建档立卡户家庭儿童在学业辅导和生活照顾方面的需求更强烈。建档立卡户主要是有劳动能力的贫困对象，他们往往因为家庭贫困而不得不将更多的时间用于维持家庭生计，从而没有精力去照顾孩子的学业和生活,因此,他们更需要这方面的救助服务也就很好理解。低保边缘家庭儿童对于大多数各类需求的强烈程度都高于低保家庭和建档立卡户家庭,这其实反映出我国现行社会政策一定程度上忽略了低保边缘家庭,因此他们迫切需要国家提供相关服务。

第三节 相对贫困儿童救助影响因素分析

为了考察哪些因素可能会对相对贫困儿童救助保护产生影响,以下结合数据情况并采用回归分析方法,分别对困难家庭学费负担影响因素和是否上网课影响因素进行分析。

一、学费负担的影响因素分析

从前面的描述性统计可以看出,有相当一部分困难家庭的未成年子女的上学费用给家庭经济状况造成了较大的负担。以下拟通过回归分析来研究究竟是哪些因素影响了上学费用对困难家庭的经济负担。

(一)研究方法

1. 变量设定

影响上学费用对家庭经济造成负担的因素很多,通过参考国内外相关研究文献,并根据实地调研的数据情况,这里选取 7 种影响因素(自变量):城乡属性、家户类型、民族、最主要收入人工作、年收入、学前教育人数、义务教育人数(自变量赋值情况见表 5 - 13),且经多重共线性检验,所有自变量容忍度均大于 0.1、方差膨胀因子均小于 10,自变量间无明显共线性;因变量"上学费用对家庭经济负担的影响"是一个自我评价的主观变量,共设置 5 个水平,具体赋值情况是:"1 = 完全负担不起""2 = 负担重,对家庭经济影响大""3 = 负担一般,可以承受""4 = 负担轻,对家庭经济影响小""5 = 完全无负担"。

表 5 - 13 自变量赋值情况

自变量	符号	赋值说明	变量分类
城乡属性	X_1	城市 = 1; 农村 = 2	二分类

续表

自变量	符号	赋值说明	变量分类
家户类型	X_2	低保户=1；低保边缘户=2；建档立卡户=3	多分类
民族	X_3	汉族=1；少数民族=2	二分类
最主要收入人工作	X_4	无业=0；务农=1；灵活就业=2；有正式工作=3	多分类
年收入	X_5	取实际年收入的 lg 对数	连续
学前教育人数	X_6	实际取值	连续
义务教育人数	X_7	实际取值	连续

2. 数据模型构建

采用有序多分类 Logistic 回归模型进行后续实证分析，被解释变量家庭经济负担（Y）分为 5 个水平：完全负担不起、负担重且对家庭经济影响大、负担一般且可以承受、负担轻且对家庭经济影响小、完全无负担，取值分别为 1、2、3、4、5，相应取值水平的概率为：P1、P2、P3、P4、P5，对 7 个自变量拟合建立 4 个方程：

$$\text{Logit}(Y) = \ln\left(\frac{P1}{1-P1}\right) = \ln\left(\frac{P1}{P2+P3+P4+P5}\right) = -\alpha_1 + \beta_1 X_1 + \beta_2 X_2 + \beta_3 X_3 + \beta_4 X_4 + \beta_5 X_5 + \beta_6 X_6 + \beta_7 X_7$$

$$\text{Logit}(Y) = \ln\left(\frac{P1+P2}{1-(P1+P2)}\right) = \ln\left(\frac{P1+P2}{P3+P4+P5}\right) = -\alpha_1 + \beta_1 X_1 + \beta_2 X_2 + \beta_3 X_3 + \beta_4 X_4 + \beta_5 X_5 + \beta_6 X_6 + \beta_7 X_7$$

$$\text{Logit}(Y) = \ln\left(\frac{P1+P2+P3}{1-(P1+P2+P3)}\right) = \ln\left(\frac{P1+P2+P3}{P4+P5}\right) = -\alpha_1 + \beta_1 X_1 + \beta_2 X_2 + \beta_3 X_3 + \beta_4 X_4 + \beta_5 X_5 + \beta_6 X_6 + \beta_7 X_7$$

$$\text{Logit}(Y) = \ln\left(\frac{P1+P2+P3+P4}{1-(P1+P2+P3+P4)}\right) = \ln\left(\frac{P1+P2+P3+P4}{P5}\right) = -\alpha_1 + \beta_1 X_1 + \beta_2 X_2 + \beta_3 X_3 + \beta_4 X_4 + \beta_5 X_5 + \beta_6 X_6 + \beta_7 X_7$$

为进一步验证筛选出的各解释变量对学费家庭经济负担影响的具体影响程度及其稳健性，采用 Logistic 模型中最大似然估计法对其回归参数进行估计。

(二) 数据回归分析

利用 SPSS26.0 对自变量和因变量进行有序多分类 Logistic 回归分析。从模型回归结果看出，相伴概率 P = 0.379 大于 0.05，说明模型通过了平行性检验，模型有效。回归结果显示（表 5 - 14），7 个影响因素在对"上学费用对家庭经济负担"影响中都有显著影响。其中，城乡属性中的城市因素在 5% 显著性水平下呈现负相关，这表明城市家庭相比农村家庭上学费用负担更重；家户类型中的低保户、低保边缘户因素在 5% 显著性水平下呈现负相关，这表明低保户、低保边缘户相对建档立卡户来说上学费用负担更重；民族中的汉族因素在 5% 显著性水平下呈现负相关，这表明汉族家庭相对少数民族家庭上学费用负担更重；最主要收入人工作中的无业因素在 5% 显著性水平下呈现负相关，这表明，无业家庭相对于有正式工作的家庭来说负担更重，其他因素则在 5% 显著性水平下未呈现明显显著性；家庭年收入在 5% 显著性水平下呈现正相关，这表明家庭年收入越高则上学费用负担越小；义务教育人数在 5% 显著性水平下呈现负相关，这表明，家庭中接受义务教育人数越多，家庭上学费用负担越大，而学前教育人数在则在 5% 显著性水平下未呈现明显显著性。

对"上学费用家庭经济负担"的回归分析结果有三个方面值得进一步讨论。一是与农村贫困家庭相比，城市贫困家庭儿童的上学费用负担更重。城市居民在享受更多资源的同时，也面临着相对较高的教育成本，对家庭经济负担影响更大。有研究证实，城市地区面临"子女教育负担难以承受"的贫困家庭多于农村地区（刘璐婵，2015）。农村地区受限于经济发展水平、增收困难与课外辅导市场发展缓慢等因素，其教育支出主要是基本教育支出。城市地区家庭对于子女上学更加重视，并且城市地区由于有各种类型课外辅导班等，这很容易导致家长在子女教育投资上的"内卷"，进而造成其子女上学费用的经济负担更重（涂瑞珍、林荣日，2009）。这在一定程度上也解释了农村贫困家庭相对较低的教育负担。

二是与少数民族相比，汉族贫困家庭子女上学费用负担更重。一般说来，汉族地区家庭比少数民族家庭更重视教育，也更愿意为未成年子女进行教育投资，因此，上学费用对家庭的经济负担更重。参考其他的实地调研发现，与汉族家庭相比，一些地区的少数民族家庭对于子女教育并不是那么重视。特别是在受宗教影响较大民族地区，居民甚至会将宗教信仰支出作为最重要的消费支出之一。如果子女教育不太受重视，那么其家庭教育负担就会相对轻一些。

三是家庭收入与上学费用负担之间的反比例关系也可以进一步讨论。家庭收入与上学费用负担成反比例在一些其他研究也得到了证实。例如，有研究发现随着家庭收入的增加，家庭教育总支出及教育分项支出也随之增加，但教育负担率即教育总支出与家庭收入的比值却随着家庭收入的上升而不断下降，呈现出高收入家庭高教育支出低教育负担率，低收入家庭低教育支出高教育负担率的现象（吴强，2020）。对于贫困家庭来说，教育是其实现脱贫的重要方式，因此往往也更愿意在子女教育上进行投资，从而会加剧其生活贫困。

表 5–14 "上学费用对家庭经济负担影响"有序多分类 Logistic 回归模型结果

自变量	符号		估算	Exp（B）	显著性
城乡属性	X1	城市	−0.316	0.7289	0.004**
		农村	0a		
家户类型	X2	低保户	−0.696	0.4987	0.000***
		低保边缘户	−0.589	0.5547	0.000***
		建档立卡户	0a		
民族	X3	汉族	−0.399	0.6708	0.001***
		少数民族	0a		
最主要收入人工作	X4	无业	−0.31	0.7336	0.028*
		务农	−0.14	0.8696	0.265
		灵活就业	−0.152	0.8594	0.130
		有正式工作	0a		
年收入	X5		0.87	2.3868	0.000***
学前教育人数	X6		−0.100	0.9051	0.151
义务教育人数	X7		−0.115	0.8915	0.037*
样本数量			2517		
−2 对数似然			5236.832***		
伪 R 方			0.75		

* $p<0.05$；** $p<0.01$；*** $p<0.001$.

二、疫情期间上网课影响因素分析

信息贫困是当代贫困现象的重要特征之一。与传统贫困相比，信息贫困不仅表现为社会排斥、失业、生存困难等社会问题，也影响到困难家庭的经济状况以及儿童的受教育情况。尤其是 2020 年新冠疫情期间，学校大量课程都由课堂教学转移到了线上教学，这对于困难家庭儿童教育来说是巨大挑战。以下采用回归分析的方法来分析哪些因素影响大量困难家庭儿童上网课。

(一) 研究方法

1. 变量设定

是否上网课是因变量，赋值情况是：0 = 否，1 = 是。影响是否上网课的因素很多。通过参考国内外研究文献以及实地调研的数据情况选取 3 种影响因素（自变量）：即城乡属性、民族、学习成绩，且经多重共线性检验，所有自变量容忍度均大于 0.1、方差膨胀因子均小于 10，自变量间无明显共线性；所有变量赋值情况见表 5 – 15。

表 5 – 15　变量名称与描述

变量	符号	赋值说明	变量分类
是否上网课	Y	0 = 否；	二分类
		1 = 是	二分类
城乡属性	X_1	0 = 农村；	二分类
		1 = 城市	二分类
民族	X_2	0 = 少数民族；	二分类
		1 = 汉族	二分类
学习成绩	X_3	1 = 成绩好；2 = 成绩一般；3 = 成绩差	多分类

2. 数据模型构建

采用二元 Logistic 回归模型进行实证分析，被解释变量是否上网课（Y）分为 2 个水平：是、否，取值分别为 0、1，取值水平的概率为 p，对 4 个自变量拟合建立方程：

$$\text{Logit}(Y) = \ln\left(\frac{pi}{1-pi}\right) = \beta_0 + \beta_1 X_1 + \beta_2 X_2 + \beta_3 X_3$$

(二) 数据回归分析

运用 SPSS 26.0 软件对数据进行计量分析得出 3 个自变量对是否上网课影响的显著性。通过 SPSS 建立二元 Logistic 模型，得到表 5 – 16 的回归分析结果。从表可以看出，3 种自变量均通过了显著性检验，且霍斯默 – 莱梅肖检验概率 P = 0.240 大于 0.05，模型通过霍斯默 – 莱梅肖检验，数据有效。

回归结果显示，3 个因素在对"疫情期间是否上网课"都有显著影响。其中，城乡属性中的城市因素在 5% 显著性水平下呈现正相关，这表明城市家庭相比农村家庭更有可能上网课。其原因可能是，一方面在于城市中要求上网课的学校相对较多，另一方面城市家庭上网课的硬件设施较为完备，使得城市相比农村家庭来说更有可能上网课；民族中的汉族因素在5%显著性水平下呈现正相关。这表明，汉族家庭相对少数民族家庭更有可能上网课；学习成绩在5%显著性水平下呈现正相关，这表明成绩越好更有可能上网课。

表5-16 疫情期间是否上网课二元 Logistic 回归模型结果

		参照组	B	标准误差	瓦尔德	自由度	显著性	Exp(B)	EXP(B)的95%置信区间	
									下限	上限
X_1	城市	农村	0.443	0.182	5.916	1	0.015*	1.558	1.090	2.226
X_2	汉族	少数民族	0.691	0.217	10.137	1	0.001**	1.997	1.304	3.056
X_3	学习成绩好	学习成绩差	0.817	0.258	10.002	1	0.002**	2.263	1.364	3.753
	学习成绩一般		0.586	0.246	5.658	1	0.017*	1.797	1.109	2.912
常量			0.587	0.283	4.314	1	0.038	1.799		
内戈尔科 R 方							0.40			

* $p<0.05$；** $p<0.01$；*** $p<0.001$

信息贫困是当代贫困问题的典型特征之一。贫困会影响人们获得互联网服务和信息服务。当互联网成为日常生活中的一部分时，贫困人员往往面临更大的挑战。回归分析发现，城市家庭与农村家庭相比更有可能上网课，汉族家庭相对少数民族家庭更有可能上网课，这很可能主要跟网络状况有密切关系。城市地区和汉族地区的网络状况更好，因此，有利于提高学生上网课的积极性。儿童成绩越好更有可能上网课，这一结果可以理解为，那些学习好的学生也更有上课的积极性。对于那些学习成绩较差的学生来说，在没有老师现场监督的情况下更容易逃课。

第四节 启示及建议

通过以上分析，具体包括不同类型困难家庭获得的救助和帮扶资源有明显差异，社会救助效果得到了困难家庭的高度评价，隔代监护问题不同程度地存在于各类贫困儿童家庭中，家庭贫困对于儿童上网课、辍学有显著影响等。

一、贫困儿童救助保护主要结论

从描述性统计分析发现，在三类困难家庭中，"至少有 1 个未成年子女"的低保家庭占总数的 32.4%。"至少有 1 个未成年子女"的低保边缘家庭占总数的 35.4%，"至少有 1 个未成年子女"的建档立卡户占总数的 43.7%。三类困难家庭中的建档立卡户获得其他救助和扶贫项目补贴最多，其次是低保户，低保边缘户最少。由于不同类型家庭获得救助和帮扶资源有明显差异，因此，在一定程度上会影响儿童的救基本生活保障。从现金救助效果调查的情况来看，有未成年子女的低保家庭平均每月领到低保金 798.35 元。大部分家庭认为低保金在其生活中起到较大的作用。在除低保之外的其他社会救助中，住房救助、慈善救助的救助效果得到了贫困家庭的高度评价。此外，家庭对所有扶贫项目补贴均有较高的评价，对于生活在家庭中的未成年人救助保护发挥了一定的作用。

从儿童救助服务的情况来看，隔代监护问题不同程度地存在于低保户、低保边缘户、建档立卡户三类家庭中。在影响孩子上网课质量的原因中，家长没时间监管是最主要的原因，其次是网络不太稳定，再次是没有无线网络、家里太小等原因。这表明，家庭贫困对于儿童上网课还是有一定影响。数据分析结果也发现困难家庭儿童有辍学现象，辍学原因包括"孩子自己不愿意学""上学费用太高，负担不起""孩子成绩不好、上学也没有用"等。超过三分之一贫困家庭认为，孩子上学费用对于家庭来说负担很重。另外，不同类型家庭的儿童需求有一定差异。低保家庭儿童在其他帮助（康复、医疗等）和心理服务需求更强烈，低保边缘家庭儿童在社会融入和生活物品需求更强烈，建档立卡户家庭儿童在学业辅导和生活照顾方面的需求更强烈。

从对"上学费用的家庭经济负担"回归分析结果的情况来看，城市家庭相比农村家庭上学费用负担更重。低保户、低保边缘户比建档立卡户上学费用负担更重。汉族家庭比少数民族家庭上学费用负担更重。无业家庭比有正式工作的家庭上学费用负担更重。家庭年收入越高则上学费用负担越小。家庭中接受义务教育人数越多，家庭上学费用负担越重；对"疫情期间是否上网课"的影响因素进行回归分析的结果显示，城市家庭相比农村家庭更有可能上网课，汉族家庭相对少数民族家庭更有可能上网课，儿童成绩越好更有可能上网课。

二、贫困儿童救助政策建议

根据以上分析结果和基本结论，结合我国目前儿童救助和儿童福利政策现状，这里提出以下政策建议。

一是制定消除儿童困境的战略目标，并纳入法治化轨道。加快《儿童福利法》的立法进程，通过法律的形式对困难儿童救助的范围、方式以及资金等进行界定，加大政府对儿童困境的政策关注度，促进政策向困难儿童倾斜。

二是探索建立普惠性儿童津贴。可以考虑整合原有生育政策，选择适当时机出台鼓励生育的家庭津贴制度，包括养育津贴、托费津贴以及教育津贴等。也可以出台政策，给予养育儿童的家庭一定数量的收入所得税扣除来增加家庭的儿童养育功能。通过加快普惠性儿童福利制度建设预防儿童问题的产生。

三是适当提高儿童现金救助项目的待遇标准。研究发现，困难儿童家庭缺乏自我生存能力，对于政府现金救助政策依赖严重。因此，应结合当地资金的实际情况，扩大儿童救助项目的覆盖面。拓宽资金渠道，采取多种方式落实孤儿及困境儿童的基本生活保障经费，建立待遇标准与物价挂钩联动机制，鼓励有条件的地方适度提高保障标准，以便更好地保障困难儿童的基本生活。

四是贯彻儿童优先理念并完善社会救助项目体系。以儿童需求评估为基础，完善相关社会救助项目。社会救助资金要保障家庭儿童的衣物、食品、交通等相应的基本生活需求。专项救助要对儿童的教育、医疗、营养和健康等进行救助。同时，专项救助应扩展到有特殊需求的低收入家庭。

五是扩大义务教育阶段学生营养改善计划覆盖范围。目前，我国儿童营养改善计划虽然在覆盖面上已经由集中连片贫困地区逐步拓展，但与发达国家相比仍有差距。因此，可以进一步扩大经济落后地区农村儿童营养改善计划的覆盖范围。在时机成熟时，也可以考虑在城市地区，针对义务教育阶段困难儿童实施营养改善计划。针对已经实施的儿童营养餐计划的地区，应加强监管和后期实施效果的评估，为儿童的成长提供强有力的营养保障。

六是健全基层儿童福利服务队伍，提高儿童福利服务人员专业水平。健全覆盖市、县、乡、村四级儿童福利服务体系，完善未成年人救助保护服务机制，让困难儿童得到更多关爱、生活更有保障。通过政府购买服务等方式，加强对工作人员的岗前及在岗培训。加大有关儿童保护方面的基础知识以及自身业务相关的培训，确保参与基层儿童福利服务队伍的工作人员业务能力和专业水平不断提高。

七是依托社会力量，构建困境儿童救助服务体系。建立长期有效的困境儿童预防和救助工作，需要建立有效的筛查和报告体系，对困难儿童的情况进行动态跟踪和管理。学校和社会相关儿童机构工作人员要有效利用社区资源，积极向居委会或社工机构反馈困难儿童情况，并寻求帮助。通过组织志愿者与有需求的儿童家庭建立一对一的帮扶机制，帮助他们身心健康成长。

第六章 老年相对贫困与兜底保障

本章重点分析我国老年相对贫困问题与相关兜底保障制度体系的建设，包括人口老龄化与老年贫困发展趋势、贫困老年人服务需要状况、贫困老年人兜底保障制度运行状况、老年人相对贫困治理与发展路径等若干方面。具体而言，首先，本章将梳理人口老龄化与老年相对贫困发展趋势，包括老年贫困相关理论与共识、世界范围内老年贫困发展轨迹与现状、中国老龄化与老年贫困发展状况三个部分，为后文奠定理论基础；其次，将基于民政部政策研究中心"2020年托底性民生保障支持系统建设"项目调查数据，对贫困老年人家庭贫困状态、贫困老年人在收入、医疗、照护和社会参与四个方面的服务需求，以及这个四方面的兜底保障制度运行状况，进行综合衡量与评价，形成充分的现实基础；最后，基于理论梳理与现实基础，提出老年相对贫困治理与长效机制建设的政策建议，包括老年相对贫困治理的目标愿景与路径、兜底性和预防性老年贫困治理体系优化，并论述老年相对贫困治理的组织支撑体系。

第一节 理论基础：人口老龄化与老年相对贫困发展趋势

本节是对世界范围内人口老龄化和老年贫困发展趋势的概况，包括老年贫困的相关理论与共识、世界范围内老年贫困发展轨迹与现状、中国人口老龄化与老年贫困发展状况等几部分。从相关理论入手，剖析老年贫困产生的内在成因与社会机理，并就此总结学界对于老年困难现象的共识。从国外、国内两个视角分析人口老龄化趋势和老年困难现象，并进一步指出在后扶贫时代我国老年问题的发展方向与路径。

一、老年贫困的相关理论与共识

这一部分是对老年相关理论与共识的描述，通过对已有理论进行梳理，总结出学者对于老年问题现状、特点和解决路径的共识之处，从而为我国及世界范围内老年问题的发展演变提供理论依据。

(一)老年贫困相关理论阐述

本部分将包括生命周期理论、可行能力理论、社会排斥与社会融合理论、社会支持理论、福利多元主义理论,在阐释了老年贫困发生率高的社会现实的基础上,分别从老年人自身可行能力和社会制度环境两方面对其原因进行分析,最后强调社会支持和多元主体在解决老年贫困中的重要作用,从而为接下来老年问题的解决提供了思路和方向(见表6-1)。

表6-1 老年贫困的相关理论汇总

理论名称	核心观点	主要贡献者	评价
家庭生命周期理论	家庭生命周期具有世代循环的特征,老年阶段的困境风险较高。	Glick	从家庭视角揭示了老年贫困的现状,表明家庭通过财务管理进行养老准备是老年防贫的关键举措。
可行能力理论	老年人的可行能力被剥夺是造成其困境的重要原因。	Amartya Sen	从老年人自身能力出发阐述了老年问题的产生原因。
社会排斥与社会融合理论	老年人作为社会弱势群体,容易受到社会排斥而产生社会融合困难,进而产生困难。	Amartya Sen,Park 等	从老年人的社会属性入手,揭示了老年贫困发生的深层次社会原因。
社会支持理论	构建完善的社会支持网络能够帮助老年人有效应对各种风险因素。	Raschke	强调了社会支持网络在应对各类风险、解决老年贫困中的重要作用。
福利多元主义理论	福利的供给需要家庭、政府、市场、社会组织等多元主体的参与。	Rose,Neubourg	突出了在福利供给中多元主体的价值,为我国老年困境治理体系的建立提供宝贵启示。

1. 老年贫困现象产生相关理论

(1)家庭生命周期理论。

朗特里(Rowntree,1901)首次提出了个体在生命周期内贫困风险呈W型曲线变动,即儿童阶段、初为父母阶段以及老年阶段贫困的发生率最高。格里克(P. Glick,1947)正式提出了家庭生命周期理论,他将家庭生命周期划分为形成、扩展、稳定、收缩、空巢与解体等6个阶段,每个阶段家庭所面临的财务风险和压力是不同的。我国学者在此基础上,根据家庭经济周期性波动规律,将其归结为起步型、成长型、成熟型、扩张型和衰退型5个阶段(彭继权等,2019)。一般而言，衰退型是以夫妻退休为起点，即步入了老年阶段，该阶段家庭中缺乏劳动力，且家庭成员健康水平差，贫困风险相对较高。根据这一理论，生命周期内"老年阶段"的生命模式具有世代重复循环的特征，从而为老年贫困的研究提供了分析蓝本。

（2）可行能力理论。

阿马蒂亚·森（Amartya Sen, 2000）提出了可行能力理论，他认为可行能力是个人实现自由和权利所需具备的必要条件。人们之所以会陷入贫困状态，是因为可行能力被剥夺，以及由此引发的包括经济方面的收入贫困、人力资本贫困、医疗和保健缺乏，以及性别等诸多方面的贫困。同时，他强调，制定经济政策不应该仅限于收入不平等这一方面，应该着眼于提高低收入者的可行能力，以降低整个社会的不平等程度为目标，用开放、长远的眼光去看待贫困问题和社会的公平正义。基于此，反贫困应该聚焦于失业、医疗、教育，以及社会排斥等多方面，提高个体的可行能力，使个体拥有按照自己意愿享受生活的能力。老年人受到自身健康状况的制约，各种功能性活动受到限制，与社会其他群体相比，该群体的可行能力较差，因而更容易陷入贫困。

（3）社会排斥与社会融合理论。

社会排斥是一个广泛涉及经济社会问题的概念，指个人与社会的纽带被削弱和断裂的过程，是对个人或社会群体歧视的表现，受排斥群体包括残疾人、自杀者、老年人、受虐儿童、边缘群体等。不同分类方式下产生社会排斥的原因也有所不同，个体社会排斥指的是由于个人的某种属性；群体社会排斥指的是由于群体的某种特殊属性而产生的社会排斥，例如，血缘、信仰、年龄等（曹艳春等，2012）。

社会融合指的是个体或群体之间相互配合，互相适应的过程，是一个双向、动态、多维、渐进的过程（任远、邬民乐，2006）。帕克（Park R E, 1928）认为，社会是个体或群体相互融合的过程。我国学者对社会融合进行了划分，认为社会融合由心理融合、身份融合、文化融合和经济融合构成，心理融合和文化融合是达成最终社会融合的标志（朱力，2002）。社会融合是由于社会群体异质性产生的，例如，老年人可能会由于社会价值观、集体活动或社会生活习惯与其他群体产生差异，出现社会融合失败现象。

通过社会排斥与社会融合理论，老年人作为社会弱势群体，其收入能力、身体机能等方面面临着巨大挑战，因此，在经济、政治、文化等诸多维度受到了社会排斥，并进一步导致社会融合失败和多维贫困的出现。

2. 社会福利相关理论

（1）社会支持理论。

社会支持最初是心理学和流行病学的一个定义（Shumaker S A & Brownell A,

2010)。早期关于社会支持方面的研究都将社会支持视为个人从社会网络中获得的一般性社会资源，这些资源能够帮助个人解决日常生活中所遇到的问题（贺寨平，2001）。依据社会支持理论的观点，一个人所拥有的社会支持网络越强大，就能够越好地应对各种来自环境的挑战。当代社会学认为，社会支持不限于个人所处的社会网络，也包括社会为个人建构的支持网络。

现代社会中弱势群体的多元化导致个人所处社会网络无法支持个人实际需求。目前，老年人所能获得的社会资源有限，个人社会支持网络的建立面临困难，所能获得的社会支持极其有限，陷入贫困的风险更大，因此，应该以政府、社会组织等公共部门为主体共同构建为弱势群体提供支持的社会网络（王卫平，2007）。

（2）福利多元主义理论。

福利多元主义亦称混合福利经济，是指福利的规则、筹资和提供由公共部门、营利组织、非营利组织、家庭和社区共同负责、共同完成，而不局限于单一的政府部门。政府角色转变为福利服务的规范者、福利服务的购买者、物品管理的仲裁者，以及促进其他部门从事服务供给的角色，其中，两个最主要的方面是参与和分权（同春芬、张越，2018）。该理论是一种对"国家中心主义"和福利国家模式的一种批判。英国福利经济学家罗斯（Rose, 1986）是最早对福利多元主义进行界定的，并提出社会福利来源于家庭、市场和国家的"福利三角"；德诺贝格（de Neubourg, 2002）进一步发展为"福利五角"，即包括公权（国家）、市场、家庭、社会网络以及会员组织。福利多元主义理论强调社会福利的供给需要多元主体共同发挥作用，而不能单纯倚重国家、市场、社会和家庭中的某一方，需要立足于多方合作，真正保障公民权利的实现。

（二）老年贫困共识与启示

上述理论从不同角度阐述了老年贫困问题及其解决路径，并在一定程度上达成了共识，总结而言，可以概括为以下三点。

1. 老年贫困具有多维性

从对贫困的认识、贫困的测量，到贫困问题治理，是从单维到多维逐步深入的过程。阿马蒂亚·森最早提出了多维贫困理论，将贫困的衡量从单一性的货币收入角度，拓展到教育、健康、住房、社会参与、精神状态等方面。这些维度均对老年人的生活质量产生很大影响，是衡量老年人生活状态的重要因素。另外，各类因素之间相互关联、彼此影响，尤其是收入贫困与人力资本贫困、医疗保健缺乏存在紧密的逻辑关系。这种关系使得对老年人贫困的衡量不能从单一收入维度出发，而是综合考虑各种作用机制的影响。通过综合分析比较各理论对老年贫困的解释，发现老年贫困是各种因素的综合体现。其中，可行能力理论指出了老年人收入、医疗、保健等诸方面存在的能力缺失；社会排斥与社会融合理论表明老年人在社会参与方面存在的种种障碍；社会支持理论则体现了老年人社会支持网络的不足和可获得社会资源的匮乏。

各类因素之间相互叠加，导致老年人具有多重脆弱性和多维贫困的特征。同时，在这一特征下，仅依靠社会财富的转移支付难以令贫困老人真正脱贫，需要建立完善的制度保障，从多维视角解决老年贫困问题。

2. 建立老年贫困的预防机制

家庭生命周期理论揭示了家庭的财务收支和人口特点在不同阶段的变化规律。一般而言，位于衰退期的家庭，一方面生产能力降低，家庭成员纷纷退出劳动力市场，家庭收入水平急剧下降；另一方面，家庭成员面临的失能、疾病的风险增加，医疗保健费用增长。在二者作用下，家庭财务压力陡增，老年贫困问题突出。所以从家庭生命周期来看，提前做好养老准备是预防家庭在生命周期的晚期陷入贫困的重要举措。该理论对老年贫困的治理路径提供了新的思路，强调了建立老年贫困发生的预防机制的重要价值。在老年贫困治理中，不仅要关注老年贫困的兜底保障机制，还要重视老年贫困预防机制的建立与完善。而家庭正是在老年贫困预防中发挥关键作用的主体，家庭成员为应对养老问题，除了要做好长远的理财计划、提前进行养老储蓄之外，还要在健康、教育等领域进行投资和准备，从根本上提高家庭应对老年风险的能力，切实发挥家庭功能。

3. 从贫困的发生过程来看待老年贫困治理

可行能力理论、社会排斥与社会融合理论揭示了老年贫困发生的两条路径。一条路径是从老年人的自身状态出发，指出老年贫困是由于老年人身体机能恶化导致的功能性障碍的结果；另一条路径是从老年人的社会属性出发，指出发生在老年人身上的社会排斥与社会剥夺造成该群体的边缘化，进而导致贫困的出现。老年贫困的治理要从贫困的发生路径与发生过程入手，切断老年贫困的产生途径，从而将被动扶贫转为主动扶贫，提升兜底保障的政策效果。针对第一条老年贫困发生路径，要提升老年人的健康意识，做好疾病的监测和预防工作，延缓老年人身体机能的恶化程度，同时要完善相关的基础设施建设，进行适老化改造，以满足其日常生产生活需要。针对第二条路径，要构建老年人的社会支持网络，加强家庭成员、邻里、社会等主体对老年人的关注，降低老年人的社会排斥感，推动老年人的社会融合。

4. 老年贫困问题的解决需要多元主体的共同参与

首先，老年贫困问题在全球范围内普遍存在、在贫困人口中占据很大的比例，并不断由家庭向社会溢出，演变成为公共事务。因此，仅依靠家庭力量难以有效应对老年贫困的发生，需要政府主体的力量来进行兜底。其次，老年贫困问题的解决不能割裂与家庭的关系，忽略家庭在养老、照护服务中的首要责任，要注重发挥家庭主体的作用。最后，由于老年群体的多重脆弱性和老年贫困的多维性，在群体识别和脱贫帮扶方面都面临着很大的困难，单单依靠政府会存在很大的局限性，这就要求政府在发挥主导作用的同时，应鼓励、支持多元主体参与社会救助治理，推动各类社会组织、志愿者、家庭和个人等多种力量积极参与到老年救助中，对各主体在社会救助中的责任进行明确定位，从而更好地满足贫困老年人多样化的需求，提升对贫困老年人的救助与帮扶效果。

二、世界范围内老年贫困发展轨迹与现状

老年贫困问题在世界范围内不断发展演化，它伴随着人口老龄化趋势而持续深入。各国在老年贫困问题上既表现出了共性，又具有各自的特点。该部分通过分析比较并总结各国的老年贫困问题，来把握世界范围内老年贫困的发展轨迹与现状。

（一）世界范围内老年贫困的发展现状

世界范围内老年贫困问题伴随着老龄化程度的不断加深而愈发突出。按照国际标准，一般而言，一个国家 60 岁及以上的老年人口占总人口比重超过 10%，或 65 岁及以上老年人口占总人口比重超过 7%，则意味着进入老龄化社会。随着工业革命的进行和医疗水平的不断提高，以及二战后相对稳定的世界格局，民众的预期寿命不断延长，从西方发达国家开始的人口老龄化问题迅速发展、范围不断扩大，成为很多国家共同面临的人口发展趋势。早在 1850 年，法国 60 岁及以上老年人口就占到了总人口数的 10%，成为世界上最早进入人口老龄化的国家，紧接着德国于 1930 年、美国于 1940 年也相继跨入老龄化社会。下图 6-1 所示的是根据联合国发布的《World Population Aging 2017》报告展示的世界老龄化趋势图，由图可知，世界人口将继续老龄化趋势。从 2000 年到 2050 年，全球 60 岁以上人口的数量占比将从 10% 增加到 20% 以上，80 岁以上的高龄老年人数量将超过 4 亿；另外，65 岁以上人口将成为增长最快的年龄组，从全球人口的 9% 增长至 16%。

资料来源：World Population Aging 2017

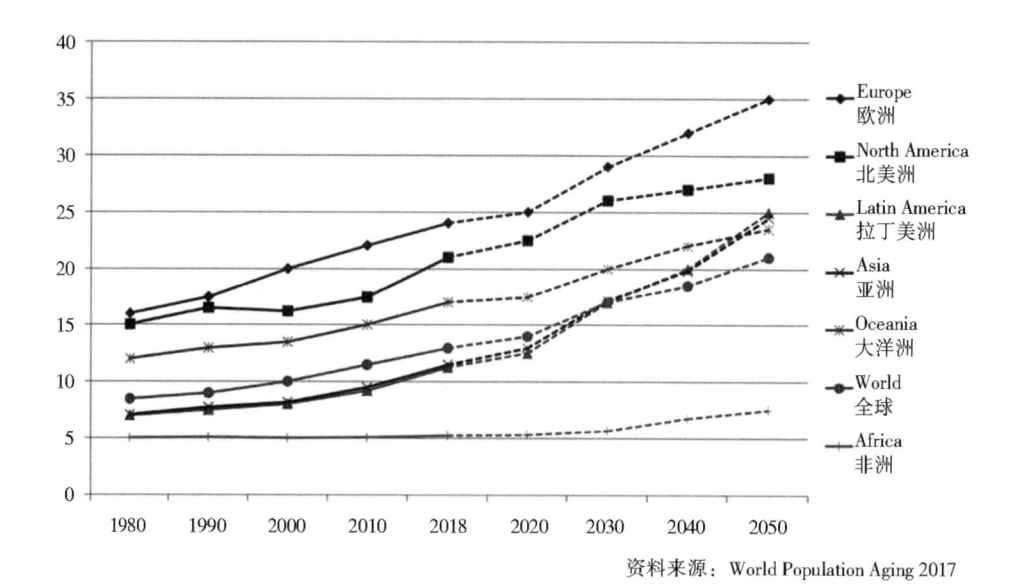

图 6-1 世界人口的老龄化趋势图

随着世界范围内人口老龄化的不断加剧，老年贫困人口数量庞大。而且值得一提的是，老年贫困率对贫困线和贫困测量方法的选择极为敏感。因此，除了位于贫困线以下的老年贫困群体，还有相当比例的老年人处于贫困线边缘，面临较大的贫困风险。首先，图 6-2 是根据欧盟统计局数据显示的 65 岁及以上人口贫困风险发生率的统计。通过数据可以看出，欧盟老年贫困风险发生率在 2012-2018 年间维持在 10% 左右。相比之下，德国和意大利老年贫困风险一直高于平均水平，在 2018 年，德国更是达到了 14%；英国与瑞典的大致相同，老年贫困风险率呈现下降趋势，2018 年维持在 8% 左右；法国的老年贫困风险发生率在 2012-2018 年间低于欧盟平均水平，维持在 6% 左右。由此可见，欧盟发达国家的老年贫困风险率总体较高，老年防贫体系面临巨大压力。其次，根据已有文献的数据显示，英国有 220 万老年人受到了贫困问题的困扰，其中约 1/2 生活在法定贫困线以下，收入低于社会平均收入的 50%，并且这些人中有 85% 属于长期贫困者；其他群体收入也仅比政府法定贫困线标准高出约 10%，勉强越过了贫困线，但仍然随时面临着重返贫困的压力（汪建强，2007）。德国 2007 年 65 岁以上老年人的贫困率为 10.1%，2010 年为 10.5%，2012 年至 2015 年的贫困率分别为 9.4%、8.4%、9.5% 和 9.6%，2012 年以后，德国的老年贫困率维持在了 10% 以下（Zaidi A，2006）。日本的老年贫困问题同样严重。2014 年，日本接受生活保护的人中，65 岁及以上的老年人大约有 92 万人，占全部接受生活保护人口的 44%。截至 2016 年 12 月，在领取生活保护补贴家庭中，有 51.4% 是 65 岁及以上的老年人家庭（丁英顺，2017）。对于发展中国家，老年贫困问题也十分严重，以印度为例，该国超过四分之一的老年人口是残疾人，而其老年人口的残疾多数与贫困相关，并因此陷入了贫困与残疾的恶性循环中，长期被社会排斥和边缘化（Pandey M K，2012）。

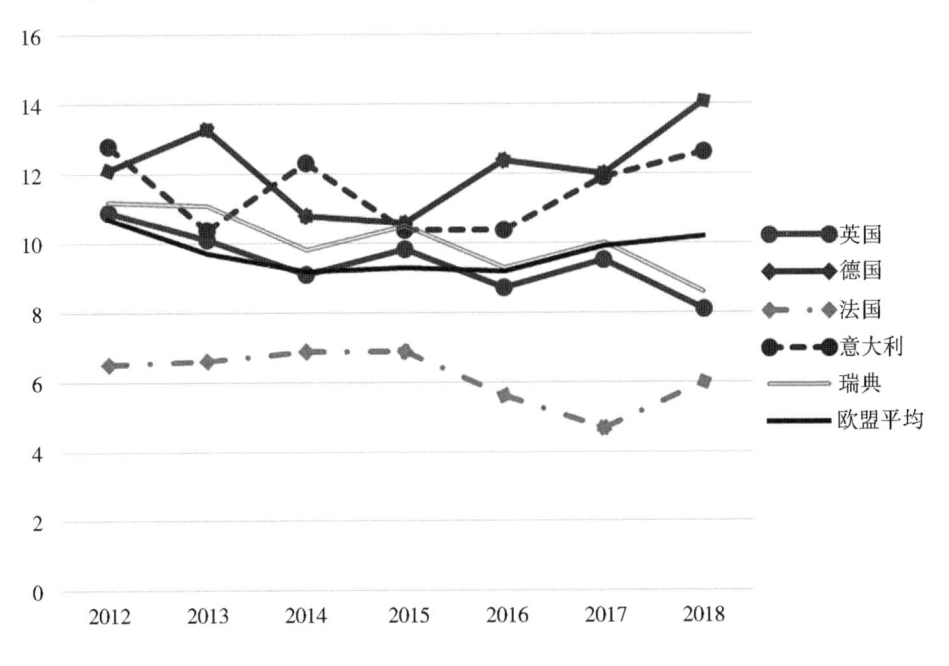

图 6-2 欧盟国家 65 岁及以上老人贫困风险率

（二）世界范围内老年贫困的特征

纵观世界范围内老年贫困的现状与人群特征，各个国家在老年贫困的性别分布、年龄分布、城乡分布等方面具有一定的相似性，且具有多重脆弱性特征，具体情况如下。

1. 老年贫困的性别分布特征

在老年贫困的性别分布上，一般而言女性的贫困率高于男性，尤其是高龄丧偶的女性更易陷入贫困。这一方面是由于老年女性收入水平偏低，另一方面是由于老年女性的失能比例更高，对养老服务和照护服务的需求量更大。以德国数据为例，2012 年，德国老年女性贫困率为 12.3%，老年男性的贫困率为 6.3%；2014 年，老年女性贫困率为 11.5%，老年男性则为 6.8%。[1] 可见，老年女性的

---

[1] 资料来源：OECD, Poverty rate [EB/OL]. https：//data. oecd. org/inequality/poverty-rate. htm, 2015.

贫困状况更为严重。

2. 老年贫困的年龄分布特征

在老年贫困的年龄分布上，高龄老人陷入贫困的风险更高。一方面，随着年龄的增长，老年人相继推出劳动力市场，收入来源减少。德国20世纪80年代中期，65岁以上老年人平均收入相当于全部人口平均收入的82.5%，而75岁以上老年人平均收入仅相当于全部人口平均收入的78.5%。另一方面，高龄老年人身体机能不断降低，失能失智程度加深，对各种需求增加，对家庭和子女的依赖程度提高，成为老年人群中典型的弱势群体，因而也更容易遭受贫困（杨菊华，2011）。

3. 老年贫困的城乡分布特征

在老年贫困的城乡分布上，农村老年人的贫困程度要高于城市老年人。受到工业化和城镇化的影响，大量农村劳动力向城镇的转移，农村地区的老龄化率不断提高，农业生产份额在国民产出中的比重持续下降，这就导致农村老年人更容易陷入贫困状态。另外，大多数国家农村养老保障体系的建设相对于城市而言存在一定程度的滞后。美国于1935年在城市建立了养老保险，但直到1990年才开始在农村建立推行，间隔了65年；德国更甚，它1889年在城市建立养老保险，1957年才颁布《农民年金救济法》，农民开始被纳入养老保险制度体系中，二者间隔了68年（黄玉君、鲁伟，2016）。对农村养老保障体系的长期忽视，导致农村地区的老年贫困状况相当严重，农村老年贫困的发生率远高于城市老年人。

4. 老年贫困的多重脆弱性特征

贫困老年人群体除了在经济能力上的不足，还在教育程度、婚姻状况、健康水平、家庭照护能力等多方面表现出脆弱性，具有较强的多重脆弱性特征，并进一步发展为多维贫困。首先，在受教育水平上，已有研究显示老年贫困群体的受教育水平普遍偏低，教育剥夺在多维贫困指数中的贡献率较高（张昭、杨澄宇，2020）。教育水平的偏低降低了老年人的人资资本，妨碍生产率的提高，从而使其收入水平降低，容易滑入贫困陷阱。其次，在贫困老年人的婚姻家庭上，丧偶、独居老人的贫困发生比例高于再婚老人和离异老人（乔晓春，2006），子女的经济支持和精神支持也会在一定程度上改善其贫困状况（侯斌，2019；宋嘉豪等，2019）。而贫困老年人在婚姻家庭上面临的普遍困境，削弱了家庭的养老功能，与子女的代际互动无法顺利实现，更加剧了其贫困的严重程度。另外，在健康水平上，贫困与失能、疾病具有循环累积的因果关系，且具有"放大性"的特征，从而形成"双困"群体（徐小言，2018；朱超、王戎，2020）。这种贫困与失能、疾病的循环机制在发展中国家尤为突出，由于贫困人口健康保健意识不足、医疗保障制度不完善，使得疾病风险因素不断积累，至老年阶段达到顶峰，疾病一旦产生，单依靠家庭力量难以应对，从而加深了贫困程度。综上所述，老年贫困的多维性，贫困群体的多重脆弱性特征明显，各种因素之间相互作用、互为因果，导致老年贫困治理问题更加棘手。

（三）研究小结及启示

老年贫困问题伴随着人口老龄化程度的加深而不断加剧。世界上的人口老龄化正在加速进行，庞大的老年群体规模增加了老年贫困的发生率。贫困老年人在老龄化程度严重的西方发达国家有很大的占比，成为其贫困治理中重点关注的人群；在发展中国家，老年贫困往往是伴随失能、残疾等问题的"并发症"，因而对救助制度有长期的依赖性，根治困难、形势严峻，需要引起社会的广泛关注。世界范围内各国的老年贫困问题有相似的特征，一般而言，女性、高龄、农村老年人的贫困风险发生率更高。另外，老年贫困的多重脆弱性特征明显，贫困群体往往与受教育程度低、婚姻家庭存在缺陷、失能疾病风险较高等因素交织，从而进一步加深了老年贫困治理的难度。

世界范围内老年贫困问题的发展与演变也为我国老年贫困的治理提供了启示。我国老龄化程度不断加深，且面临着未富先老的问题，老年贫困问题需要引起格外重视。同时，我国城乡二元差异明显、失能老人群体规模大，农村老人、失能老人是我国老年贫困问题中需要关注的重点人群。为有效解决我国老年贫困问题，一方面需要充分借鉴国外经验，完善养老服务保障、医疗与健康保障、长期照护保障等相关的制度安排，构建健全的老年防贫体系。另一方面，要立足于我国国情，遵循我国文化传统和社会制度，发挥家庭抵御风险的能力。

三、中国人口老龄化与老年贫困发展状况

我国人口老龄化形势严峻，并表现出不同于世界其他国家的新特征，同时老年群体具有易致贫、难脱贫的特点，这使得我国对老年贫困问题格外重视。在我国脱贫攻坚战目标基本实现的背景下，我国老年贫困发生率逐年下降，绝对贫困问题得到解决。而在后扶贫时代如何应对老年人的相对贫困、多维贫困成为接下来政策需要长期关注和解决的问题。本部分将依照上述逻辑来进行具体分析。

（一）中国人口老龄化与老年贫困问题

我国人口老龄化形势严峻，并呈现出老年人口基数大、老年人口增长速度快、高龄群体庞大等特点。我国在2000年就进入老龄化社会，截至2019年末，我国

60周岁及以上老年人口已超过2.5亿人，占总人口比重达18.1%，其中65周岁及以上老年人口也超过1.76亿人，占总人口比重达12.6%，相较于2018年分别增长0.2%和0.7%。[1]根据国家统计局数据显示，我国2010－2019年65岁及以上人口数量及占比情况，如图6－3所示。从数据中可以看出，我国老年人口数量逐年增加，在总人口中的占比逐年增多。十年间，我国65岁及以上老年人口增加约6000万人，占总人口的比重从8.9%上升至12.6%。预计到2030年，我国65岁及以上的人口数量将达到27509万人（王伟、岳博，2019）。可见，我国老龄化趋势非常严重，面临极大的人口压力。

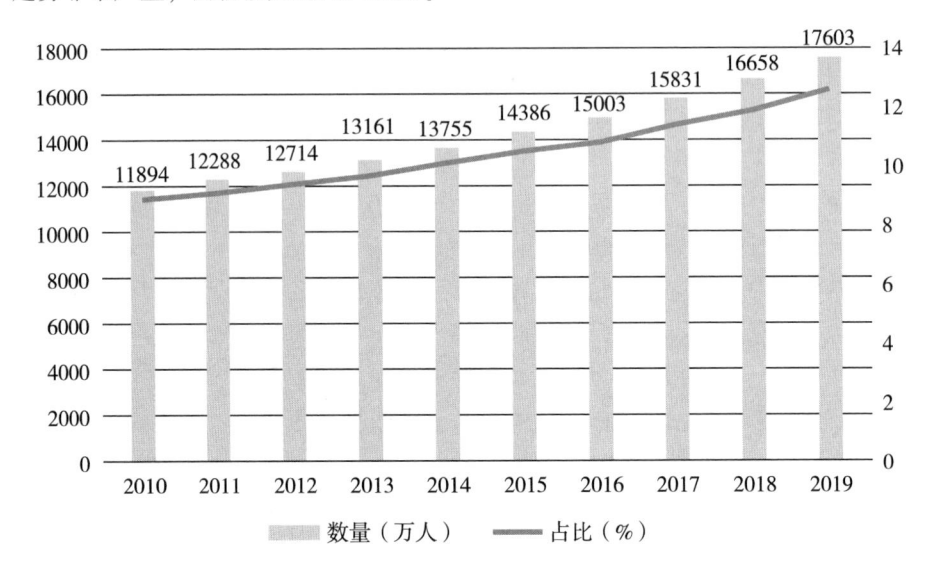

图6－3 我国65岁及以上老年人口数量及占比

同时，与世界上其他国家相比，我国老龄化具有新特征。一方面，空巢老人数量多，而且主要集中在农村地区，目前我国空巢老人数量已超过1亿，该群体的家庭养老服务功能缺失，应对风险能力弱，极易陷入贫困；另一方面，我国对老龄化应对不足，"未富先老""未备先老"矛盾突出，养老服务产业发展滞后，政策制度有待完善，对贫困老年人的救助与兜底方面存在不完善的地方。在老龄化形势的严峻背景下，家庭和社会面临沉重负担，有相当比例的老年人缺乏养老积累，再加上自身健康状况差、社会资本不足，老年人多重脆弱性特征凸显，并逐渐演变为老年人的多维贫困问题。

我国自2014年开始大力实施精准扶贫政策，老年人口的绝对贫困问题得到缓

---

[1] 资料来源：国家统计局.2019年国民经济和社会发展统计公报［EB/OL］. http://www.stats.gov.cn/tjsj/zxfb/202002/t20200228_1728913.html.

解。根据中国家庭金融调查（CHFS）数据显示，我国老年人口贫困率由2014年的17.7%下降至2018年的14.5%。老年贫困人口主要集中在农村地区，2018年农村老年人口贫困率高达19.5%，远高于城镇1.4%的比例。[1] 农村地区老年人口的脱贫任务依然艰巨，不仅要着眼于农村老年人中绝对贫困人口的脱贫，更要从长远角度来解决其相对贫困的问题。

（二）中国老年贫困的变动趋势与现状

目前，关于我国老年贫困规模及贫困发生率的调查研究，尚无全国性的统计调查资料。各学者及相关机构在数据测量方面由于采取标准和调查地区的差异，统计结果也不尽相同。具体结果如表6-2所示：

表6-2　不同学者和机构对我国老年贫困发生率的测度结果

时间	文献/数据来源	作者或机构	老年贫困率/规模
2003年	《全国城乡贫困老年人状况调查研究项目总报告》	中国家庭金融调查与研究中心	城乡贫困老年人有1010万，其中城镇150万，农村860万
2005年	《对中国老年贫困人口的估计》	乔晓春等	全国贫困老年人口总量为2274.8万人
2005年	《中国老年人口的生活状况与贫困发生率估计》	王德文、张恺悌	老年贫困人口数量为921万–1168万，贫困发生率为7.1%–9.0%
2009年	《中国农村住户调查年鉴（2009）》	国家统计局农村社会经济调查司	农村的绝对贫困发生率2000年为3.5%，2007年则下降到1.6%
2011年	《中国老年贫困人口规模研究》	杨立雄	农村老年贫困人口规模在1400万人以上，城镇老年贫困人口规模在300万人左右，总规模近1800万，老年贫困发生率超过10%
2017年	《中国老年人收入贫困状况及其影响因素研究——基于2014年中国老年社会追踪调查》	朱晓、范文婷	低于国内低保线的老年人口为5576万，相对贫困老年人口为7698万–8959万
2019年	《中国城镇多维贫困状况与影响因素研究》	冯怡琳	城镇多维贫困发生率已降至1.1%，其中60岁以上组别的人口比重达到73.8%

---

[1] 资料来源：中国家庭金融调查与研究中心.2018年中国家庭金融调查报告［EB/OL］.https：//chfs.swufe.edu.cn/.

全国老龄工作委员会办公室（2003）测算结果表明城乡贫困老年人有1010万，其中城镇150万，农村860万。乔晓春等（2005）利用中国老龄科研中心2000年12月组织的"中国城乡老年人口状况一次性抽样调查"数据，经过加权处理后估计全国贫困老年人口总量为2274.8万人。王德文等（2005）利用2000年人口普查和中国城乡老年人口状况一次性抽样调查资料，测算表明全国老年贫困人口数量为921万—1168万，贫困发生率为7.1%—9.0%。《中国农村住户调查年鉴（2009）》显示，中国农村的绝对贫困发生率2000年为3.5%，2007年则下降到1.6%。杨立雄（2011）利用最低生活保障数据，采用不同贫困标准对中国老年贫困人口规模进行测算，测得农村老年贫困人口规模在1400万人以上，城镇老年贫困人口规模在300万人左右。中国老年贫困人口总规模近1800万，老年贫困发生率超过10%。朱晓、范文婷（2017）根据2014年中国老年社会追踪调查数据，计算出全国低于国内低保线的老年人口为5576万，相对贫困老年人口为7698万-8959万。冯怡琳（2019）指出，2016年中国城镇多维贫困发生率已降至1.1%，其中60岁以上组别的人口比重达到73.8%，这一比例远高于其他各类群体，成为精准扶贫重点关注的群体。

尽管我国贫困老年人的规模统计存在较大差异，但学界对我国老年贫困问题也存在几点共识。第一，我国老年人贫困发生率女性高于男性、高龄高于低龄、农村高于城镇，且与受教育程度、婚姻状况、健康水平存在显著相关，这与世界范围内的老年贫困特征相同。第二，近年来，我国老年贫困发生率逐年下降，绝对贫困的老年人规模显著下降。中国的脱贫攻坚目标任务接近完成，贫困人口从2012年底的9899万人减少到2019年底的551万人，贫困发生率由10.2%降至0.6%。[1] 2020年11月23日，贵州省宣布最后9个深度贫困县退出贫困县序列，这标志着我国在贫困治理领域取得了巨大成功，消除绝对贫困人口的目标已经完成。第三，虽然我国绝对贫困问题已经得到解决，但相对贫困问题依然比较严重，贫困边缘老年人的生活质量和返贫问题需要引起政府、社会长期的关注与重视。

（三）老年贫困治理与后扶贫时期趋势

2020年，随着全面建成小康社会和打赢脱贫攻坚战目标的实现，全国扶贫事业将进入以相对贫困、精神贫困、次生贫困等为治理重点的"后扶贫时代"（郑会霞，2020）。"后扶贫时代"贫困的含义将由现阶段的绝对贫困和收入贫困演变为相对贫困和多维贫困。这对我们国家的贫困治理以及老年贫困治理提出了新的

---

[1] 新华网. 习近平在决战决胜脱贫攻坚座谈会上强调，坚决克服新冠疫情影响，坚决夺取脱贫攻坚战全面胜利 [EB/OL]. http://www.xinhuanet.com/politics/leaders/2020-03/06/c_1125674559.htm.

要求。

首先，后扶贫时期的老年贫困治理需要明确相对贫困的衡量标准。相对贫困具有相对性、多维性、脆弱性、动态性、长期性、特殊群体性、强区域性等特征，很难用全国统一的单一的贫困线来进行衡量（董帅兵、郝亚光，2020）。需要建立一个科学的、多维的、动态的、体现区域发展水平的相对贫困指标，并以此为基础确定老年贫困治理的目标人群，合理厘清相对贫困群体和贫困边缘群体的关系、制定合理的救助帮扶标准。

其次，后扶贫时期的老年贫困治理需要建立多维度、多主体参与的扶贫体系。后扶贫时代，我国的扶贫工程应更加注重脱贫质量，不能仅关注单一的物质贫困，而要从降低老年人医疗服务费用、完善老年服务体系、提升老年人社会参与等方面，改善老年人的身体和心理健康水平，实现物质脱贫与精神脱贫的统筹推进。而扶贫项目和维度的不断增多，对我国老年扶贫体系的建立提出了更高的要求，需要加快构建反贫困共同体协同治理机制，推动政府、市场、社会组织、家庭、村集体等主体的共同参与。

再次，后扶贫时期的老年贫困治理需要构建防止返贫的政策保障与监测预警机制。老年人面临的失能、疾病、丧偶的风险比其他各年龄段群体都要大，因此，该群体极易遭受各种风险事故而再次陷入贫困。防止返贫的政策保障机制对于提升老年人脱贫的长期性、稳定性具有重要价值。要对老年人的返贫风险进行等级划分，综合运用大数据、"互联网+"等技术，及时掌握贫困群体的信息，捕捉致贫风险因子的变动，对这些具有高度不确定性的返贫因素进行及时的监测和预警，做到有效预知，以便及时采取措施避免返贫现象的发生。

最后，后扶贫时期的老年贫困治理需要加强预防性制度体系的建设。在后扶贫时期，要降低老年贫困的发生率，克服救助依赖问题，就要做好充分的养老准备，预防老年贫困问题的发生。政府要强调家庭功能和个体能力，基于家庭生命周期的变动规律，引导民众积极进行与养老相关的财务、知识准备和健康、教育投资等，建立完善的个人退休账户制度，打造良好的居民储蓄与投资平台，健全以个人和家庭为主的第三支柱的养老保障制度，从而提升家庭抵御年老、疾病风险的能力，避免陷入老年贫困。

第二节 现实状况：老年相对贫困与兜底保障制度运行状况

本节主要基于微观调查数据，反映老年相对贫困与兜底保障制度运行的现实状况。具体而言，第一节侧重分析贫困老年人家庭贫困状态，包括对贫困老年人家庭收支状况、储蓄状况、社会经济状况等的描述；第二节聚焦贫困老年人最迫切的收入、医疗、照护和社会参与的四类需求，对其服务需要状况进行分析；第三节亦从上述四个维度出发，关注与四类需求相关的兜底保障制度的运行状况；并在第四节中进行研究总结。

本节采用 2020 年"托底性民生保障支持系统建设"项目中关于困难家庭的调查数据，并根据家庭中的老年人口数量，从中选取家庭成员中有老年人的样本数据，共计 6068 户。具体而言，家庭中有 1—4 位老人的数量和占比分别是 3288 户（54.19%）、2650 户（43.67%）、112 户（1.85%）和 18 户（0.30%）。首先，本研究将其界定为贫困老年人家庭，并以此样本集为基础，对我国城乡贫困老年人家庭的贫困状态、服务需求状况、相关的兜底保障制度运行状况进行分析。其次，本研究以低保户、低保边缘户和农村建档立卡贫困户三种家户类型和城市、农村两种分布状态为分类依据，分析贫困老年人家庭的结构性特征，并就贫困老年人的需求满足状况进行评估，最后，指出建立老年防贫长效机制的重要价值与意义。

一、贫困老年人家庭贫困状态分析

本部分对贫困老年人的家庭贫困状态进行分析。贫困老年人的家庭经济状况表现在多个方面，该部分主要通过家庭人均年收入或支出状况、储蓄负债情况、家庭经济社会地位和日常生活状况来进行描述，通过多维度的分析，来展现贫困老年人家庭的生活状况。此外，通过对不同家户类型和城乡分布的分类，剖析贫困老年人家庭的结构性特征，从而对我国老年贫困现象进行准确的概述。

（一）贫困老年人家庭收支状况

表 6-3 是根据家户类型和城乡分布状况统计的贫困老年人家庭人均年收入的平均值。首先，从家户类型上可以看出，低保边缘户的家庭年收入相对是最高的，城市地区为 15886 元、农村地区为 7778 元，高于低保户与农村建档立卡贫困户。其次，从城乡分布状况来看，城市贫困老年人家庭的人均年收入明显高于农村，从总体数据看，城市地区为 15008 元，而农村地区仅为 8065 元，差距较为明显，体现我国城乡二元化的结构性特征较为突出。

表 6-3　贫困老年人家庭人均年收入状况（元）

	低保户	低保边缘户	农村建档立卡贫困户	总体
城市	12447	15886		15008
农村	7778	8804	8003	8065

表 6-4 是根据家户类型和城乡分布状况统计的贫困老年人家庭人均年收入的平均值。与家庭人均年收入状况相似,低保边缘户家庭人均年支出最高、城市贫困老年人家庭人均年支出显著高于农村。但不同的是,城市贫困老年人家庭的人均年收入与人均年支出大致相当,基本能够实现收支相抵;而农村地区人均年支出则明显高于其人均年收入,总体差距超过 1000 元,出现了普遍的收不抵支的情况。可见,农村地区贫困老年人家庭的贫困程度更高、老年贫困问题更严重,在未来相对贫困问题的解决中也需要得到重点的关注。

表 6-4 贫困老年人家庭人均年支出状况(元)

	低保户	低保边缘户	农村建档立卡贫困户	总体
城市	12435	15293		14563
农村	9887	10209	8714	9424

(二) 贫困老年人家庭储蓄状况

表 6-5 是对贫困老年人家庭年度收支结余/超支状况的统计结果(全年家庭收入—全年家庭支出),并按照家户类型和城乡分布情况求取均值。从数据中可以看出,城市的贫困老年人家庭存在结余,相反农村存在超支。从总体来看,城市贫困老年人家庭年度平均结余 2476 元,农村则平均超支 2604 元,尤其是低保户的超支最为明显,平均为 4847 元。具体数据如下所示:

表 6-5 贫困老年人家庭年度结余/超支情况(元)

	低保户	低保边缘户	农村建档立卡贫困户	总体
城市	1513	2806		2476
农村	-4847	-2474	-772	-2604

表 6-6 是对贫困老年人家庭储蓄负债情况的均值统计。从总体来看,家庭负债规模普遍超过储蓄规模:城市储蓄的平均水平为 14366 元,而负债为 25825 元;农村储蓄的平均水平仅为 4954 元,而负债为 22205 元。从家户类型来看,低保边缘户储蓄水平和负债水平均为最高,农村建档立卡贫困户储蓄水平和负债水平均为最低;从城乡分布来看,城市与农村贫困老年人家庭的负债规模差距不大,但农村地区的平均储蓄规模远低于城市,差距约为 10000 元。

表6-6　贫困老年人家庭储蓄与负债情况（元）

地区	储蓄负债情况	低保户	低保边缘户	农村建档立卡贫困户	总体
城市	储蓄	11863	15225		14366
城市	负债	22378	27008		25825
农村	储蓄	4885	7606	3927	4954
农村	负债	21523	27548	20590	22205

（三）贫困老年人家庭社会经济状况

表6-7是贫困老年人家庭在社区中所处的社会经济地位状况的描述。从表中数据可以看出，贫困老年人家庭的社会经济地位在本社区中大都位于"中层""中下层"或"下层"，说明老年贫困群体总体的家庭经济状况处于偏低的水平。但低保户、低保边缘户和农村建档立卡贫困户之间也存在差距，多数低保户和低保边缘户认为家庭社会经济地位在社区中位于"下层"，而多数农村建档立卡贫困户则认为其家庭处于"中层"。这主要与不同类型的贫困老年人所处社区的社会经济发展状况相关，很多农村建档立卡贫困户位于贫困村、贫困县和集中连片特困地区，社区总体经济发展水平较低，从而导致结果的差异。另外，低保户家庭的社会经济地位"中下层"和"下层"的占比最高，该群体的家庭经济状况相对而言较差，需要相应政策进行兜底。从城乡分布来看，城市贫困老年人家庭的社会经济地位位于"中下层"和"下层"的比例更高，这主要是由于城市发展水平和生活成本更高，尽管城市老年贫困家庭的总体收入水平和经济状况要优于农村的家庭，但相对于其生活社区，他们的社会经济地位依然很低。

表6-7　贫困老年人家庭社会经济地位分布情况（%）

地区	家庭社会经济地位	低保户	低保边缘户	农村建档立卡贫困户	总体
城市	上层	0.00	0.22		0.17
城市	中上层	1.29	2.16		1.94
城市	中层	17.77	16.40		16.75
城市	中下层	30.21	32.91		32.22
城市	下层	48.79	46.15		46.82
城市	不清楚	1.94	2.16		2.11

续表

地区	家庭社会经济地位	低保户	低保边缘户	农村建档立卡贫困户	总体
农村	上层	0.37	0.45	0.86	0.60
	中上层	1.25	1.96	3.95	2.58
	中层	20.41	25.19	40.95	30.41
	中下层	26.14	26.85	26.31	26.34
	下层	48.53	44.80	25.39	37.57
	不清楚	3.31	0.75	2.53	2.49

（四）贫困老年人家庭生活水平状况

表6-8是对贫困老年人家庭饮食水平的描述。从数据中可以看出，绝大多数贫困老年人家庭能够吃饱，部分群体在此基础上还能满足一定的营养水平。"吃饱存在困难"的家庭在城市占比5.98%，农村占比3.79%。说明目前我国绝大多数贫困老年人的温饱问题得以解决，脱贫攻坚的效果得到了显现，老年贫困群体的基本生活需求得到一定程度的满足，并不断向更高层次的需求发展。

表6-8 贫困老年人家庭饮食水平情况（%）

地区	饮食水平	低保户	低保边缘户	农村建档立卡贫困户	总体
城市	吃得很好，非常重视营养	2.75	1.11		1.53
	吃得较好，比较注重营养	3.55	6.37		5.65
	吃得一般，能满足基本营养	40.23	42.22		41.71
	只能勉强吃饱	46.04	44.49		44.88
	吃饱存在困难	7.27	5.54		5.98
	不清楚	0.16	0.28		0.25
农村	吃得很好，非常重视营养	3.74	3.92	10.75	6.89
	吃得较好，比较注重营养	6.68	6.03	11.86	8.86
	吃得一般，能满足基本营养	42.00	37.86	50.71	45.12
	只能勉强吃饱	41.48	47.06	24.71	35.04
	吃饱存在困难	5.80	4.98	1.61	3.79
	不清楚	0.29	0.15	0.37	0.30

表 6-9 是对贫困老年人家庭穿衣水平的描述。从总体数据中看,城市贫困老年人家庭中,近一半的群体四季衣服都有,但比较旧;还有超过 10% 的家庭"四季衣服不全"。相比之下,农村贫困老年人家庭状况稍好,有超过一半的比例能够按季需要购买一些便宜衣服;"四季衣服不全"的家庭占比为 6.8%。从家户类型上来看,低保户与低保边缘户之间差异不大,而农村建档立卡贫困户穿衣水平明显优于二者。分城乡而言,与农村相比,城市贫困老年人家庭四季衣物不全的现象相对更严重,这可能与城市较高的生活成本有一定的关系。

表 6-9 贫困老年人家庭穿衣水平情况(%)

地区	穿衣水平	低保户	低保边缘户	农村建档立卡贫困户	总体
城市	能经常买名牌衣服	0.65	0.89		0.83
	能按季需要购买一些便宜衣服	33.28	41.94		39.73
	四季衣服都有,但比较旧	52.34	47.87		49.01
	四季衣物不全	13.73	9.31		10.44
农村	能经常买名牌衣服	0.73	1.36	1.98	1.40
	能按季需要购买一些便宜衣服	46.84	42.68	63.50	53.49
	四季衣服都有,但比较旧	42.88	44.19	32.06	38.31
	四季衣物不全	9.54	11.76	2.47	6.80

表 6-10 是对贫困老年人家庭住房中危房比例的统计。与贫困老年人家庭的衣食状况相比,其住房环境并不乐观。从数据中可以看出,贫困老年人家庭中,城市地区有 17.62% 的住房属于危房,农村这一比例为 16.11%。总体来看,危房率较高。另外,从家户类型的比较来看,农村低保边缘户的危房率最高。由此可见,住房环境差是贫困老年人家庭普遍面临的问题,危房改造和住房(租房)补贴政策还需要不断推行和完善。

表 6-10 贫困老年人家庭危房率情况(%)

	低保户	低保边缘户	农村建档立卡贫困户	总体
城市	17.61	17.62		17.62
农村	17.40	23.23	12.11	16.11

二、贫困老年人家庭服务需要状况分析

贫困老年人家庭的服务需求既包括一般老年人所需的养老服务、医疗服务需求,还涉及与老年人失能状况和家庭照护能力相关的照护服务需求,以及多维贫

困视角下精神层面的需求。本研究以这四类为贫困老年人家庭最迫切的需求,在本部分中,主要对贫困老年人家庭的收入保障需求、医疗保障需求、照护服务需求和社会参与需求的需要状况进行分析。

(一) 收入保障需求

贫困老年人家庭的实际收入能力是保障其生活质量的关键。从贫困老年人家庭经济状况的数据来看,我国贫困老年人家庭收入能力不足、家庭社会经济地位多处于中下层,尤其是农村地区,许多家庭都面临着收不抵支的困境。表6–11描述的是贫困老年人家庭实际收入对家庭生活的维持情况。从表中数据可以看出,贫困老年人家庭的实际收入对家庭生活的维持存在一定的困难,城市地区"很不够"和"不太够"合计的比例超过了40%的比例,农村地区这一数据也达到了30%。这说明我国贫困老年人家庭自身"造血"能力还存在一定程度上的不足,对收入保障制度的需求仍具有较大的空间。

从家户类型的比较来看,低保边缘户的情况更为严重,无论与低保户还是农村建档立卡贫困户比,其实际收入对家庭生活的维持都更为困难。一般而言,除去政府各种补贴和转移性收入,低保边缘户的收入能力和家庭状况要稍好于低保户及农村建档立卡贫困户。但由于低保户、建档立卡贫困户与低保边缘户在享受政策优惠方面的存在较大差异,使得低保户、建档立卡贫困户的家庭经济负担状况好于低保边缘户。因此,在后扶贫时期的收入保障制度中,要更加注重制度的公平性,同时进一步加强对低保边缘户等相对贫困群体的关注与补贴。

表6–11 贫困老年人家庭实际收入对家庭生活的维持情况(%)

地区	实际收入能否维持家庭生活	低保户	低保边缘户	农村建档立卡贫困户	总体
城市	很不够	17.77	19.06		18.73
	不太够	27.30	25.65		26.07
	刚刚好	47.98	46.93		47.19
	较轻松	5.17	6.98		6.52
	很轻松	1.62	1.33		1.40
	不清楚	0.16	0.06		0.08

续表

地区	实际收入能否维持家庭生活	低保户	低保边缘户	农村建档立卡贫困户	总体
农村	很不够	15.71	15.84	7.41	12.05
	不太够	20.63	23.38	15.38	18.80
	刚刚好	51.91	50.38	56.33	53.59
	较轻松	8.44	7.39	14.39	10.89
	很轻松	3.08	3.02	6.42	4.56
	不清楚	0.22	0.00	0.06	0.11

（二）医疗保障需求

目前，因病致贫已成为首要的致贫因素，对贫困老年人家庭同样如此。表6-12是对贫困老年人家庭患慢性病和大病人数的均值统计。从总体情况来看，城市的贫困老年人家庭中，平均每个家庭有1.29人患慢性病，有0.45人患有大病；在农村，该数据分别是1.08人和0.28人。从数据中可以看出，我国贫困老年人家庭患慢性病和大病的普遍性，体现了医疗费用支出规模的庞大，这也从另一方面暴露出我国贫困老年人家庭健康状况的严峻性以及在日常健康保健与投资方面存在的不足。

已有研究显示，贫困老年人还存在潜在的医疗需求（胡静等，2017）。贫困老年人患病后是否选择就医以及就医后的医疗费用支出都与其收入水平存在一定的关联。而这种对医疗需求的压抑会使得老年人健康状况更加恶化，身体机能持续下降，使"小病"转变为"大病"，最终造成更大规模的医疗支出水平和更大程度的劳动能力丧失。这在一定程度上解释了农村患慢性病与大病人数少于城市的现状。农村地区在医疗资源获取方面的成本更高，对于健康与医疗的重视更加缺乏，因而其潜在医疗需求更高，很多疾病没有得到及时的医治。这更加表明了贫困老年人在医疗救助需求方面的巨大空间和不断增长的可能性，以及通过政策进行兜底保障的重要意义。

表6-12 贫困老年人家庭患慢性病及大病的情况（人）

地区	疾病情况	低保户	低保边缘户	农村建档立卡贫困户	总体
城市	慢性病人数	1.30	1.28		1.29
	大病人数	0.44	0.45		0.45
农村	慢性病人数	1.16	1.08	1.00	1.08
	大病人数	0.36	0.34	0.19	0.28

表 6-13 是对贫困老年人家庭医疗压力的描述统计结果。从数据中可以看出，低保户、低保边缘户与农村建档立卡贫困户之间的数据差异不大，体现了我国贫困老年人家庭医疗压力的普遍性。从城乡分布来看，城市中有超过一半的贫困老年人家庭感受到了医疗服务带来的较大或非常大的压力，农村地区这一数据也超过了 35%。巨大的医疗压力体现出了贫困老年人家庭医疗保障需求难以得到有效满足，医疗费用的庞大支出使得家庭面临着重大的返贫风险，并严重改变着家庭支出结构，制约其生活质量的提高。

表 6-13 贫困老年人家庭医疗压力情况（%）

地区	医疗压力	低保户	低保边缘户	农村建档立卡贫困户	总体
城市	没有压力	10.66	10.36		10.44
	压力很小	5.01	6.93		6.44
	一般	28.59	29.81		29.50
	压力较大	26.82	23.82		24.59
	压力非常大	28.92	28.98		28.96
	不清楚	0.00	0.11		0.08
农村	没有压力	16.30	14.03	28.78	21.43
	压力很小	9.54	8.60	11.80	10.37
	一般	28.71	34.39	31.32	30.90
	压力较大	20.56	17.50	14.82	17.45
	压力非常大	24.74	25.49	13.03	19.68
	不清楚	0.15	0.00	0.25	0.16

（三）照护保障需求

照护服务需求伴随着我国老龄化程度的加深、老年失能程度的提高和家庭结构的小型化趋势而不断从家庭向社会溢出。而长期照护制度缺失将严重制约养老、医疗等其他保障制度（李伟峰、原翠娇，2015）。所以，对贫困失能老年人照护服务需求的准确衡量与把握至关重要。

已有研究表明，低收入老年人对长期照护服务需求高，且比中等收入和高收入老人的需求满足程度低（袁笛、陈滔，2019）。这是由于在健康状况与贫困程度呈显著相关的研究结论下，贫困往往与失能相伴随，形成社会上的"双困"老人，并最终演变老年人中最为弱势，生活质量最为堪忧的群体。该群体相比其他老年人，普遍的健康状况较差、失能失智程度较高，因而对长期照护的需求更迫切。同时，老年贫困群体具有多重脆弱性，其家庭抵御风险能力明显不足、照护作用相当有限，所以就更需要政府力量的介入来满足其照护服务需求。

表6-14是对贫困老年人家庭需要长期照护的老人数量的统计。从数据中可以看出，城市贫困老年人家庭中，有23.64%的家庭有1个老人需要照护，有5.03%有2个及以上的老人需要照护；农村贫困老年人家庭中，有17.21%的家庭有1个老人需要照护，有3.57%的家庭有2个及以上的老人需要照护。可以看出，我国贫困老年人家庭存在一定的照护服务需求。

表6-14 贫困老年人家庭需要长期照护的老人数量情况（%）

地区	需要长期照护的老人数量	低保户	低保边缘户	农村建档立卡贫困户	总体
城市	0个	68.98	72.13		71.33
	1个	24.56	23.32		23.64
	2个及以上	6.46	4.45		5.03
农村	0个	75.55	73.91	84.50	79.23
	1个	20.04	21.42	13.09	17.21
	2个及以上	4.41	4.67	2.41	3.57

对于表6-15中有长期照护老人的家庭进行进一步调研，并对其家庭照护负担进行统计，结果如下。从数据中可以发现，对于有长期照护老人的家庭，其家庭照护负担普遍很重。在总体数据中，城市地区需要长期照护老人的贫困老年人家庭中，有超过一半的照护负担为重度，有近30%的照护负担为中度；农村地区有约45%照护负担为重度，30%为中度。各类家户类型的负担状况大致相同，差异不大。由此可见，我国贫困老年人家庭照护能力有限，照护负担重，照护保障需求较强，需要相应的照护保障制度进行兜底。

表6-15 贫困老年人家庭照护负担情况（%）

地区	照护负担	低保户	低保边缘户	农村建档立卡贫困户	总体
城市	无	8.55	7.80		8.04
	轻度	10.62	12.04		11.59
	中度	27.14	30.64		29.53
	重度	53.69	49.51		50.84

续表

地区	照护负担	低保户	低保边缘户	农村建档立卡贫困户	总体
农村	无	11.59	7.69	11.67	10.80
	轻度	11.59	10.53	17.51	13.27
	中度	29.35	34.82	30.24	30.78
	重度	47.46	46.96	40.58	45.15

(四) 社会参与需求

贫困老年人的社会参与是满足其精神需求的重要途径，贫困老年人家庭的社会参与需求主要通过与周围人的交往情况、家庭网络使用率以及社区公共事务参与积极性来进行考量。表6-16是对贫困老年人家庭与他人交往情况的描述。从总体数据来看，贫困老年人家庭社会参与程度不高，大部分家庭平时"交往的人很少"，城市为57.14%，农村为43.19%，农村贫困老年人家庭的社会参与状况要稍好于城市。数据表明，贫困老年人家庭的社会参与目前还存在一定的障碍，良好的社会参与氛围和参与机制尚未形成。

表6-16 贫困老年人家庭与人交往情况 (%)

地区	与人交往情况	低保户	低保边缘户	农村建档立卡贫困户	总体
城市	交往的人很少	58.32	56.73		57.14
	交往的人较多	26.82	30.86		29.83
	交往的人很多	12.76	9.81		10.56
	不清楚	2.10	2.60		2.47
农村	交往的人很少	50.81	41.48	37.49	43.19
	交往的人较多	32.31	40.42	40.70	37.51
	交往的人很多	15.35	15.99	18.53	16.88
	不清楚	1.54	2.11	3.21	2.42

贫困老年人家庭的网络使用率是衡量其社会融合程度的重要指标。表6-17是对贫困老年人家庭网络使用率的统计结果。从数据中可以看出，贫困老年人家庭的网络使用率较低，农村地区尤为明显，仅为35.21%。说明我国贫困老年人家庭在与社会的接轨方面尚存一定的问题，之间还存在着数字鸿沟，社会融合面临着困难。

表 6-17　贫困老年人家庭网络使用率情况（%）

	低保户	低保边缘户	农村建档立卡贫困户	总体
城市	46.20	53.52		51.65
农村	33.11	40.12	34.96	35.21

表 6-18 描述了贫困老年人家庭对社区公共事务的参与情况，分别对村/居委会换届选举活动、村/居公共事务监督管理活动的参与率进行了统计。从数据中可以看出，农村贫困老年人家庭对社区公共事务的参与情况要优于城市，在换届选举活动的参与率方面约高出城市 10%。总体而言，贫困老年人家庭在换届选举活动中参与积极性较高，而在公共事务的监督管理活动中参与率较低。贫困老年人家庭的社区公共事务参与机制要加快建立与完善。

表 6-18　贫困老年人家庭社区公共事务参与情况（%）

地区	社区公共事务参与情况	低保户	低保边缘户	农村建档立卡贫困户	总体
城市	村/居委会换届选举活动	53.31	53.41		53.38
	村/居公共事务监督管理活动	22.78	24.16		23.80
农村	村/居委会换届选举活动	63.66	63.50	63.93	63.75
	村/居公共事务监督管理活动	21.00	19.61	30.33	24.89

三、贫困老年人相关兜底保障制度运行状况

第二部分对贫困老年人家庭的收入保障、医疗保障、照护保障和社会支持四类需求状况进行了分析，本部分即对第二部分进行回应，对应从四个视角出发，梳理当前我国在这四个类型下为贫困老年人提供的相关兜底保障政策，以及其运行情况，从而全面展示政策对贫困老年人家庭需要的回应状况，为后文提出政策建议奠定现实基础。

（一）收入兜底保障政策

本部分将针对贫困老年人的收入兜底保障政策分为两个部分，从民政兜底保障政策，以及精准扶贫政策两个部分对其运行状况进行分析。

1. 民政兜底保障政策

目前，我国针对贫困老年人家庭的社会救助政策包括三大类，其一是针对普遍贫困家庭而设立的特困人员救助供养制度，以及最低生活保障制度；其二是专门聚焦老年群体而设置的一些救助项目，为符合条件的贫困老年群体提供基本养

老服务补贴、护理补贴等；其三是其他针对贫困家庭的专项救助项目，包含住房/租房补贴、水电取暖费减免等。

对于专门聚焦老年群体的社会救助项目，它对贫困老年群体及其家庭的需求具有很强的针对性，在对老年群体的兜底保障中发挥了重要作用。以基本养老服务补贴和失能护理补贴为例，基本养老服务补贴的覆盖人群主要是经济困难老年人，而失能护理补贴对象主要是经济困难的高龄和失能老年人。截至2018年，我国已有30个省份建立了经济困难老年人的基本养老服务补贴制度，护理补贴制度也已覆盖全国29个省份，享受服务补贴和护理补贴的老年人分别达到354万和61万。但制度目前仍存在问题，主要表现为制度碎片化程度严重。我国除了对特困人员救助供养制度实行全国统筹外，其他救助制度皆由各省分别制定，缺乏原则性的文件指导，导致各个地方制度设计碎片化严重，在识别条件和保障水平方面差异显著，严重影响制度公平性，也使得各地区贫困老年人群缺乏稳定的制度保障。另外，救助标准过低，保障水平不足，无法满足老年人需求，需要对制度进行进一步的整合与完善。以失能护理补贴为例，河北、山西、吉林、江苏等大部分省份的补贴标准为100元/月左右，这一水平显然无法从根本上满足老年人的长期护理补贴需求。

对于最低生活保障制度，调查数据显示，有75.49%的贫困老年人家庭申请过低保，65.75%申请成功，每月领取的低保金额平均为649元。可以看出低保制度在贫困老年人家庭中的普及率较高。而其他针对贫困家庭的专项救助项目，它在贫困老年人家庭中的享受人数占比与作用程度如下表6-19所示。数据显示，除"水电、燃料、取暖费减免"外，其余救助项目的享受数量均不足20%，住房/租房补贴和就业救助不足10%，可见在满足贫困老年人需求上发挥的功能有限。在作用程度上，通过对获得救助的贫困老年人进行深入调查，发现普遍对救助政策的作用效果表示认可，满意度较高。总体而言，我国低保制度和其他的专项救助制度在制度设计和公平性方面存在一些不足之处。第一，救助资源的"悬崖效应"明显。很多救助制度优先甚至完全针对低保户，低保边缘户被排除在外，这种救助资源的倾斜，在二者之间形成一种"悬崖效应"。而低保边缘户自身的收入水平与低保户之间的差距并不明显，这种政策制度的"瞄偏"使得救助资源在一部分群体上过度聚集，同时忽视了其他贫困群体的利益诉求，产生制度设计上的不公平（兰剑、慈勤英，2019）。第二，"救助依赖"问题突出。目前采用的补差制（救助全额标准减去受助者实际收入）的救助方式，强化了劳动的负激励。再加上高效的救助准入与退出机制尚未形成，使社会救助演变成一种长期性"福利"，引发了严重的救助依赖问题（兰剑、慈勤英，2018）。

表 6-19　贫困老年人家庭社会救助项目的享受数量与作用程度情况（%）

救助项目	享受数量占比	作用程度				
		很大	较大	一般	较小	很小
住房/租房补贴	7.91	50.52	14.61	25.68	6.89	2.30
就业救助	4.42	41.79	23.51	28.36	5.22	1.12
临时救助	10.09	42.16	20.42	28.27	6.70	2.45
救助补贴	13.30	37.64	17.89	33.66	9.07	1.74
水电、燃料取暖费减免	20.39	31.79	19.71	36.17	10.54	1.78

2. 扶贫政策

精准扶贫政策与社会救助政策同构于反贫困政策体系，在贫困治理中发挥重要作用。表6-20是对贫困老年人家庭享受比率较高的扶贫政策项目及作用程度的统计。其中，危房改造项目的享受数量最多，占比超过15%。这一点体现了贫困老年人家庭在危房改造中的巨大需求和面临的社会压力。除此之外，其余项目的享受数量占比大致在10%左右，还有部分项目不足10%。在享受特定扶贫政策的贫困老年人家庭中，普遍认为政策的作用程度较高，易地扶贫搬迁安置、危房改造项目中认为作用程度"很大"的比例均超过60%，政策满意度的效果较好。

但目前我国扶贫政策面临着与社会救助相同的问题：低保边缘户等相对贫困群体被排除在外、扶贫政策的正向激励功能不足、脱贫家庭的返贫风险大等。同时，精准扶贫政策与社会救助制度的整合治理路径有待深入探索。目前精准扶贫与社会救助在政策标准、对象识别、信息共享、效果评估考核等方面均存在碎片化问题，这种问题会使二者产生"叠加效应"，并最终导致效率缺失和政策目标的偏移（匡亚林，2018）。因此，亟须对二者进行整合治理，以加强功能分化和信息共享，加强彼此衔接，形成系统的制度体系。

表 6-20　贫困老年人家庭扶贫项目的享受数量与作用程度情况（%）

扶贫项目	享受数量占比	作用程度				
		很大	较大	一般	较小	很小
技能培训补贴	7.14	40.74	17.59	32.41	5.79	3.47
农业支持保护补贴	10.74	38.86	20.58	33.64	5.07	1.84
产业奖补金	10.91	41.09	19.03	32.48	5.44	1.96
易地扶贫搬迁安置	4.30	67.43	16.48	12.64	0.38	3.07

续表

扶贫项目	享受数量占比	作用程度				
		很大	较大	一般	较小	很小
危房改造项目	15.46	62.01	18.14	16.86	2.13	0.85
公益岗位扶贫	8.93	54.06	21.96	20.85	2.58	0.55
扶贫小额贷款	11.04	59.58	21.41	16.02	1.35	1.65

(二) 医疗兜底保障政策

医疗救助是我国医疗保障体系中的最后一道防线，是政府为回应和解决贫困老年人家庭以及其他困难家庭基本医疗问题而实施的专项社会救助制度。国家医保局数据表明，截至2021年底，我国医疗救助支出达619.9亿元，资助参加基本医疗保险人数达8816万人，共实施门诊和住院救助10126万人次，全国次均住院、门诊救助分别达1074元和88元，医保综合帮扶政策惠及农村低收入人口就医1.23亿人次，减轻农村低收入人口医疗费用负担1244.1亿元，表明以医疗救助为代表的医疗兜底保障政策在保障贫困老年人及其他贫困群体就医方面发挥了重要且必要的作用，切实解决了困难群体就医负担的问题。

并且，分析历年统计数据可以发现，全国医疗救助支出呈上升趋势，自2018年的424.6亿元上升至2021年的619.9亿元，增幅达46.0%；资助参加基本医疗保险人数整体呈现上升趋势；实施门诊和住院救助人次有了较为明显的人数增加，自2015年的5361万人次迅速上升至2021年的10126万人次。整体而言，医疗兜底保障政策取得了较好的运行效果，有学者对医疗救助制度的整体救助效果进行了分析，研究结果表明，医疗救助的覆盖面和受益面不断扩大，并且，医疗救助覆盖率与资助参保率具有很好的横向公平性，但也依然存在救助能力和救助水平仍然较低等问题（孙菊，2014）。

(三) 照护服务救助政策

贫困老年人面临着较大的失能风险，且其家庭的照护能力有限，因此亟须照护服务保障进行兜底。贫困失能老年人的照护服务项目包括上门送餐、登门看病、康复护理、精神慰藉等方方面面，表6-21是对贫困老年人相关照护服务项目的拥有率和利用率[1]的统计结果。从数据中可以看出，"上门看病"的拥有率最

---

[1] 该处，拥有率=在空间可及范围内能够享受对应照护项目的老年人家庭/有长期照护需求的老年人家庭；利用率=已经享受相应服务项目的老年人家庭/在空间可及范围内能够享受对应照护项目的老年人家庭。

高,为 24.94%;其次是"上门做家务"的家政类服务为 12.79%,其余项目的拥有率均不足 10%。在利用率方面,同样是"上门看病"的利用率最高,为 70.50%;"社会工作服务"和"上门做家务"的利用率也超过了 40%,"日间照料"服务利用率最低为 14.94%。从中可以推断,我国贫困老年人家庭在照护服务的空间可及性上存在不足,康复护理、日间照料等专业化照护服务在向贫困老年人家庭的渗透中存在障碍;另外,在利用率方面,绝大多数项目的利用程度不高,贫困老年人更多倾向于家庭照护,因而在未来的政策制定中要注重立足家庭,给予家庭成员适当的照护补贴,推动提升家庭照护能力的提升。

表 6-21 贫困老年人家庭照护服务项目的拥有率及利用率情况(%)

项目	拥有率	利用率
上门送餐	9.62	17.54
助浴服务	5.40	18.13
上门做家务	12.79	44.85
上门看病	24.94	70.50
日间照料	8.13	14.94
康复护理	8.00	29.11
健康教育	9.31	35.14
心理咨询	7.42	34.09
就医陪同	6.18	27.32
社会工作服务	8.88	46.01
喘息服务	4.76	29.79

(四)社会参与支持政策

老年贫困包括物质、健康、参与和精神等多个领域(或维度),因而贫困老年人的需求也是具有多层次的(杨菊华,2019)。因而,后扶贫时代的老年贫困问题,必须同时关照贫困的多维性,在致力于提升物质水平的同时,也要注重老年人精神层面的满足,解决社会参与需求的问题。

老年人的社会参与程度会直接改变老年人的归属感并影响老年人的生活质量。从调查数据中可以看出,贫困老年人具有较高的社会参与意愿。其中,愿意与周边人交往的比例超过 70%,愿意参与社区公共事务的比例超过 60%。因此需要政府提供相应的政策支持,以保证贫困老年人能够顺利地进行社会参与,满足其精神需求。

但就目前情况而言，贫困老年人的社会参与政策缺位、社会参与程度偏低。从调查数据的统计中，发现贫困老年人家庭中有约40%的人在社会参与过程中感受到了社会歧视的存在，另外在网络使用率和社区活动参与情况上也有很大的提升空间。可见贫困老年人存在很大的社会参与障碍，精神需求难以得到有效满足，需要进一步加强社会融合。因此，应该依托政府、社会组织等公共部门共同为老年贫困群体构建社会支持网络，以保证其社会参与的顺利实现。

四、研究结论与启示

基于上述数据分析，第一节对我国贫困老年人家庭贫困状态的分析，描摹了贫困老年人的基本特征；第二节和第三节分别对服务需要状况和兜底保障制度运行状况进行梳理，从收入、医疗、照护、社会参与四个视角出发，对贫困老年人需求状况及现有兜底保障政策的需求回应状况进行描述，均有了清晰的展现。本部分将对上述研究结论进行进一步总结，并再次聚焦四类迫切需求，提出若干研究启示。

（一）老年相对贫困迫切需求与关键政策

贫困老年人需求兼具贫困群体和老年人群的特征，因而在公共服务方面的需求程度更高、需求类型更多。同时，该群体多重脆弱性特征明显，各种致贫因素相互影响，是脱贫攻坚工程的重点与难点，需要对政策运行状况进行科学判断，以对政策制度进行不断的完善优化。总结来看，在贫困多维理论下，贫困老年人家庭的需求也具有多维性，本研究主要聚焦最迫切的收入保障需求、医疗救助需求、照护服务需求和社会参与需求四类。

第一，对于收入保障需求。通过数据发现，贫困老年人家庭实际收入对家庭生活的维持存在较大的困难，其家庭经济地位大多位于中下层，许多农村家庭收不抵支，尽管当前我国通过特困人员救助供养、基本养老服务补贴等民政兜底政策，以及一系列精准扶贫政策对贫困老年人家庭进行了兜底性的收入保障，但依然存在保障水平不足、制度碎片化等问题，老年贫困群体在收入保障需求上仍然存在缺口，需求有待进一步满足。

第二，对于医疗救助需求。贫困老年人家庭中患慢性病的比例高，且面临较大的因病致贫与因病返贫风险，家庭医疗支出费用高。而且由于家庭无力承担医疗费用，不少贫困老年人在患病后未能及时就医或对医疗支出进行压抑，从而加速身体机能的恶化。当前，以医疗救助为主要代表的医疗兜底保障政策能够一定程度上缓解贫困老年人家庭的就医负担，但也依然存在医疗兜底保障制度彼此衔接不足、保障水平较低等问题，有待通过优化制度进一步满足贫困老年人家庭的医疗保障需求。

第三，对于照护服务需求。我国贫困老年人中失能比例较大、失能程度较高，而且家庭照护能力不足，家庭照护负担较重，贫困失能老人的照护服务需求长期缺位。当前，贫困老年人家庭拥有和使用的社会性照护服务十分有限，与照护相关的兜底保障制度存在保障水平较低、制度衔接不畅等问题，长期护理保险也仍然处于试点的缓步推进阶段。整体而言，对于贫困老年人照护服务需求的政策回应相对较少，亟待通过完善相关的照护补贴从而提高保障水平和运行效率，率先满足贫困老年人中兜底性的、基础性的照护需求。

第四，对于社会参与需求。根据调查数据，贫困老年人家庭有较高的社会参与以及社区公共事务管理的意愿，但目前良好的社会参与网络和环境体系尚未建立，老年人的社会参与还存在一定的障碍。在积极老龄化背景下，进一步关注贫困老年人社会参与需求，建立相关制度体系促进贫困老年人社会参与是应有之义。

最后，针对贫困老年人家庭的各种需求，我国建立了相应的社会救助体系和扶贫制度安排，在实现贫困老年人需求满足上发挥了一定的作用，但目前存在严重的碎片化问题，各项救助制度在识别条件和保障水平方面差异，部分低收入老人处于"制度空洞"中无法得到有效保障，相反另一部分群体则形成了一种政策的"重复叠加"效应，影响制度的横向公平。可以说，在收入、医疗、照护和社会参与四个方面，贫困老年人家庭的需求满足均存在一定的缺口，目前的各项制度安排也需要进行不断的整合与完善，进一步完善老年贫困兜底保障制度，建立老年防贫的长效机制已成为一种基于现实的必然要求。

（二）研究启示：老年相对贫困兜底保障再改进

研究结论部分再次总结了贫困老年人家庭在收入、医疗、照护和社会参与四个维度中的需求状况以及政策对这四类需求的回应和满足状况，本部分将基于研究结论，进一步提出若干研究启示，从而促进老年相对贫困兜底保障的再改进。

1. 老年防贫的收入保障机制建设需求

通过制度设计来保障每个社会成员都获得生存与发展的机会和能力，成为现代文明社会人文关怀的关键体现，也是政府合法存在与运行的基础（刘二鹏、张奇林，2018）。当前，老年人能够享受的反贫困和经济保障政策主要包括最低生活保障制度、特困人员供养制度等，但现阶段，这些保障项目的保障能力相对较差，保障水平相对较低，无法完全满足老年人的养老需要。尤其对于身体健康状况较差，劳动能力不足的老年人而言，这类社会救助制度是其日常生活经济来源的主要组成部分，也是其生活的最后一道安全网。政府应当建立多层次的收入保障机制，进一步提高保障标准和保障水平，确保贫困老年人家庭的经济生活安全。

2. 老年防贫的医疗保障机制建设需求

我国贫困老年人面临着巨大的疾病风险，因病致贫已成为贫困老年人家庭首要的致贫因素。所以，建立针对贫困老年人完善的医疗保障体系至关重要。已有研究表明，基本医疗保障制度通过医疗、保健两条路径对老年健康产生影响：从医疗路径来看，它通过医疗服务利用率、医疗支出、就医行为等方面来改善老年人健康状况；从保健路径上看，它通过保健服务、心理减压等健康行为形成老年人健康促进机制（陈起风，2020）。医疗保险和医疗救助是医疗保障制度的核心。对于医疗保险，应当进一步推进一体化进程，缩小城镇职工与城乡居民之间的待遇差距。而医疗救助作为贫困人群遭受健康冲击的重要缓冲机制，对贫困脆弱性的具有缓解作用，应当更加重视并不断建立完善。除此之外，健全的医疗服务体系和健康预防政策也是医疗保障机制必不可少的环节，需要加快制度的建设与发展。

3. 老年防贫的照护保障机制建设需求

我国贫困老年人健康状况普遍相对较差，兼具贫困与失能双重特征的老年群体照护服务需求突出，且其家庭照护能力明显不足，该群体的服务需求长期得不到满足。因而需要长期照护保障制度来对贫困失能老年人进行兜底。我国长期护理保险制度目前处于试点阶段，覆盖范围和保障水平有限，短时间内难以在照护服务中发挥主导作用。在此背景下，需要尽快建立系统整合的照护救助制度，重视照护救助的制度安排，以弥补家庭照护能力的不足，解决贫困失能群体的照护服务需求。在照护制度保障的前提下，依托我国传统文化因素，还要不断发挥家庭成员、互助养老在照护服务中的重要作用，推动多支柱照护保障制度的发展与健全。

4. 老年防贫的社会参与机制建设需求

在注重贫困老年人物质生活满足的同时，对老年人精神需求的关注也需要不断加强。老年人获得精神慰藉程度会对其生活质量产生重要影响。而目前我国贫困老年人及其家庭成员在社会参与方面存在一定的障碍，需要政府、社会给予额外的关注。我国孝老文化的优良传统恰好为贫困老年人的社会参与提供了良好的契机。政府要在孝老文化的传承中发挥引领作用，通过教育软手段和制度硬手段的结合，促成社会对孝老文化的认知与践行，从而加强社会对老年人的关爱，形成敬老爱老的社会风尚，实现老年人精神生活的满足。

第三节　政策建议：老年相对贫困治理与长效机制建设

本节主要是基于前文的理论梳理和现实基础分析，提出老年贫困治理的体系框架与长效机制建设。具体而言，本节将在第一部分中提出老年贫困的治理目标、愿景与路径；在第二部分中聚焦贫困老年人最迫切的四类需求，提出老年基本收入保障、基本医疗保障、基本照护保障和社会参与保障在内的兜底性老年贫困治理体系的若干优化建议；第三部分则聚焦预防性老年贫困治理体系优化，分为基于个体能力和基于家庭功能两个方面；最后，在第四部分中提出老年贫困治理的组织支撑体系，强调了多元主体与多层次治理体系的重要作用。

一、老年相对贫困治理目标与路径

我国相对贫困问题依然突出，在未来的很长一段时间，解决低收入群体的相对贫困、多维贫困问题会成为我国贫困治理的战略目标。老年贫困治理的常态化运行需要有明确的治理目标与愿景、确立适合于我国的治理路径。概括而言，我国老年贫困治理的目标愿景应从治理理念、治理主体、治理体系和治理效能四个方面进行展开。

第一，在治理理念上，要强调积极老龄化和发展型社会政策。就积极老龄化而言，要突破对老龄化的歧视，而从一种积极的角度应对和看待，认为老年群体绝不应该被视为社会的问题和包袱，老年人身上的智慧、经验和创造力更是社会的宝贵财富，要从开发和挖掘老年人潜能、使老年人生活得更有尊严、更有价值的角度出发（郭爱妹等，2006），来正确地认识老龄化，以及构建老年相对贫困的治理。就发展型社会政策而言，在贫困界定方面，应由过去以消除绝对贫困为主的目标导向，转为注重相对贫困问题的解决；在扶贫工作方式上，应由集中作战、各个击破调整为常态推进、逐步深入；在政策的设计领域，也需要由应急式、完成任务式向专项长效性发展转变。同时针对老年人这一特殊群体，还要树立积极老龄化的观念。老年贫困的治理格局要从单一的收入贫困治理拓展到老年人健康、精神、可行能力等多维贫困的治理，以贫困老年人的生活质量提升作为政策的最终目标（王三秀，2016）。

第二，在治理主体上，要推动多元主体的参与。老年贫困治理是一项系统工程，仅依靠单一主体的力量难以保证扶贫的质量与效果，因而也难以在真正意义上实现脱贫。因此，只有多主体共同参与，发挥各自优势，才能实现贫困老年人稳定、高质量脱贫。老年贫困治理需要综合政府、市场、家庭、老年人个人以及社会组织的力量，明确各主体在扶贫中的责任与定位，形成良好的参与协作机制。在具体的功能实现中，要以家庭作为基本养老和照护服务供给者，发挥其在老年防贫和照护服务中的首要责任；以社会组织和市场作为老年服务的补充提供者，建立最有效率的资源配置机制，实现服务供给；以政府作为兜底保障的分配者，通过完善的顶层设计和政策安排，建立与经济发展水平相适应的制度保障体系（侯斌，2020）。

第三，在治理体系上，要建立多层次、多支柱的老年贫困治理体系。首先，治理体系的多层次性集中表现在实践基础上的贫困防治过程，包括贫困监测与预警体系、贫困响应机制、资源筹集与传递机制、内生动力培育机制、扶贫监督与评估机制等，并通过各体系之间的互动联系和系统整合，实现整体机制的良好运转，推动老年贫困治理体系的完善与健全。其次，贫困治理体系的多支柱集中表现在老年贫困治理中多元主体的共同参与，政府托底性政策制度保障、家庭预防性贫困治理体系和社会非正式支持网络一起构成贫困治理体系的多支柱模式，共同致力于老年贫困问题的解决。

第四，在治理效能上，要对老年贫困治理的过程与结果进行综合评估，切实提升治理能力。首先，要推动多方合作，尤其是加强政府部门间的相互合作和权责统筹，解决好政出多门、职权交叉、重复叠加等制度碎片化问题，保障救助对象的精准性、资金使用的高效性、制度项目的合理性。其次，要实施多策并举，立足于老年贫困的多维属性特征，从家庭收入、照护服务、健康医疗、社会支持等多方面建立完善的保障制度，从根本上破解老年贫困难题。最后，要加强上下联动，在强调顶层设计的同时，保证政策有效落实到户，并建立部门的纵向联系与监督机制，从而动员社会整体力量，推动治理效能的不断提高。

二、兜底性老年相对贫困治理体系优化

兜底性老年贫困治理体系具体包括老年基本收入保障体系、老年基本医疗保障体系、老年基本照护保障体系和老年社会参与保障体系四部分。这四类体系都是针对贫困老年人最迫切的服务需求而提出的，对于贫困老年人的兜底至关重要。

（一）老年基本收入保障体系

老年基本收入保障体系是解决老年人家庭经济困难的关键举措。老年人退出劳动力市场后，由于缺乏稳定的收入来源，容易陷入困境。所以，这就要求政府建立覆盖面广泛、水平适度的养老金制度，以应对老年风险，保障基本生活需要。

除此之外，对于困难老年人家庭，政府需要提供兜底性救助，通过各项补贴、现金资助等形式，缓解老年人家庭收入不足的问题。综上，养老金制度和相应的社会救助制度是老年基本收入保障体系的核心。

其一，对于养老金制度，要建立多支柱的养老金模式。具体而言，至少应当包括第一支柱的基本社会养老保险，第二支柱的企业年金和第三支柱的个人养老金。在第一支柱养老金"保基本"的前提下，降低第二支柱养老金的门槛，扩大企业年金的覆盖面，并充分发挥第三支柱个人养老金的投资属性，不断增强制度的适应性（高鹏飞、张健明，2019）。通过三支柱养老金的相互补充，既能满足老年人基本生活需要，又能保障老年人的多层次需求。此外，还要建立老年低收入者等弱势群体的养老金保护机制，包括建立最低养老金机制和基于退休年龄的养老金梯度给付机制等，为困难老年人提供更充足的收入保障，有效抵御贫困风险（柳如眉、柳清瑞，2016）。

其二，对于兜底性救助制度，要实现精准识别、分类救助。首先，要"设立灵活多样的贫困标准和更加精准的老年贫困识别机制"，通过更加精准的多维贫困识别机制，进一步认知老年贫困的表现形式和致贫原因，从而"防止因贫困标准设定单一所带来的老年贫困识别误差"。（刘二鹏、张奇林，2018）其次，建立分类社会救助机制，按照老年人类型差异、不同的家庭规模、不同的困难程度制定不同的救助系数，从而更科学、更有针对性地提高困难老年人的救助水平，使其基本生活得到保障，也提高了救助制度的效率，真正发挥为需要保障的人服务的作用（苗红军，2017）。

（二）老年基本医疗保障体系

当前"因病致贫、因病返贫"现象普遍存在，"看病难、看病贵"的问题成为老年人实现脱贫的重大阻碍，因此，建立老年基本医疗保障体系是老年贫困治理的重要环节。老年基本医疗保障体系主要包含医疗保险与医疗救助政策、医疗卫生服务体系政策、健康预防与促进政策三部分。

首先，医疗保险和医疗救助作为医疗保障体系的主体制度安排，应当在解决老年贫困问题中发挥重要作用。研究表明，城乡居民医疗保险能够显著降低农村老年人口多维贫困的发生率（周坚等，2019）。所以，应当继续推动基本医疗保险的一体化，缩小城镇职工与城乡居民之间的待遇差距，并向老年人、残疾人等弱势群体倾斜。对于医疗救助制度，要建立基于救助对象需求差异的医疗救助模式，根据救助对象的脆弱性差异调整相应的医疗救助分担比例，特别要提高医疗负担较重的重病患者的医疗救助比例，并对因病致贫家庭采取倾斜政策，探索实施因病致贫家庭重病患者救助，以缓解家庭的医药费用负担（章晓懿、沈崴奕，

2014)。

其次，在医疗卫生服务体系方面，要合理统筹医疗资源，完善城乡配置，提高医疗服务可及性。医疗服务可及性与老年人健康不平等之间存在显著关系（成德宁、潘昌健，2020）。广大农村及偏远地区的医疗服务资源有限，困难老年人的健康面临着严重威胁，因而要鼓励专业医疗人员和设施向农村下沉，发展针对农村困难老年人的专项医疗服务计划，建设结构合理、覆盖城乡的医疗服务体系，并不断推动分级诊疗制度建设。同时，要借助远程诊疗技术，发展移动医疗，克服地理空间的障碍，为老年人特别是高龄、重病、残疾、失能老年人就医提供便利服务和优待政策，实现医疗资源公平可及的供给。

最后，在健康预防与促进政策上，要加强疾病预防与老年人的日常保健工作，以家庭为单位进行健康管理，鼓励老年群体进行合理的健康投资，积极推进健康老龄化战略，从源头上降低疾病发生的概率，减少医疗费用的支出。

(三) 老年基本照护保障体系

老年基本照护保障体系是针对困难失能老年人的照护服务需求而设立的，它既能缓解家庭照护负担，释放更多的家庭劳动力从事生产活动，以改善家庭收支状况；又能满足老年人专业化的照护需求，通过照护依赖的满足来实现生活质量的提升。因而基本照护保障体系也是老年贫困治理中不可或缺的一部分。我国基本照护保障体系主要包含长期护理保险、照护救助制度和非正式的照护服务体系。

首先，对于长期护理保险，我国目前正处于试点阶段，在未来条件可行的情况下，要进一步扩大试点范围和制度覆盖面，并对其筹资、给付、待遇评定等具体政策制度进行修正和完善。第一，要将参保对象从城镇职工扩大到城乡全体居民，尤其是要把广大农村地区的失能老人纳入制度中来，确保制度公平性，实现更大范围的互助共济。第二，要建立多元化的筹资主体、开辟独立的筹资机制，明确政府、企业、个人在缴费中的责任，可采用差别费率制，由政府对经济困难群体进行选择性的缴费补贴。第三，在待遇给付方面，首先要科学厘定失能等级、进行合理的需求评估，并建立分档给付标准；同时要注重发挥家庭作用，适当向居家照护倾斜，提高资金使用效率，实现制度的平稳运行和持续健康发展。

其次，对于照护救助制度，应当内含一揽子制度安排，它是对现有的一系列养老、照护保障津补贴制度进行重新梳理和整合。具体包括特困人员救助供养、护理补贴制度、基本养老服务补贴制度、残疾人两项补贴制度、高龄津贴制度等。通过整合，实现各个制度资金的打通使用、部门的统一管理、保障水平的统一评估。最终通过单一的综合津贴的形式，按照统一的制度安排覆盖所有困难失能的老年人群，以弥补现有制度间衔接不畅、碎片化运行的不足。在此基础上，照护救助综合制度安排还应当分类施保，依据家庭经济状况、个人失能状况和家庭照护能力三个维度，对受助者进行家计调查和综合评估，予以分人群、梯次序的保障水平。

最后，对于非正式的照护服务，它包括家庭照护、互助养老等不同的照护形式。家庭是养老服务供给的一个重要主体，也是传承孝道文化的主要载体；家庭是老年人照护的第一责任人，在照护服务中承担重要角色。老年基本照护保障体系应注重提高和发挥家庭的照护能力，向居家照护倾斜。而互助养老是低成本解决农村养老问题的重要途径，是农村老年人依靠自身力量探索解决照护服务需求的一种新路径，它符合农村地缘、血缘关系的社会属性。所以，政府应当鼓励各地进行积极实践探索，建立具有地域特色的互助养老模式。

（四）老年社会参与保障体系

随着老年人社会参与需求的不断增长和社会参与意识的不断提高，老年人不但希望基本的物质生活能够得到满足，而且对精神生活、尊严与归属感的要求也在不断提升。所以，老年社会参与保障体系的建立也显得格外重要。老年社会参与保障体系主要包括老年社会参与政策、老年精神文化建设政策和老年社会支持政策三个部分。

首先，对于老年社会参与政策，要围绕老年参与社会、老年就业与老年融入三方面展开。第一，国家和社会应当改善老年人参与社会活动的条件，支持老年人从事各种社会活动，引导、支持老年人从事经济、政治、文化、公益等活动，努力提升老年人的社会参与感。第二，发挥老年人力资源，推动老年人就业和再就业，鼓励在老年人能力所及的范围内参与经济发展和社会建设。在保证其生活质量基础上，提升老年人的收入水平和社会参与水平。第三，政府要加强老年人的社会融入，倡导社会积极接纳老年人，弘扬孝老文化，制定相关制度法规，以文化软约束和制度硬约束作用，来保障老年人良好的社会融合和社会参与。

其次，对于老年精神文化建设政策，要丰富精神文化政策内容，实现服务均衡发展。目前，我国老年精神文化建设主要包括老年文体娱乐活动和老年教育两方面。在老年问题娱乐活动政策中，应当立足老年多元化特征和实际需要，丰富和拓展老年文体娱乐活动形式，提供针对性的老年心理疏导；在老年教育政策中，要关注老年群体需要的多样性，增加老年教育的有效供给，进一步充实老年教育的内容和形式，开展多层次、多样化的老年教育课程，满足老年人多样性的文化需求，使得老年人体会到自我价值的实现以及生命的意义。

最后，对于老年社会支持政策，我国目前缺乏相应的政策制度和文件规定。优化老年人社会支持政策，首先，应当进一步充实社会支持政策内容，制定更具针对性的规范，从而加大老年人社会支持的制度性文件保障。其次，加大培养和发展专业养老服务机构、服务人员的政策支持，形成老年社会支持网络外在环境的强有力支持。最后，政府要充分发挥在老年人社会支持体系中的主导性作用，探索、推进新型养老互助模式，促进老年养老互助支持机制建设，"打造家庭、社区、社会、国家一体化的联动性养老机制，形成有效全面的社会支持网络"（王君昌，2018）。

三、预防性老年相对贫困治理体系优化

预防性老年贫困治理体系优化是以家庭为单位，基于生命周期理论提出的贫困治理体系，它通过让家庭成员做好充分的养老准备，以应对老年时期的疾病、失能等各种风险，从而破解老年群体的多重脆弱性难题，充分发挥家庭的养老与防贫功能。

（一）基于个体能力与生命周期的贫困治理

个人生命周期理论将个体生命周期大致分为了单身期（22岁之前）、形成期（22—35岁）、成长期（35—45岁）、成熟期（45—60岁）和衰老期（60岁之后）五个阶段。每个阶段具有不同的收入支出结构，也对应着不同的投资理财策略。一般而言，从成长期开始，养老规划就应该成为理财策略中需要考虑的因素，到了成熟期养老规划的地位便更加重要。而到了养老期，个体收入水平降低，对于医疗、保健、娱乐、健身、旅游等开支更要进行合理安排，相应的消费也有必要更为保守（Modigliani F & Brumberg R E，1954）。

为避免在养老期因财务困境而陷入老年困境，个人需要提前做好养老准备。一般而言，成熟期是个体的核心准备期，成长期与衰老期是拓展准备期。养老准备的具体内容包括信心准备、计划准备、知识准备、储蓄准备和偏好准备五个方面（封铁英、范晶，2020）。首先，信心准备是指个人对未来养老的乐观程度和理想愿景，是个体在成熟期需要建构的一种心理工程，但目前在对城市中年人的研究中发现，他们对未来养老的信心不足，信心准备略显薄弱。其次，计划准备是个体对未来老年生活方式的具体构思与设想，是决定老年生活质量的关键环节，它应该贯穿生命周期的成长期、成熟期与衰老期三个阶段。就我国目前情况而言，大部分人对养老规划充满迷茫，对自身的老年生活方式缺少构思。再次，知识准备是对各类养老服务政策和相关理财投资知识的储备，是自成熟期开始就需要考虑的问题。但民众对相关政策和知识的关注度不高，知识准备存在不足。

另外，储蓄准备是对用于养老的财务的准备，是防止滑入老年困境的重要保障，需要个体从成长期便要着手进行，但目前存在养老金投资渠道单一，增值能力有限的问题。最后，偏好准备是指对个体对不同养老方式的选择，受我国文化传统的影响，我国大部分群体更倾向于家庭养老（丁志宏、魏海伟，2016）。具体内容见图6-4。

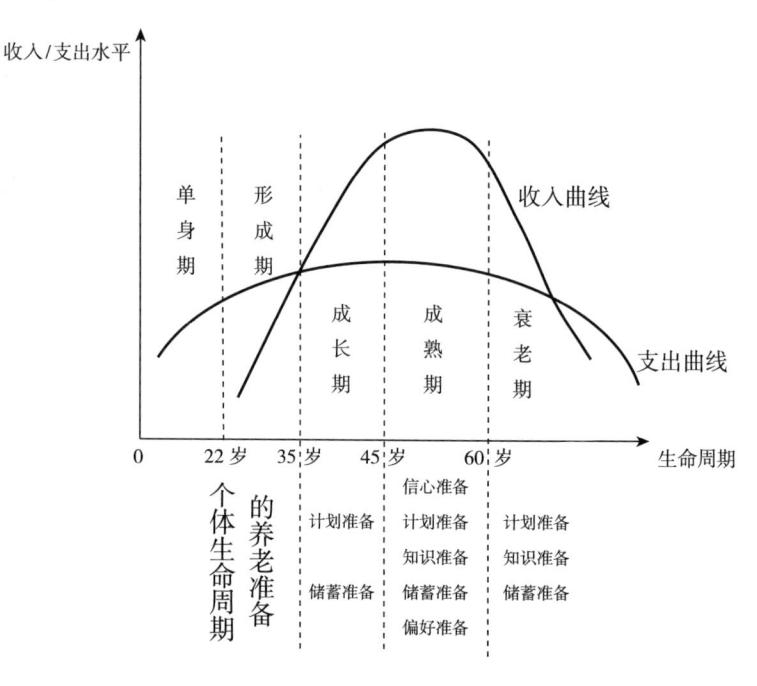

图6-4　个体生命周期及养老准备计划

目前，大部分中年和老年群体对养老准备的意识不够、能力不足，需要政府对个体的行为进行规范与指导，促进预防性老年贫困治理体系的优化。第一，政府在多支柱养老模式的发展中，要健全以个人和家庭为主的第三支柱的养老保障制度，将其作为公共养老金（第一支柱）和企业养老金（第二支柱）的重要补充。通过建立个人退休账户制度，为居民提供良好的个人储蓄平台和机制。第二，要对养老金融领域的市场投资运营情况进行严格监管，净化投资环境、制定严格的行业竞争规范，提高民众对该领域的信心，从而保证个人退休账户的资金能够进行合理投资和保值增值。第三，政府要积极宣传养老准备的相关政策，帮助民众做好长远规划和知识准备，提高其金融素养，使民众树立正确的理财观念，提前做好未来风险的预防与控制，避免陷入老年困境。

（二）基于家庭功能与生命周期的贫困治理

家庭生命周期理论从家庭视角出发，围绕家庭主要成员（夫妻）的角色变化，将家庭分为形成、扩展、稳定、收缩、空巢与解体六个阶段，每一阶段都对应着标志性的人口特征。经济社会学家通过这六个阶段的分析，来研究家庭财务功能和理财目标。而随着理论的不断发展，人们开始注意到其他家庭成员特别是子女地位变化对家庭产生的重大影响，因而家庭的生育功能、教育投资功能、健康投资功能开始得到重视，家庭视角下的个人、家庭与社会三个层次变迁的关系逐渐明晰。

受我国孝文化的影响，反哺式的代际关系在我国养老中发挥着关键作用，子女对父母的照料和赡养是家庭养老的主要形式。而子女在家庭养老中所能提供的经济支持与精神慰藉受其人力资本积累量的影响。根据舒尔茨的人力资本理论，人力资本投资收益率远超物力资本投资的收益率。人力资本投资主要包括教育投资与健康投资。研究表明，对于教育、健康等能力投资不足的群体，其脆弱性更强，难以应对健康冲击（方迎风、邹薇，2013）。具体而言，首先，对于子女的教育投资，会在一定程度上提高子女的生产率和收入水平，它同样会对父母养老产生良好的正向反馈，对于家庭养老准备至关重要。其次，对家庭成员的健康投资一方面也会提高家庭成员生产能力，另一方面会降低其老年患病、失能的风险，减少医疗费用支出，提高生活质量，对于预防老年困境的发生也起到了关键的作用。综上所述，基于家庭生命周期理论，家庭应当注重对其成员的教育与健康保健投资，以防止家庭在收缩、空巢阶段陷入贫困状态。

政府需要引导民众树立正确的教育投资与健康投资观念，提升家庭人力资本积累量，为家庭养老提供人力资本储备。一方面，政府要降低教育成本，对困难家庭的子女以及边远农村地区提供相应的教育资源倾斜与优惠政策，重视农村义务教育、普及高中阶段教育，提高家庭生产率和收入水平。另一方面，在健康中国战略背景下，政府要进一步提升民众的健康保健意识，做好疾病的预防与监控，努力为人民群众提供全生命周期的卫生与健康服务，引导民众形成正确的生活习惯，提升整体健康水平。

四、老年相对贫困治理的组织支撑体系

在明确老年相对贫困治理目标及其愿景与路径、从兜底性和预防性两方面提出老年相对贫困治理体系的优化建议的基础上，还需完善老年相对贫困治理的组织支撑体系。基于福利多元主义视角，老年贫困治理体系应包括家庭、政府、社会组织或市场主体的共同参与和协同治理。这同时也是积极国家理论、生命周期

理论与社会支持理论指导下的政策选择——通过政府进行制度兜底、依靠家庭开展贫困预防、动员社会提供福利补充，三类要素构成的作用场域，实现了老年贫困治理的"稳态"与良性发展。具体如图6-5所示。

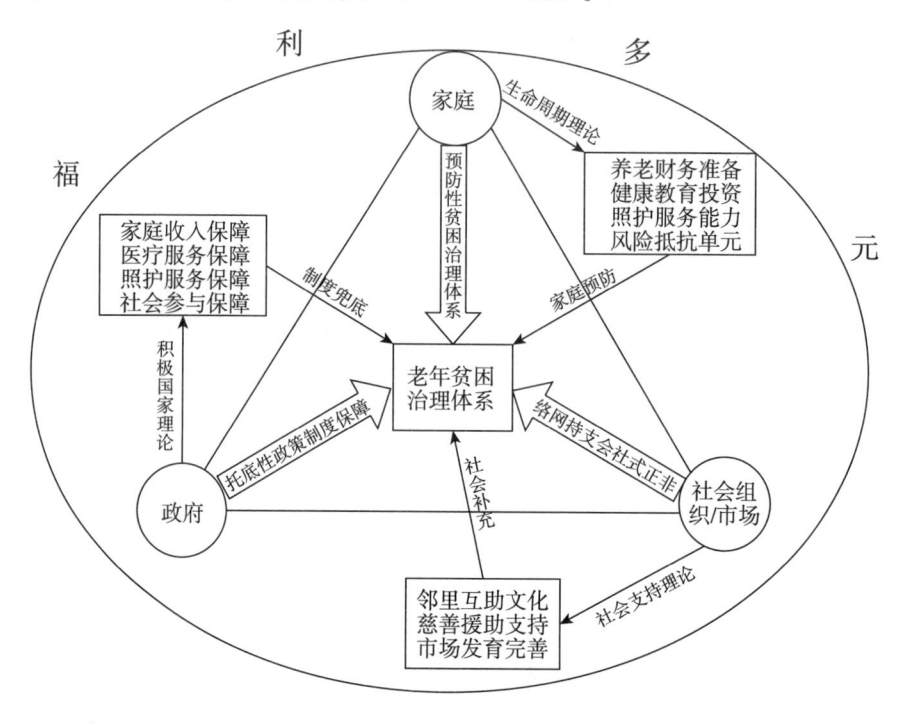

图6-5 老年贫困治理的组织体系框架

第一，对于政府主体。积极国家理论强调国家要在维护公共权益中要发挥积极的关键作用。老年贫困治理需要构建有为政府，并由其主导建立贫困治理体系并依靠财政资金提供支持。通过政府的顶层设计，对老年贫困治理的制度安排与实施路径进行规划，并明确治理目标、整合各类治理资源，以发挥老年贫困治理的最大效能。另外，在后扶贫时期，老年贫困问题逐渐由单一的收入贫困向收入、健康、社会参与、公共物品获得等多维贫困延伸，这就对政府建立多层次的托底性政策制度保障提出了更高要求。这一制度保障体系应包含贫困老年人的家庭收入、医疗服务、照护服务、社会参与等"一揽子"社会救助制度体系，以充分满足贫困老年人的基本生活需求。

第二，对于家庭主体。生命周期理论揭示了个体在不同阶段的社会角色变化、身体机能状况以及家庭在不同时期的财务收支特点、家庭功能演进等规律，展现了世代循环往复的家庭特征。针对这一规律，当家庭处于生命周期的后期（老年阶段）时，往往面临着收入水平降低、家庭功能退化、疾病因素累积的风险与压力，容易陷入老年贫困。因而，家庭作为贫困风险的抵抗单元应当在生命周期的前期和中期积极进行储备与投资，构建预防性贫困治理体系。这一体系既包含养老财务准备，也包括对家庭成员的健康与教育投资，同时要着力提升家庭的养老照护服务能力和应对贫困风险的能力。

第三，对于社会组织或市场主体。社会支持理论阐明了社会支持网络对于满足弱势群体个人需求方面的重要作用。而社会支持网络的构建除了需要政府对贫困老年人提供社会参与保障之外，非正式的社会支持也是其中至关重要的一环。非正式社会支持网络主要是指来自家庭、亲属、朋友、邻居、慈善组织、非正式组织以及志愿者等所提供的支持，它对贫困老年人的经济支持、生活照料和情感慰藉需求的满足有重要的补充作用。另外，市场作为有效配置资源的工具，也需要在老年贫困群体的服务供给中发挥作用，政府通过促进市场的发育完善，为相对贫困地区营造良好的市场金融环境，最终推动区域经济发展和贫困问题的解决。

需要强调的是，政府、家庭、社会组织或市场主体之间并非相互孤立、自成体系，相反它们之间有紧密的逻辑和现实联系。首先，政府、社会组织或市场作用的发挥最终都要落实到家庭，强调家庭为本、家庭为根，以提升家庭的老年防贫能力为最终落脚点。家庭是老年防贫的基本单位，政府在制度设计、实施的过程中，都要从家庭视角出发，归结到对家庭的保障上，而不能将个人与家庭关系切割开；社会组织或市场非正式社会支持网络的构建也需要与家庭支持进行融合发展，相辅相成。其次，政府在合理引导家庭投资、规范社会组织/市场行为中发挥了关键作用。政府通过顶层设计和政策引导，能够促进家庭更好地发挥功能，进行合理的养老储蓄，推动家庭对教育与健康保健投资积极性的提高；同时，政府通过宣传社会互助文化和孝老价值观，同时激发市场活力，能够推动非正式社会支持的构建和公平市场环境的形成，为老年贫困的脱贫致富助力。最后，社会组织或市场是对政府和家庭能力的重要辅助。社会组织或市场有其先天的资源禀赋优势，它的作用发挥能够减轻政府和家庭的贫困治理压力，是一种对制度的有力补充。

第七章　残疾人相对贫困与基本民生兜底保障

残疾人是社会的弱势群体，相比于其他人群更容易陷入困境。国家和社会各界高度关注残疾人事业，尤其关注贫困残疾人这一"困中更困、弱中更弱"的群体。虽然全面建成小康社会过程中解决了残疾人的绝对贫困问题，但相当规模的残疾人家庭仍可能面临相对贫困或因残返贫的风险。关爱扶助贫困残疾人，应充分了解和掌握残疾人口贫困的主要特点，并结合贫困残疾人基本民生兜底保障效果，提出进一步优化贫困残疾群体民生兜底的保障路径，切实提升贫困残疾群体的幸福感、获得感、安全感。

第一节　残疾人贫困的主要特点

一、贫困残疾人基本情况

由于我国各地区经济发展水平和生活水平存在较大差异，为了尽可能地保持贫困残疾人口测度标准的相对公平，各地区采用最低生活保障线作为贫困线。最低生活保障群体中的残疾人口占比情况，即贫困残疾率，反映贫困人口中残疾人口占比情况。

（一）城乡贫困残疾率总体逐年上升

改革开放以来，党中央、国务院高度重视减贫扶贫，出台实施了一系列中长期扶贫规划，从救济式扶贫到开发式扶贫再到精准扶贫。习近平总书记指出，消除贫困、改善民生、实现共同富裕，是中国特色社会主义的本质要求。在全面建成小康社会过程中，实施了精准扶贫精准脱贫方略，不断加大脱贫攻坚力度，注重激发脱贫的内生动力，从严实施退出机制，如期实现现行标准下农村困难人口的全部脱贫，兑现了党中央向全国人民作出的郑重承诺。

在这样的背景下，我国最低生活保障人数逐年下降，2020 年底，全国共有城市低保对象 488.9 万户（805.1 万人），农村低保对象 1985.0 万户（3620.8 万人），而 2010 年底，全国城市低保对象共有 1145.0 万户（2310.5 万人），有

2528.7万户（5214.0万人）农村低保对象[1]。伴随一系列措施的落地，不断加强、改进和完善最低生活保障制度，规范低保管理和退出机制，应保尽保、应退尽退，切实维护了包括贫困残疾人在内的困难群体的基本生活权益。

随着最低生活保障制度退出机制的落实，我国城乡最低生活保障人数逐年下降，但从历年31个省（自治区、直辖市）的最低生活保障群体中的残疾人口占比情况，即贫困残疾率来看，如表7-1、表7-2所示，无论城市还是农村贫困残疾人在低保人口中所占比例总体上逐年上升，说明贫困残疾人的确是"困中更困、弱中更弱"的群体，较难符合条件退出低保制度的保障，需要长期在低保制度保障范围内维护其基本生活权益。

表7-1 历年城市低保残疾贫困率

地区	2010年	2011年	2012年	2013年	2014年	2015年	2016年	2017年	2018年	2019年	2020年
北京	17.01%	18.39%	18.82%	19.41%	20.78%	21.67%	22.20%	22.69%	21.72%	22.67%	22.39%
天津	12.21%	12.19%	13.19%	14.16%	15.10%	15.45%	16.48%	17.80%	21.80%	21.66%	21.53%
河北	5.86%	6.03%	6.32%	6.32%	6.87%	7.98%	8.31%	10.43%	13.63%	16.04%	17.76%
山西	7.08%	7.60%	6.82%	6.16%	6.79%	7.40%	8.27%	8.86%	10.17%	13.63%	16.28%
内蒙古	8.65%	8.80%	8.04%	8.13%	8.65%	9.55%	15.16%	17.10%	17.72%	20.11%	20.96%
辽宁	11.92%	11.67%	12.59%	13.46%	14.72%	16.00%	17.38%	20.29%	22.16%	24.23%	25.88%
吉林	7.32%	7.98%	9.04%	9.53%	10.49%	11.28%	11.74%	15.08%	18.26%	20.04%	24.85%
黑龙江	11.22%	10.88%	9.04%	8.93%	11.19%	10.83%	11.91%	14.46%	16.91%	20.78%	23.18%
上海	7.87%	8.74%	12.75%	14.08%	15.27%	16.65%	17.74%	19.22%	21.36%	22.45%	23.36%
江苏	9.89%	10.39%	11.07%	11.88%	12.86%	13.00%	13.52%	15.56%	18.54%	20.12%	21.47%
浙江	18.28%	18.98%	19.55%	19.61%	24.15%	30.71%	29.58%	30.32%	34.91%	39.61%	51.82%
安徽	7.69%	8.30%	9.43%	9.89%	11.04%	11.68%	12.80%	16.01%	17.13%	19.00%	22.40%
福建	10.89%	11.25%	13.26%	14.15%	14.74%	16.12%	20.04%	24.36%	27.54%	27.38%	29.65%
江西	16.55%	16.42%	16.28%	16.27%	13.85%	15.73%	13.55%	13.93%	12.11%	11.58%	19.35%
山东	5.54%	6.16%	6.85%	7.05%	7.45%	8.08%	9.78%	14.48%	17.92%	19.94%	31.94%
河南	5.51%	5.82%	6.27%	6.71%	6.73%	6.83%	6.84%	8.31%	10.32%	11.83%	17.34%
湖北	6.95%	7.40%	6.71%	6.07%	6.33%	5.40%	7.48%	8.56%	9.99%	10.60%	11.27%
湖南	6.21%	6.60%	6.33%	6.18%	5.89%	5.86%	8.05%	7.98%	8.36%	9.33%	10.68%
广东	8.57%	10.34%	11.12%	11.99%	12.64%	12.34%	13.92%	16.64%	20.63%	23.55%	25.87%
广西	8.10%	8.58%	7.99%	7.45%	7.32%	6.79%	9.68%	10.61%	17.98%	16.83%	16.12%

[1] 2010年、2019年民政事业发展统计公报。

续表

地区	2010年	2011年	2012年	2013年	2014年	2015年	2016年	2017年	2018年	2019年	2020年
海南	8.53%	9.24%	9.48%	6.79%	7.64%	11.24%	11.22%	12.99%	16.70%	18.02%	19.33%
重庆	7.91%	10.22%	12.06%	13.84%	15.44%	16.80%	18.17%	19.15%	20.96%	22.75%	24.39%
四川	5.92%	5.69%	6.02%	5.89%	6.21%	13.65%	14.29%	14.75%	14.88%	14.29%	13.56%
贵州	6.02%	6.23%	6.02%	5.87%	6.06%	6.70%	7.52%	8.50%	9.87%	9.57%	12.55%
云南	5.92%	5.95%	5.58%	5.36%	5.41%	5.50%	2.73%	9.65%	12.70%	12.89%	15.48%
西藏	4.44%	4.34%	7.32%	7.33%	7.03%	7.29%	6.63%	7.44%	7.85%	8.53%	8.21%
陕西	4.39%	4.44%	4.39%	4.08%	4.52%	4.93%	5.17%	6.72%	7.86%	12.19%	13.30%
甘肃	5.40%	5.17%	4.52%	4.47%	4.69%	4.89%	4.86%	4.81%	5.43%	6.21%	6.85%
青海	3.74%	3.65%	3.65%	4.14%	4.09%	4.47%	4.51%	5.28%	6.88%	6.96%	8.80%
宁夏	7.35%	7.89%	9.05%	8.86%	7.13%	8.25%	8.53%	11.76%	14.51%	21.82%	32.92%
新疆	7.18%	7.58%	7.76%	8.60%	8.38%	8.78%	8.82%	9.51%	10.19%	14.90%	16.65%

数据来源：历年中国民政统计年鉴

表7-2 历年农村低保残疾贫困率

地区	2010年	2011年	2012年	2013年	2014年	2015年	2016年	2017年	2018年	2019年	2020年
北京	26.66%	27.22%	29.63%	30.62%	31.89%	35.01%	35.45%	35.69%	37.71%	38.68%	38.94%
天津	19.21%	18.36%	16.84%	17.45%	17.56%	17.35%	18.90%	18.01%	18.76%	16.94%	16.88%
河北	8.72%	8.71%	8.62%	8.01%	8.11%	8.14%	10.16%	12.67%	15.76%	16.75%	18.81%
山西	15.25%	13.29%	11.47%	11.28%	10.62%	11.23%	11.76%	12.82%	13.45%	16.12%	18.50%
内蒙古	10.75%	11.56%	8.67%	5.27%	7.54%	7.73%	14.02%	13.00%	12.65%	13.42%	13.76%
辽宁	15.38%	14.03%	13.64%	12.78%	13.02%	13.79%	13.37%	15.77%	17.56%	17.36%	15.91%
吉林	7.74%	7.57%	17.78%	17.81%	7.65%	6.11%	61.86%	11.07%	18.96%	20.39%	22.43%
黑龙江	9.30%	9.26%	7.68%	7.16%	6.80%	6.77%	6.44%	8.73%	10.05%	14.30%	16.00%
上海	16.48%	18.21%	31.64%	31.72%	34.02%	33.91%	32.74%	32.03%	46.02%	53.29%	57.11%
江苏	11.31%	11.17%	10.39%	10.90%	11.25%	10.33%	10.44%	11.64%	13.19%	14.25%	14.85%
浙江	19.25%	19.47%	19.20%	19.66%	21.39%	22.66%	28.50%	28.36%	31.81%	35.37%	38.60%
安徽	11.36%	11.44%	11.23%	12.49%	13.33%	13.92%	14.80%	15.42%	14.44%	16.07%	19.62%
福建	11.98%	11.76%	12.38%	14.01%	14.60%	14.39%	17.09%	17.80%	18.19%	19.06%	20.19%
江西	22.57%	22.52%	22.52%	21.24%	20.50%	19.49%	17.76%	17.26%	14.64%	9.52%	16.90%
山东	8.17%	8.54%	8.33%	8.47%	8.23%	8.20%	10.98%	10.45%	14.60%	17.26%	39.81%
河南	9.16%	8.72%	7.93%	9.53%	9.15%	9.16%	8.96%	10.75%	13.60%	14.25%	23.05%
湖北	13.36%	12.47%	10.53%	10.38%	11.34%	12.98%	13.03%	14.19%	15.52%	17.57%	17.49%
湖南	8.01%	8.47%	7.41%	7.37%	6.65%	6.20%	10.13%	15.80%	16.06%	15.64%	16.31%

续表

地区	2010年	2011年	2012年	2013年	2014年	2015年	2016年	2017年	2018年	2019年	2020年
广东	7.10%	9.72%	9.46%	9.90%	9.06%	9.60%	10.18%	10.23%	11.88%	15.12%	16.85%
广西	7.91%	6.66%	6.24%	5.81%	5.82%	5.81%	6.10%	5.70%	8.88%	12.64%	12.05%
海南	9.86%	9.43%	7.71%	6.29%	6.63%	8.22%	8.80%	9.70%	11.78%	13.78%	14.23%
重庆	9.44%	10.59%	11.92%	13.78%	16.08%	16.52%	15.23%	16.13%	17.83%	18.85%	19.35%
四川	8.60%	8.39%	8.31%	8.35%	8.50%	16.45%	16.62%	15.01%	14.39%	13.38%	13.46%
贵州	6.56%	6.22%	5.55%	6.45%	6.11%	6.51%	6.56%	6.31%	8.02%	8.18%	12.39%
云南	7.69%	7.30%	5.97%	5.69%	5.75%	5.60%	3.18%	10.40%	13.66%	15.30%	18.73%
西藏	3.81%	3.84%	3.88%	4.96%	6.11%	4.75%	4.22%	4.46%	5.60%	6.39%	6.17%
陕西	6.19%	6.69%	6.59%	6.99%	7.95%	8.60%	9.15%	11.29%	13.81%	20.07%	19.91%
甘肃	6.83%	5.83%	5.07%	4.98%	4.98%	3.66%	3.33%	3.95%	4.76%	6.76%	7.86%
青海	6.46%	6.17%	6.17%	6.44%	5.97%	5.54%	2.50%	2.71%	3.09%	3.55%	5.32%
宁夏	13.12%	15.41%	17.78%	15.55%	9.96%	10.11%	9.70%	8.64%	12.27%	23.75%	31.90%
新疆	6.26%	5.76%	5.95%	6.88%	6.94%	6.93%	6.06%	4.92%	4.99%	6.22%	8.46%

数据来源：历年中国民政统计年鉴

（二）农村贫困残疾人口总量远高于城市

如表7-3所示，农村贫困残疾人口绝对数量高于城市，数量是城市的2—3倍。可见，农村残疾群体的民生兜底保障工作比城市更艰巨。

自2007年起，我国确定建立农村最低生活保障制度，农村低保制度保障人口数量经历先增长后减少的过程，随着低保退出机制的不断健全和完善，农村贫困残疾率表现为2012年开始降低到2015年再次提高。2015年，我国脱贫攻坚战略进入了加速阶段，越来越多人退保，城乡低保人口数量均逐年下降，但残疾人口在低保人口总量中所占比例却逐年上升。在低保贫困群体中，城乡残疾困难群体的民生兜底保障工作同样任务艰巨。

表7-3 城乡贫困残疾率情况

	城市低保人口数量	城市残疾人口数量	城市占比	农村低保人口数量	农村残疾人口数量	农村占比
2010年	23104949	1806614	7.82%	52139987	4851244	9.30%
2011年	22768109	1841010	8.09%	53057309	4850736	9.14%
2012年	21435260	1745278	8.14%	53445402	4618573	8.64%
2013年	20641935	1691870	8.20%	53880178	4728926	8.78%
2014年	18770467	1611080	8.58%	52072404	4514417	8.67%

续表

	城市低保人口数量	城市残疾人口数量	城市占比	农村低保人口数量	农村残疾人口数量	农村占比
2015 年	17010975	1656916	9.74%	49035544	4575465	9.33%
2016 年	14802422	1564792	10.57%	45864626	4902056	10.69%
2017 年	12610267	1599295	12.68%	40451543	4454300	11.01%
2018 年	10070131	1454803	14.45%	35190789	4444449	12.63%
2019 年	8608708	1393696	16.19%	34553896	4903013	14.19%
2020 年	8050587	1461563	18.15%	36208023	6316294	17.44%

数据来源：历年中国民政统计年鉴

（三）残疾贫困率呈自西向东逐渐增多的特点

总体来看，残疾贫困率呈现出自西向东逐渐增加的阶梯式分布特征。从三大区域的平均值看，农村地区贫困残疾率则呈现出西部、中部、东部依次逐渐增高的态势，具体见表7-4、表7-5、表7-6。同样，城市贫困残疾率也呈现自西向东逐步增长，具体见表7-7。贫困残疾人口分布与经济发展水平密切相关。

一定程度上，可以认为，经济越发达地区的困难群体越能有更多机会摆脱贫困，使更多的低保群体符合退出条件，但经济发达地区低保群体中的贫困残疾人口仍较难摆脱贫困，只能依靠低保制度维持基本生存权益。经济越发达，低保群体人员组成中残疾人口所占比率越高。

表7-4 东部地区农村残疾贫困率

地区	2010年	2011年	2012年	2013年	2014年	2015年	2016年	2017年	2018年	2019年	2020年
北京	26.66%	27.22%	29.63%	30.62%	31.89%	35.01%	35.45%	35.69%	37.71%	38.68%	38.94%
天津	19.21%	18.36%	16.84%	17.45%	17.56%	17.35%	18.90%	18.01%	18.76%	16.94%	16.88%
河北	8.72%	8.71%	8.62%	8.01%	8.11%	8.14%	10.16%	12.67%	15.76%	16.75%	18.81%
辽宁	15.38%	14.03%	13.64%	12.78%	13.02%	13.79%	13.37%	15.77%	17.56%	17.36%	15.91%
上海	16.48%	18.21%	31.64%	31.72%	34.02%	33.91%	32.74%	32.03%	46.02%	53.29%	57.11%
江苏	11.31%	11.17%	10.39%	10.90%	11.25%	10.33%	10.44%	11.64%	13.19%	14.25%	14.85%
浙江	19.25%	19.47%	19.20%	19.66%	21.39%	22.66%	28.50%	28.36%	31.81%	35.37%	38.60%
福建	11.98%	11.76%	12.38%	14.01%	14.60%	14.39%	17.09%	17.80%	18.19%	19.06%	20.19%
山东	8.17%	8.54%	8.33%	8.47%	8.23%	8.20%	10.98%	10.45%	14.60%	17.26%	39.81%
广东	7.10%	9.72%	9.46%	9.90%	9.06%	9.60%	10.18%	10.23%	11.88%	15.12%	16.85%
海南	9.86%	9.43%	7.71%	6.29%	6.63%	8.22%	8.80%	9.70%	11.78%	13.78%	14.23%
均值	14.01%	14.24%	15.26%	15.44%	15.98%	16.51%	17.87%	18.40%	21.57%	23.44%	26.56%

数据来源：历年中国民政统计年鉴

表7-5 中部地区农村残疾贫困率

地区	2010年	2011年	2012年	2013年	2014年	2015年	2016年	2017年	2018年	2019年	2020年
山西	15.25%	13.29%	11.47%	11.28%	10.62%	11.23%	11.76%	12.82%	13.45%	16.12%	18.50%
吉林	7.74%	7.57%	17.78%	17.81%	7.65%	6.11%	61.86%	11.07%	18.96%	20.39%	22.43%
黑龙江	9.30%	9.26%	7.68%	7.16%	6.80%	6.77%	6.44%	8.73%	10.05%	14.30%	16.00%
安徽	11.36%	11.44%	11.23%	12.49%	13.33%	13.92%	14.80%	15.42%	14.44%	16.07%	19.62%
江西	22.57%	22.52%	22.52%	21.24%	20.50%	19.49%	17.76%	17.26%	14.64%	9.52%	16.90%
河南	9.16%	8.72%	7.93%	9.53%	9.15%	9.16%	8.96%	10.75%	13.60%	14.25%	23.05%
湖北	13.36%	12.47%	10.53%	10.38%	11.34%	12.98%	13.03%	14.19%	15.52%	17.57%	17.49%
湖南	8.01%	8.47%	7.41%	7.37%	6.65%	6.20%	10.13%	15.80%	16.06%	15.64%	16.31%
均值	12.09%	11.72%	12.07%	12.16%	10.75%	10.73%	18.09%	13.25%	14.59%	15.48%	18.79%

数据来源：历年中国民政统计年鉴

表7-6 西部地区农村残疾贫困率

地区	2010年	2011年	2012年	2013年	2014年	2015年	2016年	2017年	2018年	2019年	2020年
内蒙古	10.75%	11.56%	8.67%	5.27%	7.54%	7.73%	14.02%	13.00%	12.65%	13.42%	13.76%
广西	7.91%	6.66%	6.24%	5.81%	5.82%	5.81%	6.10%	5.70%	8.88%	12.64%	12.05%
重庆	9.44%	10.59%	11.92%	13.78%	16.08%	16.52%	15.23%	16.13%	17.83%	18.85%	19.35%
四川	8.60%	8.39%	8.31%	8.35%	8.50%	16.45%	16.62%	15.01%	14.39%	13.38%	13.46%
贵州	6.56%	6.22%	5.55%	6.45%	6.11%	6.51%	6.56%	6.31%	8.02%	8.18%	12.39%
云南	7.69%	7.30%	5.97%	5.69%	5.75%	5.60%	3.18%	10.40%	13.66%	15.30%	18.73%
西藏	3.81%	3.84%	3.88%	4.96%	6.11%	4.75%	4.22%	4.46%	5.60%	6.39%	6.17%
陕西	6.19%	6.69%	6.59%	6.99%	7.95%	8.60%	9.15%	11.29%	13.81%	20.07%	19.91%
甘肃	6.83%	5.83%	5.07%	4.98%	4.98%	3.66%	3.33%	3.95%	4.76%	6.76%	7.86%
青海	6.46%	6.17%	6.17%	6.44%	5.97%	5.54%	2.50%	2.71%	3.09%	3.55%	5.32%
宁夏	13.12%	15.41%	17.78%	15.55%	9.96%	10.11%	9.70%	8.64%	12.27%	23.75%	31.90%
新疆	6.26%	5.76%	5.95%	6.88%	6.94%	6.93%	6.06%	4.92%	4.99%	6.22%	8.46%
均值	7.80%	7.87%	7.67%	7.60%	7.64%	8.18%	8.05%	8.54%	10.00%	12.36%	14.11%

表7-7 中、东、西部地区城市残疾贫困率

地区	2010年	2011年	2012年	2013年	2014年	2015年	2016年	2017年	2018年	2019年	2020年
东部地区	10.80%	11.41%	12.55%	13.21%	14.46%	15.80%	16.90%	19.18%	22.02%	23.77%	27.17%
中部地区	8.96%	9.19%	9.11%	9.10%	9.23%	9.53%	10.97%	11.83%	13.09%	14.70%	18.24%
西部地区	6.25%	6.55%	6.87%	7.00%	7.08%	8.13%	8.84%	10.44%	12.24%	13.92%	15.82%

数据来源：历年中国民政统计年鉴

二、残疾人贫困发生的特点

（一）残疾人贫困发生率高

残疾人往往缺乏足够的可行能力，导致其更容易陷入贫困无法挣脱，单纯依靠自身的力量难以走出生存困境。根据中国残联、扶贫办等相关部门数据统计（见表7-8），2016—2019年残疾人的贫困发生率与全国总体贫困率同步保持大幅下滑态势，贫困残疾人口占全国贫困人口比例保持动态平衡，但残疾人口贫困发生率仍显著高于平均水平，残疾人的贫困发生率是全国平均贫困发生率的约3-4倍，充分体现了残疾人贫困发生率高且形势较为严峻。

表7-8 2016—2019年全国残疾人贫困发生率

	2016年	2017年	2018年	2019年
全国人口数量（万人）	138271	139008	139538	140005
全国残疾人数量（万人）	3219	3404	3566	3682
全国贫困人口数量（万人）	4335	3046	1660	551
贫困残疾人数量（万人）	413.5	218	169.8	48
贫困残疾人占全国贫困人口数量	9.5%	7.2%	10.2%	8.7%
贫困发生率	3.1%	2.2%	1.2%	0.4%
残疾人贫困发生率	9.5%	6.4%	4.8%	1.3%

数据来源：中国残疾人事业统计年鉴、中国统计年鉴、扶贫办

（二）残疾人贫困程度深

贫困残疾人往往还存在脱贫难度大的问题，具体表现在家庭收入总量和结构两方面。总量上，残疾人家庭人均年收入与全国平均水平差距巨大。根据2019年全国残疾人家庭收入状况调查数据（见表7-9），2018年残疾人家庭人均年收入

仅有全国居民家庭人均可支配收入的 57.08%，同时残疾人家庭的收入结构也更为脆弱。[1]

表 7-9 2018 年残疾人家庭人均年收入

	残疾人家庭		全国居民家庭	
	金额（元）	百分比（%）	金额（元）	百分比（%）
人均年收入（人均可支配收入）	16112.3	100	28228	100
转移性收入	7784.4	48.3	5168	18.3
工资性收入	5914.7	36.7	15829	56.1
经营净收入	2077.9	12.9	4852	17.2
财产性收入	335.3	2.1	2379	8.4

注：残疾人家庭为人均年收入，全国居民家庭为人均可支配收入

具体而言，残疾人家庭的第一大收入来源为政府的各类转移性支付，占比达到48.3%，而工资性收入和经营性净收入仅有49.6%。与之相对应，全国居民家庭最大收入来源为工资性收入，占比为56.1%，转移性收入仅有18.3%。残疾人家庭不仅收入远低于全国平均水平，还极大地依赖于政府和社会补助，自身获取收入的能力较低。同时需要指出的是，表格所列数据展现的是残疾人家庭的平均水平，而贫困残疾人家庭的情况只可能会更加严重。

此外，根据杨亚亚等人（2020）的测算，从收入指标看，残疾人群体的相对贫困程度在多种测算方式中都很突出。无论是根据全国居民可支配收入的33%、可支配收入中位数的40%，还是根据最低生活保障标准的2倍等判断方法来进行识别，属于相对贫困范围内的残疾人占残疾人总人口的比例都集中在36%-44%之间，高于全国平均水平。[2] 由此可见，不管是从单一的收入水平来看，还是从多维贫困的标准来看，残疾人的贫困程度更深。

（三）残疾人贫困相对持久

残疾人贫困的持久性表现在两个方面：一方面，由于残疾的发生一般具有不可逆性，重度残疾人群体（一、二级）更是如此。根据中国残联调查，一、二级重度

---

[1] 厉才茂，冯善伟，杨亚亚，徐桂花，赵溪，张钧. 2019年全国残疾人家庭收入状况调查报告[J]. 残疾人研究，2020（02）：75-81.

[2] 杨亚亚，赵小平，范娟娟，冯善伟，段玉珊，厉才茂. 残疾人相对贫困的特征与测算[J]. 残疾人研究，2020（04）：9-20.

残疾人约占贫困残疾人总数的54%，数量庞大。大多数一、二级重度残疾人不仅丧失劳动能力，生活也基本不能自理，需要一个人全天候照护。若是两口之家，整个家庭便直接失去了就业的机会，只能依靠政府和社会的救济，三口之家只能一个人工作养活全家，压力也比较大。这种情况之下，如果没有外力支持，残疾人家庭往往会长期陷入困难的境地。另一方面，表现为残疾群体的困难代际传递。困难代际传递作为一种深度持续性的问题，在贫困残疾人群体表现更多明显。困难状态会在家庭内部由父辈传递给子辈，从而使子辈在成年后重复父辈的困难状态。由于受教育程度、职业地位以及社会关系网等因素影响，残疾群体的困难代际传递较难阻隔。

综上所述，在社会、家庭、个人的共同影响下，贫困残疾人尤其是农村地区的残疾人表现出了显著的持久性，如何阻断困难的代际传递链条，巩固脱贫成果是我国贫困残疾人民生兜底保障工作必须要思考和面对的问题。

（四）贫困残疾人口的老龄化趋势明显

如表7－10所示，残疾人口老龄化趋势明显，老年人是残疾人中的主体。1987年与2006年两次全国残疾人抽样调查数据显示，60岁及以上残疾人口比例显著上升，由39.72%上升到53.24%。2006年第二次全国残疾人抽样调查中，65岁及以上的残疾人口为3755万人，占我国65岁及以上人口的36%，2006年和1987年相比，新增残疾人当中，75.5%都是老年人，老年人在残疾人年龄结构中占据最大比例，构成了重要增长点。

而从近些年数据来看，老年残疾人的比例依旧较高，60岁以上残疾人占比约为40%，且总量和比例均保持上升趋势，具体见表7－10。残疾人"老化"速度远超过总体人群的老龄化速度。[1]

此外，相比于中青年残疾人群体，老年残疾人的可行能力更差，就业可选择范围更小，面临的身体健康风险更大，因而往往更易陷入贫困状况，且无力摆脱，只能依靠外界赡养和救助。毫无疑问，老年残疾人群体将是未来我国残疾人民生兜底保障工作的重点难点。

表7－10　2015—2020年残疾人年龄结构

	2020年	2019年	2018年	2017年	2016年	2015年
0－14岁（人）	1109123	985908	1045038	1005315	955300	908501
占比	2.93%	2.68%	2.93%	2.95%	2.97%	2.89%

---

[1] 杨立雄，郝玉玲. 城镇残疾人就业："问题"的转移与政策隐喻 [J]. 西北大学学报（哲学社会科学版），2019，49（04）：74-88.

续表

	2020 年	2019 年	2018 年	2017 年	2016 年	2015 年
15-59 岁（人）	19925672	19899803	19331278	19046518	18543870	18183554
占比	52.7%	54.05%	54.21%	55.95%	57.60%	57.80%
60 岁以上（人）	16772104	15931494	15285646	13987820	12694855	12364899
占比	44.4%	43.27%	42.86%	41.09%	39.43%	39.31%
合计	37806899	36817205	35661962	34039653	32194025	31456954

数据来源：中国残疾人事业统计年鉴

（五）残疾人贫困的影响因素众多

影响残疾人贫困的因素较多，学者围绕残疾人致贫因素做了较为丰富且深入的研究。万海远、李超、倪鹏飞（2011）发现残疾程度、家庭规模大、受教育程度低和不经常参加公共活动等因素对残疾人贫困具有很大影响。[1] 廖娟（2015）发现教育、医疗保险、卫生设施是对残疾人多维贫困指数贡献最大的三个指标，农村比城市对多维贫困指数的贡献更大，教育和就业是导致残疾人困难的重要因素。[2] 凌亢等（2017）发现教育和就业的困难贡献率最高。个体特征方面，离异对残疾人家庭影响较大；受教育程度越高，发生困难的概率越小，对残疾人而言，初中教育在很大程度上可以使其脱离困境；残疾等级越高，陷入困境的概率越高；在肢体、智力和精神方面存在残疾的更易发生困难。社会特征方面，参加养老保险、接受康复服务以及经常参加村或社区组织的文化体育活动的残疾人均易发生困难。环境特征方面，一户多残家庭更易发生困难；非农业户口即城镇残疾人比农村残疾人更易发生困难，较高的生活成本使得城镇残疾人应该受到更多扶贫关注。[3]

综上所述，影响残疾人贫困的因素包括但不限于：残疾程度、教育、就业、户籍、婚姻、性别、年龄、医疗水平、社会保障水平、基础设施状况、地区发展水平等等。其中，教育、就业、医疗等影响十分显著。

（1）教育方面，残疾可能会妨碍残疾儿童和青少年就学，限制其人力资本的积累，进而使其就业机会减少和成年后生产力低下（Filmer，2008）。

---

[1] 万海远，李超，倪鹏飞. 贫困残疾人的识别及扶贫政策评价 [J]. 中国人口科学，2011（04）：61-71+112.

[2] 廖娟. 残疾与贫困：基于收入贫困和多维贫困测量的研究 [J]. 人口与发展，2015，21（01）：68-77.

[3] 凌亢，任好年，白先春. 残疾人多维贫困的测算及其影响因素——以江苏为例 [J]. 人口与社会，2017，33（04）：77-90.

（2）从就业结果来看，收入方面，由于残疾造成的工作困难或者社会歧视，残疾人就业率和生产率普遍偏低，通过就来获取收入的能力较弱，导致家庭的总体收入减少。如果是重度残疾往往还需要家庭成员的密切照顾，那么将影响家庭成员的就业，家庭收入会急剧减少。支出方面，残疾人往往面临着更多额外的医疗保健支出，家庭的消费支出也进一步增加。受收入急剧减少和支出大幅增加的情况下，残疾人家庭往往容易陷入贫困。

（3）医疗的影响主要包括两方面，一方面是残疾人接受的医疗服务水平会影响残疾人的医疗支出和后续的康复水平，进而影响其可行能力，许多残疾人往往因病致贫。另一方面是残疾人所能接触到的医疗保障水平，如果残疾人能拥有较为完善和高水平的医疗保障水平，将极大降低其陷入困境的风险。

三、残疾人贫困的多维性特征

（一）就业率低，收入贫困、物质匮乏

虽然政府与社会都一直倡导平等就业，鼓励残疾人民积极参与就业活动，或者进行自主创业，但残疾人的自身能力受限，很多企业或者个体户为了规避在工作经营中可能遭遇的问题和风险，出于对自身或者公司企业组织的利益考虑，宁愿缴纳残疾人就业保障金，一般不会录用残疾人员并对其进行业务培训。导致残疾人员在社会中能够得到的工作机会较为稀少，这也是残疾人困难情况频发高发的主要原因。

据调查显示，大多数残疾人没有稳定的收入来源，从事的大部分工作都是临时工。从宏观层面，没有工作的残疾人有六种不同的经济来源，分别是退休金、低保金、保险收入、财产性收入、家庭与其他成员供养和其他收入等。在农村，有88.09%的残疾人是依靠家庭和其他成员供养，仅11.01%的残疾人是靠其他方式来维持生活。而城市43.86%的残疾人有退休金，但大多数农村残疾人都没有领取退休金的资格条件。[1] 在物质匮乏的条件下，除了收入薄弱之外，贫困残疾人的住房问题也日益突出，据统计数据显示，我国农村残疾人居住于危房的人数高达235.5万，且没有足够的经济能力实施危房改造。[2]

（二）受教育程度低，缺乏体面工作

据《第二次全国残疾人抽样调查主要数据公报》显示，残疾人口的受教育程

---

[1]《第二次全国残疾人抽样调查主要数据公报》。
[2] 国家统计局住户调查办公室. 中国农村贫困检测报告2017 [M]. 北京：中国统计出版社，2017.

度较低。在全国残疾人口中,具有大学程度(指大专及以上)的残疾人为 94 万人,高中程度(含中专)的残疾人为 406 万人,初中程度的残疾人为 1248 万人,小学程度的残疾人为 2642 万人(以上各种受教育程度的人包括各类学校的毕业生、肄业生和在校生)。15 岁及以上残疾人文盲人口(不识字或识字很少的人)为 3591 万人,文盲率高达 43.29%。

在实际生活中,因为大众对于残疾人的认知,以及家庭或者学校的综合性考量,普通的学校一般都不会接收残疾人。对于残疾人群体来说,大多数残疾人属于生理和肢体上的残疾,少部分存在智力上的残疾。目前,社会上针对残疾人所专门设立的教育学院数量稀少并且没有得到系统性的管理,其学成后无法获取社会性的资格认证,无法在社会职场上得到满意且体面的工作机会,而且这类学院的教学费用并不实惠,对于那些贫困残疾家庭来说,属实"高攀不起",也就导致残疾人群体往往无法摆脱贫困。

(三)社交无力感,敏感且焦虑

大多数贫困残疾人身处农村等经济水平较低的地区,由于区域性经济环境的限制,影响所在地域的交通等日常信息交流状况,且身处闭塞环境中大多数人仍然被传统观念所束缚,导致其不能或不愿与外界进行良好的沟通,一定程度上阻碍他们获取所需要的帮助或维护自己的权益。

部分贫困残疾人伴随生理上的缺陷,心理上也会产生消极的情绪,在生活中受到排挤的情况已是随处可见,在社会上得不到应有的尊重,始终被当作"异类"被区别对待,身心俱疲,精神上会产生社交无力感,开始变得自我封闭,情绪会变得敏感且焦虑也不愿倾诉,由于其生理方面的不便,导致其生存状况的困苦,更增加了其社会融入的难度。

(四)身体上的残疾,心理上的痛苦

一方面,一部分贫困残疾人是由于个人、家人或者社会原因从正常人变成残疾人,属于后天致残。残疾人个体从心理上接受身份的转变,需要一定的过渡期。与正常人的比较中,他们在自我心理上更容易出现自卑、孤单、抱怨、情绪不稳定等的消极情绪。人们往往关注的只是他们身体的缺失和不足,真正愿意关注他们心理问题的少之又少。残疾人所遭受的痛苦比一般人更多,他们大多都有心理创伤,因而敏感自卑。每个贫困残疾人自身都拥有较强的心理防御,往往会封闭自我。害怕受到伤害,但同时渴望得到别人的理解与尊重。

另一方面,社会对贫困残疾人的角色定位影响了残疾人的行动和他们对自身的认知。无论是残疾人自身,还是社会环境,对待"残疾"总是存在或多或少的不接受与歧视。且由于残疾人员无法为家庭提供有效的劳动力和经济来源，出于对家庭和未来的考虑，其家庭成员可能会降低对残疾人员日常生活的照抚和经济支持。这就导致残疾群体更容易受到伤害，进而被社会排斥。残疾人员和其家庭将陷入一系列的困境，导致残疾人口的生存困境不断加重。

第二节　残疾人相对贫困与基本民生兜底保障的效果评估

一、贫困残疾群体基本民生兜底保障的现状

《国务院关于加快推进残疾人小康进程的意见》要求，扎实做好残疾人基本民生保障，加大残疾人社会救助力度，建立完善残疾人福利补贴制度，帮助残疾人普遍参加基本养老保险和基本医疗保险，优先保障城乡残疾人基本住房。国务院关于印发"十三五"加快残疾人小康进程规划纲要的通知要求保障残疾人基本民生，提高残疾人社会救助水平，建立完善残疾人基本福利制度，确保城乡残疾人普遍享有基本养老保险和基本医疗保险，优先保障残疾人基本住房，加快发展残疾人托养照料服务。

据此，本部分将利用民政部政策研究中心"2020年托底性民生保障政策支持系统建设"项目数据（以下无特别说明均来自该调查数据），该项目样本来自低保户、低保边缘户、农村建档立卡户等贫困家庭，10273份样本中残疾人样本可认为是贫困残疾人。那么，该部分从基本生活保障水平、社会服务需求满足水平、基本养老保险和医疗保险覆盖情况、住房保障等4个方面评估目前我国贫困残疾人口基本民生兜底保障的政策效果。其中，基本生活保障包括最低生活保障纳入情况、残疾人补贴水平、基本型辅助器具补贴、家庭无障碍改造补贴实施情况等；社会服务包括护理照料服务、其他社会服务（基本康复服务、劳动技能培训、辅助性就业救助、教育等）。

（一）贫困残疾人基本生活的保障水平

1. 纳入最低生活保障范围的情况

根据《中华人民共和国残疾人保障法》的相关规定，各级人民政府对生活确有困难的残疾人，应通过多种渠道给予生活、教育、住房和其他社会救助。县级以上地方人民政府对享受最低生活保障待遇后生活仍有特别困难的残疾人家庭，应当采取其他适当措施保障其基本生活。最低生活保障制度强调"因病残、年老体弱、丧失劳动力以及生存条件恶劣等原因造成生活常年困难的居民"为重点保

障对象，兜底保障残疾人的基本生活。残疾人纳入低保保障情况如下：

（1）残疾人家庭申请低保比例远高于非残疾人家庭。

表7-11 残疾人家庭享受低保的基本情况

	不享受低保	享受低保	所有样本
非残疾人家庭（户数）	5,039	1,518	6,557
占比	76.85%	23.15%	100%
残疾人家庭（户数）	2,143	1,573	3,716
占比	57.67%	42.33%	100%
所有样本（户数）	7,182	3,091	10,273
占比	69.91%	30.09%	100%

如表7-11所示，在所调查的10273户家庭中，共有3716户残疾人家庭。其中残疾人家庭纳入低保保障待遇的有1573户，占比约为42.3%，远高于非残疾人家庭的23.2%。相较而言，残疾人这一弱势群体更需要接受低保制度救助以维持其基本生活。

残疾人更需要低保救助来保障其基本生活，残疾人申请低保的人数更多且更容易成功申请。如表7-12所示，在调查的6557户非残疾人家庭中，约65.4%的家庭申请了低保，另4户家庭不知道是否申请低保；3716户残疾人家庭中，约87.5%的家庭申请了低保，3户家庭不知道是否申请了低保。由此可见，残疾人申请低保的比重远高于非残疾人家庭，残疾人更应该纳入低保政策保障范围。

表7-12 非残疾人和残疾人家庭低保申请情况

	不知道	是	否	Total
非残疾人家庭（户数）	4	4285	2268	6557
占比	0.06%	65.35%	34.59%	100%
残疾人家庭（户数）	3	3252	461	3716
占比	0.08%	87.51%	12.41%	100%
所有样本（户数）	7	7537	2729	10273
占比	0.07%	73.37%	26.56%	100%

（2）残疾人家庭申请低保成功率远高于非残疾人家庭。

表 7-13 残疾人家庭和非残疾人家申请低保的成功率差异

	不适用	不知道	成功申请低保	未申请到低保	全样本
非残疾人家庭（户数）	2272	9	3552	724	6557
占比	34.65%	0.14%	54.17%	11.04%	100%
残疾人家庭（户数）	464	5	2,952	295	3716
占比	12.49%	0.13%	79.44%	7.94%	100%
所有样本（户数）	2736	14	6,504	1,019	10273
占比	26.63%	0.140%	63.31%	9.920%	100%

残疾人能否享受低保补助的前提是其是否成功申请低保。如表 7-13 所示，在所调查的非残疾人家庭中，除去"不知道"是否成功申请的 9 人及不符合低保政策的 2272 人外，有 3552 户成功申请到了低保，约为 54.2%，有 724 户未申请到低保，约为 11%；在残疾人家庭中，有 2952 户家庭成功申请了低保，约占 79.4%，有 295 户申请失败，约占 7.9%，另有 5 人"不知道"是否申请到低保及 464 户不符合低保政策。

调查数据表明，大部分申请低保的残疾人家庭都可以成功纳入低保制度覆盖范围，但除去不符合条件及不清楚家庭低保的情况外，仍有部分家庭（7.94%）未申请成功，其原因值得进一步探究。

（3）残疾人家庭低保救助水平高于非残疾人家庭。

表 7-14 残疾人家庭和非残疾人家庭低保金差异

	观测值	低保金均值	低保金中位数	低保金最大值
非残疾人家庭	1518	366.1	200	5500
残疾人家庭	1573	585.1	417	20000
全样本	3091	477.6	300	20000

非残疾人家庭和残疾人家庭之间低保金待遇也存在着明显差异。如表 7-14 所示，选取的 1518 户非残疾人家庭平均享受的低保金为 366.1 元，最多享受 5500 元低保金；而在 1573 户残疾人家庭中，平均领取的低保金为 585.1 元，最多可领取 20000 元低保金。两者领取低保金的均值相差 200 多元，最值之间也相差了 14000 多元。由此可见，政府对残疾人的低保救助水平高于非残疾人。

家庭残疾人口数量与低保保障比例有着密切关系，残疾的家庭成员会加重家庭经济负担，因此家庭成员残疾数越多，家庭经济状况也相对越差，受低保救助可能性越大。据数据显示，家庭残疾人数越多，享受低保的比例越高。如表7-15所示，在调查的10273户家庭中，6555户非残疾人家庭中约有23.1%的家庭享受低保（注：调查数据中6557户非残疾人家庭有2户未作答，3716户残疾人家庭有2户未作答），3096户1人残疾的家庭约有40.2%享受低保保障，544户2人残疾的家庭约有52.6%享受低保保障，6户4人残疾的家庭有4户享受到了低保保障。

表7-15 家庭残疾人数与低保保障比例

家庭残疾成员数	无低保	有低保	全样本
0	5,038	1,517	6,555
	76.86%	23.14%	100%
1	1,851	1,245	3,096
	59.79%	40.21%	100%
2	258	286	544
	47.43%	52.57%	100%
3	31	37	68
	45.59%	54.41%	100%
4	2	4	6
	33.33%	66.67%	100%
全样本	7,180	3,089	10,269
	69.91%	30.09%	100%

表7-16 家庭残疾成员数与低保待遇

家庭残疾成员数	观测值	低保金均值	低保金中位数	低保金最大值
0	1517	366.2	200	5500
1	1245	554.5	400	20000
2	286	666.0	504.5	5220
3	37	961.6	742	3900
4	4	723	450	2000
5	1	1100	1100	1100
全样本	3091	477.6	300	20000

家庭成员残疾人数不同享受低保金待遇也不同，一般地，家庭残疾人口数越多，所能领取到的低保金越高。如表7-16所示，在选取的1517户非残疾低保家庭中，平均享有的低保金为366.2元；1245户1人残疾家庭中，平均领取的低保金为554.5元；286户2人残疾家庭中，平均领取666元低保金；37户3人残疾的家庭中，平均低保金为961.6元；4户4人残疾家庭中，平均领取723元低保金；1户5人残疾的家庭平均领取1100元低保金。

2. 贫困残疾人各项补贴的保障水平

（1）家庭住房补贴覆盖率较低、补贴金额较少。

表7-17　残疾人家庭住房补贴情况

	无住房租房补贴	有住房租房补贴	全样本
非残疾人家庭（户数）	5981	576	6557
占比	91.22%	8.78%	100%
残疾人家庭（户数）	3426	290	3716
占比	92.20%	7.8%	100%
所有样本（户数）	9407	866	10273
占比	91.57%	8.43%	100%

住房是民生之要。"住有所居"才能满足人们对美好生活的向往，要优先保障城乡残疾人基本住房。《国务院关于加快推进残疾人小康进程的意见》中指出，优先保障城乡残疾人基本住房，将城镇低收入住房贫困残疾人家庭纳入城镇基本住房保障制度。如表7-17所示，在6557户非残疾人家庭中，有576户获得住房租房补贴，约占8.8%；而3716户残疾人家庭中仅有290户享受住房租房补贴，仅占7.8%，未获得补贴的家庭占92.2%。相比之下，残疾人住房租房补贴覆盖率并不高，仅极少部分残疾人享受到了该政策。

表7-18　残疾人和非残疾人家庭住房补贴金额差异

	观测值	住房补贴均值	住房补贴中位数	住房补贴最大值
非残疾人家庭	576	14360	8000	200000
残疾人家庭	290	9855	3000	115000
全部样本	866	12851	5675	200000

如表7-18所示，576户非残疾人家庭中，平均可获得14360元住房补贴；290户非残疾人家庭获得的平均住房补贴为9855元。残疾人家庭获得的住房补贴

略低于非残疾人家庭。

(2) 救助补贴覆盖率较低。

表 7-19 残疾人救助补贴情况

	无救助补贴	有救助补贴	全样本
非残疾人家庭（户数）	5840	717	6557
占比	89.07%	10.93%	100%
残疾人家庭（户数）	3089	627	3716
占比	83.13%	16.87%	100%
全样本（户数）	8929	1344	10273
	86.92%	13.08%	100%

国家对残疾人的救助补贴包括减征残疾人个人所得税、免征营业税、免除行政事业性收费，对自主择业、自主创业的残疾人在一定期限内给予小额信贷等扶持，城乡残疾人机动轮椅车车主可获残疾人机动轮椅车燃油补贴，贫困残疾人生活补贴和重度残疾人护理补贴（全国平均标准为每人每月 80 元），等等。如表 7-19 所示，非残疾人家庭中有 717 户拥有救助补贴，约为 10.9%；残疾人家庭中有 627 户领取了救助补贴，约为 16.9%。在救助补贴方面，享受到该政策的残疾人仅比非残疾人家庭所领取的救助补贴稍多，其覆盖率有待提高。

表 7-20 残疾人家庭和非残疾人家庭救助补贴金额差异

	观测值	救助补贴均值	救助补贴中位数	救助补贴最大值
非残疾人家庭	717	637.9	300	23600
残疾人家庭	627	546.3	250	10000
全部样本	1344	595.2	300	23600

如表 7-20 所示，717 户非残疾人家庭可获得平均 637.9 元的救助补贴；627 户残疾人家庭获得救助补贴的平均值为 546.3 元。与住房补贴情况类似，残疾人的救助补贴略低于非残疾人的救助补贴。

综上所述，住房补贴、救助补贴均出现了非残疾人补贴高于残疾人的情况。两项补贴政策应重点对贫困残疾人有所偏向，更为精准识别贫困残疾人的特殊困难，同等条件下优先安排经济困难的残疾人家庭。

(3) 基本型辅助器具补贴实施情况。

①领取机动轮椅车补贴的残疾人较少,但满意程度较高。

表7-21 残疾人家庭享受机动轮椅车补贴情况

	不适用样本	不知道	否	是	全样本
非残疾人家庭(户数)	3551	7	2973	26	6557
占比	54.2%	0.11%	45.3%	0.4%	100%
残疾人家庭(户数)	0	4	1388	170	1562
占比	0%	0.26%	88.86%	10.88%	100%
全样本(户数)	3551	11	4361	196	8119
占比	43.74%	0.14%	53.71%	2.41%	100%

对贫困残疾人康复服务、必要的辅助器具的配置和更换,政府应该按照规定给予救助,享受机动轮椅车补贴是其中之一。《关于残疾人机动轮椅车燃油补贴的通知》指出,残疾人机动轮椅车燃油补贴对象为城乡残疾人机动轮椅车车主。车主须为持有《中华人民共和国残疾人证》和购买机动轮椅车相关凭证的下肢残疾人,且机动轮椅车须符合机动轮椅车国家标准(GB12995-2006)的相关规定。

如表7-21所示,6557户非残疾人家庭中享有机动轮椅车补贴的仅有26户,约占0.4%,有2973户未获得机动轮椅车补贴,约占45.3%,还有7人不知道是否享有该补贴;1562户残疾人家庭中,除去4人"不知道"外,有170户获得了机动轮椅车补贴,占比约为10.9%,1388户并未取得,约占88.9%。不难发现,领取机动轮椅车补贴的残疾人数较少。

虽然该项补贴受益人群较少,但大多数人对机动轮椅车补贴这一项政策是满意的,如表7-22所示,约43.9%的人认为机动轮椅车对其帮助很大,大约15.8的人认为作用较大,约31.1%的人认为作用一般,仅有大约6.6%和2.6%的人认为作用较小或无作用。可见,受益群体对该项政策较认同,该政策仍可进一步完善以惠及更多残疾人。

表7-22 对机动轮椅车补贴的作用评价

	频数	百分比	累计百分比
很大	86	43.88%	43.88%
较大	31	15.82%	59.69%
一般	61	31.12%	90.82%

续表

	频数	百分比	累计百分比
较小	13	6.630%	97.45%
无作用	5	2.550%	100%
全部样本	196	100%	

②残疾人辅具使用较为普遍，免费辅具覆盖近半数。

残疾人辅具是补偿残疾人生活功能，使其在生活上能相对独立或减轻其障碍程度的工具，是残疾人生活中不可或缺的一部分。如表 7 - 23 所示，3716 户残疾人家庭中有 1752 户家庭使用过辅具，占比约为 47.2%，有 1964 户家庭没有使用过辅具，约为 52.9%。考虑到并非所有残疾人都需要辅具，这些数据表明残疾人家庭大部分都能使用到辅具，辅具较为普及。

表 7 - 23 残疾人家庭使用辅具的总体情况

	使用过辅具	没有使用任何辅具	无使用移乘辅具	有使用移乘辅具	无使用生活辅具	有使用生活辅具	无使用听力辅具	有使用听力辅具	无使用信息辅具	有使用信息辅具	无使用其他辅具	有使用其他辅具
非残疾人家庭（户数）	462	273	381	354	553	182	626	109	722	13	718	17
占比	7%	4.2%	5.8%	5.4%	8.4%	2.8%	9.5%	1.7%	11%	0.2%	11%	0.3%
残疾人家庭（户数）	1752	1964	2364	1352	3162	554	3416	300	3652	64	3598	118
占比	47.15%	52.85%	63.62%	36.38%	85.09%	14.91%	91.93%	8.070%	98.28%	1.720%	96.82%	3.180%
全部样本（户数）	2214	2237	2745	1706	3715	736	4042	409	4374	77	4316	135
占比	21.6%	21.7%	26.7%	1.6%	36.2%	7.1%	39.3%	4%	42.6%	0.7%	42%	1.3%

移乘类辅具包括体位变换辅具、移动辅具、运送辅具、升降辅具等。3716 户残疾人家庭中有 1352 户家庭使用过移乘类辅具，占比约为 36.4%，有 2364 户家庭没有使用过辅具，约为 63.6%。未使用移乘类辅具的残疾人多于使用过移乘类辅具的残疾人，这一辅具需要加大推广力度。

生活类辅具是指帮助肢体功能障碍的残疾人、伤病者和老年人实现生活自理的辅助器具，主要包括各类助行器、生活自助器具和残疾人专用的学习器具等，基本涉及起居、洗漱、进食、行动、如厕、家务、交流等生活的各个层面。生活类辅助器是帮助残疾人补偿功能、改善状况、发挥功能障碍者潜能、提高生活处理能力、减轻家庭负担的重要工具。3716 户残疾人家庭中有 554 户家庭使用过生活类辅具，占比约为 14.9%。

视力和听力障碍不仅直接导致沟通交流障碍，还会引发多种心理问题，极大地损害残疾人的生活质量及家庭关系。视听类辅具市场大，中国是世界上视听障碍人群最多的国家之一。据 2006 年全国第二次残疾人抽样调查显示，我国残疾性听力障碍人群达到 2780 万。据《柳叶刀》接受并在"世界视觉日"上强调的一项研究显示，到 2050 年，全球会有近 9 亿人体内将受到失明以及严重视力障碍的影响。而这只是保守的数字，每年都在增长。但 3716 户残疾人家庭中仅有 300 户家庭使用过视听类辅具，占比约为 8.1%，如表 7-23 所示。

信息类辅具包括绘画书写辅助器具，沟通辅助器具，报警、指示、提醒和发信号辅助器具，阅读辅助器具，计算机输入输出设备等。3716 户残疾人家庭中有 64 户家庭使用过信息辅具，仅占比约为 1.7%。118 户家庭使用过其他辅具，占比约为 3.2%，有 3598 户家庭没有使用过辅具，约为 96.8%。残疾人使用的其他辅具明显多于非残疾人。

表 7-24 残疾人家庭使用民政或残联免费配备的辅具情况

	不适用样本	不知道	无使用	有使用	全部样本
非残疾人家庭（户数）	6095	0	442	20	6557
占比	93%	0	6.7%	0.3%	100%
残疾人家庭（户数）	0	4	988	760	1752
占比	0%	0.23%	56.39%	43.38%	100%
全部样本（户数）	6095	4	1430	780	8309
占比	73.35%	0.04%	17.21%	9.4%	100%

如表 7-24 所示，760 户残疾人家庭使用过民政或残联免费配备的辅具，占比约为 43.4%，有 988 户家庭没有使用过辅具，约为 56.4%，另有 4 人不知道是否使用过。数据显示民政及残联大力推进对残疾人免费配备器具的工作，残疾人免费能够免费使用辅具，减轻家庭负担。

目前残疾人辅助器具种类有限，可以适当增加个性化辅助器具设置。为残疾人量身定做，使每一件辅助器具发挥其最大的功能补偿作用。同时利用各类媒体及辅助器具工作人员对残疾人辅助器具进行宣传，使所有残疾人了解辅助器具的功效，使更多的残疾人受益，为其进一步融入社会提供保障。此外，民政及残联等相关部门可适时加大推进对残疾人免费配备器具的工作力度,以减轻家庭负担。

（4）家庭无障碍改造补贴的实施情况。

根据中残联制定的《政府购买残疾人家庭无障碍改造服务规范和服务标准》和《无障碍设计规范》（GB50763）以及住房城乡建设部颁布的《家庭无障碍改造指南》的相关要求,各地应结合地方实际,根据残疾人特点和需求,科学确定残疾人家庭无障碍改造内容,推进制定残疾人家庭无障碍改造地方导则和标准。有条件的地方要组织专家积极开展家庭无障碍施工设计、建造技术、延伸产品的科学研究,通过智能物联网感知技术等科技创新手段,探索开展规范化、标准化、人性化、智能化家庭无障碍环境建设。

①多数残疾人家庭尚未开展无障碍设施的改造。

《中华人民共和国残疾人保障法》明确指出,国家和社会应当采取措施,逐步完善无障碍设施,推进信息交流无障碍,为残疾人平等参与社会生活创造无障碍环境。无障碍设施的建设和改造,应当符合残疾人的实际需要。

如表7-25所示,在调查的3716户残疾人家庭中,有462户进行家庭无障碍设施改造,约占12.4%,有3250户并未进行改造,占比为87.5%,有3户不知道这一情况,还有1户拒绝回答。未进行无障碍设施改造的残疾人家庭与非残疾人家庭相近,表明多数残疾人家庭尚未开展无障碍设施的改造。对残疾人家庭进行无障碍设施改造这一政策仍需进一步落实。

表7-25 残疾人家庭无障碍设施改造情况

	不适用样本	拒绝回答	不知道	是	否	全部样本
非残疾人家庭（户数）	5822	0	0	71	664	6557
占比	88.8%	0%	0%	1.1%	10.1%	100%
残疾人家庭（户数）	0	1	3	462	3250	3716
占比	0%	0.03%	0.08%	12.43%	87.46%	100%
全部样本（户数）	5822	1	3	533	3914	10273
占比	56.67%	0.01%	0.03%	5.19%	38.1%	100%

②各项生活设施便利性改造需求程度不同且总体较小。

基于调查数据对贫困残疾人家庭的坡度扶手改造、房门改造、卫生间改造、厨房改造、门铃改造、燃气报警装置改造、上网读屏装置改造以及其他改造需求进行分析,发现贫困残疾人家庭对各项生活设施便利性改造需求略有不同。贫困残疾人家庭将卫生间和厨房的改造需求摆在首位,其次是房门改造和坡度扶手改造,对门铃改造、燃气装置改造需求较少,上网读屏软件改造需求极少,具体见表7-26。由此可见,残疾人更倾向于对满足日常基本生活需要的相关设施的改造,且便利性生活设施改造需求量总体较小,可归因于该群体对基本生活质量要求以及高质量生活可及性的考虑。

表7-26 残疾人家庭各项生活设施便利性改造需求情况

	改造坡度		房门改造		卫生间改造		厨房改造		门铃改造		燃气报警装置改造		上网读屏装置改造		其他改造	
	无需求	有需求	无需求	有需求	无需求	有需求	无需求	有需求	无需求	有需求	无需求	有需求	无需求	有需求	无需求	有需求
残疾人家庭(户数)	3158	557	3240	475	2914	801	3121	594	3530	185	3462	253	3602	113	3513	202
占比(%)	85.0	15.0	87.2	12.8	78.4	21.6	84.0	16.0	95.0	5.0	93.2	6.8	96.7	3.03	94.6	5.4

(二) 社会服务需求的满足水平

1. 日间护理照料服务供需两不旺

残疾人家庭日间照料供需情况如表7-27所示。共10272个调查样本,其中非残疾人家庭共有6557个,残疾人家庭共有3715个。残疾人家庭对日间照料无需求的共有3400个,占总量的91.52%;非残疾人家庭无需求的共有648个,占总量的9.9%。可见,大部分家庭并没有对日间照料的需求。

对于非残疾人家庭来说,只要家里没有年迈的老人,一般情况下不需要日间照料;而残疾人家庭对日间照料的需求量较低,一方面,他们可能不愿意透露自己需要照料的情况,有自卑、消极的情绪;另一方面,有可能担心负担不起日间照料所需的费用。

表7-27 残疾人家庭日间照料供需情况

	无需求	有需求	无服务	有服务	没使用过	使用过
非残疾人家庭(户数)	648	87	663	64	728	7
占比	9.9%	1.3%	10.1%	0.98%	11.1%	0.11%
残疾人家庭(户数)	3400	315	3383	281	3665	47

续表

	无需求	有需求	无服务	有服务	没使用过	使用过
占比	91.52%	8.48%	91.09%	7.57%	98.63%	1.26%
全部样本（户数）	4048	402	4046	345	4393	54
占比	39.4%	3.9%	39.4%	3.35%	42.76%	0.53%

据统计数据来看，附近没有日间照料服务的残疾人家庭共有3383个，占总量的91%；非残疾人家庭共有663个，占总量的10.1%。由此可现，大部分家庭附近都没有日间照料场所。更不用说使用日间照料服务，使用过日间照料服务的残疾人家庭共有47个，仅占总量的1.26%。贫困残疾家庭对日间照料服务的需求量少，提供日间照料服务的数量也较少。

残疾人日间照料中心可以解决此类家庭实际困难，减轻家庭压力，营造更好的生活环境，才能使残疾人感受到社会的温暖，重拾对未来生活的信心和希望，帮助其走出家门融入社会，重拾生活信心，让残障人士有更多的幸福感、获得感、安全感。只有不断完善发展日间照料服务，提高日间照料服务的供给数量和质量，同时出台相关政策，并号召基层组织抓紧落实，为贫困残疾人多方位融入社会提供有力保障。

2. 其他社会服务水平

（1）接受基本康复服务需求不足且可及性较低。

2019年，中国残联、民政部、国家卫生健康委、国务院扶贫办联合下发通知，颁布了《残疾人基本康复服务目录（2019年版）》，明确了康复医疗、康复训练、辅助器具适配、支持性服务等各大类基本康复服务内容。近年来，党和国家对残疾人事业的高度重视，我国残疾人在接受基本康复服务上取得较快速的发展，如表7-28所示，更多残疾人能接受到基本康复服务。

表7-28 残疾人接受基本康复服务总体情况

单位：人

	合计	视力残疾	听力残疾	言语残疾	肢体残疾	智力残疾	精神残疾	多重残疾
2020年	10776506	1146128	815856	51030	5428217	863966	1784257	546948
2019年	10430214	1121879	731448	44460	5535210	822560	1615200	468016
2018年	10746860	1204542	661447	75483	5923451	838470	1507742	482451
2017年	8546661	882855	406774	42863	4845876	713179	1259300	355204
2016年	2799165	400183	184705	——	1357370	230928	625979	——

数据来源：中国残疾人事业统计年鉴

同时，调查数据显示目前残疾人接受基本康复服务需求还仍明显不足。如表7-29所示，非残疾人家庭共有6557个，残疾人家庭共有3715个。对康复护理无需求的残疾人家庭共有3225个，占总量的86.81%；非残疾人家庭共有622个，占总量的9.5%。可以发现，大部分家庭并没有太多康复护理的需求。

表7-29 残疾人康复护理需求情况

	不适用样本	无需求	有需求	全样本
非残疾人家庭（户数）	5822	622	113	6557
占比	88.8%	9.5%	1.72%	100%
残疾人家庭（户数）	0	3225	490	3715
占比	0%	86.81%	13.19%	100%
全部样本（户数）	5822	3847	603	10272
占比	56.7%	37.5%	5.8%	100%

究其原因，首先，康复护理服务费用较高。康复护理所需的费用是残疾人接受康复护理服务的"拦路虎"，这也从侧面反映了我国目前针对残疾人家庭康复护理的医疗补助水平可能还不够高，不足以让大部分残疾人家庭放心大胆地接受康复护理治疗。可以适当提高对残疾人家庭的康复医疗补助水平。

其次，康复护理服务可及性较低。如表7-30所示，10271个样本数据，非残疾人家庭共有6557个，残疾人家庭共有3714个。附近没有康复护理服务的残疾人家庭共有3358个，占总量的90.41%；非残疾人家庭共有675个，占总量的10.3%。可见，大部分家庭附近没有康复护理服务，使用康复服务的残疾人就较少。没有使用过康复护理服务的残疾人家庭共有3614个，占总量的97.26%。要想提高残疾人的就业水平，增加贫困残疾人的收入水平，就必须提高残疾人的康复水平。部分残疾人正是因为身体有缺陷，又迟迟不能接受这个事实，才会"社交无力感，敏感且焦虑"。因此，只有尽力让残疾人从"残疾"的心理阴影中走出来，恢复对生活的积极性，使残疾人更好融入社会，从而更好兜底贫困残疾人口的基本民生。

表7-30 康复护理服务情况

	不适用样本	无服务	有服务	没使用过	使用过	全样本
非残疾人家庭（户数）	5822	675	52	721	14	6557
占比	88.8%	10.3%	0.79%	11%	0.21%	100%
残疾人家庭（户数）	0	3358	306	3614	98	3714
占比	0%	90.41%	8.24%	97.26%	2.64%	100%
全部样本（户数）	5822	4033	358	4335	112	10271
占比	56.7%	39.27%	3.48%	42.2%	1.09%	100%

需要加大对康复护理服务的宣传力度以及财政补贴力度，或将相应康复服务纳入医保报销范围。加强政府在贫困残疾人康复工作中的主导地位，加大对贫困残疾人康复工作的关注度和投入度，进一步保障贫困残疾人的基本康复需求；贫困残疾人要自身引起重视，提高对自身康复需求的表达，实实在在地接受有效的康复服务，切实提高贫困残疾人接受康复服务的能力和水平；鼓励社会各界力量参与共同营造扶残助残的良好社会氛围，贫困残疾人的康复工作是一项社会公共服务，不能仅仅依靠政府，各类民间的社会残疾人组织也要发挥其重要的补充作用，在现代的信息化社会中，还要充分利用各种新兴的信息手段，构建信息平台，加速科技创新，让每一位爱心人士都能够有效地参与到残疾人康复事业中去。

（2）劳动技能培训服务覆盖面较广，但较少能获得培训补贴。

首先，接受残疾人职业技能培训情况。接受职业技能培训能促进残疾人文化水平和专业技能提高的同时以培训促就业，以培训促创业，更好帮助残疾人更好就业。各地高度重视为残疾人提供免费的劳动培训工作，具体如表7-31所示。残疾人3715个家庭中参加过免费的劳动技能培训的残疾人家庭共有2874个，占总量的77%。可见，参加过免费劳动技能培训的残疾人较多，高度重视残疾人免费的劳动培训工作，对相关政策的落实也比较到位。

其次，获得相应的培训补贴情况，见表7-31。按相关文件要求，残疾人接受职业培训的同事还能获得相应的培训补贴，由于残疾人获得收入的渠道较少，收入水平较低，同时还受到了身体缺陷的影响，所以很难有提高劳动技能的机会。为他们提供免费的劳动技能培训同时获得相应补贴就显得尤为重要。这不仅能提高残疾人的社会参与度，还能使残疾人获得更高的社会满足感。但如数据显示，没有获得过技能培训补贴的残疾人家庭共有 1226 个，占总量的 78.49%，说明技能培训补贴存在较大提升空间，较大部分参与了技能培训并未获得补贴。

表 7-31 残疾人家庭参加劳动培训情况

	参加过培训	没参加过培训	没获得过培训补贴	获得过培训补贴
非残疾人家庭（户数）	4934	1621	2276	723
占比	75.27%	24.73%	75.72%	24.05%
残疾人家庭（户数）	2874	841	1226	332
占比	77.36%	22.64%	78.49%	21.25%
全部样本（户数）	7808	2462	3502	1055
占比	76.03%	23.97%	76.66%	23.1%

（3）接受辅助性就业救助较少，不及非残疾人群体。

首先，接受辅助性就业救助较少。就业对与残疾人摆脱贫困有着重要的作用，残疾人对就业救助评价较高（表 7-34 所示）。贫困残疾人家庭尤其需要辅助性就业救助，但能获得相应帮助的家庭比较少，具体见表 7-32。没获得过就业救助的残疾人家庭共有 3524 个，占总量近 95%。

表 7-32 残疾人接受就业救助情况

	不知道	没获得过	获得过	全样本
非残疾人家庭（户数）	10	6202	345	6557
占比	0.150%	94.59%	5.260%	100%
残疾人家庭（户数）	10	3524	182	3716
占比	0.270%	94.83%	4.900%	100%
全部样本（户数）	20	9726	527	10273
占比	0.190%	94.68%	5.130%	100%

其次，非残疾家庭在就业救助方面要优于残疾家庭。非残疾人家庭和残疾人家庭在就业救助方面待遇有所不同，见表 7-33。非残疾家庭和残疾家庭的就业救助的中位数数值相同，但均值也相差较大。非残疾家庭的均值为 4042，而残疾

家庭仅为2546。可见,非残疾家庭在就业救助方面要优于残疾家庭。但事实上,残疾人家庭比非残疾人家庭更需要就业救助。

表7-33 残疾人家庭和非残疾人家庭就业救助差异

	观测值	均值	中位数	最大值
非残疾家庭	327	4042	1000	150000
残疾家庭	164	2546	1000	30000
全部样本	491	3542	1000	150000

表7-34 残疾人对就业救助的作用评价

	很大	较大	一般	较小	无作用	全部样本
非残疾人家庭(户数)	124	83	113	20	5	345
占比	35.94%	24.06%	32.75%	5.800%	1.450%	100%
残疾人家庭(户数)	91	36	47	7	1	182
占比	50%	19.78%	25.82%	3.850%	0.550%	100%
全部样本(户数)	215	119	160	27	6	527
占比	40.80%	22.58%	30.36%	5.120%	1.140%	100%

再次,政府提供的公益性岗位较少。如表7-35所示,残疾人家庭共有3716个,没有享受过政府提供的公益性岗位的残疾人家庭共有3358个,占总量的90%;非残疾人家庭共有5718个,占总量的87%。可见,大部分家庭都没有享受政府提供的公益性岗位。一方面,我国政府在提供公益性岗位的数量方面明显不足;另一方面,我国政府对公益性岗位的宣传力度也明显较低,在相关政策的落实方面也存在着不足,需要不断改善。

表7-35 是否享受政府提供的公益性岗位

	拒绝回答	不知道	否	是	全部样本
非残疾人家庭(户数)	2	8	5718	829	6557
占比	0.0300%	0.120%	87.20%	12.64%	100%
残疾人家庭(户数)	1	5	3358	352	3716
占比	0.0300%	0.130%	90.37%	9.470%	100%
全部样本(户数)	3	13	9076	1181	10273
占比	0.0300%	0.130%	88.35%	11.50%	100%

（4）贫困残疾人家庭子女学费负担程度仍较高。

教育是一种准公共物品，接受教育是群众享有的一项重要公共服务权利，加强残疾人教育事业发展是国家义不容辞的责任。近年来，我国残疾人教育事业蓬勃发展，取得了显著的阶段性成绩，促进了残疾人受教育程度的不断提高，有力地保障了残疾人的受教育权利。

2019 年，全国共有特殊教育普通高中班（部）103 个，在校生 8676 人，其中聋生 6083 人、盲生 1629 人、其他 964 人。残疾人中等职业学校（班）145 个，在校生 17319 人，毕业生 4337 人，毕业生中 1705 人获得职业资格证书。全国有 12362 名残疾人被普通高等院校录取，2053 名残疾人进入高等特殊教育学院学习。3.6 万名残疾青壮年文盲接受了扫盲教育。同时，残疾人事业专项彩票公益金助学项目的实施，为全国 1.5 万名家庭经济困难的残疾儿童享受普惠性学前教育提供资助。各地通过多渠道获取资金支持，对 7489 名贫困残疾儿童给予学前教育资助。残疾人高等教育单考单招政策进一步完善，6 所高校为期两年的残疾人高等融合教育试点工作圆满完成。[1]

虽然近些年我国在贫困残疾人教育给予较大资金支持，如调查数据显示，随着贫困残疾人家庭受教育程度越高，能接受到的政府教育救助金额就越高，尤其对贫困残疾人家庭子女接受高等教育（大专及以上）给予最高的救助金额，大多能得到 2000 元到 6000 元，甚至 8000 元不等的资助。即使如此，调查中贫困残疾人家庭对子女学费还是较为担心的，具体见表 7-36。3716 个贫困残疾人的样本中，440 个样本对子女学费负担表示不同程度的担心，表示"非常担心"有 222 个样本，占比超过 50%。

表 7-36　贫困残疾人子女学费的担心程度

	不适用	不知道	完全不担心	不太担心	有点担心	比较担心	非常担心	全样本
户数	3276	1	8	13	108	88	222	3716
占比	88.2%	0%	0.2%	0.3%	2.9%	2.4%	6%	100%

（三）贫困残疾人基本养老保险和医疗保险持续扩容

1. 财政大力资助残疾居民参加基本养老保险

健康扶贫和养老兜底扶贫是我国脱贫攻坚的重要着力点。近年来，党和国家政府高度重视残疾人参加养老保险工作，在财政资金补助情况下，残疾群体参加社会养老保险人数逐年上升，越来越多残疾人将实现"老有所养"。具体见表

---

[1] 2019 年残疾人事业发展统计公报．

7-37。截至 2021 年底，全国残疾居民参加城乡居民基本养老保险人数为 2733.1 万。1176.8 万残疾人领取养老金。708.8 万 60 岁以下参保的重度残疾人中有 685.9 万得到政府的参保扶助，享受代缴比例达到 96.8%，292.7 万非重度残疾人享受了个人缴费资助政策。

表 7-37 残疾人参与社会养老保险以及参保扶助情况

	城乡社会养老保险（万人）	重度残疾人全部或部分代缴（万人）	其他残疾人全部或部分代缴（万人）
2021 年	2733.1	708.8	292.7
2020 年	2699.2	680.1	303.7
2019 年	2630.7	618.2	299.1
2018 年	2561.2	595.2	298.4
2017 年	2614.7	529.5	282.9
2016 年	2370.6	445.7	269.4
2015 年	2229.6	391.5	247.6
2014 年	2180	379.5	234.7

数据来源：残疾人事业发展统计公报

2. 财政给予参加医疗保险特殊补贴，且保障能力不断提高

在实践中，一些残疾人面临着生产增收困难和刚性支出不断增加的发展困境，在药品、护理用品、康复训练、辅助器具等方面具有较强的特殊需求。据统计，残疾人家庭人均医疗康复支出是全国居民医疗保健支出的 1.7 倍，属于典型的支出型贫困人群。

近年来，政府逐年提高财政补助标准，中央财政持续加大医疗救助补助资金投入力度，切实保障残疾人"病有所医"。2019 年中央财政投入 245 亿元，较上年增加 10 亿元。《国家医保局财政部关于做好 2019 年城乡居民基本医疗保障工作的通知》明确强调，2019 年城乡居民医保人均财政补助标准达到每人每年不低于 520 元，新增财政补助一半用于提高大病保险保障能力。在此基础上，对符合条件的贫困残疾人群参保个人缴费部分通过财政给予特殊补贴，确保包括残疾人在内的各类人群参加基本医疗保险。同时，为满足残疾人康复治疗需求，逐步扩大医疗保障范围，2010 年和 2016 年将"运动疗法""康复综合评定"等 29 项康复项目纳入医保支付范围。

（四）贫困残疾人住房保障得到较为有效落实

为深入贯彻"以人民为中心"发展理念，如期实现第一个百年奋斗目标，

《国务院关于加快推进残疾人小康进程的意见》中指出，要优先保障城乡残疾人基本住房，将城镇低收入住房贫困残疾人家庭纳入城镇基本住房保障制度，为符合住房保障条件的城镇残疾人家庭优先提供公共租赁住房或发放住房租赁补贴。为进一步落实《国务院关于进一步健全特困人员救助供养制度的意见》，近90万残疾人被纳入特困人员救助供养范围，在城市公租房、旧住宅区整治建设中，优先安排贫困残疾人住房。

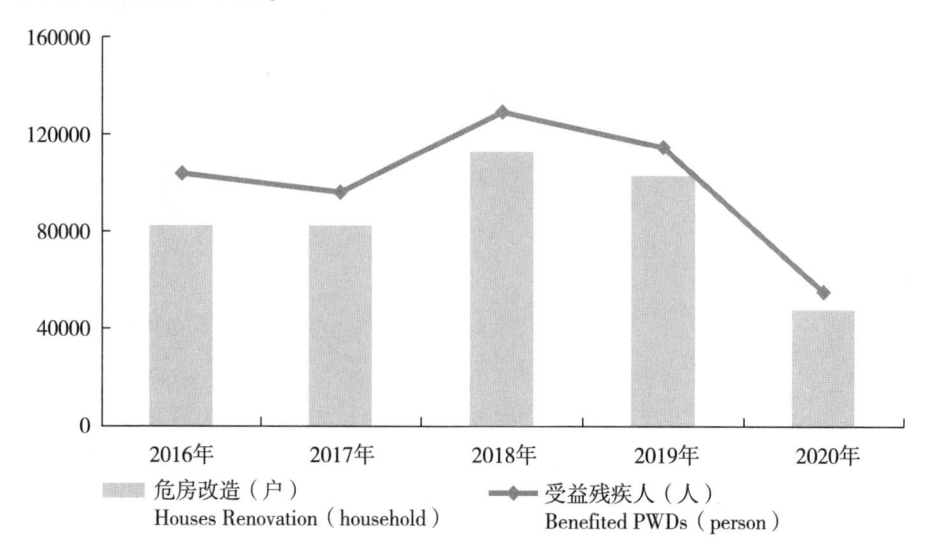

图 7 – 1　2016 – 2020 年农村贫困残疾人危房改造情况

数据来源：2021 年中国残疾人事业统计年鉴

在广大农村地区，各地在实施农村危房改造时，同等条件下要优先安排经济困难的残疾人家庭。按照农村危房改造的政策要求，采取制定实施分类补助标准等措施，对无力自筹资金的残疾人家庭等给予倾斜照顾。自 2017 年起，中央财政集中支持农村残疾人家庭等 4 类重点对象改造危房，户均补贴标准为 1.4 万元，较好地解决了农村残疾人的住房问题，各地还通过贷款贴息帮助残疾人进行危房改造，确保农村残疾人能够如期实现全面小康。如图 7 – 1 所示，2016 – 2020 年期间农村残疾人危房改造逐年上升。2020 年，全国共完成 4.8 万户农村贫困残疾人危房改造，投入资金 6.3 亿元，5.58 万名残疾人受益。

二、贫困残疾人口基本民生兜底保障存在的问题和原因分析

上述部分利用民政部政策研究中心"2020 年托底性民生保障政策支持系统建设"项目数据从基本生活保障水平、社会服务需求满足水平、基本养老保险和医疗保险覆盖情况、住房保障等 4 个方面评估目前我国残疾人口基本民生兜底保障

效果。可以认为,随着残疾人帮扶政策从中央到地方的出台、落实,在推进残疾人福利制度、残疾人基本生活保障、残疾人供养照料服务工作、为残疾人提供医疗救助保障、帮助残疾人实现稳定就业、加大残疾人帮扶力度等方面取得较为卓越的成绩,切实保障了贫困残疾人口的基本民生。但同时我们也还是看到贫困残疾人群体的民生兜底保障尚存在些问题和不足。

(一) 问题和不足

1. 残疾人补贴标准低,改善基本生活的作用有限

在我国,社会福利是国家和社会通过社会化的福利津贴、实物供给和社会服务,满足社会成员的基本生活需要并促使其生活质量不断得到改善的一种制度安排[1]。我国将残疾人补贴制度的制度属性界定为社会福利,这也得到了学者们的广泛认同。从调研来看,我国残疾人家庭住房补贴覆盖率较低、补贴金额较少;住房补贴以及救助补贴均出现了非残疾人补贴高于非残疾人的情况;虽然机动轮椅车补贴受益人群较少,但大多数人对该政策较满意;家庭无障碍补贴作用有限,多数残疾人家庭尚未开展无障碍设施的改造。

总的说来,为贫困残疾人提供基本的福利服务,目标仍是保障其基本生活需求和照护需求,残疾人补贴的筛选机制严格、补贴水平低、覆盖面狭小,残疾人补贴是一种"救济型"的福利制度。"救济型"福利就决定了残疾人补贴标准低、覆盖面小,对改善残疾人基本生活的作用较为有限。

2. 家庭无障碍改造相对滞后,影响居家生活质量的改善

残疾人由于身体障碍和环境限制,在居家生活、活动交流等方面有诸多不便。残疾人家庭无障碍改造是针对残疾人在家庭日常生活可能遇到的障碍而实施的一项系统建设工程,包含居家活动环境和居家建筑环境两大方面的改造。为残疾人特别是贫困残疾人家庭实施无障碍改造,是拓展残疾人生活空间、改善残疾人生活质量的重要途径,也是残疾人享有社会权利、社会服务和社会资源的重要保障,但实际上,调查中发现:未进行无障碍设施改造的残疾人家庭与非残疾人家庭相近,多数残疾人家庭尚未开展无障碍设施的改造。对残疾人家庭进行无障碍设施改造这一政策仍需进一步落实。且此次项目调研发现贫困残疾人对坡度扶手、房门、卫生间、厨房、门铃、燃气报警装置、上网读屏装置等生活便利设施改造需求不高,究其原因,贫困残疾人生活习惯以及经济承受水平是主要因素。

3. 贫困残疾人社会服务供求两不旺

做好困难重度残疾人照护服务工作是落实党中央关于打赢脱贫攻坚战一系列

---

[1] 郑功成:社会保障学 [M],北京:高等教育出版社,2011 年,第 258 页。

重要决策部署的具体行动和内在要求，是广大困难重度残疾人及其家庭精准脱贫的现实需要和迫切愿望。2016 年，习近平总书记就提出，要建立"相关保险和福利及救助相衔接的长期照护保障制度"。2019 年，民政部与财政部、国家卫生健康委、国务院扶贫办、中国残联印发了《关于在脱贫攻坚中做好贫困重度残疾人照护服务工作的通知》，提出了做好困难重度残疾人照护服务工作的 5 项主要任务和 3 项保障措施，并且明确了工作路径和努力目标。显而易见，有照护依赖的人，需要的是长期照护服务，但提供服务需要考虑成本。

项目调查发现大部分贫困残疾人家庭对日间照料服务的需求量很少，可以推测，正是由于需求量少，所以提供日间照料服务的数量也较少。对于残疾人家庭来说，对日间照料的需求量较低，这种现象可能是由于残疾人存在一定的心理问题导致的。一方面，他们可能不愿意透露自己需要照料的情况，有自卑、消极的情绪；另一方面，可能也担心负担不起日间照料所需的费用。

4. 贫困残疾人就业难以保证，自主脱贫能力弱

残疾人群体的就业问题一直是困扰当今社会的一个大问题。如前所述，即使针对贫困残疾人有就业救助、有就业技能培训甚至按相关规定能获得相应技能培训补贴，但仍旧难以保证他们实现就业，主要原因在于：

（1）贫困残疾人自身缺陷和负面的消极心理影响就业。

第一，贫困残疾人的受教育程度相对较低。项目调查中贫困残疾人家庭对子女学费还是较为担心的，3716 个贫困残疾人的样本中，440 个样本对子女学费负担表示不同程度的担心，表示"非常担心"有 222 个样本，占比超过 50%。部分困难残疾人的教育观念无法转变，对下一代的文化教育关注程度较低，仍然按照穷人共享的价值观念体系和行为范式来对待子女的教育，形成文化困境，甚至带动残疾人群体的风气，造成恶性循环与延续。

第二，缺乏就业专业技能。项目调查发现，针对残疾人的专业技能培训较少，很多残疾人缺少就业辅导和培训的机会，因此残疾人群体基本上没有接受过专业的技能培训。

第三，缺乏自信。绝大多数残疾人都依赖低保救助生活，对自身抱有强烈的否定态度，认为自己无法通过自身的能力来改变自己困境。长期处在生活困境中也使得他们没有能力去接触和学习相应的知识和技能，再加上其他家庭成员为增加收入外出务工，使得他们极少有机会能和外界有接触，因此生活圈子相对过窄。长此以往，他们变得过分依赖外界给予的物质帮助，并对外界产生畸形的依赖心理。

第四，缺乏就业信息。目前，很多就业信息是通过互联网这一渠道提供，而残疾人群体因为残疾、文化水平低等原因，不会使用网络来搜索就业信息，这在

很大程度上导致了残疾人群体无法有效的获取就业信息。调查发现，接受辅助性就业救助较少，就业对与残疾人摆脱贫困有着重要的作用，残疾人对就业救助评价较高。残疾人家庭尤其需要辅助性就业救助，但能获得相应帮助的家庭比较少，没获得过就业救助的残疾人家庭共有3524个，占总量的95%。

（2）就业帮扶政策不够完善、执行不力影响就业。随着社会的发展，虽然我国为残疾人就业提供了很大程度的帮扶，但因为就业信息渠道的不通畅，很多残疾人并不知道社会上有专门针对残疾人推出的岗位。项目调查数据显示，没有获得过技能培训补贴的残疾人家庭共有1226个，占总量的78.49%，说明技能培训补贴存在较大提升空间，较大部分培训并未获得补贴。同时还缺乏专业人员对残疾人进行指导，这也影响了残疾人脱贫能力的提升。由于外界对"残疾"的接受度较低，使得残疾人个体认为自身被否定，没有社会地位，处于社会的最底层。因此，残疾人会逐渐将自己封闭，形成对他人及社会不友善的认知。在与正常人的比较中，也容易出现自卑、孤单、抱怨等消极情绪。因此，残疾人需要先从自身调整，接受自己身体残疾的生活状态，然后才能更好地面对生活。

（3）就业岗位竞争较大。随着城市化发展的进程，大量的劳动力涌入城市，城市的就业压力也不断增大，对于一般就业者而言，已经产生了明显的影响，更不用说是原本就较难就业的残疾人群体。除了特定需要残疾人的岗位外，在大部分岗位的竞聘上，残疾人都不具备明显优势。再加上社会观念存在一定的滞后性，也制约了残疾人的就业发展。

（二）原因分析

我国残疾人口的民生兜底保障工作取得显著成果，但是残疾人民生兜底保障水平依然存在不少问题，可以从个人、社会以及政府等三个方面来分析其深层次原因。

1. 贫困残疾人本身问题

（1）社会资源匮乏。残疾人属于弱势群体，其弱势地位不仅身体缺陷的可能，还与社会资源或社会资本的匮乏有关。土地资源、劳动力资源、人脉资源等都是社会资源的一部分。对于残疾人来说，社会资源的匮乏在很大程度上限制他们的劳动能力和工作技能的发挥。缺乏社会资源，残疾人很难参与到生产、分配、交换、消费的社会生产过程中，自主摆脱贫困的能力不强。

（2）就业能力低。残疾人受教育水平偏低，不具备从事复杂脑力工作的技能与能力，只能从事体力劳动，赚取微薄的收入。在劳动力市场中的竞争力比较弱，可能在就业过程中会遇到各种阻碍，较容易陷入贫困而无法自救。

（3）自身观念需要转变。残疾人长处于"污名化"边缘，[1] 社会的歧视对他们的正常社交造成了障碍，产生自卑心理，无法与他人正常交流，更无法将外界的帮扶转化成动力。部分人"等靠要"救济的思想就会让他们将接受救助看作理所当然，这样的观念很难发挥自身力量谋求生活水平的提高。

（4）受教育水平不高。文化贫困中包含社会道德、人文教育、精神生活贫困等。单纯依靠给予物质经济的扶贫模式，会导致短暂性假脱贫，不能从根本上解决问题。[2] 贫困残疾人受教育水平不高，内生动力不足，缺乏工作技能和劳动能力提升的基础和条件，就业这一基本民生难以保障。

2. 社会参与严重制约贫困残疾人民生兜底保障的多元供给

贫困残疾人贫困程度深、贫困较持久，且大多生活在农村地区等特点，单纯依靠政府力量难以达到好的基本民生兜底保障效果，需要家庭、社区和社会组织的共同参与合作治理。与政府相比，社会组织的帮扶方式更加灵活、内容更加丰富、资金筹集渠道多元、效果也许更加明显。但由于当前我国对社会组织参与残疾人帮扶有多种限制条件，使得社会组织的参与率偏低。[3] 此外，由于缺乏对社会组织的培育和孵化机制，以及必要的引导和扶持机制，我国社会组织的数量不足、服务能力和服务质量不高，一些社会组织由于自身发育不足，致使其在具体参与残疾人帮扶较为有限。因此，缺乏社会组织多元化参与机制，会导致残疾人救助主体缺位和基本生活保障不充分。

3. 各级政府财政向残疾人民生兜底保障倾斜不够

我国经济发展进入新常态，整体经济增速放缓的背景下，国家着眼于宏观战略上的考虑，更倾向于将财政资金用于经济发展的需要。虽然近些年民生支出被放到重要的位置，各级政府尽力投入在民生领域，但经济下行压力带来财政收入减少势必导致投入到残疾人基本民生兜底保障的资金相对有限。从区域经济发展差异来看，我国西部地区由于经济发展水平较低，地方财力尤其省以下基本民生兜底保障财力有限，致使在现实中我国仍然有相当一大部分生活在落后地区的残疾人群体基本民生保障不足。

---

[1] 李霞. 我国残疾人的贫困问题及对策研究 [J]. 社会保障, 2018 (8): 65 - 68.

[2] 赵远蒙, 张谨. 新时代文化脱贫存在的主要问题及路径选择 [J]. 理论观察, 2018 (8): 65 - 68.

[3] 安华等. 支出型贫困残疾人家庭社会救助机制研究 [J]. 社会政策研究. 2019 (3).

第三节　优化贫困残疾群体民生兜底保障路径

《"十三五"加快残疾人小康进程规划纲要》对残疾人2020年进入小康社会擘画了宏伟蓝图。为残疾人实现小康，残疾人基本民生兜底保障重点政策包括：最低生活保障制度、困难残疾人生活补贴制度和重度残疾人护理补贴制度、残疾人儿童康复救助制度、残疾人基本型辅助器具补贴、残疾人家庭无障碍改造补贴、困难残疾人社会保险个人缴费资助、重度残疾人医疗报销制度、盲人、聋人特定信息消费支持、阳光家园计划等。这些政策的贯彻落实对贫困残疾人口民生兜底保障发挥了重要作用，但如前所述，仍然存在照护服务供给不足、保障水平有限等问题，基于"保基本+提升可行能力"思路提出贫困残疾人口民生兜底保障的路径，以在全面建成小康社会和完成消除绝对贫困的艰巨任务后，不断加大贫困残疾人的社会救助力度，扎实推进民生兜底保障工作。

一、兜底基础生活保障，降低贫困残疾率

各地政府采取提高受助标准、单独立户、建立贫困残疾人生活补贴和重度残疾人护理补贴等措施，进一步夯实了残疾人的基本生活保障。但调查显示，无论城市还是农村贫困残疾人在低保人口中所占比例总体上逐年上升，说明贫困残疾人的确是"困中更困、弱中更弱"的群体，较难符合条件退出低保制度的保障，需要长期在低保制度保障范围内维护其基本生活权益。此外，残疾人具有比其他人群更多的刚性支出，不仅在医疗、康复方面的费用支出高出一般人群，而且还在普通人群无须支出的辅助器具、家庭无障碍改造等方面付出更多，还有些家庭需要进行花费较高的护理[1][2]，而这会大幅度挤占基本生活支出，造成残疾人家庭即使收入稍高于普通家庭但其生活状态也更为艰难的局面。

（1）提高补贴水平，缩小城乡差距。补贴方面，在临时保障措施中将低收入家庭纳入保障范围，发放一次性临时生活补贴；尚未建立低收入家庭保障制度的地区，参照最低生活保障标准制定救助范围，采取简易程序，将未纳入最低生活保障的贫困残疾人家庭纳入救助范围。同时，需要密切关注关于贫困残疾人"五险一金"的补贴情况，确保补贴金如实下发、落到实处、物尽其用。对于贫困残疾户的住房安全问题需要尤为关注，加速解决目前住房补贴存在的覆盖率低，补

---

[1] 彭荣. 基于马尔科夫模型的老年人口护理需求分析. 统计与信息论坛 [J]. 2009 (3), 77-80.
[2] 何文炯. 老年照护服务补助制度与成本分析. 行政管理改革 [J]. 2014 (10), 28-33.

贴金不足等问题。加强对住在城市公租房、旧住宅区落户的贫困残疾户的关注度，缩小城乡差距，加大对社区的无障碍改造补贴，积极对该区域进行适宜残疾人的无障碍改造，让残疾贫困住得舒心和放心。

（2）持续改进低保制度，缩小区域差异。将特困人员供养、受灾人员救助和临时救助中的生活救助内容与最低生活保障制度有效衔接。基于儿童优先、强弱有别和积极救助的方针，将儿童、残疾人等人员优先纳入保障，并提高保障标准；建立低收入家庭保障制度，将残疾人家庭优先纳入城乡低收入保障范围，让更多的残疾人得到不同形式的社会救助；实施社会救助个案帮扶制度，对社会救助对象中的残疾人家庭实施个案管理，加大社会救助政府购买服务力度，引入社工机构、专业社会工作者，提供个性化、多元化精准救助服务，缩小中东西区域社会救助水平的差距。[1]

二、强化基层民生服务保障能力，助力贫困残疾人更好融入社会

由于残疾人本身容易存在的自卑感和社会其他群体的歧视，会缺乏参与一些社会活动的机会，因此，对社会的适应性远不如正常社会成员，社会融入性较弱。另外，身体状况在生理上受到限制，他们无法充分获取社会信息、利用社会资源。社会交往互动不足，久而久之，残疾人就会成为边缘化群体，产生对社会的疏离感。要解决这一问题，可以通过培养良好的社区氛围、建设稳定的社会支持网络、打造一批专业的基层服务工作队伍，以此来强化基层民生服务保障能力，助力残疾人更好融入社会。

（一）培养良好的社区氛围，防止贫困残疾群体边缘化

在我国，大多数普通居民对于残疾人无法抱有平常心去看待，甚至有一部分群众还会歧视欺侮残疾人群体。这对于残疾人的心理健康和融入社会是极其不利的，对贫困残疾人的扶贫工作也会形成一定的干扰。在基层社区培育形成友善的社区氛围是帮助残疾人融入社会的第一步。基层社区志愿者和媒体可以借助于互联网的作用，大力宣传，发挥中国传统美德作用，树立正确的价值观。此外，社区工作者、社区干部以及志愿者还可以在社区内定期组织相关活动，积极动员有能力的残疾群体和社区群众参与，加强残疾群体与其他社区群众的接触，尽力消除群体之间的隔阂，帮助残疾人在社区内建立相对稳定的社区关系，以减轻残疾人融入社会的阻力。

---

[1] 杨立雄. 突发事件中的残疾人社会支持研究 [J]. 黑龙江社会科学，2020 (06): 55 - 62 + 2.

(二) 完善社会支持网络，增强贫困残疾群体归属感

对于残疾人来说，尤其是贫困残疾人，他们所能得到最直接、最有力的帮助主要来源于家庭。家庭所起到的帮扶作用还是极其有限的。因此，更需要社会这个大家庭共同凝聚的力量，按所在社区方位划分将所有残疾者家庭形成一个全新的社会互助网，这将极大程度的加强残疾人家庭的归属感，也能更好融入社会。

除了社区支持网络以外，还应加强残疾人家庭内部网络构建，社区可通过提供免费的心理咨询、婚姻咨询帮助残疾人家庭实现家庭和睦稳定；加强"基层工作者+贫困残疾人"的帮扶联系，构建长效化的帮扶机制；加强社区"普通群众+贫困残疾人"的网络构建，通过组织社区活动、提供社区工作等形式来加强残疾人与社区其他群众的联系。完善贫困残疾人社会支持机制，建立"家庭—社区—正式"三大支持网络，强化"护理照料—心理干预—生活救助"三大支持内容。[1] 强化家庭责任、整合社区支持网络，提供护理照料、心理干预以及生活救助。

(三) 打造专业基层服务工作队伍，引导多维贫困治理

贫困残疾人帮扶工作人员可能并非专职从事救助服务工作，最好能够引入第三方社会工作者，打造一批专业的基层服务工作队伍。第一，可以采取政府购买服务的方式，引导社会志愿或爱心组织从事贫困残疾人的帮扶或救助服务工作。[2] 第二，可以组织高校学生，尤其社会工作等相关专业的学生利用学习空闲时间参与进来，不仅能够促使学生们在实践中高效利用所学的专业知识，还能培养和提升自身在社会帮扶工作中的能力和水平，为毕业以后走向社会能够更好地服务社会群众而奋斗。此外，针对残疾人巩固脱贫成果任务重的现实情况，要统筹规划，协调民政、残联、妇联等部门，培养一支专业化、规范化的帮扶队伍，增强基层对于残疾人员的关爱能力，夯实基层工作者的管理职责，及时掌握残疾群体的难处与心理问题隐患，有计划有步骤地介入残疾人基本民生兜底保障工作中去，做到有针对性的引导和帮扶。

(四) 完善康复服务体系建设，助力贫困残疾人正常生活

大力开展贫困残疾人社区康复服务，将残疾人康复工作纳入医疗卫生制度和

---

[1] 杨立雄. 突发事件中的残疾人社会支持研究 [J]. 黑龙江社会科学，2020 (06)：55-62+2.
[2] 杨立雄. 关于农村残疾人反贫困问题的再思考 [J]. 残疾人研究，2015 (02)：3-7.

卫生服务范畴。增加在残疾人康复治疗中人力、物力的投入，推进建设专门的残疾人康复中心，为残疾人提供有效、合理的康复治疗，同时要积极促进康复工作进入社区、服务家庭，在有条件的社区中设立专门的指导站，方便残疾人就近进行相关医疗和康复服务，帮助残疾人更好更快地恢复日常生活和自理能力，从而增强就业机会与就业能力，更好融入社会。

三、增强贫困残疾人群体就业能力，提升其可持续发展能力

就业是促进残疾人积极融入社会的必要基础。必须严格贯彻落实《关于促进残疾人按比例就业的意见》《残疾人就业保障金征收使用管理办法》《关于发展残疾人辅助性就业的意见》《关于促进残疾人就业增值税优惠政策的通知》《关于促进残疾人就业政府采购政策的通知》《关于扶持残疾人自主就业创业的意见》等保障残疾人就业权利的法规政策[1]，在保障残疾人口基本生活水平的前提下，加强其内在发展动力，从思想深处产生愿意劳动工作的意愿，为有劳动能力的残疾人提供就业技能培训，为其自力更生、艰苦奋斗提供良好的技术支持。不过，在就业竞争压力之大的今天，残疾劳动者的就业压力随之更甚。因此，需要在帮扶政策方面，加大对残疾劳动力的扶持力度。对于愿意接收残疾劳动力的企业按残疾工作者人数比例给予一定的税收优惠措施；在工作方面提供无障碍便利环境。在社区层面，实行精准帮扶。具体路径如下：

（一）创造条件，保障就业机会公平

第一，根据企业残疾人的就业比例，对愿意接纳残疾人的企业实行税收优惠政策，同时逐渐完善企业工作区域的无障碍建设，两方面共同促进残疾人全职工作的机会，提高残疾人就业的稳定性。

第二，加大对农村地区的资金投入。如前所述，农村贫困残疾人口数量是城市的 2-3 倍，困难残疾人口主要在农村，农村残疾人民生兜底保障工作比城市更艰巨。对于有能力而无资金支持的贫困残疾人给予全额贷款的权利，帮助其创业就业，降低有能力残疾劳动者就业门槛。

第三，营造信息无障碍环境。相对无障碍基础设施建设的发展，信息无障碍建设则更为缓慢，这需要加强建设互联网信息无障碍环境。残疾人在就业过程中容易遇到就业信息获取不及时、就业信息渠道较少、就业信息闭塞、对扶贫就业机构依赖性较强、自主需求工作岗位意识较为薄弱等问题，导致一些有能力的残

---

[1] 吕红平，黄思慧，何禄康. 残疾人脱贫：脱贫攻坚的硬任务 [J]. 人口与健康，2019（10）：48-51.

疾人由于难以寻求工作而进入贫困的漩涡里。因此，应加快建设完善的互联网信息沟通渠道，提高残疾人获取就业信息能力，促使有能力残疾人能寻找到与其适配程度高的工作岗位。

（二）精准帮扶，满足就业需求

1. 精细化贫困残疾人就业能力培训服务

第一，发展以残疾类别为分类依据的精细化培训，尤其是互联网在线就业技术培训课程的精细化。各个培训机构可以市场为导向，针对市场岗位需求为重点，精准识别需要帮扶的残疾人的优势劣势所在，对适合该岗位的残疾人实行重点分类培训。提升残疾人的自身发展能力，增强培训内容的针对性和实用性。第二，完善多层次自我发展能力提升项目。按照难易程度开展低、中、高三种层次的残疾人自我发展能力提升服务，根据不同就业岗位对专业知识水平的要求和残疾人自身文化、技能水平，以及对培训内容的接受程度，选择适宜层次、类型的培训课程，提高培训的有效性。第三，加快发展和落实残疾人职业能力评估工作。在充分了解残疾人的个性需求及职业能力的情况下，为其推荐适当的培训课程及就业项目，提高培训的适应性。

2. 发展社区集中就业模式

就是以就业小组的形式组织残疾人在一个合适的固定地点集中就业。以社区、农村为单位，设立就业项目点，安排在该地区范围内残疾人集中就业。以居家残疾人就业来讲，就业项目点可以很好地与包括企业、残疾人就业服务机构、公益性组织等在内的项目来源第三方合作，开展稳定的合作关系，确保工作地点和项目来源的稳定性；以有能力的残疾人来说，该就业项目可以与公益组织合作开展暖心公益活动，例如上海一家特殊的咖啡店"熊爪咖啡"，招募残疾工作者以及脸部大面积灼伤患者，给残疾人提供免费培训，使其更好地融入社会，让其在这个有温度的城市里找到自己的归属。

（三）接受文化教育，提升就业能力

高度重视贫困残疾人的教育问题，对于不同年龄段的不同残疾状况的学生实行精准分段教学、协同发展，培育不同类型的专业人才，为残疾人脱贫提供人才动力。依靠教育扶贫，逐渐消除残疾儿童因贫困造就的文化排斥现象，阻断文化贫困的代际传递，改变贫困残疾人自身及家庭的状况，增强贫困残疾人家庭的后续发展力量，并带动小区域内大发展，挖掘教育的深层次内涵，发挥文化教育的时代价值。

四、重视"因残致贫"问题，建立相对贫困治理长效机制

"因残致贫"问题是全球减贫事业共同面对的挑战，需要多方用力。脱贫攻坚期内我国残疾人数量大幅减少，生产生活状况显著改善，并探索出了一系列解决"因残致贫"问题的有效实践。[1] 实现巩固拓展脱贫攻坚成果同乡村振兴有效衔接，必须建立相对贫困治理长效机制，健全防止返贫监测和帮扶机制、健全社会保障和救助制度，同时，发挥市场机制的撬动作用、引导社会力量广泛参与、加强和改善残疾人服务能力及激励残疾人自强脱贫等。

（1）建立起精准监测与有效相对贫困治理长效机制。利用大数据信息手段，详细、动态掌握"因残致贫"家庭的收支和特殊情况，精准监测、及时跟踪其生产生活情况、帮扶情况和政策落实情况，健全防止返贫监测和帮扶的有效措施。

（2）进一步完善"因残致贫"家庭的社会保障和救助制度。加快试点"服务型社会救助"和"支出性保障"的有效方式，减轻残疾人家庭的生活和照护负担，在基本教育、医疗、住房、基本社会保障和医疗康复救助等方面持续加大帮扶力度。

（3）发挥市场机制在解决"因残致贫"相对贫困的撬动作用。加强对残疾人的职业培训和就业帮扶，建立帮助贫困残疾人就业增收、产业扶持的相对贫困治理的长效机制。

（4）引导社会力量广泛参与助残扶贫。建立完善相关激励措施，借助东、西部协作和对口支援，动员各类企业、经济组织、社会组织和乡村志愿者队伍等力量参与帮扶，帮助更多残疾人通过参加生产劳动改善生活品质。

（5）加强和改善乡村为"因残致贫"家庭服务的能力。进一步加大基本公共服务对残疾人家庭的保障和支持力度，做好残疾人照护服务、康复服务、居家无障碍改造等工作。

（6）不断引导激发内生动力。塑造健全的残疾人人格，为增强残疾人的可行能力奠定健康的身心基础。要培养残疾人的自立自强精神，改变他们消极的观念，让残疾人明白唯有自力更生才能立足于社会之中，重塑残疾人的可行能力，激发残疾人的潜力，增强其自我脱贫的发展能力，提高其社会参与和社会融入的能力，真正实现相对贫困残疾人稳定脱贫、长久脱贫。

---

［1］ 程凯. 破解"因残致贫"的中国实践 [J]. 残疾人研究，2020（04）：3-8.

第八章　新冠疫情下的基本民生兜底保障

自2019年12月新冠疫情流行以来，不仅给人们的生命健康带来威胁，也一度扰乱了正常的社会生活秩序，特别是对人们的饮食、出行和就医等基本生活产生了较大影响，而这也使得社会困难群体的生活雪上加霜。因此，在新冠疫情大流行的背景下，如何有效地保障社会困难群体的基本生活成为我国基本民生兜底保障工作的重要议题。本书在全面掌握新冠疫情下兜底保障工作现状的基础上，对照基本民生兜底保障目标和各相关政策的要求，对新冠疫情下基本民生兜底保障工作状况进行全面深入分解。在发现新冠疫情下相关工作主要问题后，围绕上述问题并结合相应理论进行深入的剖析。对照中央关于应急状态下有关社会保障的系列决策部署，研究提出新冠疫情下深入推进基本民生兜底保障工作的主要措施办法。兜底保障是一项社会保障制度，其不仅是"精准扶贫、精准脱贫"的重要组成部分，也是发生重大灾害情形下，有效保障受灾群体基本生活、提升受灾群体发展能力、缩小因重大灾害所致发展差距、满足受灾群体对美好生活愿望追求的重要制度保障。新冠疫情下的基本民生兜底保障主要针对因疫情而导致的基本生活困难、发展能力受限的家庭、个人，尤其对本身患有重病、重残和无劳动能力群体的保障、以及因疫情而使兜底保障能力严重削弱的地区，实施兜底保障工作，筑牢疫情下的基本民生兜底保障网。

第一节　新冠疫情与兜底保障

一、新冠疫情下的应急处置

（一）新冠疫情的特点

2020年初暴发的新冠疫情给我国乃至世界的经济社会秩序造成了巨大冲击。作为一项重大突发公共卫生事件，新冠疫情呈现出以下特征：

第一，不确定性和突然性。新冠疫情在中国大陆最初由武汉传开，其在发生的时间、地点和方式上具有偶然性，一般是不可预见或难以准确预测的，疫情的暴发呈现出较大的突然性。

第二，全域性。从其影响范围来看，由于病毒存在较长潜伏期，又正值春节假期，人口大规模返乡，加之对新冠病毒的生物特征及其传播方式了解有限，采取的防控措施力度不足等原因，致使新冠疫情由区域性事件升级为影响全国性事件。

第三，重大危害性。从新冠疫情的危害程度来看，它的暴发对社会系统的基本价值和行为准则架构产生严重威胁，对人的生命、财产、日常生活、社会秩序和经济等造成不同程度的损害。此次新冠疫情造成了大量的感染人员和死亡人数，应对疫情的措施极大地影响了人们的日常生活，大面积停工停产，致使经济增长缓慢。

第四，紧迫性。新冠疫情的突发性决定了应急反应的时间非常有限，而其危害性特点意味着在新冠疫情发生时已造成一定的后果，如人员感染与伤亡、财产损失等，并且随着疫情的扩散，造成的损失会越来越大。

由于新冠疫情具有不确定性、突然性、全域性、危害性、紧迫性等特点，与平时状态下的兜底保障工作相比，困难群体的范围变的更广，如已脱贫人口和边缘人口可能因受到疫情的冲击而重新陷入困境；留在当地的农民工、留校学生因无法满足其自身的生活需求而陷入困难；农村留守儿童和老人因疫情不能与家人相聚，且得不到帮助；孤儿、残疾人、精神病患者等因受不到关注而出现生活和心理上的困难。因此，受到疫情期间政策的影响，如要求全国人民居家抗疫，导致传统的走访式社会救助资金核查受到限制、传统的资金救助＋实物救助方式无法实施、社区服务变的困难重重等，使得兜底保障的核查任务难度变高、救助形式受限，对重大突发公共卫生事件下的兜底保障工作提出更高要求。在突发公共卫生事件发生以后，如何快速实现平时状态下的兜底保障工作向应急情形下的兜底保障转换，可以从丰富兜底保障形式、扩大困难群体范围、扩容兜底保障内容等方面实现"平战转换"。针对新冠疫情这一重大突发公共卫生事件，须在有限的时间里依靠有限的信息迅速做出决策判断，控制事态的发展，与此同时，在这一过程中，如何保障困难群体的基本生活也成为重大公共卫生事件应急管理的重要内容。

(二) 我国应对新冠疫情的运行机制

我国《突发事件应对法》将突发事件的应急管理分为预防与准备、预警与监测、救援与处置、善后与恢复等四个阶段。政府此次应对新冠疫情的运行机制大致体现为监控预警、决策指挥、沟通协调和社会保障机制。

在监控预警上，新冠疫情暴发早期，武汉市卫健委及时将不明原因肺炎病例上报,并发布了多项相关通知文件,积极开展行动,提示工作尽量避免到封闭、空气不流通的公众场合和人多集中地方,外出佩戴口罩;同时国家卫健委要求加强监测、分析和研判,及时做好疫情处置。在决策指挥上,为有效应对新冠疫情,建立了以习近平总书记亲自领导、亲自指挥、亲自部署的领导指挥体系;建立了动态管理体系,包括分区域施策、分阶段调整防控重点、推出"健康码"模式;组建流行病学调查团队,不断充实流行病学调查内容;以社区为单位的全面排查,提高检测水平,建立健全全质量控制体系。在沟通协调上,政府及时全面公开透明发布疫情信息,建立日常新闻发布机制,第一时间公布疫情信息;主流媒体加强舆论引导,提供了舆论支持,新闻媒体深入宣传中央重大方针决策部署,充分体现党中央坚决打赢疫情防控阻击战的决心和信心;大众传播和网络媒体加强针对性引导,着力化解民众存在的焦虑、恐惧心理;同时,人民群众积极响应配合政府的防控部署与号召,较快形成"全民参与、群防群控"的有利局面。在社会保障机制上,中国发挥"集中力量办大事"的制度优势,建立抗击疫情举国体制,一方面,弘扬"一方有难、八方支援"的民族精神,集全国之力支持疫情重灾区,把全国支援湖北和武汉抗击疫情作为打赢"湖北保卫战""武汉保卫战"的关键,统筹调配全国全军资源为"主战场"提供及时可靠保障;另一方面,在全国范围内提高资源配置效率,优化组织生产,加强医用物资和生活必需品应急保供,严厉查处各类哄抬物价和制假售假的违法行为,打赢后勤保障战,为抗击疫情奠定重要的物质基础。

新冠疫情的暴发,不仅对人民的生命健康造成重大威胁,也给全国经济社会正常运行发展带来了极为不利的影响。为此,不仅需要保障人民生命健康的"硬手段",还需要可以稳定民生的"软支撑",特别需要作为保障民生"定心丸"和维护社会安定"稳定器"的民生保障制度发挥重要作用。在这场疫情防控阻击战中,从免除患者的救治费用到及时认定在一线牺牲的医护人员工伤并发放抚恤金,再到对慈善捐赠款物的管理与使用等,已经初步展现出民生兜底保障制度作为国家应对突发公共卫生事件的治理工具的强大功能。一个健全且能够应对突发事件的基本民生兜底保障制度,不仅能够帮助人民度过任何灾难带来的生活难关,亦必定为维护经济社会正常健康发展提供有效的治理工具与手段。

二、新冠疫情下我国兜底保障的基本现状

总体而言,为应对此次疫情,各主管部门密集出台了一系列应急性的兜底保障政策文件,有效弥补了现行基本民生兜底保障制度的不足,化解了抗疫期间的民生困难,使我国社会保障制度经受住了考验。党中央、国务院高度重视疫情防控中的困难群众基本生活保障。习近平总书记强调要密切跟踪受疫情影响的贫困

人口情况，及时落实好兜底保障等帮扶措施，确保他们基本生活不受影响。中央应对新冠疫情工作领导小组出台《关于进一步做好疫情防控期间困难群众兜底保障工作的通知》，就克服疫情影响、加强各类困难群众基本生活保障和基本照料服务作出安排部署。民政部认真贯彻中央要求，制定一系列政策举措，并派出了9个工作组赴湖北等地督促落实各项帮扶措施，切实做好困难群众基本生活保障工作。

（一）新冠疫情下针对困难群体的社会救助举措

社会救助反应及时，以保障贫困人口的基本生活。尤其是对因隔离措施而滞留本地的外地困难人员实施救助。要求及时下发困难群众救助补助资金、延长公益性岗位政策的实施期限、简化社会救助程序、适当下放救助审批权限等；针对疫情中的患者、特殊困难群体和一线工作人员这三类群体，提供了医疗救助、临时救助、就业救助、医疗物资救助、生活救助等救助服务。

对于新冠患者的医疗救助主要体现为：新冠患者的治疗费用由基本医保、大病保险等报销后，剩余部分则由国家财政承担。通过国家财政对新冠患者的治疗费用进行兜底，及时免除了患者用以治疗的费用负担。

对于特殊困难群体的社会救助主要分成两类，一类是常规困难主体，主要指非疫情原因造成的长期困难群体，比如散居特困供养人员、低保对象、流浪乞讨人员等。在疫情防控期间，各地政府对这类群体足额发放低保金、生活补贴和价格临时补贴等。此外，对流浪人员还进行了医疗救助、实物救助、住房救助与现金救助等。另一类是指临时困难群体，主要指由于感染新冠肺炎或参与疫情防控，自身或家庭成员出现生活困难的群体。针对临时困难户主要提供的是就业救助、"先救后补"或一事一议的临时救助、最低生活保障等。数据统计显示，2020年全年共为515万名失业人员发放了失业保险金，发放金额约为930亿元人民币；全年共为领取失业保险金人员代缴基本医疗保险费97亿元；全年发放稳岗返还惠及职工15596万人，发放技能提升补贴惠及职工172万人。临时困难儿童值受到疫情影响而缺失教育资源的城市贫困儿童、农村儿童和临时留守儿童，教育部与社会力量积极对临时困难儿童进行教育救助，如教育部整合并组织现有的优质教学资源，构建全媒体资源生态，有线/无线电视、网络平台、纸媒课本等多终端成为获取教育资源的平台，弥补了偏远农村地区的儿童网络资源落后的缺陷。

中央应对新冠疫情工作领导小组印发《关于进一步做好疫情防控期间困难群众兜底保障工作的通知》指出，要保障好疫情防控期间困难群众基本生活，坚持应保尽保、保障到位，及时足额发放各类救助金和社会福利补贴。具体体现在以下几个方面：（1）对低保家庭给予全额救助，按当地最低生活保障标准全额发放低保金，连续发放三个月；（2）对农村建档立卡贫困户和低收入家庭发放一次性临时生活补贴；对享受残疾人"两项补贴"人员发放一次性临时生活补贴，对其中未建立低收入家庭制度的地区，由民政、残联部门实施简易程序，紧急排查受疫情影响较为严重的残疾人名单，纳入一次性临时生活补贴发放名单等；（3）对于需照料的老年人，由政府提供专门照护场所，并发放足额照料补贴，对受疫情影响的无人照料的儿童，要落实临时监护人等。

（二）新冠疫情下针对困难群体的社会保险举措

社会保险作为社会保障制度的主体，其功能在于通过大数法则来降低各种不确定性风险所引发的经济支出，以保障人们消费的平滑性。而新冠疫情作为全球性的突发公共卫生事件，其所具有的高度不确定性加剧了人们所面临的财务风险。在新冠疫情开始全国蔓延的第一时间，我国各部门积极采取相应措施并充分发挥社会保险在保障困难群体收入稳定性方面的作用。其中，就业不仅是民生之本，也是收入的主要来源。为有效发挥中小微企业在稳岗、拓岗方面的作用，2020年2月至3月，中央及各地方政府采取了"减、降、免、缓、返"等一系列制度举措，各省份根据受疫情影响情况以及基金的承受能力，阶段性减免养老保险、医疗保险、工伤保险等缴费，保障中小微企业平稳运营。同时，充分发挥失业保险稳定就业的功能。在2020年疫情期间，全年养老保险、失业保险和工伤保险3项社会保险为企业减负1.54亿元，占比达到整个减税降费的2/3。当进入常态化的疫情防控后，针对疫情期间新就业形态的兴起，社会保险对困难群体的保障则重点转向农民工、个体工商户和平台灵活就业人员的风险防范上。下文则就新冠疫情下不同社会保险的保障举措进行细致阐述。

在医疗保险领域，针对新冠肺炎患者，国家医保局提出确保患者不因费用问题而得不到及时救治，确保定点医疗机构不因医保总额预算管理规定影响救治，着力降低新冠肺炎给患者带来的医疗财务风险。对于新冠肺炎患者的治疗费用，通过扩大医保覆盖目录，及时将《新型冠状病毒感染的肺炎诊疗方案》覆盖的药品和医疗服务项目临时纳入医保支付范围，使得患者的部分治疗费用由基本医疗保险加以负担；同时，对集中收治患者的医院，医疗费用不纳入医院总额预算控制指标，消除医院治疗参保患者的后顾之忧。为便于异地新冠肺炎患者的费用报销，国家医保局采取了采取先救治后结算的方式，在报销时不执行异地转外就医支付比例调减规定。而对于在基本医保报销范围之外的费用，则充分发挥多层次医疗保障体系的作用，利用大病保险负担一部分，剩余的个人负担部分则由政府财政进行补助。

在工伤保险领域，不同部门出台的政策制度虽未直接针对困难群体，但其保障对象为一线的医务人员和社区工作者，而后者则是疫情下困难群体就医和基本生活的重要人力保障。具体而言，在 2020 年 1 月 22 日，人社部、财政部、国家卫健委联合印发《关于因履行工作职责感染新冠病毒肺炎的医护及相关工作人员的有关保障问题的通知》，要求做好救治新冠患者和防疫一线医务工作者及相关工作人员人身与职业安全保障工作。在 3 月 3 日，中央应对新冠疫情领导小组印发了《关于全面落实疫情防控一线城乡社区工作者关心关爱措施的通知》，同时，民政部接着印发了该通知的落实通知，确定了爱一线城乡社区工作者具体政策措施。上述制度安排中的重要一项则是为一线医务和社区工作人员提供防护设施和设备配置，确保职业环境的安全性；对于这一过程中出现伤亡的工作人员依法认定工伤。

在失业保险领域，充分发挥失业保险的风险分散功能。失业保险制度具有典型的逆经济周期性，由于严重的疫情造成了大量企业无法按时复工开产，大量劳动者无法及时回到工作岗位，对劳资双方都产生了不利的影响。为此，相关部门出台规定，明确要求湖北等疫情严重地区受疫情影响失业的参保人员，可通过失业保险基金，按照不高于当地失业保险金标准发放失业补助金；对于疫情防控期间不裁员和少裁员的中小企业，按照一定比例返还失业保险金。

第二节 新冠疫情下兜底保障面临的主要问题

尽管我国采取了一系列基本民生兜底保障举措来应对新冠疫情产生的影响，但现行的基本民生兜底保障体系仍不成熟。在新冠疫情期间，解决特殊的应急问题仍需要各部门出台应急性的政策文件，以临时打"补丁"的方式来应对突如其来的状况。这表明兜底保障不仅要有应对常规风险的能力，还应具备应对突发性风险的功能。

一、新冠疫情下基本民生兜底保障体系缺乏对新增困难群体的快速识别与认定

类似于新冠疫情等突发公共卫生事件的频发是现代社会发展的重要特征，大规模的突发性事件风险往往会波及众多或全部群体，但不同群体遭受此类风险的影响往往会有较大差别。社会学领域的研究早已揭示，当代社会中的社会风险具有明显的社会分层特点，不同群体因自身经济条件和能力不同，使其对突发性风险的承受能力也有所不同。2020 年初暴发的新冠疫情给我国社会的正常运行带来了很大的冲击，众多行业停工停产，民众的正常生活秩序受到影响，而部分受影

响较大的群体则陷入生活困境。值得注意的是，在此次新冠疫情冲击下，我国基本民生兜底保障体系仍聚焦于已被制度覆盖的特殊困难群体，原有享有兜底保障政策的人群以及新冠肺炎患者均享受到了较为充足的保障，但对于因疫情冲击而出现的新增困难群体则未被纳入兜底保障范围，这类新增困难群体主要包括：灵活就业人员等广大低收入者、留守人群、其他疾病种类患病人群。

（一）灵活就业人员等广大低收入者陷入生活困境

灵活就业人员等广大低收入者大多从事收入水平相对较低的职业，工作机会受市场变化影响较大，抵抗风险的能力也相对较低，而这类职业的社会保障水平也相对较低。一方面，受疫情影响，餐饮、建筑、家政、维修等接触性较强的服务行业都遭到较大冲击，而这类企业正是灵活就业人员较集中的领域，疫情期间大量企业暂时性关闭，灵活就业人员与此类用人单位的劳动关系较为松散，大多通过"日结"的方式获得劳动报酬，长时间缺少工作机会，使其陷入收入来源不足的困境；另一方面，由于收入较低，灵活就业人员等广大低收入者几乎没有过多的储蓄，以致其应对突发性风险的能力不足。同时，由于这类群体未在兜底保障的覆盖范围内，且参加失业保险的概率的较低。当其收入减少、生活成本增加、生活陷入困境后，理论上成为兜底保障对象。然而，在疫情防控期间，入户走访、收入核查、民主评议等工作难以正常开展，主动发现、及时救助受到一定影响，加大了兜底保障工作识别与认定的难度。

（二）因疫情影响造成监护缺失的儿童与老人

孤寡老人、留守儿童、重病重残人员等群体既是新冠肺炎的易感重点人群，也是需要社会关爱和帮扶的重点群体。疫情暴发以来，针对困难儿童和留守儿童所在家庭大多存在防护能力比较弱、防护物资比较匮乏等问题，民政部明确要求各地指导乡镇儿童督导员、村居儿童主任加大对此类特殊儿童群体的走访摸排力度，及时掌握这些儿童的生活保障、家庭监护、疫情防控等基本情况并且提供相应的帮扶措施。对于因疫情影响而导致监护缺失儿童，即由于父母或其他监护人确认感染、疑似感染或需隔离观察，父母或其他监护人因防疫抗疫工作需要以及其他因疫情影响不能完全履行抚养义务和监护职责的儿童，一方面由于公共危机事件的突发性，使得这类群体被动临时处于无人监护状态；另一方面这类群体由于行为能力不够，无法主动寻求救助保护，使得出现儿童监护缺失的情形。

（三）其他疾病种类患病人群的治疗与保险严重缺失

在新冠疫情期间，为了有效治愈并切断传染病传播途径，部分医院或被征用为发热病人收治医院，或为防止交叉感染和降低其他人群被感染的概率而暂时关闭。肿瘤科、血液科、血液透析中心等科室，一些急需化疗的癌症患者、急需接受透析的尿毒症患者等非新冠肺炎危重病人难以得到及时有效的治疗。因此，非新冠肺炎危重病人可以使用的医疗资源极为有限，同时，为了防止疫情的进一步扩散和蔓延，各地区都实施严格的交通管制，使得非新冠肺炎危重病人在医疗服务利用领域成为新的困难群体。

（四）一线非医护工作人员存在工伤认定困难的情形

疫情期间，除了工作在一线的医务工作者面临更大感染风险外，在抗疫一线工作的志愿者也同样面临较高的被感染风险。根据《国家卫生健康委关于因履行工作职责感染新型冠状病毒肺炎的医护及相关人员有关保障问题的通知》，感染新型冠状病毒肺炎或因感染新型冠状病毒肺炎死亡的医护及相关人员，应认定为工伤，依法享受工伤保险待遇；已参加工伤保险的上述人员发生的相关费用，由工伤保险基金和单位按工伤保险有关规定支付；未参加工伤保险的，由用人单位按照法定标准支付，财政补助单位因此发生的费用，由同级财政予以补助。该通知对医务工作者的工伤认定起到了很好的保障。而对于非医务工作者的一线志愿者，一方面，由于志愿者自身自愿性、非利益性、公益性等特点，没有用人单位建立劳动关系，难以依法享受工伤保险待遇；另一方面，相关部门没有明确设立有关新冠疫情中志愿者的工伤认定条例与法律救济标准，使得处在一线的非医护工作人员工伤认定困难。

新冠疫情下的新增困难群体是因疫情而产生的困难群体，其与日常困难群体存在一定差别，且部分人群可通过疫情的消除和社会的恢复而脱离困境，但在此期间其基本生活仍需得到保障。尽管目前我国针对贫困者的社会救助制度已经有比较规范的标准和对象识别机制，而在实践中却缺乏专门的标准和方法来识别如新冠疫情等突发性社会风险所致的特定困难群体。

二、新冠疫情下基本民生兜底保障体系存在制度与学理的冲突

新冠肺炎作为一项全球性的传染性疾病，具有明显的负外部性。对于新冠患者的救治和严格的疫情防控，可有效降低疫情的传播风险，产生正的外部性。在有正外部性的情形下，私人部门是不愿承担疫情防控的责任。原因在于承担疫情防控需要付出一定的成本，而疫情防控所产生的效果具有正外部性，他人即使不付费也能够享受到疫情防控的效果。在此情形下，成本由私人部门负担，但收益却由社会成员分享，由此引发市场失灵。而政府干预则是应对市场失灵的一项重要举措，新冠患者的救治和疫情防控则成为政府的必然责任。

在明确为政府的责任后，则需根据救治新冠患者所产生的外部性的范围进一步划分不同层级政府间的责任。根据《突发事件应对法》规定的"分级负责、属地管理"原则，在绝大多数区域性的灾害事件中，地方政府应当承担主要责任，而全域性的灾害事件则由中央政府承担主要责任。一般而言，突发公共卫生事件首先在某一个具体的地方发生，在最初发生时属于地区性的突发事件，只对事发地及周围群众的健康产生影响。但与其他类型突发事件不同，突发公共卫生事件的致因（如病毒）往往具有传染性，并由此导致公共卫生事件影响范围不断扩大。在新冠疫情暴发初期，由于病毒存在较长潜伏期，又正值春节假期，人口大规模返乡，再加上早期对病毒的生物特征及其传播方式了解有限，采取的防控措施力度不足等原因，使得新冠疫情从早期的区域性突发事件演变为全域性事件。突发公共卫生事件的影响范围从地区性演变为全域性的过程，往往具有区域非均衡性的特点，即：由于疫情发生的渐进性，早期发生的地区往往由于缺乏治理经验而成为重灾区，后期有效的管控措施可在很大程度上控制疫情的传播。因此，即便成为全域性的公共卫生事件，不同地区之间的严重程度和相应的治理难度也会有所不同。可见，新冠患者的救治和疫情的防控主要为中央政府的责任。

在具体的政策实施过程中，为了有效遏制疫情蔓延，我国政府实行对所有感染者或疑似感染者进行免费治疗和免费隔离的政策。具体体现为新冠肺炎患者发生的治疗、医药费用由基本医保、大病保险、医疗救助等按规定支付后，个人负担部分由财政给予补助。由此看出政府承担疫情防控的事权。事权的背后则需要承当相应的支出责任。根据《关于新型冠状病毒感染肺炎疫情防控有关经费保障政策的通知》，确诊患者医疗费用的，个人负担部分由财政给予补助。所需资金由地方财政先行支付，中央财政对地方财政按实际发生费用的60%予以补助，其余所需的防护、诊断和治疗专用设备等所需经费，由地方财政予以安排，中央财政视情况给予补助。可以看出，在本次新冠疫情防控过程中，地方财政承担了较大比例的患者治疗费用。这与前文的学理分析产生冲突。

医疗保险是基于大数法则用以分散疾病的不确定性所带来的医疗财务风险、保障人们消费平滑性的制度安排。而大数法则的适用背景在于，社会成员中有一部分的人群会生病，且可以通过相应的统计技术与方法估计生病的群体规模，从而将社会中未生病人群缴纳的保费用以补贴生病人群的医疗财务支出。但新冠疫情所带来的是系统性风险，如不加以有效防控，社会中的所有成员均有被感染的概率，此时大数法则失去了其赖以发挥作用的基础。因此，新冠肺炎带来的风险并不适用于大数法则。而在新冠肺炎患者的救治过程中，考虑到治疗费用高昂，若由患者个人负担，会使大量患者家庭陷入困境。先由医保报销，剩余费用由政府财政负担的方式降低贫困发生率本身无可厚非。但对于新冠疫情这类引发系统性风险的传染性疾病,若由医保基金承担新冠肺炎患者大量的治疗费用,不仅违反了医疗保险分散疾病风险的学理原则,还会对医保基金的可持续性造成一定冲击。此外,在支出责任的实际划分中也存在不合理因素,总体而言,新冠疫情作为全域性的公共卫生事件,相比地方财政,中央财政负担的比例相对较低。例如,武汉市乃至湖北省作为此次疫情的重灾区,在防控疫情风险扩散全国的同时,也耗费了本地区大量的医保基金和地方财政资金。

三、新冠疫情等突发性事件对基本民生兜底保障制度的可持续性带来挑战

基本民生兜底保障制度作为社会的最后一道"安全网",既是困难群体基本生活的保障网,也是维持社会稳定的缓冲器。对于新冠疫情下的特殊贫困群体,特别是无劳动能力的困难人口以及因疫情冲击产生的"新困难群体",均需要基本民生兜底保障制度来保障其基本生活。而基本民生兜底保障标准的逐步提升也显现了一定的福利刚性。在兜底保障标准只升不降的背景下,类似于新冠疫情等突发性事件的发生会加大基本民生兜底保障资金的大幅支出,这对于兜底保障资金的充足性以及制度的可持续性带来较大挑战。而新冠疫情等重大突发性事件对基本民生兜底保障制度可持续性的影响主要体现在资金支出和资金筹集两个方面。

(一)新冠疫情的发生会加大兜底保障资金支出

健康脆弱性群体、贫困脆弱性群体或其他潜在的边缘性群体由于自身和环境的共同影响,一旦遭遇新冠疫情等突发事件风险,他们更容易陷入生活的困境。此时需要基本民生兜底保障制度来维持其基本生活水平。加之该制度本身具有的"福利刚性",人们对保障的期望值不断提高,使得兜底保障基金的支出也越来越大。在此次新冠疫情下,为了保障因疫情所致贫困人口的基本生活,国家加大了保障力度。自2020年1月至9月,全国低保、特困、临时救助等资金支出达到1844亿元,相比去年同期支出增加341亿元,增幅达到18%[1]。

(二)新冠疫情对财政收入造成冲击进而影响兜底保障基金的筹集

决定兜底保障资金筹集水平的根本因素在于经济发展。新冠疫情给经济发展带来了巨大冲击,劳动密集型企业和服务业所受影响最大,而企业利润和居民收

---

[1] 数据来源于2020年11月23日民政部举办的脱贫攻坚兜底保障情况新闻发布会,民政部社会救助司司长刘喜堂的介绍。

入的降低进而导致政府财政收入的减少。与国家、单位、个人三方共同承担费用的社会保险不同，兜底保障基金主要来源于国家财政拨款，因此财政收入不足会直接导致兜底保障资金筹资来源不足。然而，兜底保障资金是基本民生兜底保障的重要物质基础，资金充足与否直接决定了基本民生兜底保障制度的成效。

（三）当前基本民生兜底保障制度缺乏应对突发性社会风险的顶层设计

目前我国基本民生兜底保障制度只考虑了普遍存在的、常态化的社会风险，而未考虑到类似新冠疫情等突发性风险，进而使得这一制度缺乏全面而周到的顶层设计，在应对不同突发性风险时采取完全不同的保障思路，打破了突发事件下制度的延续性。而从制度定义来看，制度应具有稳定性、长久性和延续性，这样才能保证该项制度的权威性和可信度。若制度变化频繁，不仅会降低制度运行效率，也会降低民众对政府的信任度。

在进入21世纪后，重大自然灾害、全球气候变化、城市化进程加速等所引发的诸如非典、新冠疫情等突发性社会风险频发。而这类风险的发生时间、范围和破坏力均具有高度不确定性，一旦发生，部分受风险影响较大的群体往往会陷入生活困境，此时，政府需通过基本民生兜底保障制度保障该类群体的基本生活。但我国基本民生兜底保障制度缺乏应对突发性社会风险的能力，具体体现为应对突发性社会风险的基本民生兜底保障机制尚不健全，保障对象及保障内容不全面，即重困难群体而轻"新困难群体"、重生存而轻发展、重短期而轻长远、重物质救助而轻精神保障。尽管新冠疫情发生后政府采取了一系列应急性的、响应性的措施，保障了受影响群体的基本生活。但诸多措施依旧是事件发生之后的应急反应，并不符合新冠疫情的常态化管理。减少新冠疫情等突发性社会风险对兜底保障带来不利影响的最好办法应是预防为主、应对为辅，从源头扼制住事态的发展。因此，需将预防突发性社会风险考虑在民生兜底保障制度设计内。

四、现行基本民生兜底保障体系尚未考虑新业态下的困难群体保障

新冠疫情作为一种传染性疾病，切断传播途径是有效控制病毒扩散的主要途径。在疫情严重期间，最大限度地减少人与人之间的面对面接触成为疫情防控的主要举措。然而，疫情防控也使得一部分原本生活正常的人群陷入生活困境。一方面，诸多劳动密集型企业的从业人员因企业停工、裁员或破产而失业，加之自身储蓄不足，失去主要收入来源者在疫情期间陷入生活困境；另一方面，疫情的暴发使得社会生活的诸多方面转移到线上。社会的线上运作在有效保障居民日常生活需要的同时，也给生活在数字时代的中老年人等"数字难民"群体带来了诸多不便。"数字鸿沟"导致的困难群体保障问题亦愈加突显。而我国基本民生兜底保障体系对上述困难群体的关注明显不足。接下来主要针对上述困难群体的就业保障、日常生活保障、教育保障三个方面展开论述。

（一）现行基本民生兜底保障体系未有效覆盖新业态的就业困难群体

此次疫情的暴发对于互联网行业或能以较小成本转移至线上的行业（如自媒体、在线教育）冲击较小，部分具备互联网相关知识的人员可足不出户从事与互联网相关的副业；而对于难以转移至线上的旅游业、餐饮业、制造业等影响严重。在疫情严重期间，诸多企业停工停产，不得不压缩人力资源支出，导致用工需求减少，部分人群失业。而疫情导致 2020 年经济整体下行压力增大，就业形势依然严峻。而在互联网新业态下不具备迅速转行条件和能力的人员，一旦待业在家则失去主要经济来源，加之自身储蓄不足，在疫情发生后生活陷入困境。

此外，由于疫情导致各行业的生存压力增大，出现了高科技企业挤占低技能行业市场的情况。例如，因疫情防控需要，居民出行不便，互联网生鲜平台订单量呈现爆发式增长，通过"预购+送货上门"等方式在疫情期间极大地便利了群众的生活，而这无形中也挤压了疫情之下传统市场商贩的生存空间。特别是在疫情防控进入常态化后，互联网巨头以此为契机，大力推行社区拼团购物。而传统的市场商贩作为单薄的个体，在疫情导致收入来源不足的情况下，还需要承受商铺租金、人力、产品积压腐烂带来的成本，风险承受能力因疫情而变得更加脆弱，遑论与大资本的巨额购物津贴进行竞争，商贩的就业和生存环境因受到突发疫情和互联网巨头的双重打击而日益艰难。诚然，对互联网巨头采取反垄断措施是中央政府的事权，但对疫情和新业态下可能出现的新困难群体则是民生兜底保障体系重点关注的人群。因此，不论是疫情严重时期还是"后疫情时代"，我国基本民生兜底保障体系应尽可能覆盖由新业态发展所导致的就业困难群体。

（二）现行基本民生兜底保障体系未有效覆盖新业态下困难群体的日常生活保障

疫情使得诸多社会项目运行转移至线上，也给"数字难民"的基本生活带来了不便。许多老人不会使用或者根本没有智能手机，甚至部分地区由于地理位置和经济原因并未接入互联网，这为其日常生活带来了诸多不便。虽然这些问题在数字化新常态下已然存在，但疫情将其影响进一步放大。

出行方面，疫情期间进出各公共场所都需要扫健康码，这导致一些没有智能手机或没有能力申请健康码的空巢老人基本出行非常困难。2020 年 8 月，一位哈尔滨老人因没有智能手机，无法提供龙江健康码绿码而不能乘坐公交车，被司机和乘客轰撵，最后由民警告知规定并被无奈带下了车。

就医方面，疫情之下医疗机构运转负担急剧增长，为了提高就诊效率，医疗机构普遍转向网上预约挂号，这对于不熟悉智能手机而患病风险大的老年群体而言无疑是一项挑战。如，北京于2020年2月在二级以上医院取消现场挂号（除急诊和发热门诊外），实行线上预约。

办事方面，在疫情及"后疫情时代"，办事服务机构为最大程度减少密闭公共空间内的病毒传播风险，大大减少了"人人互动"，而更多地采取"人机互动"，随之也产生了诸多问题，例如，费用缴纳模式僵化、一刀切，拒收现金、要求必须电子支付、必须通过终端机进行人脸识别等，五花八门的智能操作让老年人与时代逐渐脱轨。例如，2020年11月，湖北省秭归县一老人独自冒雨交医保却因工作人员拒收现金而遭到拒绝。又如，湖北省广水市一位94岁老人为激活社保卡，被子女吃力地抬着在银行柜机前进行人脸识别。

消费方面，疫情期间，日常生活用品采购大多通过网络下单、商家配送至指定地点的无接触式购物获取，这也给部分尚未跨越"数字鸿沟"的中老年人带来了困难，他们既不熟悉网购的基本操作，也不懂微信、支付宝的支付流程，无法通过线上购物获取生活用品及防疫保障物资，基本生活需求得不到满足。因此，在大数据时代及疫情防控常态化下，基本民生兜底保障要充分考虑部分群体因"数字鸿沟"而陷入生活困难。

（三）现行基本民生兜底保障体系未考虑潜在困难群体的教育保障

疫情期间开展的线上教育也存在相似的问题。截至2020年6月，尽管我国互联网普及率已达到67.0%[1]，但有相当部分家庭由于地理位置和经济原因仍未接入互联网，在通信条件较差的地方如落后山区，上网是非常困难的事情。有的学生需要长途跋涉找信号，有的学生需要到楼顶天台蹭邻居家的无线网络。同时，网络稳定性等问题也大大降低了网课体验感。有的学生因此而选择通过数据流量来上课，这也无形中增加了家庭的经济负担。例如，16岁的广元女孩小杨家住旺苍县燕子乡金银村，在旺苍中学高一读书。疫情期间她每天要步行几公里到冰冷的悬崖边上搜信号学习，一坐就是好几个小时，而她的母亲每天同样要走过这条路为她送饭。

此外，随着生育政策开放，二孩三孩家庭越来越常见，部分经济条件受限的多子女家庭因网络课堂需求大大提升而存在智能设备缺乏的情况。不同年级的孩子共用一部智能设备，轮流上网课，不仅降低了孩子自身的学习效率，也加大了

---

[1] 数据来源于2020年9月29日，中国互联网络信息中心（CNNIC）发布的第46次《中国互联网络发展状况统计报告》。

家长监督孩子学习的成本。通信条件差或硬件设施配套不到位，许多学生被迫缺席线上课堂，为其接受教育带来了现实困难。这类群体同样需要基本民生兜底保障体系给予关注。

总之，随着物联网、大数据、云计算、人工智能等信息技术的高速发展，互联网平台企业的兴起不断催生出在线教育、互联网医疗、线上办公、多点执业等新业态。远程办公、社区团购、线上课堂等新业态新模式给大多数人的生活带来了便利，改变了社会的运作方式。然而，在新冠疫情发生以前，新业态新模式对于人们的生活来说是可选项。但在疫情条件下，新业态新模式成了人们生活的必选项。这种社会运行方式的转变也使拥有"数字鸿沟"群体的基本生活陷入困境，而现行基本民生兜底保障体系尚未有效覆盖新冠疫情所带来的这一间接影响。

第三节 启示及建议

一、制定迅速便捷的基本民生兜底保障应急启动、识别与认定机制

基本民生兜底保障应急机制构建的核心是如何快速识别新冠疫情造成的民生保障需求和提供高质量的民生保障服务。服务型政府要求公共部门把服务对象放在优先考虑的位置，改变传统政府主导提供、公众被动接受的公共服务供给模式，以"需求导向"驱动公共政策和服务创新。精准、快速识别新冠疫情导致的基本民生兜底保障对象和保障内容，并规范兜底保障需求申请程序，这些举措是制定突发性事件应急情形下兜底保障政策、提高兜底效率、保证兜底公平的基础。

（一）识别新困难群体

明确新冠疫情中的基本民生兜底保障对象，重点拓展社会救助制度的兜底保障功能，在保障既有制度覆盖特殊困难群体基本生活需要的基础上，及时发现和识别新冠疫情产生的新困难群体。

首先，民政部门扩大应急兜底保障对象范围。迅速将兜底保障对象从户籍人口扩展到常住人口。建立兜底保障对象紧急情况下的临时调整机制，及时将临时滞留人员纳入保障范围，加强急难基本民生兜底保障的力度。扩展流浪乞讨人员救助站的功能，加大街面巡查力度，在受灾严重地区建立临时庇护中心，将生活困难的非户籍人口纳入其中。

其次，针对由于重大疫情暂时无法复工或由于某些原因暂时被困于疫区的困难人群，民政部门要积极承担社会责任，发放临时救助金，并提供住宿、食物、

衣服等生活用品，必要时进行有效的心理干预，排解困难群众的心理压力，帮助困难群众重拾生活信心。

最后，社区迅速启动应急响应机制，主动排查识别新困难群体。依托区、镇（街道）、村（社区）三级工作体系，充分发挥网格员、村（居）代表、志愿者等群防群治力量作用，加大走访排查力度，持续摸排辖区内困难群众生活状况，重点关注灵活就业人员、失业人员、困难企业职工、未就业的毕业大学生、未参加失业保险且近三个月内登记失业的农民工、留守老人以及留守儿童等群体的生活状况，迅速向上级反馈排查信息，帮助符合条件的新困难群体及时申请临时救助或低保以对其进行兜底保障。

（二）启动线上简易认定程序

依托已有的社会保障大数据网络与平台，建立线上申请与线下核实相结合的保障需求申请办法，实现对保障对象生计状况的动态监测。

首先，启动简易认定程序，简化优化审核审批流程，方便新困难人群。积极建设完善兜底保障综合服务、兜底保障移动办公平台（APP）、兜底保障在线申请等网络平台，加强兜底保障信息化、电子化，为困难群众提供方便快捷的兜底保障事项线上申请、办理、查询等服务。

其次，利用社区、新闻媒体等多方渠道大力普及推广申请审核审批的全流程网上办理相关知识，通过科普让困难群众掌握线上兜底保障业务办理的相关流程，推动兜底保障服务向移动端延伸，实现保障事项"掌上办""指尖办"。

最后，科学调整入户调查、民主评议和张榜公示等程序，简化优化低保、特困人员救助供养和临时救助的审核审批流程。对已纳入低保的困难家庭，可延长定期核查时限，暂停动态调整；对正在申请兜底保障的困难家庭中有患者或者的确遭遇生活困境的，实行先保障、后审批，待重大疫情解除后再补办相关手续。

（三）提供全方位、高质量、个性化的兜底保障服务

积极构建全方位的应急兜底保障体系，形成"物质+服务"的保障方式，将以物质帮扶为主的兜底保障方式向生活帮扶、精神慰藉和社会融入等全方位兜底保障领域拓展。在新冠疫情面前，社区更应该注重对辖区内困难群体的关心和照顾，提供人性化和个性化的兜底保障服务，发挥战斗堡垒作用，其对象包括新冠患者群体、失业人群、失能老人、独居老人、残疾人（含精神障碍患者）、其他疾病患病人群、困境儿童、留守人群和孕产妇等，并针对不同群体特点采取不同措施。

具体而言，首先，对于因疫致贫、因疫致困的群体，社区要积极安抚、加强

疏导并提供必要的物资援助；对因疫情而失业的困难者，有条件、有能力的社区应积极为上述人群创造就业岗位，既可通过提供社区岗位的方式，也可通过联系外部岗位的方式，最大程度缓解该类人群的困境；针对存在行动困难的群体，诸如残障人群、因病休养人员及独居老人等，社区应及时保证生活必需品供给，增加探视次数，尤其要协同社区卫生所、辖区内医院共同做好必要的医疗保障服务。其次，对于精神障碍患者及罹患各类心理疾病的人群，社区要加强疏导、关心与陪伴；对于不幸离世患者的家属及受疫情影响罹患创伤后应激障碍的居民，社区同样需要加强心理疏导和情绪安抚，必要时协同医疗部门进行定期探访，建立长期跟踪机制。对于辖区内的孕妇、无固定职业的下岗妇女、单亲家庭子女、社会散居孤儿和留守儿童等特殊群体，社区人员需及时了解上述群体的生活及健康状况，提供必要的生活服务和人文关怀。最后，社区也应注意辖区内大中小学学生群体的生活状况，结合当地教育部门对因网课而陷入困难的群体实施教育救助，解决网络和电子设备短缺问题，安排老师帮助困难学生补习功课。

二、理顺新冠疫情下基本民生兜底保障各级部门的财权与事权

事权需要一定的财权配置才能保障政策的顺利实施，而财权的有效配置则依赖于事权的性质。当前我国突发事件中存在"事权和支出责任下沉，财权上提"的现象，导致应对一些破坏重大的突发事件的财政投入明显不足，出现"风险大锅饭"的局面。针对此种问题，为解决在重大突发事件下，基本民生兜底保障各级部门事权与财权不匹配，上下级政府部门间事权同质化现象严重等问题，首先，应按照突发事件的性质、种类、危害程度等确定事件的等级；其次，根据事件的等级明确各级政府部门所需要承担兜底保障的应急事权及支出责任；最后，建立与事权相匹配的各级政府部门的财权，事件所涉及的各级部门按照相应的基本民生兜底保障应急事权确定支出责任，并匹配相关的财权。理顺各级部门在兜底保障中事权与财权的关系，在重大突发灾害事件的基本民生兜底保障中做到一级政府一级事权、一级事权一级支出责任，一级支出责任一级财权。针对受新冠疫情这类重大突发公共卫生事件影响的困难群体，应明确由政府财政为兜底保障提供资金支持。在此基础上，再根据公共卫生事件的影响范围确定出资的政府级别。理论上该笔资金应主要由中央财政负责，在现实情形下，可根据地方的实际情况，由中央财政负责一定比例，地方财政承担相应比例的资金支持。

（一）分级确定基本民生兜底保障中各级政府部门的事权与支出责任

根据突发事件的级别确定事权归属，明确规定各级政府部门在新冠疫情下民政兜底保障应急事权以及相应的支出责任。在《突发事件应对法》中对突发事件

有明确统一的级别划分,规定"按照社会危害程度、影响范围等因素,自然灾害、事故灾难、公共卫生事件分为一级、二级、三级和四级,一级为最高级别。"我国目前纵向的应急管理机制也分为国务院——省——市——县四级。因此我国突发事件的应急事权可以按照一级政府,一级事权,一级支出责任。国务院承担一级突发事件的主要应急事权和支出责任,省级政府承担二级突发事件的主要应急事权和支出责任,市级政府承担三级突发事件的主要应急事权和支出责任,县级政府承担四级突发事件的主要应急事权和支出责任。另外,国务院作为我国最高执行机关,对于全国范围内的民众的兜底保障负有重要责任,享有重大突发事件的统一领导权。但是各级政府部门承担不同级别的事权,不代表在重大突发事件,或者更高一级的事权中完全不承担责任。相应地,各级政府部门的民政兜底保障工作可以按照突发事件应急事权所属的政府进行确定。当然,在紧急状态下也应该专门对各级政府的事权和支出责任作出原则性的规定,根据紧急状态的特征,事权和支出责任应该完全遵循集中领导原则。此外,要对各级部门的事权进行明确规定和划分,可以从基本民生兜底保障中的应急制度、能力、信息系统等建设、应急宣传教育、应急处置和救援救灾等方面入手,明确规定各级政府在基本民生兜底保障中需要承担的责任,避免出现各级政府在兜底保障事项中的事权同质化问题。

(二)建立突发事件下与基本民生兜底保障各级部门事权相匹配的财权制度

建立与突发事件下基本民生兜底保障事权相匹配的财权制度,加强省级统筹,加大对本区域内财力困难地区的资金支持力度。在确定基本民生兜底保障各级政府部门的事权归属后,需要建立与事权相匹配的财权制度,解决事权下沉、财权上提,各级地方政府没有相应财力保障的问题,增加地方政府的应急财权,并及时进行转移支付。首先,按照各级政府部门在不同级别的突发事件中的基本民生兜底保障应急事权和支出责任,确定国务院——省——市——县各级政府部门的相应财权。如果对于基本民生兜底保障的工作安排出现了跨区域情况,则应由上级部门及时接管,并促进本区域内的政府部门通力合作。其次,建立专门的基本民生兜底保障专项基金储备,根据计提的应急资金划拨一部分成立专款账户,用以突发事件下的基本民生兜底保障,也可以实现各级部门财政资金的及时下达与转移支付。最后,加大本区域内的基本民生兜底保障资金的省级统筹,明确省人民政府推进本区域内重大突发事件的基本民生兜底保障职责,加强省级统筹,加大对区域内财力困难地区的资金支持力度。要将适宜由地方更高一级政府承担的应急情形下的基本民生兜底保障支出责任上移,避免基层政府承担过多支出责任。

三、民生、物资调剂制度

基本民生兜底保障不仅要有应对常规风险的能力，还要具备应对重大突发性风险的能力。为有效避免临时大量救助出现的物资短缺问题，应建立专门的基本民生兜底保障应急物资储备体系，并明确应急物资在部门与地区间的调剂制度，有效应对突发大额兜底保障支出所带来的缺口，从而为未来应对同类风险提供相对清晰的路径和安全预期。

（一）拓宽基本民生兜底保障应急资金筹集渠道

基本民生兜底保障应急资金主要是为了应对边缘性脆弱群体以及直接受重大突发事件影响群体形成的新困难群体的兜底保障。因此，基本民生兜底保障应急资金主要用于重大突发事件，应包括重大突发事件直接或间接导致的新困难群体的救助资金和重大突发事件需要的物资对应的采购资金，只用于突发事件造成的影响。基本民生兜底保障的应急资金可从以下渠道进行筹集：一是从现有中央、地方应急专项资金中预留适度比例的资金列入兜底保障的应急专项基金，基本民生兜底保障需保障因重大突发事件而导致的新困难群体，这是应急管理中的重要一环，也有权获得应急管理基金的援助。二是基本民生兜底保障的应急储备基金可以吸纳部分社会捐赠和慈善善款进入应急储备基金。三是从中央、地方对于重大突发事件的拨款中预留适当的比例用于重大突发事件中新困难群体的兜底保障以及相应的物资采购。基本民生兜底保障的应急储备基金由民政部进行管理，设立民政兜底保障应急储备基金这一专门账户，实行专款专用，资金需要定时接受审计和监督，本期的资金结余可以继续转入应急储备基金账户，用以承担重大灾害下的基本民生兜底保障。

（二）完善基本民生兜底保障应急物资储备制度

在基本民生兜底保障应急物资需求分析的基础上，建立多元化的应急物资储备方式，在保证一定实物储备的同时，加强应急物资生产能力储备以及企业商业储备。

1. 建立统一的基本民生兜底保障应急物资目录

建立统一的基本民生兜底保障应急物资目录，并鼓励各地区在既定储备目录的基础上结合地域特征和经济社会特征，深入分析本地区的基本民生兜底保障应急物资需求，建立适合本地区的基本民生兜底保障应急物资储备目录。由于不同地区的经济、社会等内外部因素不同，各地区所面临的突发事件风险种类，级别存在差异，基本民生兜底保障的对象和兜底保障的程度有所不同，由此导致应急物资种类和数量的需求也不尽相同。民政部应当综合国家民政兜底保障的现状、需求以及相应应急物资状况，设立统一的应急物资目录，并鼓励各地区在该目录的基础上，结合本地区的现实情况确定本地区的应急物资目录，划定所需应急物资种类的等级。需求级别高的物资应优先保障，需求级别低的物资次之，具体的物资储备数量还应考虑到市场存量，企业生产补给速度等情况。同时应急物资的需求会随着社会经济水平、地域因素、科技发展、人类应对突发事件的能力、工作的现状和目标等因素的变化而产生变化，所以民政部门应该时刻对兜底工作的现状、目标等有着全面的掌握，及时、切实地更新民政兜底保障的物资需求结果。

2. 建立多元化的基本民生兜底保障物资储备体系

在保证一定实物储备的同时增加应急物资生产能力储备，大力发展社会、家庭等应急储备。应急保障物资作为一项基础性应急保障工作，对突发事件应对工作的结果有着至关重要的作用，不容有失。首先，确保民政兜底保障应急物资的足额储备。突发性事件具有不确定性以及极大的破坏性，基本民生兜底保障需要的应急物资品种类型多，数量庞大，必须确保应急物资的足额储备。其次，保证一定数量的多类型的应急物资实物储备。目前我国应急物资储备仍以实物储备为主，虽然实物储备一定程度上会存在库存积压等问题，但是实物储备能够在突发事件发生立刻及时予以利用，所以要保证一定的应急物资实物储备。实物储备的数量可以按照民政兜底保障应急物资的需求决定，针对重大公共卫生事件、重大自然灾害、重大事故等进行多类型储备。最后，增加民政兜底保障应急物资生产能力储备。针对应急必须、不常用、不易大量储存和用量不确定、购置花费资金较大、更新换代较快的应急物品和设备，可以选择经过调研考核的确定具备一定生产能力的企业作为储备企业。在发生突发事件时，该企业迅速生产应急物资以供应急工作需要。在此次应对新冠疫情的过程中，众多的企业及时转型转产，生产抗疫工作所需的卫生消毒用品和个人卫生防护工具、快速高效研发病毒检测试剂盒等，为我国抗疫工作的胜利贡献了重要力量。因此，我国可以通过政策鼓励和资金支持等方式，逐渐加强应急生产能力储备。

（三）建立应急情形下基本民生兜底保障物资的统筹调拨机制

当前，我国的应急管理体制呈现多部门治理格局：应急部门负责自然灾害和安全生产事故，公安部门负责社会安全事件，卫生健康部门负责公共卫生事件，农业农村部门负责动物疫情及农业安全生产事件等。按政府职责分工，各职能部门仅负责业务系统内的突发事件应对及相应物资储备，部门间联动性较差，应急管理仍然较为分散，相应物资综合协调和调拨难度大。为建立应对新冠疫情等重大突发性事件基本民生兜底保障应急物资调用机制。民政部门牵头建立由应急管理、卫生、人社等各相关部门的专业人员提供技术和信息支持的统一平台，制定应急物资数据库，实现各级政府对所储应急物资的"统一领导，统一管理"。在地区之间通过签订调拨协议实行应急物资的相互调拨，提高应急物资的配置水平，弥补各地区因经济等原因产生的应急储备不足问题，避免重复储备造成的物资浪费，实现应急物资"共享"和应急管理工作的"共赢"。

（四）大力发展民政兜底保障应急物资的社会储备

在做好政府部门应急自储的同时，应通过补贴和其他的政策优惠等方式鼓励更多企业参与应急储备工作，增加承储企业数量和承储物品所占比例。明确规定民政等政府部门对承储企业的产品拥有调拨权，若政府部门未对其产品进行调拨，企业有更新、及时补充等义务。政府付给企业一定费用，同时负责定期检查存储物品的质量、数量。同时，随着社会化改革的发展、人民应急意识的提升，政府部门可以促进社会组织储备、家庭储备等多种应急物资储备方式，合理利用社会力量，形成以政府力量为主，社会力量为辅的多元储备结构。

四、增加应急情形下基本民生兜底保障服务的供给

一方面，新冠疫情的发生易使贫困脆弱性群体陷入贫困；另一方面，新冠疫情也会对现有的社会运行机制产生不良影响。当正常的社会运行遭遇阻碍时，过去传统的物质和金钱保障难以发挥有效作用。如新冠疫情期间，与人们日常生活密切相关的商店、物流企业等关闭，即使手握金钱也难以买到商品。特别是困难家庭中患有慢性病的老人，每天需要药物维持。疫情期间社区的封闭又使其难以外出购买药物。在这一情形下，基本民生兜底保障除了进行金钱和物质的帮扶外，还应提供生活用品、药品配送、困难户互联网安装以及对困难老年人进行智能手机使用培训等服务。为解决应急情形下民众的生活困难以及困难老人的一些问题，应鼓励多元主体参与基本民生兜底保障服务供给。如：充分发挥基层社区服务供给主体作用，引导支持社会组织、志愿者、慈善组织等发挥重要补充作用。

（一）充分发挥基层社区组织的服务供给功能

首先，充分利用好社区这一基层组织，构建社区服务需求与提供网络。以社区为单位，对社区内的困难人员信息进行整理，并对社区的现状以及其需要的服务进行统计，掌握社区民众的需求；然后通过社区不断地向社区居民提供生活用品、药物配送、基本技能培训等，保障社区居民的日常生活以及提供困难人群的兜底保障。

其次，加强对社区工作人员的培训，不断提升社区工作人员的执行能力，提高社区服务水平。社区的服务和治理仰赖社区工作人员的水平，可通过授课、情景模拟等多种方法对社区工作人员进行培训，提高社区工作人员的思想认识、沟通能力、工作水平等，让社区工作人员更好地为社区居民做好民生服务，在应急情形下有序引导社区困难人群恢复正常生活，提供优质服务，对社区居家老人、露宿者和残障人士等弱势人群加大关注，提供兜底保障服务。

最后，继续扩大社区与辖区单位的多方面互动，形成社区服务的大合力。例如，在新冠疫情的影响下，社区进行的宣传动员、封闭管控、摸底排查和上门服务等行动有效地防范了新冠疫情的传播和扩散，较好地守护了社区居民的生命安全与身体健康。社区点上，居委会等一众工作人员向社区居民提供了具体细致的服务。社区工作人员准确掌握来自疫区的返乡人员，在14天隔离期间一天两次上门测量体温、跟踪观察；按照隔离居民生活需要，社区工作人员到镇、甚至更远的地方购买物品，保证隔离户日常生活不受隔离影响；安排专人一对一地为社区贫困户、独居户、空巢户等困难家庭和特殊人群提供采购物品、送药、就医等服务，在民生兜底保障中发挥着社区的重要作用。

（二）积极引导社会组织志愿者参与服务供给

在新冠疫情中，要积极动员民间志愿者，鼓励民间志愿者深入社区，在应急情形下自发自觉积极主动地提供帮扶活动，保障人民群众，尤其是困难群众的基本生活需要。并鼓励民间志愿者与社区工作人员通力合作，更快更好地保障社区居民的需要。在此次新冠疫情期间，社区的"志愿者+社区社会组织"的实务模式在防控疫情蔓延、平缓居民心态、链接生活物资等方面发挥了重要作用，是值得借鉴和推广的一种合作模式。

民政部门等应积极引导社会力量参与到应急情形下的民政兜底保障，引导他们提供相应的服务，推动服务提供主体的多元化，鼓励社区社会工作者和民办社会工作机构参与到基本民生兜底保障的服务供给。通过引导社会组织以及志愿者，对他们进行一定的培训，促使他们安全及时加入应急状态下的基本民生兜底保障。发挥各类慈善捐赠平台作用，引导各类社会组织、公益慈善力量向民政服务机构开展疫情防控物资捐赠、资金支持以及服务提供等活动。广泛动员公益慈善、社会工作、志愿服务等力量到应急情形下的兜底保障服务供给，积极开展社会服务。

充分发挥市场在应急情形下的兜底保障服务供给的重要作用，民政部门主要在于掌握民政兜底保障所需要的服务种类以及主要内容，可以通过购买服务等形式让企业等市场主体提供具体的民政兜底保障服务，并且通过一定的手段对市场主体的行为进行监督。

五、应急情形下建立多层次的基本民生兜底保障体系

针对新冠疫情带来的影响应有足够的准备。借鉴社会保险"多层次"的原则，将保险和福利纳入高层次兜底保障范畴。通过帮助受助者参加保险的方式分散其可能遭受的突发事件风险；针对保险无法发挥作用的群体，通过社会福利发放高龄补贴、儿童福利经费和残疾人补贴等进一步保障；对于经过上述兜底后仍然贫困的，以"救助+服务"的形式进行最终托底；另外，要引导鼓励慈善公益事业为基本民生兜底保障贡献一份力量。

（一）充分发挥社会救助兜底保障功能

针对兜底之后仍然困难的群体，及时将符合低保标准的困难群体纳入低保或特困供养范围。可以对脱贫监测户、特殊困难户、边缘户中家庭人均纯收入低于一定标准的低保对象按收入进行补差，按时足额发放低保金、特困人员救助供养金。

针对不符合低保标准的边缘性困难群体，根据他们的实际困难程度，通过专项救助或者一次性临时救助给予相应基本生活救助。针对极端贫困的家庭，可以通过"一事一议"的形式适当增发低保金，或者适当加大临时救助以及医疗、住房、教育、就业专项救助力度。

针对受新冠疫情间接影响的老年人、残疾人和儿童等特殊贫困群体，他们因身体原因而面临行动不便或者基本生活无法自理的窘境，而疫情的发生进一步加剧他们的困境，因而要以"救助+服务"的形式对特殊贫困群体进行兜底保障。针对不同类型的特殊贫困群体，通过分类施策的方式健全兜底保障服务。具体而言，老年贫困群体往往具有健康状况较差、财富积累较少、失能、半失能和孤独感强烈的特征，这一情形下不仅要保障其基本生活需求，还要针对其所需的医疗服务、日常生活照料以及精神慰藉等社会服务进行兜底保障；对于残疾贫困群体，则注重对其生活照料、心理疏导和康复服务进行兜底保障；对于贫困儿童和留守儿童，则对其所需的教育、陪伴以及社会活动参与等提供更具针对性的成长支持服务，建立起市、县、镇（街）、村（社区）四级农村留守儿童和困境儿童关爱保护网络，千方百计为农村留守儿童和困境儿童提供心理、行为、学习和生活等方面援助。

（二）充分发挥社会保险的兜底保障功能

针对受新冠疫情影响而临时陷入困难的群体，在遭遇重大灾害之前，他们可以维持自己的基本生活，但因遭遇大病、车祸、溺水、火灾、人身伤害、教育支出等困难出现家庭严重入不敷出，或者造成重大财产损失、人员伤亡，从而无法维持自己的基本生活，要帮助其通过社会保险的方式分散风险。比如有部分因疫情原因的失业群体，政府可以允许其缓缴社会保险费，对于特别困难者可代其缴纳医疗保险、养老保险和失业保险的自费部分，使其不至于因断缴而无法享受社会保险的待遇，待其找到工作且能维持正常生活后，再交由其自行缴纳。

（三）充分发挥社会福利的兜底保障功能

针对重大突发性事件致使部分地区物资紧张、物价上涨的情况，政府一方面要采取行政手段控制物价，另一方面充分发挥价格联动机制作用，密切关注物价变动情况，将基本民生兜底保障标准与物价上涨相挂钩，按时足额向困难群众发放一次性价格补贴，确保困难群众基本生活水平不因物价上涨而降低。此外，针对受新冠疫情影响的老年人、残疾人和儿童等特殊贫困群体，要按时足额向其发放专项补贴。针对疫情下的特困人员、城乡低保家庭中60周岁以上的失能、失智老年人和80周岁以上的高龄老年人，计划生育特殊困难家庭和其他低收入家庭中的60周岁以上的失能、失智老年人，将其纳入困难老年人补贴范围，补贴内容分为两个方面：对于居家的困难老年人，主要用于但不限于购买康复护理及助餐、助浴、助洁、助医等上门服务和日间照料、康复保健等社区服务；对于入住养老机构的困难老年人主要用于购买康复护理等服务。针对疫情影响下的社会散居孤儿、事实无人抚养儿童，向其发放基本生活补贴。针对困难残疾人，向其按时足额发放生活补贴和重度残疾人护理补贴，全面建立困难残疾人生活补贴和重度残疾人护理补贴制度，强化基本民生兜底保障。

（四）充分发挥慈善应急的兜底保障作用

在充分发挥政府在社会保险、社会福利和社会救助三个层面的兜底保障责任之外，还可将社会组织纳入多层次的民生兜底保障体系中，通过慈善募捐、社会公益来进一步保障困难群体的基本生活。

首先，对慈善应急给予明确的特殊优惠政策。新冠疫情是导致新困难群体生活贫困的重要原因，促进慈善应急事业的发展应当纳入《慈善法》中的"扶贫、济困"范畴并"实行特殊的优惠政策"。建议民政部与国家医疗保障局、财政部联合出台相关政策，将慈善应急参与多层次基本民生兜底保障体系建设列入优先领域并给予相对优厚的财税政策支持，这不仅符合《慈善法》的规制，也更符合慈善减贫的鼓励方向。

其次，支持成立慈善应急机构。国家应当出台专门的政策，鼓励与支持设立慈善应急机构，让其在为城乡居民提供直接资金援助的同时，能够对困难群体提供免费应急服务。

最后，规范、引导网络慈善平台对困难群体的援助行为。建议出台相关政策性文件，明确规范、引导基于援助困难群体的网络募捐行为，强化网络平台的责任，对有益的网络慈善应急活动加以倡导，对违背公益慈善宗旨和非营利目的的募捐活动加以处罚，促使网络慈善应急健康发展。

第九章　困难或低收入群体社会融入机制研究

　　党的十九届五中全会首次把全体人民共同富裕取得更为明显的实质性进展作为远景目标提出来。困难群众距离美好生活最远，推动他们迈向共同富裕，不仅要靠"真金白银"的民生投入，还要借助一系列"扶志扶智"举措和贴心到位的个性化服务，促进困难群体更好融入社会家园、更快跟上发展步伐。随着中国经济由高速增长阶段转向高质量发展阶段，改革初期"先富带后富"的涓滴效应趋于减弱，基本民生保障制度重点也从缓解"生老病死残"风险对人民群众参与劳动和市场竞争的影响冲击，转变成向市场经济惠及不到的地区和人群提供助推帮扶，特别是通过，清除排斥、加强融入，让缺乏经济机会和社会资本的困难群众踏上"共同富裕"快车道。社会救助作为一项托底线、救急难、保民生的基础性制度安排，对于促进困难群众社会融入至关重要。改革开放以来，我国社会救助体系日趋完善，"托底线"功能不断强化，但在困难群众爬坡上坎的关键时刻，发挥"推一把"作用较弱，这不利于"掉队"百姓共享改革发展成果。现代社会救助制度以技术路线为发展轨迹，通常按照特定时期和地区的贫困标准，实施基于科学量化技术的"补偿性"援助，这在追求救助精准度"的同时，无意中割裂了连续的贫困过程，尤其忽视了受助群体从福利到工作（或正常生活）的状态转变。欧美国家早在20世纪90年代中期便着手推动以社会融合为旨趣的福利改革，试图推动"补偿性"救助向"恢复性"福利的范式转变。时至今日，"社会融入"已悄然取代一般意义上的社会救助项目，成为更加积极、包容的综合性贫困治理模式。他山之石可以攻玉。紧密围绕中国问题和本土情境，对西方"社会融入"实践进行批判性思考，或许可以帮助我们开辟一条符合国情、社情、民情的社会救助新道路，让改革发展成果更多更好惠及困难群众。为此，本章利用民政部政策研究中心"2020年托底性民生保障政策支持系统建设"项目"城乡困难家庭抽样调查"数据，尝试相对客观地呈现困难群体社会融入情况，着重分析困难群体在参与劳动和公共事务过程中面临的各种阻碍，并结合欧美国家福利改革经验，讨论如何完善社会救助，加快广大低收入群体的社会融合进程。

第一节　社会融入的概念与政策功能

一、社会融入是什么

"社会融入"具有丰富的内涵与外延。[1] 本节从理论渊源、概念界定、政策功能三个方面对其进行阐述。

（一）理论渊源

社会融合理论源自西方。根据杨菊华（2009）的梳理，主要可分为融合论、多元文化论，以及区隔融合论。融合论作为社会科学领域的一个理论范式，最早可追溯到20世纪初美国芝加哥大学的社会学派。Park（1928）和Park and Burgess（1921：735）将融合定义为"个体或群体互相渗透（interpenetration）、相互融合（fusion）的过程；在这个过程中，通过共享历史和经验，相互获得对方的记忆、情感、态度，最终整合于一个共同的文化生活之中"。他们将融合过程和内容系统地区分四种主要的互动：经济竞争、政治冲突、社会调节、文化融合。

多元文化论源于20世纪40—50年代的美国，并逐渐在美国、加拿大、澳大利亚等以英语移民及其后裔构成主体民族的国家广泛传播。这些国家为实现种族纯洁、保持文化同质的理想，一方面长期实施同化政策，否定和排斥民族文化多样性；另一方面，它们推行限制性移民政策，严格限制有色人种移民的进入。第二次世界大战后，出于国际压力和自身发展的需要，他们开始接纳大量欧洲的难民和移民以及其他族裔人口，使其人口的民族结构日益多样化。英语民族在人口中的比重下降，民族文化多样性空前发展，为多元文化主义的产生奠定了基础。

区隔融合理论是对传统融合理论的补充和发展，用来解释早期融合理论所无法解释的现象。该理论考虑到不同少数族裔在流入地所处社会经济背景的差异。它认为，移民的人文资本（比如，教育、技能、文化）及他们在流入地最早遭遇的对待与融合模式之间存在互动。流入地公共政策和社会成员表现出来的敌意、漠不关心或诚心接纳对融合的过程及结果产生至关重要的作用（Portes, 1995; Portes and Zhou, 1993, 2001）。

（二）概念厘清

社会融入涵盖各种类型的行为、关系与环境，是一个弹性极大的概念。狭义

---

[1] 在英语文献中，近似"社会融入"的概念很多，常见的如：Social Cohesion, Social Integration, Social Inclusion。它们时常被不加区别甚至是随意地译作"社会融合"或"社会融入"。

上，社会融入被定义为经由促进外部人——非内部成员、无亲缘关系者、残障人士——与社群之关系，拓展相对弱势群体的社会网络（Clement and Bigby，2009）。广义的社会融入包括个体克服身体残疾影响、保持长期稳定的互惠关系、恰当的居住环境、充分的就业机会、得到正式与非正式的支持、社区参与等（Hall，2009；Power，2013）。

从分析单位来看，"社会融入"概念之厘定又分为人际关系和公共关系维度。前者多发生在家庭等私人情境之中，常见的测量指标如交往朋友数量；后者则关注公共设施的可及性和社区参与。显然，人际关系与公共关系这两个维度不一定齐头并进，有些相对弱势群体也许交友广泛，但却受制于诸多阻碍而难以参与社区生活。

不少研究者希望在客观测量的基础上凸显"社会融入"的主观面向，这无疑增加了社会融入概念的纵深感。例如，有的文献对"社会融入"施加了一些个人可体验的主观条件：（1）个体在其赖以生存的社会网络中必须有所谓的归属感；（2）能够扮演一个有价值的社会角色；（3）在社区中被信任去发挥社会角色的功能作用（Cobigo et al.，2012）。也有学者干脆将"社会融入"定义为相对弱势群体在学校、工作场所、社区中的社会接受（societal acceptance）（Walker et al.，2011）。

表9-1 社会融入概念界定

文　献	社会融入的定义
Clement，Bigby（2009）	对于外部人所意在融入的社会网络
Cobigo et al.（2012）	公共物品或服务的可及性；被认可为社群的一员；有价值的社会角色并取得社区之信任；归属于为之奉献也受其支持的社会网络
Bate，Davis（2004）	行为、社会角色，以及与非弱势公民保持良好关系
Duggan，Lindehan（2013）	与社区联结的巩固与发展
Forrester-Jones et al.（2006）	被社会性整合的支持关系，进而促进经济和社会参与
Hall（2009）	被接受为一个去弱势身份的个体；稳定长期的互惠关系；受雇佣；良好的居住环境；正式或非正式的支持
McConkey（2009）	与他人的人际互动，可及的公共设施
Power（2013）	住在自己家里，并为社区生活所环绕；受雇佣
World Bank（2013）	改善个体和群体参与社会的条件之过程

综上,"社会融入"是一个极富包容性概念,与社会交往(social interaction)、社会网络(social network)、社会资本(social capital)、社区参与(community participation)、独立自主生活(independent living),以及归属感(sense of belonging)具有某种内在亲和性(相关论述可参见 Amado et al., 2013; Cobigo et al., 2012; Duggan & Linehan, 2013; Rimmerman, 2013),但若认为这些亲缘概念可以替代"社会融入",又显然是不恰当的。"社会融入"的开放性,以及由此产生的多重定义、概念互换,导致相关社会政策干预"失焦"。依此,有必要澄清"社会融入"的内在机制,并锚定当前最紧迫社会问题,框定"社会融入"概念范畴及其相应的制度安排。现从人际关系(interpersonal relationships)和社区参与(community participation)出发,透析社会融入概念的内部要素。

(1)人际关系。社会资本相关研究显示,改善人际关系可以同时产生黏合效应与桥接效应。黏合关系(bonding relationships)存在于共享同一套规范或身份的人群之间,它提供了建立信任、互惠和自信的机会(Cummins and Lau, 2003; Hall, 2009; Nash, 2005)。桥接关系(bridging relationships)将形形色色的人群建立联系,这种关系对于相对弱势群体改善就业至关重要(Phillips et al., 2014)。从功能上看,人际关系可以为弱势群体提供情感性、工具性,以及信息方面的社会支持(Simplican et al., 2015)。情感支持包括爱、照料以及信任;工具支持涉及切实可得的援助与服务(tangible aid and services);信息支持包括意见建议和信息咨询等。

(2)社区参与。这里的"社区参与"是广义的,包括休闲活动、政治或社团参与、生产性行为(如就业或求学)、消费或享受商品与服务,以及宗教文化活动(McConkey, 2007; Verdonschot et al., 2009)。很明显,广义的"社会参与"强调少数弱势人群参与到主流社会活动之中,当然,这也是一个弱势群体被接受的过程。然而,正如 Hall(2009)所批评的,这种"少数融入多数"的主张忽视了优势群体对弱势群体的"不欢迎"态度。因此,和作用于人际关系层面的政策不同,旨在促进"社会参与"的融入政策远不止温情脉脉的社会工作服务,更涉及经济政策、社会政策之间的绵密互动。

在实践中,不同国家或地区对于"社会融入"的认识有所区别。在欧洲,"社会融入"紧密相关于无家可归、失业和长期困难问题,在印度等南亚国家,"社会融入"话题往往转向种姓问题,种族和性别被作为导致排斥的关键因素。在社会差异与地区差距日益拉大的巴西,"社会融合"与"空间融合"已成为政策的中心问题。在中国,社会融合是"和谐社会"(harmonious society)概念的内在要素(World Bank, 2013)。联合国的定义更具一般性,"社会融入"被理解为一种确保人人机会平等,以促进其充分发挥生活潜力的过程。"社会融入"也是一个多层面的过程，旨在创造条件，使社会的每个成员都能全面积极地参与生活的各个方面，包括公民、社会、经济和政治活动，以及参与决策过程（UN，2009）。

（三）社会融入的功能作用

"社会融入"主要有三方面功能作用，这些功能作用奠定了它在社会政策领域越来越重要的地位。

一是阻断困难。社会排斥既是一个过程，也是一个结果。这一艰难过程会对被排斥群体的心态、心理和尊严产生长期负面影响，进而限制边缘群体的机会和能力。究其实，持久性低收入群体也是如此产生的。因而，消除排斥可以从根本上阻断困难。在此意义上，社会融入为贫困和不平等的讨论增加了新内容。认识到"穷人"不是千人一面的，而是因处境——职业、种族、居住地点等——不同发生明显分异，这是制定有效社会政策的核心。这种见解源于阿玛蒂亚·森（Sen，1981），贯穿了长期低收入群体研究的演进过程。对于长期处于生活困境的人口来说，如果没有额外的社会政策来缓解其多维困境，他们从增长中获益的能力几乎不可能得到改善（Hulme and Shepherd，2003）。这种慢性剥夺（chronic deprivation）的连锁性（interlocking）和多维性，实则来源于歧视、同群效应（peer effects）、反向合作（adverse incorporation）等社会排斥问题，在缺乏教育机会、健康不良、就业质量差、工作回报低等显在困难方面扮演关键角色。

二是减少社会治理成本。消除社会排斥对于社会治理具有工具意义（Akerlof，1976；Scoville，1991）在很大程度上，社会融入的重要性在于社会排斥的代价极其高昂。排斥代价涉及经济、政治与社会等多个方面，并且往往是相互关联的。此外，虽然这些成本对个人或特定部门产生的影响最为明显，但其社会整体代价亦不容忽视。例如，收入不平等会阻碍经济增长，因为它使经济发展成果向富裕家庭倾斜，而相对于中低收入家庭，富裕家庭的边际消费倾向较低，很难通过政策干预扩大其总需求（Stiglitz，2012）。同样地，有关研究认为，不平等会损害整体经济增长（Savoia，Easaw，and McKay，2010）。特别是，土地、矿产等经济资产与精英俘获存在紧密联系，后者可能使整个国家陷入低水平发展均衡。对某些特殊群体广泛而长期的排斥可能会引发社会冲突，进而印制经济增长（Norton and de Haan，2012）。促进社会融合和包容也有很强的工具性理由。由于财富分配不均和/或人们背景差异而造成的严重差异，会减少社会流动性，并最终对整个社会的增长，生产力和福祉产生负面影响。促进社会融合和包容将创建一个更安全，更稳定和更公正的社会，这是可持续的经济增长和发展的必要条件（UN，2010）。

三是增强低收入群体人力资本，规避福利依赖。识别社会排斥在个人层面产生的后果相对容易。排斥会抑制人力资本提升。例如，世界银行一份关于拉丁美洲儿童机会平等的报告，根据性别、种族、父母教育程度和出生地特征，衡量了在获得教育、卫生和其他公共服务方面的差距，发现边缘化会使儿童在接受公共服务方面处于不利境地（Molinas Vega et al. 2012）。

第二节　困难群体社会融入状况测量

在庆祝中国共产党成立100周年大会上，习近平总书记向世界庄严宣告：在中华大地上全面建成了小康社会，历史性地解决了绝对贫困问题。相应地，社会救助也需要与时俱进，加快从兜底型向发展型转变，在保障困难群众基本生活的基础上，切实为服务对象赋能增能，确保兜住底、兜牢底、兜好底。这就要求尽快建立健全相对贫困监测指标，"社会融入"作为一个综合性的贫困测量，高度契合扎实推进共同富裕的总体要求，能够更精准、更全面地反映困难群众的生活状态与发展需求。为此，本节参照世界银行2013年面向发展中国家发布的"社会融入"三维框架，利用2020年"托底"项目调查数据，对困难家庭的社会融入状况进行初步测量。

一、社会融入的测量参照

（一）国外如何测量社会融入

社会融合的测量是一个多维度的整合，涉及移民群体在迁移地生活的各个方面。帕克（Park，1928）最早对社会融合进行测量，他从经济竞争、政治冲突、社会调节和文化融合四个方面测量社会融合。经济融合是指移民的劳动就业、收入与消费方面的融合；政治冲突指具有参与政党、工会等选举的权利；社会调节是在经济融合的基础上，移民群体在流入地的文化习俗、社会交往等方面的融入，例如与社区的互动交往、参加社会组织等。文化融合指接收到新移民地的文化、价值观念的冲突。兰德尔（Werner S. Landecker，1951）讨论了文化标准的一致性、群体行为的规范性、群体的交际或者交流、群体之间通过分工实现的功能性融合。戈登（Gordon，1964）从结构和文化两个层面来建构流动人口社会融合的维度，戈登认为结构融合代表着移民群体参与正式制度或社会组织，是移民融合的基础；文化性的融合是移民在价值导向和社会认同方面接受迁移地的文化和价值方面的融合，代表了移民群体的真正融合。在这两个维度下又可以细分为七个具体的方面。约翰和安东尼（John Goldlust and Anthony，1974）从影响移民社会融入的主客观因素出发，总结了经济、文化、社会、政治四个客观因素，其中社会因素指移民形成初级关系、参与正式组织的程度；三个主观因素分别是自我意识的转变、对迁移地价值观的接受与内化以及个体对迁移地生活的满意度。杨格－塔斯（Junger－Tas，2001）提出了移民的三维融入模型，认为移民的社会融入可以解释为结构性融入、社会—文化融入和政治—合法性融入。结构性融入关注移民群体的劳动就业、收入和住房等生活方面；社会—文化融入关注与周围的人际沟通和社会组织参与；政治—合法性融入从社会公民享受平等的政治权利出发，关注移民群体是否享受了同等的政治权利。杨格—斯塔提出的三维模型更关注移民群体在政治—合法性上的融入，认为应该建立相关的指导机构保证公民平等的政治权利，即保障移民的公民权。韩恩琴格（Han Entzinger，2003）从四个维度研究了移民的社会融合。他认为移民在迁移地的融合不仅包括社会经济融合、政治融合、文化融合，更重要的是迁移地主体对移民群体的接纳与排斥，这个层面的融合包括两个方面，一方面是移民融入迁移地社会，适应主流社会的文化与生活；另一方面是在流入地社会群体里的再融入。韩恩琴格提到了主流群体对移民群体的排斥与接纳，并将其作为移民融入的一个重要指标。

表9－2 国外关于社会融合的测量维度

作者	社会融合维度
Park，1928	经济、政治、社会、文化
Werner S. Landecker，1951	文化一致、行为规范、交流、功能融合
Gordon，1964	结构性融合、功能性融合
John Goldlust and Anthony，1974	客观因素：经济、文化、社会、政治 主观因素：自我意识、对接受地的态度和价值的接受与内化、对移民后生活的满意度
Junger－Tas，2001	结构性融入、社会—文化性融入、政治—合法性
Han Entzinger，2003	社会经济融入、政治性融入、文化性融入、迁移地主体的接纳与拒斥
European Union，2007	移民整合指数：市场融合、家庭团聚、长期居住、政治参与、入籍和反歧视

（二）国内如何测量社会融入

国内学者对我国大规模流动人口的研究借鉴了国外"社会融合"这一概念，但正如杨菊华学者所说，英文单词的多个概念——如 social assimilation、social adaptation、social integration、social acculturation、social accommodation、social inclusion——在传入我国之后,并没有对其差别做必要的区分,而是简单的将其翻译为社会融合或社会融入一词。这种做法模糊了概念之间的细微差别。我们注意的是,对于一个外来概念,我们并不应该完全照搬西方的理论,而是应该结合我国流动人口的特殊性,合理地吸收西方理论。本书通过梳理我国学者对社会融合的研究发现,我国学者对社会融合的研究维度是建立在西方中观社会融合层面,大多数从经济、政治、社会、文化四个社会子系统出发,构建流动人口的社会融合的测量维度。学者们根据自己研究的侧重点不同,或是通过细分社会融合的测量维度,或是通过设立具体的测量指标来反映自己所研究的主体内容。

在所查阅的文献中,田凯(1995)在对农民城市适应性的调查,从经济、社会、文化和心理三个层面进行分析。经济层面侧重于职业、收入和居住环境;社会层面强调农民工包括人际交往在内的生活方式;文化和心理层面侧重于农民工在城市的归属感以及自身价值观的变化。流动人口的社会融合,是一个动态的、渐进的、多维度的概念。风笑天(2004)在对三峡移民的融入状况进行研究时,比较了1997、1999、2000三年间流动人口在邻里关系、住房状况、生活习俗、经济、劳动、思乡情绪等八个方面的情况。王桂新,罗恩立(2007)从经济、政治、公共权益、社会关系等四个维度,对上海市外来农民工的社会融合现状进行调查。张文宏、雷开春(2008)运用因子分析法,从文化融合、心理融合、身份融合、经济融合四个方面对城市中长期被忽视的白领新移民的社会融合进行了分析。王桂新、沈建法、刘建波(2008)以上海市农民工为例,考察了中国城市化过程中农民工在居住条件、经济生活、社会关系、政治参与、心理认同等五个指标的融入情况。认为当前农民工的城市化水平中,居住条件的城市化在当时已经达到了较高水平,在经济、社会与心理方面的融合也较好,但是在政治融合上却较低。黄匡时、嘎日达(2010)借鉴欧盟社会融合指标,将流动人口的社会融合分为经济融合、制度融合、社区融合、社会关系融合、社会保护和心理文化融合六个方面。杨菊华(2010)构建了流动人口社会融入的四维测量指标,经济整合上侧重于流动人口的就业环境、居住、收入和社会保障,行为适应侧重于人际交往、生活习惯和社区参与等方面,文化侧重于流动人口的价值观念和人文理念,身份认同侧重于流动人口的心理距离和身份认同。陆淑珍、魏万青(2011)基于珠三角地区的调查,从身份认同、文化适应、社会交往和经济适应等四个方面,建立社会融合的结构方程,结果发现文化适应对社会融合的影响最大。周皓(2012)认为社会融合是一个动态的适应过程,他提出从经济融合到文化适应、再到社会适应、结构融合、最后实现身份认同的融入模型,其中结构融合侧重于流动人口的社会交往和社会参与等情况。悦中山、李树茁、费尔德曼(2012)总结之前学者研究的基础上,提出了文化融合、社会经济融合和心理融合的分析维度，并且认为社会经济融合是一种客观单向性的融合，而心理文化融合则是双向的融合，并且移民群体只有实现了心理上的融合，才能实现他们对迁移地的认同和归属，从而实现真正融合。陆自荣（2014）通过对之前学者流动人口社会融合的指标体系研究，从社会融合的宏观、中观和微观层面，重新建构了社会融合的维度，在社会融合的个体层面，建立了经济、政治、社区、文化四维度的测量指标，其中社区融合包括社区参与以及社会关系。徐水源、黄匡时（2016）通过分析流动人口社会融合各维度之间的关系，认为一个完整的社会融合的评估体系应该包括四个方面，即经济融合、社区融合、文化接纳和身份认同，社区融合主要以社区参与来表示。肖子华、徐水源、刘金伟（2019）根据当前国家出台的针对流动人口社会融合的相关文件，结合多名专家和政府相关职能部门工作人员的意见和建议，从政治融合、经济融合、公共服务融合和心理文化融合四个维度的十五个一级指标对主要流入地城市的流动人口社会融合状况进行评估。

表9-3 国内关于社会融合的测量维度

作者	社会融合维度
田凯，1995	经济、社会、文化和心理融合
	其中社会融合包括：人际交往、生活方式等
风笑天，2004	邻里关系、住房状况、生活习俗、经济、劳动、思乡情绪
王桂新、罗恩立，2007	经济、政治、公共权益、社会关系融合
	其中社会关系包括：与市民的彼此态度、困难求助对象、对居住地的情感联系、对自身身份和社会地位的看法
张文宏、雷开春，2008	经济、文化、心理、身份融合
王桂新、沈建法、刘建波，2008	居住条件、经济生活、社会关系、政治参与、心理认同
	其中社会关系包括：社会地位提高、结交新的朋友、子女融入城市
杨菊华，2010	经济整合、行为适应、文化接纳、身份认同
	其中行为适应包括：人际交往、生活习惯、婚育行为、人文举止、社区参与
黄匡时、嘎日达，2010	经济、制度、社区、社会关系、社会保护、心理和文化
	其中社区融合包括：获取服务、自我管理、参与社区服务和管理
陆淑珍、魏万青，2011	身份认同、文化适应、社会交往、经济适应

续表

作者	社会融合维度
	其中社会交往指：与当地人交往的意愿、在当地社会人际交往的范围
周皓，2012	经济融合、文化适应、社会适应、结构融合、身份认同
	其中结构融合包括：社会交往、社会参与
悦中山、李树茁、费尔德曼，2012	文化融合、社会经济融合、心理融合
	其中社会经济融合包括：收入、房产拥有、非体力劳动者
陆自荣，2014	经济、政治、社区、文化融合
	其中社区融合包括：社区参与、社会关系
徐水源、黄匡时，2016	经济、社区、文化接纳、自我认同
	其中社区融合包括：参与社区活动
肖子华、徐水源、刘金伟，2019	政治融合、经济融合、公共服务融合、心理文化融合（社区参与）
	其中心理文化融合包括：社区参与、认同感、归属感、幸福感、社会网络

注：表格来源于上文总结。

二、社会融入指标体系构建

按照世界银行的界定，"社会融入"在广义上是指"改善个人及群体参与社会的条件之过程"，狭义上则指向"提升能力、机会，增强尊严感，以促进（基于身份的）相对劣势群体参与社会的过程"（World Bank，2013）。在此基础上，世界银行建立了由市场（markets）、服务（services）、空间（spaces）组成的三维政策干预框架（详见表5）。我们试图通过强调"社会融入"的过程性，赋予政策干预更多的可能空间。出于这样的考虑，本章倾向使用世界银行关于社会融入的基本定义，同时基于三维政策框架，从"托底"项目调查问卷中选取具体指标，运用结构方程模型对低收入家庭的社会融入程度进行初步测量。

（一）测量社会融入三个维度：市场、服务、空间

自发自愿的"参与"是社会融入的概念核心所在。在现代社会，个人或社群可以通过市场、服务和空间三个途径实现社会融入。这三个场域既构成了个体或社群"融入"社会的障碍，也意味着机遇。正如个人生活的不同维度相互交织一

样，这三个领域也有内在联系。一些融入性政策效果不显的主要原因便在于不顾场域间的联系只在一端用力（World Bank，2013）。

（1）市场融入途径。市场无疑是现代人类完成社会交往最重要的场域，个体和家庭在多大程度上从市场交换中获取生存和发展的资源，直接反映其商品化的程度，进而显示他们参与劳动力市场的深度。困难群体保持与市场的连接，意味着他们拥有通过市场交换取用资源的机会与能力，则其眼下的贫困便没有被彻底固化。

（2）服务融入途径。公共服务的可及性对于改善社会融入至关重要。健康和教育服务能够增强人力资本；社会保护服务可以为弱势群体缓冲经济波动并提升其福祉水平；交通服务有助于提高低收入人口的流动性。信息服务不但可以强化困难人群与外部世界的连接，也是促使其参与"新经济"的必要手段。

（3）空间融入途径。既包括物理空间，如常见于西方国家的少数族裔聚居区、贫民窟等，也包括政治参与、社会交往的无形空间，本研究重点关注后者。

表9-4 社会融入框架及测量指标选取

维度	基本含义	测量指标
市场	通过市场交换汲取资源的能力；	正式就业人数占家庭人数比例
		主要收入人从事工作的稳定性
		劳动、经营性、财产性收入占家庭年收入的比例
服务	信息技术服务可及性；	平均上网时间
		移动支付使用频率
空间	社会交往、社区参与的深度。	直接与人交往情况（人数）
		在社会交往中感到被歧视
		近三年参加社区监督情况

（二）相关指标的描述性统计

表9-5呈现了社会融入测量指标的描述性统计结果。值得注意的是，受访家庭在经济融入、接触互联网方面差异极大。例如，正式就业人员占家庭成员比例的标准（0.168）差远远超过样本均值（0.074）；经常上网家庭成员的平均上网时间的标准差（2.195小时/天）也明显高于其样本均值（1.309小时/天）。这些样本分析结果说明，至少从经济参与和网络接触的情况来看，我国低收入群体或许属于高度异质性，原因可能源自我国城乡、区域发展不平衡，以及个人（或家庭）之间的劳动禀赋差距。

表 9-5 社会融入测量指标的描述性统计

变量	均值/百分比	标准差
正式就业人数占家庭人数比例	0.0742	0.1675
主要收入人从事工作的稳定性（1~10）	3.2206	2.3256
无业（=1）	23.58%	—
农、林、牧业（=2）	20.66%	—
不便分类或类型灵活的从业人员（=3）	34.19%	—
现役军人（=4）	0.33%	—
生产、运输设备操作人员（=5）	4.87%	—
农、林、牧、渔、水利企业生产人员（=6）	1.20%	—
商业、服务人员（=7）	6.85%	—
办事人员（=8）	2.69%	—
专业技术人员（=9）	4.06%	—
国家机关、党群组织、企事业单位负责人（=10）	1.58	—
劳动、经营性、财产性收入占家庭年收入的比例	0.5619	0.4200
经常上网家庭成员的平均上网时间（小时/天）	1.3089	2.1949
移动支付使用频率（0~4）	1.1549	1.3359
不知道（=0）	52.66%	—
从未用过（=1）	4.30%	—
偶尔使用（=2）	22.81%	—
经常使用（=3）	15.33%	—
频繁使用（=4）	4.90%	—
直接与人交往人数（人）	1.6418	0.7192
在社会交往中感到被歧视（1~5）	4.1710	1.0362
非常严重（=1）	2.49%	—
较为严重（=2）	1.94%	—
一般（=3）	25.85%	—
有些歧视（=4）	15.43%	—
完全没有（=5）	54.29%	—

续表

变量	均值/百分比	标准差
近三年参加社区监督情况（1~4）	3.0864	0.7538
不记得（=1）	7.59%	—
不关心（=2）	1.69%	—
没 有（=3）	65.21%	—
有 （=4）	25.51%	—

社会融入是一个无法直接观测的抽象概念，只有通过与显在变量建立令人信服的统计关系才能被测量。结构方程模型（Structural Equation Modeling，以下简称 SEM）可以纳入类似因子分析的测量模型，经由观测变量反映不可观测的潜变量。因此，我们尝试使用 SEM 测量低收入家庭的社会融入程度。具体而言，社会融入可以被描述为引起 9 个观测变量上的部分变异，这 9 个变量主要或部分地负载在同一个因子上（SEM 分析结果见附录）。经过一系列规范化处理，每个样本家庭得到一个值域为 0—1 的社会融入综合指标得分，这个得分并无实际意义。据统计，全样本的社会融入综合指标得分均值为 0.2416（中位数为 0.1580），标准差为 0.1589，图 9-1 展示了直方图及正态（高斯）曲线。

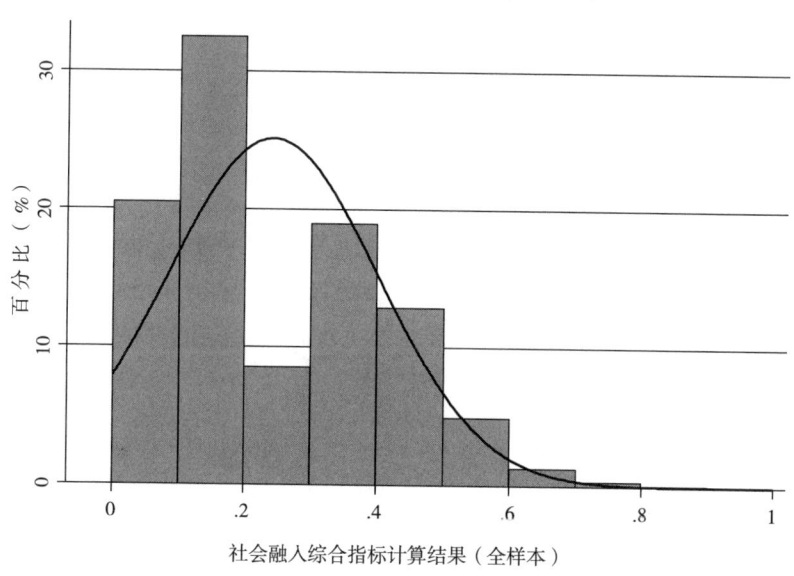

图 9-1 社会融入综合指标计算结果分布情况

第三节　困难群体社会融入综合指标测量结果

构建并计算社会融入综合指标有两个用途：一是通过组间比较，我们可以发现哪类群体在社会融入方面遭遇最多阻碍，借此明确"融入性"政策的重点目标对象；二是利用多元回归分析，锁定影响困难家庭融入社会的关键变量，为如何实施促进社会融入的干预政策提供依据，并衡量和评估这些政策的实际效果。为此，本研究综合使用 OLS、SEM 模型探讨上述问题。

一、"老幼残"社会面临的老年情况

第一，老年人被边缘化的问题值得警惕。随着人口老龄化不断加深，老年贫困问题日益凸显。根据 OECD 发布的统计数据，2018 年，大部分发达国家的 66 岁及以上人口的贫困率都在 15% 左右，日本老年贫困率已经接近 30%，中国老年贫困率为 11.19%（详见表 9-6）。对于逐渐退出劳动力市场的老年群体来说，生活困难与社会排斥往往如影随形、相互强化。我们的分析显示，无论在城镇还是乡村，老年人困难家庭的社会融入程度均明显弱于其他类型家庭（见表 9-7），特别是在农村调查地区，大约有 75% 的老年困难家庭的社会融入综合指标得分不到 0.095。

表 9-6　2018 年部分国家老年人贫困率

国　家	2018 年老年贫困率	国　家	2018 年老年贫困率
日本	28.137%	美国	16.026%
德国	21.466%	澳大利亚	15.663%
瑞典	19.861%	俄罗斯	14.746%
法国	19.837%	韩国	14.294%
荷兰	19.015%	中国	11.194%
英国	18.312%	全球平均	8.921%
挪威	17.087%	OECD 平均	17.204%

数据来源：https://data.oecd.org/inequality/poverty-rate.htm

说明：老年贫困率（poverty rate）是收入低于贫困线的老年人占 66 岁及以上人口的比率。这条贫困线通常被设定为总人口的中位数家庭收入的 50%。

第二，残疾是导致社会排斥的重要因素。根据世界卫生组织、世界银行于 2011 年发布的研究报告，全球残疾人数量超过 10 亿。尽管采取了许多助残措施，

但有证据表明,残疾人在获取基础设施、服务、信息和就业方面仍面临重大挑战。例如,报告显示,残疾人遇到健康照护服务无法满足其需求的可能性使非残疾人的两倍还多;与正常儿童相比,残疾儿童入学可能性更低,留在学校接受学习的比率也很低;残疾人更易遭受不尊重对待,在其家庭和社区中也经常被忽视,这些现象在欠发达国家或地区极为普遍(WHO and World Bank 2011)。截至2020年2月,中国有8500万残疾人,约占中国总人口的比例的6.21%。党的十八大以来,以习近平同志为核心的党中央高度重视残疾人扶贫工作,把贫困残疾人作为精准扶贫精准脱贫群体攻坚的重点,把贫困残疾人脱贫攻坚作为打赢脱贫攻坚战的重要组成部分,统筹安排,同步实施,重点推进。截至2020年底,我国已稳定实现困难残疾人及其家庭"不愁吃、不愁穿、义务教育、基本医疗、住房安全有保障"的目标。五年来,有700多万建档立卡贫困残疾人如期脱贫,平均每年减少100万人以上。[1] 但是,消除绝对贫困并不代表已经清除残疾群体融入社会的全部障碍。实际上,根据分析结果,残疾困难家庭的社会融入状况不容乐观。他们的社会融入综合指标平均分值低于样本平均水平,仅高于老年困难家庭。

表9-7 城乡不同类型困难家庭的社会融入比较

家庭类型	城市地区			农村地区		
	均值	标准差	频次	均值	标准差	频次
老年困难家庭	0.146	0.119	376	0.097	0.061	809
未成年困难家庭	0.327	0.163	930	0.254	0.147	1,626
残疾困难家庭(不含老年残疾)	0.261	0.170	1,210	0.211	0.149	1,666
其他困难家庭	0.315	0.175	1,350	0.239	0.154	1,609
合计	0.284	0.174	3,866	0.215	0.150	5,710

无子女困难家庭,特别是孤寡老人也面临很严重的排斥风险。特困人员救助供养制度旨在确保"三无"老人"生养丧死无憾",较少回应其社会融入需求。"无子女"可能从两方面阻碍社会融入:(1)对于老年群体来说,子女通常是他们接触外界的重要(甚至是唯一)桥梁,"老而无子(女)"意味着孤寡老人必须不假他人直接面对不断变化的社会,这并非易事。(2)受传宗接代思想的影响,没有生育子女的家庭也许会感到或明或暗的排斥。令人担忧的是,不单在与世隔绝的边缘地区,即便是在一些发达国家,这种生育主义驱动的社会排斥也没有完全绝迹。例如,澳大利亚的经验研究发现,社会层面的生育主义倾向导致澳大利亚无子女妇女遭到各

---

[1] https://baijiahao.baidu.com/s?id=1692584486402126773&wfr=spider&for=pc.

种形式的社会排斥，并且排斥范围几乎涵盖社会生活的各个领域。值得注意的是，无子女的妇女在社会和公民领域比在服务和经济领域经历了更多可感知的排斥。与那些尚未决定要孩子或未来会要孩子的女性相比，非自愿无子女的女性，以及自愿无子女的女性，更容易感到被排斥（Lattman，K. et al.，2016）。

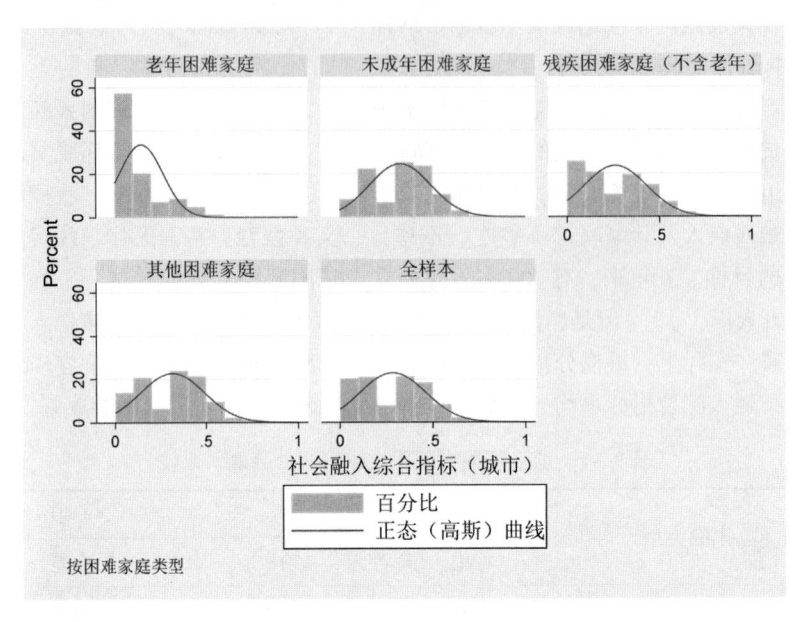

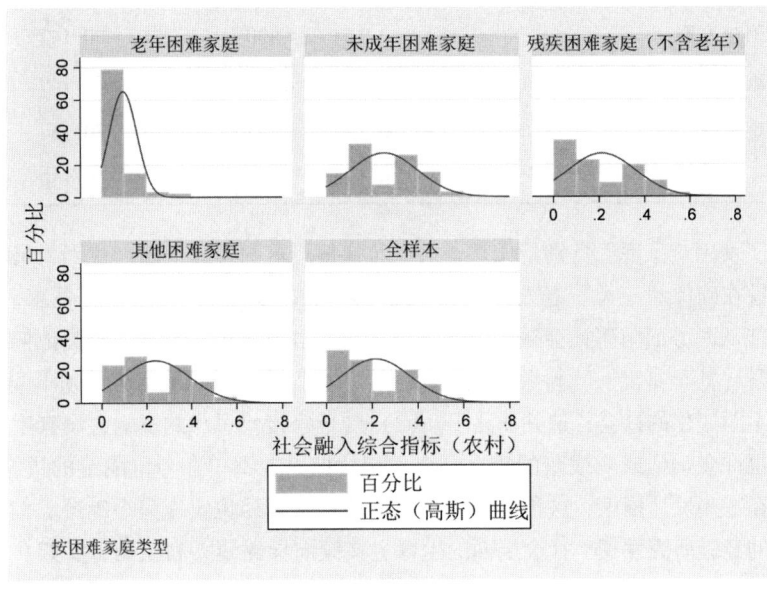

图 9-2 城乡各类困难家庭社会融入综合指标直方图

第三，各类困境儿童面临严重的"融入难"问题。无论在经济领域，还是社会参与方面，残疾儿童及其家庭都处于非常不利的地位，而且这种不利处往往笼罩家庭整个生命周期，导致难以逆转的悲观预期。根据第二次全国残疾人抽样调查，我国0－14岁的残疾人口为387万人，占全国残疾人口的4.66%（中国残疾人联合会，2021）。[1] 如何支持这些残疾儿童及其家庭得到社会接纳，是一项高难度的政策干预。来自英国的定性研究发现，许多残疾儿童及其家庭在非在校期间，特别是在学校假期期间，都经历了高度的社会隔离和排斥。通过回顾残疾青少年及其家庭的过往经历，以及地方政府为促进他们融入社会所开展的政策行动，这项研究提出，只有当政府和官员承认残疾儿童应享有的权利，并兑现有关这些权利的政治承诺时，残疾青少年家庭才能真正得到社会的接纳和赋权（Knight, A. et al., 2010）。

二、"就业难"成为困难家庭融入社会的"拦路虎"

第一，就业状态深刻影响低收入家庭社会融入程度。在市场经济环境中，经济融入深浅可以直接反映个体或家庭汲取社会资源能力的强弱，因而是社会融入的决定性因素。表9－8显示，无劳动能力家庭和零就业家庭处于非常低的融入状态，并且如图9－3所示，从无劳动能力家庭到正式就业家庭，社会融入正态曲线的波峰明显向右移动，说明随着劳动条件和就业地位不断改善，家庭社会融入程度有所提高。进一步的回归分析表明，灵活就业和正式就业家庭的社会融入得分比无劳动能力家庭分别高出0.02和0.07（见表9－8）。这些证据均指向就业地位改善对于社会融入的显著促进作用。

第二，低收入家庭普遍陷入"难就业—弱融入"的循环困境之中。如前所述，改善就业是促进社会融入的关键因素之一，但大部分低收入群体面临各种各样的就业障碍，即便找到工作也往往蜷曲在低端就业市场，其劳动脱困的难度可想而知。调查显示，22.95%的受访家庭处于无业状态；79.35%的受访家庭中没有任何成员有正式工作（其中，城镇样本为70.67%；农村样本为85.24%）。在城镇地区，35.2%的受访家庭主要收入者从事不便分类或类型灵活的职业，这一比例在农村样本中为33.42%。难以融入正式就业市场导致城乡低收入家庭的经济来源非常单一，主要以劳动所得和转移支付为主。据调查，在城镇低收入家庭的年度总收入中，劳动所得和转移支付分别占到51.74%、42.29%，农村地区样本均值也分别达到48.29%和40.46%。阻碍低收入家庭融入劳动力市场的主要因素是什么？回归分析显示，人口结构老化、遭受重病打击都会对这些家庭的就业

---

[1] https://www.cdpf.org.cn/zwgk/zccx/cjrgk/93a052e1b3d342ed8a059357cabf09ca.htm.

参与产生显著不利影响。例如，高龄老人占家庭人口的比例每增加一个百分点，家庭正式就业人员比例便下降 3.61%；受困于沉重疾病负担的家庭比普通困难家庭的正式就业人员比例要低 1.54%。这从一个侧面说明，民政扶危济困所瞄准的，正是低收入家庭通往经济融入的"绊脚石"。

表 9-8 城乡不同劳动能力和就业状态家庭的社会融入比较

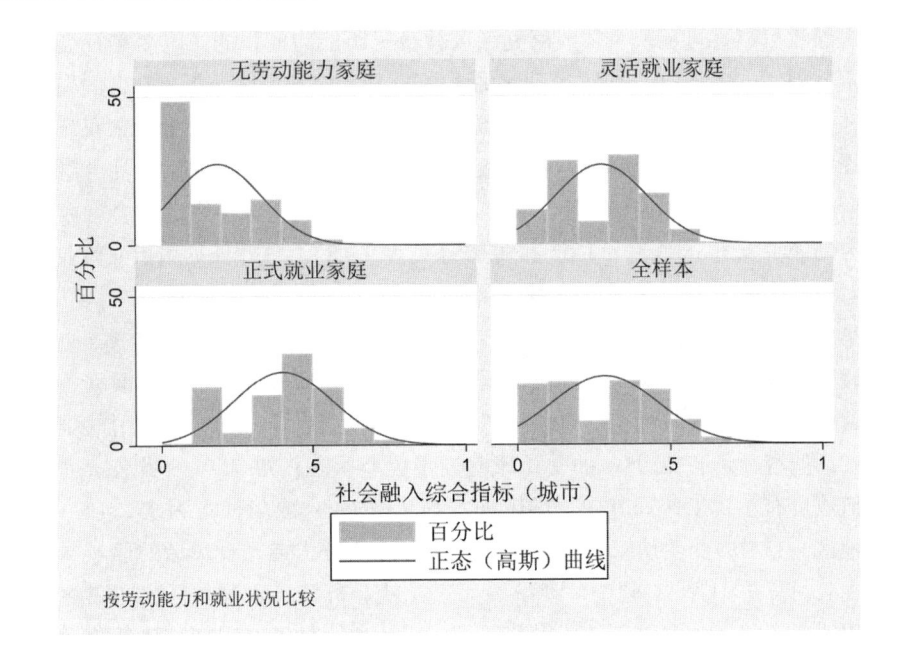

家庭类型	城市地区			农村地区		
	均值	标准差	频次	均值	标准差	频次
无劳动能力家庭	0.148	0.123	503	0.097	0.064	997
零就业家庭	0.215	0.154	747	0.173	0.132	1,099
灵活就业家庭	0.276	0.150	1,482	0.238	0.142	2,771
正式就业家庭	0.402	0.162	1,134	0.333	0.154	843
合计	0.284	0.174	3,866	0.215	0.150	5,710

按劳动能力和就业状况比较

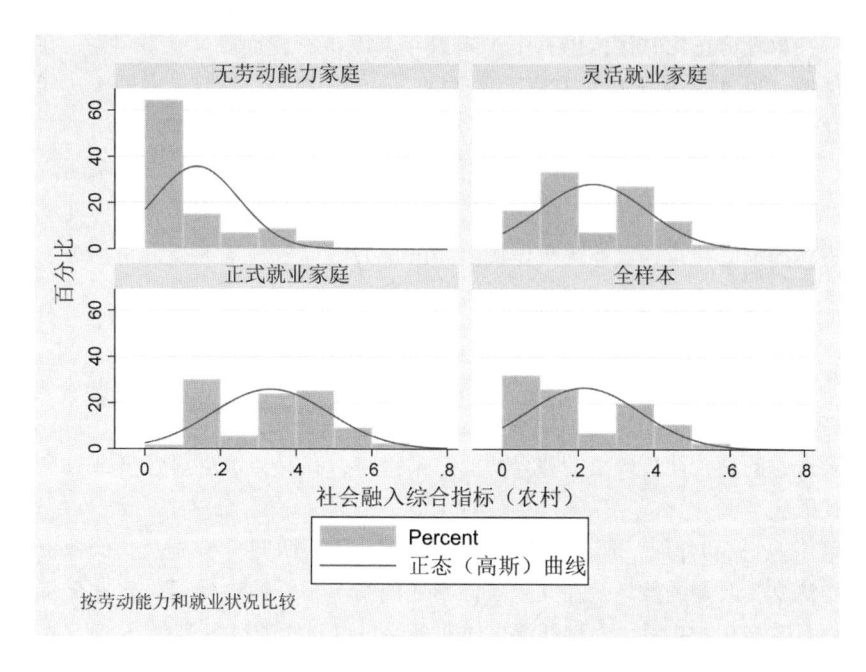

图 9-3　城乡各类困难家庭社会融入综合指标直方图

三、数字鸿沟成为融入新难题

党的十九大报告提出建设智慧社会。信息网络是建设智慧社会的重要基础设施。2015 年 5 月 13 日，国务院常务会部署确定加快建设高速宽带网络促进提速降费的措施，取得了显著成效。"十三五"期间，我国固定宽带和手机流量的平均资费下降超过 95%，各项降费举措每年惠及手机或者通信用户 10 亿人次以上；与此同时，网络速率实现翻倍，光纤用户占比从 34% 提升至 93%；4G 用户占比从 7.6% 增长到 81%，远高于全球平均水平（王欣，2021）。这意味着，我国信息通信技术正在走出一条共享发展道路，有望成为改善民生、缩小差距的重要工具。但也应看到，信息技术让更多人享受便利的同时，也在相对弱势群体面前制造了一条"数字鸿沟"。这在世界范围内都是普遍现象。例如，英国一家市场研究公司近期调查发现，65 岁以上人群中有 58% 的人在过去半年中，对数字产品和服务的使用频率有所增加，但有近六成的人表示使用起来不方便。"数字排斥和社会排斥交织，使老年人面临更大的'掉队'风险，"（人民日报，2020）。本项目的调查发现，低收入家庭"触网"难的现象比较普遍。在城镇地区，41.76% 的受访家庭没有（通过手机或电脑）上过网，其中，78.59% 的老年家庭不接触网络，45.52% 的残疾人家庭从不上网；在农村地区，不上网的受访家庭占到 58.35%，超过九成老年家庭几乎从未上网，57.57% 的残疾人家庭没有接通网络。值得注意的是，在教育信息化时代，仍有不少未成年人困难家庭面临"上网难"。在城镇调查区域，30.95%的未成年家庭没有通网，在农村地区，没有上网的未成年人家庭高达46.88%。信息阻碍所造成的负面影响不容小觑。根据回归分析，在城镇地区，可以上网的家庭比网络"零接触"家庭的社会融入得分显著高出0.148（农村地区高出0.164）；与不知道或从未使用过移动支付的家庭相比，熟练使用移动支付的家庭在正式就业人员比例上高出6.77%（农村地区高出5.37%）。

四、社会政策发挥融合功能偏弱

相当部分的低收入群体缺乏家庭支持，远离劳动力市场，社会政策几乎成为其保持社会连接的核心渠道，因而社会政策亦具有整合低收入群体的附带功能。但需要注意的是，社会政策的整合功能并不稳定，有时会产生对经济或社会参与的替代效应。

第一，"福利叠加"形成困难群众的待遇分化。回归分析显示，低保资格会显著提高享受政策的数量，在其他条件不变的情况下，城市低保户比非低保户得到的项目数多0.659项；农村低保户比非低保户得到的项目数多0.26项（控制了建档立卡变量，因此受益项目差明显缩小）（详见附录表Ⅰ和表Ⅱ）。此外，建档立卡户获得的政策项目数量显著高于非建档立卡户，说明社会救助资源被充分而集中地转向脱贫攻坚。

第二，社会救助影响困难群体通过劳动参与融入社会。回归分析显示，相较于非低保家庭，低保家庭来自市场性收入的比例显著更低，其中城市样本低20.1%，农村样本低19.7%（见附录表Ⅰ和表Ⅱ）。此外，建档立卡户身份有助于提高市场性收入比重。回归分析显示，在农村样本中，建档立卡户劳动、经营、财产等市场性收入的比例显著高于非建档立卡户（3.83%）（见附录表Ⅱ）。

表9-9 获得救助和福利项目数量

获得项目数	城市样本		农村样本	
	频数	百分比	频数	百分比
0	1,502	38.85	499	8.74
1	1,141	29.51	794	13.91
2	653	16.89	1,346	23.57
3	339	8.77	1,422	24.9
4	153	3.96	939	16.44
5	49	1.27	431	7.55

续表

获得项目数	城市样本		农村样本	
	频数	百分比	频数	百分比
6	20	0.52	175	3.06
7	2	0.05	65	1.14
8	3	0.08	28	0.49
9	2	0.05	8	0.14
10	1	0.03	2	0.04
11	1	0.03	1	0.02
合计	3,866	100.00	5,710	100.00

表9-10 社会融入综合指标影响因素回归分析

VARIABLES	(1) 城市样本 social_inclusion_re	(2) 农村样本 social_inclusion_re
个体健康水平	0.00375***	0.00331***
	(0.00118)	(0.000750)
个体受教育程度	0.0115***	0.00718***
	(0.00128)	(0.000910)
宗教信仰（参照：无）	0.00291	-0.00129
	(0.00415)	(0.00264)
男性成员占家庭人数比例	-0.00392	-0.00482
	(0.00460)	(0.00317)
未成年人占家庭人数比例	-0.00358	0.00232
	(0.00778)	(0.00520)
高龄老人占家庭人数比例	0.00361	0.00431
	(0.00700)	(0.00435)
家庭收入困境	-0.00169	-0.00202**
	(0.00154)	(0.00101)

续表

VARIABLES	(1) 城市样本 social_inclusion_re	(2) 农村样本 social_inclusion_re
家庭支出困境	-0.00292***	-0.000742
	(0.000949)	(0.000709)
家底薄弱程度	-0.00129	-0.00104
	(0.00210)	(0.00148)
最远的旅游地点	0.00959***	0.00666***
	(0.00156)	(0.00157)
就业情况（参照：无劳动能力家庭）		
零就业家庭	0.00768**	0.00550***
	(0.00378)	(0.00208)
灵活就业家庭	0.0196***	0.0134***
	(0.00349)	(0.00198)
正式就业家庭	0.0744***	0.0535***
	(0.00424)	(0.00320)
主要收入者时薪（元/小时）	0.000736***	0.000699***
	(0.000118)	(9.97e-05)
经历过下岗（参照：无）	-0.00466	0.00734
	(0.00322)	(0.00590)
低保户（参照：非低保户）	-0.0100***	-0.00523**
	(0.00276)	(0.00249)
建档立卡户（参照：非）	—	-0.000137
	—	(0.00258)
低保户与建档立卡户交互项	—	-0.000555
	—	(0.00330)
享受专项救助数量	7.23e-05	-0.00131*
	(0.00114)	(0.000716)

续表

VARIABLES	（1）城市样本 social_ inclusion_ re	（2）农村样本 social_ inclusion_ re
经常交往人数的对数	0.00188	0.000608
	(0.00145)	(0.000865)
交往意愿	-0.000384	0.000961
	(0.00129)	(0.000924)
家庭有无网络（参照：无）	0.148***	0.164***
	(0.00786)	(0.00725)
互联网重要性的认识	0.0289***	0.0204***
	(0.00217)	(0.00185)
社会地位自评	0.00221	0.00131
	(0.00181)	(0.000990)
贫困归因	0.00348**	-0.000780
	(0.00150)	(0.000965)
财富归因	0.00196	0.00103
	(0.00160)	(0.00103)
截距	0.0398***	0.0687***
	(0.00831)	(0.00554)
Observations	3,942	5,767
R-squared	0.808	0.833

第五节　启示及建议

我国政策制定部门对社会融入的理解更加具体而微。例如，民政部于2015年印发的《关于加快推进社会救助领域社会工作发展的意见》提到，社会融入服务旨在"帮助救助对象调节家庭和社会关系，消除社会歧视，重构社会支持网络，更好地适应社区和社会环境"。狭义的概念取向并不限制社会融入的适用范围，作为一种专业化、个性化的社会工作服务，它被广泛用于脱贫攻坚、就业、救急难、特困人员供养、农村留守老年人和儿童关爱保护、流动人口社区融入、戒毒康复等特殊人员帮扶、青年婚恋关爱等民生领域。在此意义上，社会融入已经具备了带动低收入人群共享发展成果的政策潜质。而这种潜质的实现，有赖于不同政策模块的接续与互动，即围绕相互关联和相互影响的各种融入障碍，实施一系列动态干预，以打破复杂变动的问题怪圈。第一，就政策概念而言，我国的社会融入是一种专业化、个性化的社会工作服务，是社会工作在社会救助领域的运用，旨在"帮助救助对象调节家庭和社会关系，消除社会歧视，重构社会支持网络，更好地适应社区和社会环境"。在此意义上，社会融入被赋予了有别于传统救助的创新内涵。第二，就供给方式而言，我国的社会融入多采取政府购买服务的形式，很少由公共部门直接提供。例如，民政部于2017年印发的《关于积极推行政府购买服务 加强基层社会救助经办服务能力的意见》规定，向社会力量购买的社会救助服务主要包括事务性工作和服务性工作两类，而"社会融入"被列为服务性工作的内容清单。第三，从作用领域来看，我国的社会融入被广泛用于脱贫攻坚、就业、救急难、特困人员供养、农村留守老年人和儿童关爱保护、流动人口社区融入、戒毒康复等特殊人员帮扶、青年婚恋关爱等民生领域。由此产生的一个明显矛盾是，作为一种社会工作服务的社会融入，被引入就业、脱贫攻坚、儿童保护等广泛领域时，其内容指向悄然延伸和泛化，以适应从狭义工具层面向广义作用领域跨越过程中发生的"任务拉伸"。在现有政策基础上，建议从以下方面完善社会救助制度，更充分发挥社会融合功能。

一、建立多维动态的社会救助框架

社会融入——或其对立面"社会排斥"——是一个多维过程（multidimensional process），涵盖生产、消费、公民参与和社会互动等诸多领域，其中任何一个领域的融入状况会影响另一个领域的排斥程度。因此，促进社会融入或消除社会排斥，需要"一系列动态干预"（Silver, 2013）。例如，向无家可归者施以救助，仅仅提供收容场所远远不够，还应围绕其社会需要进行"连续关怀"，内容涵盖从过渡性住房、劳动力市场培训、药物和酒精治疗直至永久性住房等环环相扣的政策干预，甚至还涉及长期支持服务以帮助无家可归者"安居乐业"（Silver, 2013）。依此，世界银行特别指出市场、服务、空间领域的重叠性，并强调干预一个领域会对其他领域产生影响。按照上述政策理念，建议广泛开展针对低收入群体的社会调查，深入研究我国相对贫困发生机制，准确把握多维困境之间的关联性，以此为信息基础，加强"8+1"社会救助体系内部各模块的榫合性，优化社会救助与社会保险、社会福利的衔接机制，最终建立社会需要导向的多维动态社会救助框架。

二、加强"老幼残"等脆弱人群的社会融合

一是支持困难老人更充分融入社会。随着全球人口老龄化程度不断加深,老年困难问题逐步走入社会政策的"聚光灯"下。值得注意的是,老年人不仅面对经济困难风险,而且极有可能遭受或隐或显的社会排斥。一般来说,现代社会救助已经能够妥当处理前一问题,但对于如何增强老年人的融入感,尚缺乏特别有效的手段。因此,从社会排斥与社会整合的角度重新理解老年困难问题,对于优化社会救助制度尤为重要。为此,民政部门按照党中央、国务院的决策部署,重点推动老年人关爱服务体系。一方面不断加大政府支持保障力度,整合利用下沉到基层的公用资源,切实增强就近就便为老服务能力;另一方面鼓励支持社会力量参与老年人关爱服务,弥补政府服务资源有限、灵活性不足的短板,特别是通过强化社会工作心理疏导、精神慰藉、关系调适的专业优势,有效排解困难老年群体的孤独感和空虚感。二是助力残疾人更好参与劳动、融入社会。一方面,运用社会工作专业方法促进服务对象自身的转变,恢复和发展社会功能。引导残疾人走出家门,不仅仅是让残疾人尽自己的力量改变自己,更重要的是促进残疾人参与社区、融入社会。另一方面,拓宽残疾群体就业渠道。2021年10月27日,中组部、中央编办、人力资源和社会保障部等五部门共同印发《机关、事业单位、国有企业带头安排残疾人就业办法》,明确相关单位按比例安排残疾人就业,要为残疾人参加招录(聘)考试提供合理便利等。多地还通过提供辅助性就业机会等多种形式全力推进残疾人多元化就业体系建设。三是强化对困境儿童的社会融入支持。运用专业的社工理念和方法,针对学习上的焦虑、冲动情绪等心理问题比较突出的困境儿童和农村留守儿童开展抗逆力提升活动;通过困境儿童家长互助支持活动,进一步提升困境儿童家长的照顾和监护能力;对那些社会网络资源不足或者利用社会网络的能力不足的困难儿童家庭,通过政府、家庭、社区、社会多方联动,提供居家康复服务、情感支持服务,为其扩大与建立起社会支持网络。

三、改善就业质量,更好匹配家庭与工作

一是改善就业是促进低收入家庭社会融入的根本所在。实现社会融入的最重要途径也许是通过增加人力资本,这可以通过更好和更尊严地获得服务来实现。以美国的残疾人服务为例,该服务在个人的整个生命周期中提供。1990年的《美国残疾人法案》(ADA)加强了残疾人权利,该法案经过了多项修订。其中规定,"身体或精神上的残疾绝不会削弱一个人充分参与社会各方面的权利"(转引自World bank,2013)。分析显示,正式就业家庭的社会融入程度明显高于"零就

业"和灵活就业家庭。原因在于，正式就业可以显著增强个体及其家庭的经济融入度与社会归属感，而且，正式就业附带的一系列福利保障在维持家庭再生产和减缓社会风险冲击方面举足轻重。因此，有必要将收入援助与就业服务更紧密地结合起来，建议根据劳动能力和就业条件，实施差别化的就业促进计划。这种"因人施策"的方式在国际援助项目中很常见。例如，世界银行曾在利比里亚开展过"少女和年轻妇女经济能力增强项目"（Economic Empowerment of Adolescent Girls and Young Women project，以下简称 EPAG），旨在通过工作技能和商业发展培训，提高年轻女性的社会经济福祉。

二是减轻主要收入者的持家负担，破除低收入群体的社会融入障碍。想要打破"就业难"和"融入难"之间的恶性循环，关键在于清除那些严重阻碍低收入家庭实现经济融入的不利因素。因此，更好地提供救助服务，缓和经济机会改善与家庭再生产之间的矛盾冲突，或许可以成为解决低收入群体融入难题的重要途径。建议理顺社会救助与基本社会服务的衔接机制，靶向根除低收入家庭市场参与障碍。例如，作为哥伦比亚最大的福利项目，Hogares Communitarios 向农村贫困家庭提供儿童日托服务。研究发现，在此影响下，女性就业概率由 0.12 增加到 0.37；儿童身高、上学出勤率以及学习成绩也有明显提高（Attanasio and Vera-Hernandez，2004）。又如，考虑到女性多因家庭养育负担而无法工作，EPAG 向目标群体发放了一笔子女照料补贴，不但明显改善了她们的就业处境，还产生了正向外部效应。

四、提高信息通信技术可及性

一是借助信息通信技术扩大低收入群体空间融入感。例如，有研究表明，通信技术，特别是互联网，可以帮助在不诉诸物理旅行的情况下提高空间行动范围，从而切实降低个人的排斥体验。其主要理由在于，缺乏流动性与机会不平等、社会网络狭窄、商品或服务可及性低密切相关，低收入群体特别是老年人、残疾人，碍于身体机能较差以及居住环境，难以通过汽车或公共交通改善其流动性，而信息通信技术的普及使一种虚拟移动性成为可能，从而替代物理移动性提高弱势群体的社会融入空间（Susan Kenyon et al.，2002）。但我们的调查发现，移动支付服务在低收入群体中并未完全普及，尤其是困难老年人、残疾人"为智能所困"的现象较为突出。针对老年人"被智能所困"的现象，各地多措并举加快解决老年人面临的"数字鸿沟"问题，让广大老年人更好地适应并融入智慧社会。国务院办公厅于 2020 年印发《关于切实解决老年人运用智能技术困难的实施方案》（以下简称方案）。方案聚焦老年人日常生活涉及的出行、就医、消费等 7 类高频事项和服务场景，坚持传统服务方式与智能化服务创新并行，提出了 20 条举措和要求，探索信息技术产品与服务的适老化改造，帮助老年人跨越"数字鸿沟"，融入智慧社会。[1]

二是拓展信息通信技术的可及性，帮助低收入群体安全方便地融入科技生活与金融市场，信息技术与金融市场的深度融合使得原本被排除在正式金融体系之外的低收入群体，有望享受廉价、安全的金融服务。例如，有研究发现，移动电话的广泛普及为金融交易创造了新的途径。移动支付在撒哈拉以南非洲地区取得了最广泛的成功。2011 年，约有 16% 的成年人报告在过去 12 个月中使用过手机来支付账单或收发钱款（Demirgüç – Kunt & Klapper，2012）。在肯尼亚，M – PESA 是一种移动货币服务，已为大约 70% 的成年人提供了金融服务。但是，随着互联网渗入生活的方方面面，无法掌握通信信息技术成为贫困群体难以融入市场的新阻碍。我们的回归分析显示，熟练使用手机支付功能可以显著提高困难群体融入市场的程度（见附录表Ⅳ）。建议应动员市场与社会力量，推出以社区为基础的基本数字技能培训项目，帮助"触网"困难的边缘群体更好融入智慧社会。但需要防止低收入家庭被消费贷等灰色金融产品绑架。

三是运用信息通信技术减少社区排斥。相对弱势群经常在社区生活中感到孤立感，通过信息通讯技术重新组织社区参与方式也许可以消除社区层面的社会排斥。有研究跟踪了南非信息通信技术被用于减少社会排斥的过程，特别是"多用途社区中心"（Multi – Purpose Community Centers，以下简称 MPCCs）在减少社会排斥方面的作用（Maldonado et al.，2006）。实施 MPCCs 的根本原因是使政府服务更贴近底层民众，并为社区提供与政府沟通的机会。多功能社区中心已被确定为实施发展交流和信息计划的主要方法。MPCCs 也是许多社区可以从中获得广泛服务和产品的基础。目的是使社区能够获得此类服务并参与政府计划以增强自身能力。综上，MPPC 已经成为一项必要的扶贫战略，致力于改善低收入家庭的生活质量（Rabali，H.，2005）。

五、提高社区文体娱乐活动的受益范围与深度

低收入群体心理健康值得关注，而通过参加社区文娱活动提高其社区归属感或许可以促进其社会心态，从而规避一些冲击社会道德底线的事件发生。例如，来自澳大利亚的实证研究表明，参加社区层面的体育活动可以带来一系列身体和心理社会方面的好处，特别是对于外来人员，社区体育活动可以作为实现积极融入澳大利亚社会的有效途径。然而，研究也发现，相对弱势群体参与社区文娱活动面临许多障碍，包括成本；体育环境中的歧视和文化敏感性的缺乏；移民对主

---

[1] http://www.zgswcn.com/article/202012/2020120209265 51015.html.

流体育服务缺乏了解;交通不便;文化决定的性别规范;家庭态度等。为此,澳大利亚政府有关部门组织制定了解决这些参与障碍的方案(Block, K., & Gibbs, L., 2017)。

参考文献

英文文献

Jones, C. & T. Novak. (1999). *Poverty, Welfare and the Disciplinary State. London / New York*: Routledge.

Townsend, P. (1979). *Poverty in the United Kingdom: A Survey of HouseholdResources And Standards of Living.* Harmondsworth: Penguin Book

'Mingling together': promoting the social inclusion of disabled children and young people during the school holidays Akerlof, George. 1976.

"The Economics of Caste and of the Rat Race andOther Woeful Tales." Quarterly Journal of Economics 90 (4): 599 – 617;

Scoville, J. G., ed. 1991. Status Infl uences in Third World Labor Markets. New York: Walter de Gruyter.

Block, K., & Gibbs, L. (2017). Promoting Social Inclusion through Sport for Refugee – Background Youth in Australia: Analysing Different Participation Models. Social Inclusion, 5 (2), 91 – 100.

Burchardt T, Grand J L, Piachaud D. Social Exclusion in Britain 1991—1995 [J]. Social Policy & Administration, 1999, Volume 33, Issue 3 p. 227 – 244, .

Clement, T., &Bigby, C. (2009). Breaking out of adistinct social space: Reflection on supporting community participation for people with severe and profound intellectual disability. JournalofAppliedResearchinIntellectualDisabilities, 22, 264 – 275.

Council ofEurope. Concerted Development of Social Cohesion Indicators: Methodological guide [M/OL]. Council of Europe Publishing. [2008 – 04 – 01]. http://www.coe.int/t/dg3/social

Creating an Inclusive Society: Practical Strategies to Promote Social Integration, https://www.un.org/esa/socdev/egms/docs/2008/Paris – report.pdf

Cummins, R. A., &Lau, A. L. D. (2003). Community integration or community exposure? A review and discussion in relation to people with an intellectual disability. Journal of

Entzinger H, Biezeveld R. Benchmarking in Immigrant Integration [J], 2011.

Exceptionality: ASpecialEducationJournal, 19 (1), 6 – 18.

Giddens, A., Sociology, Cambridge: Polity Press & Publishing Company, 2001.

H. M. , Calkins, C. , Wehmeyer, M. L. , Walker, L. , Bacon, A. , Palmer, S. B. , etal. (2011).

A socialecologicalapproachtopromoteself – determination. Hall, S. A. (2009).

The social inclusion of people with disabilities: A qualitative meta – analysis. Journal of Ethnographic and Qualitative Research, 3, 162 – 173;

Power, A. (2013). Making space for belonging: Critical reflectionson the implementationof personalized adults ocial care under the veil of meaningful inclusion.

Hulme, D. , and A. Shepherd. 2003. "Conceptualizing Chronic Poverty. " World Development 31 (3): 403 – 23.

John Goldlust, Anthony H. Richmond. A Multivariate Model of Immigrant Adaptation ∗ [J]. International Migration Review, 1974, 8 (2): 193 – 225.

Josine Junger – Tas. Ethnic Minorities, Social Integration and Crime [J]. European Journal on Criminal Policy and Research, 2001, 9 (1): 5 – 29.

Kenyon, S. , Lyons, G. , & Rafferty, J. (2002). Transport and social exclusion: investigating the possibility of promoting inclusion through virtual mobility. Journal of Transport Geography, 10 (3), 207 – 219.

Lattman, K. , Friman, M. , & Olsson, L. E. (2016). Perceived Accessibility of Public-Transport as a Potential Indicator of Social Inclusion. Social Inclusion, 4 (3), 36 – 45.

Maldonado, E. , Pogrebnyakov, N. , & Van Gorp, A. (2006). ICT Policies as a Means to Inhibit Social Exclusion: The South African Case. Social Inclusion, , 137 – 150.

MolinasVega, J. R. , R. Paes de Barros, C. J. Saavedra, M. Giugale, L. J. Cord, C. Pessino, and A. Hasan. 2012. Do Our Children Have a Chance? A Human Opportunity Report for Latin America and the Caribbean. Washington, DC: World Bank.

Norton, A. , and A. de Haan. 2012. Social Cohesion: Theoretical Debates and Practical Applications with Respect to Jobs. Washington, DC: World Bank.

Park, R. E. and E. W. Burgess, Introduction to the Science of Society [J]. Chicago: University of Chicago Press, 1921.

Paugam, S. 1993. La société française et ses pauvres (French Society and Its Poor). Paris: PUF.

Rabali, H. . (2005). The role of multi – purpose community centre (mpcc) service and information providers towards improving quality of community life : a case of sebokeng. North – West University.

Richardson, L. and Le Grand, J. (2002), Outsider and Insider Expertise: The Response of Residents of Deprived Neighbourhoods to an Academic Definition of Social Exclusion. Social Policy & Administration, 36: 496 – 515.

Robbins, D. (1994). Social Europe towards a Europe of solidarity: combating social exclusion. European Community.

Robert Castel (2000). The Roads to Disaffiliation: Insecure Work and Vulnerable Relationships. , 24 (3), 519 – 535.

Saraceno. C. , The importance of the concept of social exclusion, In Beck, W. . Maesen, L. V. D. & Figueiredo, J. B. (Ed), Social exclusion: rhetoric, reality, responses, Geneva: International Institute for Labour Studies, 1995.

Savoia, A. , J. Easaw, and A. McKay. 2010. "Inequality, Democracy, and Institutions: A Critical Review of Recent Research." World Development 38 (2): 142 – 54.

Silver, H. 1994. "Social Exclusion and Social Solidarity: Three Paradigms." International Labor Review 133: 531 – 78. http://www. socia linclusion. org. np/new/files/Social_ Exclusion_ and_ Solidarity_ by_ Hillary_ SILVER_ 1336541445c29W. pdf.

Silver, H. 2013. "Framing Social Inclusion Policies." Background paper draft, World Bank, Washington, DC.

The process of improving the ability, opportunity, and dignity of people, disadvantaged on the basis of their identity, to take part in society. (sharper definition).

Tomasi Silvano, Gordon Milton M. . Assimilation in American Life. [J]. The International Migration Digest, 1964, 1 (2): 232 – 232.

Touraine, A. . Face a l'exclusion, Esprit, Quoted In Beck, W. , Maesen, L. & Walker, A. (Ed), The social qualitiy of Eourope, Bristol: The Policy Press, 1995.

United Nations (2010) Analysing and Measuring Social Inclusion in a Global Context

Werner S. Landecker. Types of Integration and Their Measurement [J]. American Journal of Sociology, 1951, 56 (4): 332 – 340.

World Bank. 2013. Inclusion Matters: The Foundation for Shared Prosperity. Washington, DC: World Bank. doi: 10. 1596/978 – 1 – 4648 – 0010 – 8. License: Creative Commons Attribution CC BY 3. 0.

Worldbank 2013a. Adolescent Girls Initiative Brief. Washington, DC: World Bank.

Rowntree, B. S. (1901). Poverty: A Study of Town Life. Bristol: Policy Press. Glick, Paul C. , (1947). The Family Cycle, American Sociological Review, (2).

中文文献

安华等. 支出型贫困残疾人家庭社会救助机制研究 [J]. 社会政策研究, 2019 (03).

[英] 安东尼·吉登斯著, 李惠斌, 杨雪冬译. 超越左与右——激进政治的未来 [M]. 北京: 社会科学文献出版社, 2000: 120 – 130.

蔡亚庆, 王晓兵, 杨军, 罗仁福. 我国农户贫困持续性及决定因素分析——基于相对和绝对贫困线的再审视 [J]. 农业现代化研究, 2016 (01): 9 – 16.

曹艳春, 吴蓓, 戴建兵. 我国需求导向型老年社会福利内容确定与提供机制分析

[J]．浙江社会科学，2012（08）：71 – 80 + 157．

陈岱云，陈希．人口年龄结构变动及其效应问题研究——基于山东省人口普查的资料[J]．山东社会科学，2020（11）：103 – 110．

陈家斌．我国弱势儿童教育发展三十年的回顾与思考[J]．教育探索，2009（03）：3 – 5．

陈起风．基本医疗保障促进老年人口健康：医疗与保健的双路径分析（2009）．社会保障研究，2020（05）：63 – 69．

陈姗．个案社会工作介入农村低保家庭青少年自我认同感提升的研究（专业硕士学位论文），东北石油大学．2017．

陈宗胜，沈扬扬，周云波．中国农村贫困状况的绝对与相对变动——兼论相对贫困线的设定[J]．管理世界，2013（01）：67 – 75 + 77 + 76 + 187 – 188．

程凯．破解"因残致贫"的中国实践[J]．残疾人研究，2020（04）：3 – 8．

成德宁，潘昌健农村医疗服务可及性和质量对老年人健康不平等的影响——基于CLHLS（2011—2014年）数据的实证分析[J]．广西社会科学，．2020（06）：76 – 82．

丁志宏，魏海伟．城市中年人养老规划状况及其影响因素[J]．人口与社会，2016（03），14 – 22．

丁英顺．日本老年贫困现状及应对措施[J]．日本问题研究，．2017（04）：69 – 80．

董帅兵，郝亚光．后扶贫时代的相对贫困及其治理[J]．．西北农林科技大学学报（社会科学版），2020（06）：1 – 11．

杜泽华．我国农村贫困家庭大病儿童帮扶研究（硕士学位论文），山西医科大学，2020．

方迎风，邹薇．能力投资、健康冲击与贫困脆弱性[J]．．经济学动态，2013（07）：36 – 50．

冯怡琳．中国城镇多维贫困状况与影响因素研究[J]．调研世界，2019（04），3 – 10．

封铁英，范晶．独生子女父母养老准备——基于群体差异的潜在类别分析[J]．统计与信息论坛，2020（05），104 – 112．

风笑天．"落地生根"？——三峡农村移民的社会适应[J]．社会学研究，2004（5）：19 – 27．

高飞，向德平．社会治理视角下精准扶贫的政策启示[J]．南京农业大学学报（社会科学版），2017（04），21 – 27 + 156．

高健，李华，徐英奇．(2019)．商业医疗保险能缓解城乡居民医保家庭"因病致贫"吗？——大病冲击下的经验证据[J]．江西财经大学学报，(05)，81 – 91．

高鹏飞，张健明．(2019)．健全我国多支柱养老金制度——从波兰新一轮养老金改革谈起[J]．宏观经济管理，(12)，77 – 84．

关信平．当前我国反贫困进程及社会救助制度的发展议题[J]．陕西师范大学学报（哲学社会科学版）．2019（05）：28 – 36．

国家统计局住户调查办公室.《2020年中国农村贫困监测报告》.(90页). 北京：中国统计出版社. 2019.

国家统计局农村社会经济调查司.（2020）:《中国农村统计年鉴》. 北京：中国统计出版社.

郭之天，陆汉文. 相对贫困的界定：国际经验与启示［J］. 南京农业大学学报（社会科学版），2020（04）：100 - 111.

何文炯. 老年照护服务补助制度与成本分析. 行政管理改革［J］. 2014（10），28 - 33

贺寨平.（2001）. 国外社会支持网研究综述［J］. 国外社会科学，（01），76 - 82.

胡静，刘亚飞，黄建忠.. 中国农村贫困老年人的潜在医疗需求研究——基于倾向评分匹配的反事实估计［J］. 经济评论，2017（02），127 - 137.

姜明世，金菊花. 政治经济学视角下的贫困现象：相对贫困的决定因素［J］. 国外社会科学，2017（06）：110 - 117.

匡亚林. 论精准治贫与社会救助的整合治理［J］. 华中科技大学学报（社会科学版），2018（01），117 - 124.

兰剑，慈勤英. 后脱贫攻坚时代农村社会救助反贫困的困境及政策调适［J］. 西北农林科技大学学报（社会科学版），2019（03），63 - 68.

厉才茂，冯善伟，杨亚亚，徐桂花，赵溪，张钧. 2019年全国残疾人家庭收入状况调查报告［J］. 残疾人研究，2020（02）：75 - 81.

李棉管，岳经纶. 相对贫困与治理的长效机制：从理论到政策［J］. 社会学研究，（2020）（06）：67 - 90 + 243.

李强. 绝对贫困与相对贫困［J］. 中国社会工作，1996（05）：18 - 19.

李姗姗，孙久文. 中国城市贫困空间分异与反贫困政策体系研究［J］. 现代经济探讨，2015（01），78 - 82.

李小云，徐进，于乐荣. 中国减贫四十年：基于历史与社会学的尝试性解释［J］. 社会学研究，2018（06）：35 - 61 + 242 - 243.

李永友，沈坤荣. 财政支出结构、相对贫困与经济增长［J］. 管理世界，2007（11）：14 - 26 + 171.

李敏，陈卫. 中国城市贫困对儿童教育的影响［J］. 人口与经济，2007（04）：40 - 45.

李雪，侯婧. 贫困重度残疾人照护服务 民政在行动［J］. 中国民政. 2019（17）

李霞. 我国残疾人的贫困问题及对策研究［J］. 社会保障，2018（08）：65 - 68.

李雪萍，陈艾. 社会治理视域下的贫困治理［J］. 贵州社会科学，2016（04），86 - 91.

廖娟. 残疾与贫困：基于收入贫困和多维贫困测量的研究［J］. 人口与发展，2015，21（01）：68 - 77.

林闽钢，祝建华. 我国城市低保家庭脆弱性的比较分析［J］. 社会保障研究，2011（06），60 - 71.

林闽钢. 现代社会服务［M］. 济南：山东人民出版社，2014. 170 - 171.

林闽钢. 我国社会救助体系发展四十年：回顾与前瞻 [J]. 北京行政学院学报, 2018 (05), 1-6.

柳如眉, 柳清瑞. 人口老龄化、老年贫困与养老保障——基于德国的数据与经验 [J]. 人口与经济, 2016 (02), 104-114.

凌经球. 乡村振兴战略背景下中国贫困治理战略转型探析 [J]. 中央民族大学学报 (哲学社会科学版), 2019 (3).

凌亢, 任好年, 白先春. 残疾人多维贫困的测算及其影响因素——以江苏为例 [J]. 人口与社会, 2017 (04): 77-90.

刘二鹏, 张奇林. 农村老年贫困：一个分析框架及解释 [J]. 当代经济管理, 2018 (06): 41-45.

刘精明, 杨江华. 关注贫困儿童的教育公平问题 [J]. 华中师范大学学报 (人文社会科学版), 2007 (02): 120-128.

刘振杰. 全力做好后疫情时代的基本民生保障 [J]. 学习月刊, 2020年8月.

刘宗飞, 姚顺波, 渠美. 吴起农户相对贫困的动态演化: 1998-2011 [J]. 中国人口·资源与环境, 2013 (03): 56-62.

栾文敬, 童玉林, 胡宏伟. 我国儿童医疗救助政策回顾与评析. 中国卫生经济, 2012 (9), 16-18.

陆淑珍, 魏万青. 城市外来人口社会融合的结构方程模型——基于珠三角地区的调查 [J]. 人口与经济, 2011 (05): 17-23.

陆自荣. 社会融合理论的层次性与融合测量指标的层次性 [J]. 社会科学战线, 2014 (11): 189-197.

卢迈. 儿童早期发展与反贫困. 王梦奎 (编). 反贫困与中国儿童发展. 北京：中国发展出版社, 2013.

吕红平, 黄思慧, 何禄康. 残疾人脱贫：脱贫攻坚的硬任务 [J]. 人口与健康, 2019 (10): 48-51.

吕世明. 谱写贫困重度残疾人家庭无障碍改造新篇章 [J]. 人民论坛. 2019 (11): 6-9.

吕方. 发展的想象力：迈向连片特困地区贫困治理的理论创新 [J]. 中共四川省委省级机关党校学报, 2012 (3), 112-117.

何文炯. 社会保障何以增强兜底功能 [J]. 人民论坛, 2020 (23): 81-83.

黄君, 陈玲. 意识、能力与支持系统：困境儿童家庭监护问题与出路——基于J市的调查 [J]. 社会工作与管理, 2020 (3): 30-3.

黄匡时、嘎日达. "农民工城市融合度"评价指标体系研究——对欧盟社会融合指标和移民整合指数的借鉴 [J]. 西部论坛, 2010 (5): 27-36.

苗红军. 城市老年人口反贫困的政策取向研究——基于老年贫困形成的机制视角 [J]. 辽宁大学学报 (哲学社会科学版), . 2017 (02), 71-76.

宁亚芳. 2020 年后贫困标准调整的逻辑与构想 [J]. 中州学刊, 2020 (07): 60 - 68.

田凯. 关于农民工的城市适应性的调查分析与思考 [J]. 社会科学研究, 1995 (5): 90 - 95.

彭继权, 吴海涛, 汪为. 家庭生命周期视角下农户多维贫困测度及分解 [J]. 统计与决策, . 2019 (12), 45 - 49.

齐亚静. 北京市低保家庭高孤独感儿童生活和社会融入现状 [J]. 中国学校卫生, 2019 (06), 862 - 869.

乔晓春, 张恺悌, 孙陆军. (2006). 中国老年贫困人口特征分析 [J]. 人口学刊, (04), 3 - 8.

任远, 邬民乐. 城市流动人口的社会融合: 文献述评 [J]. 人口研究, 2006 (03), 87 - 94.

[美] 塞缪尔·P. 亨廷顿, 王冠华, 刘为等译. 变化社会中的政治秩序. 上海: 上海人民出版社. 2008.

史威琳. 社会保护政策及其在缓解儿童贫困的作用 [J]. 新视野, 2010 (2): 30 - 32.

石玉春. 关注农村留守儿童的教育问题 [J]. 中国农村教育, 2018 (03): 43 - 44.

宋嘉豪, 郑家喜, 汪为. 养儿能否防老: 代际互动对农村老年人的减贫研究——基于多维贫困视角 [J]. 人口与发展, 2019 (06): 96 - 106.

沈扬扬, 李实. 如何确定相对贫困标准?——兼论"城乡统筹"相对贫困的可行方案 [J]. 华南师范大学学报 (社会科学版), 2020 (02): 91 - 101 + 191.

孙久文, 张倩. 2020 年后我国相对贫困标准: 经验实践与理论构建 [J]. 新疆师范大学学报 (哲学社会科学版), 2021 (04): 1 - 13.

孙远太. 政府救助与慈善救助衔接机制构建研究——基于整体性治理视角 [J]. 中国行政管理, 2015 (08): 52 - 56.

孙莹, 周晓春. 我国城市贫困家庭子女的教育救助问题研究 [J]. 中国青年政治学院学报, 2004 (03): 24 - 30.

田俊乐. 我国城市社会救助中多元主体参与协作问题研究——基于福利多元主义理论分析 (硕士学位论文). 太原: 山西财经大学. 2015.

陶传进, 栾文敬. 我国城市贫困儿童的现状、问题及对策 [J]. 北京行政学院学报, 2011 (03): 103 - 106.

同春芬, 张越. 福利多元主义理论研究综述 [J]. 社会福利, 2018 (05), 8 - 13.

童星. 中国应急管理: 理论、实践、对策 [M]. 北京: 社会科学文献出版社, 2012. 8 - 12.

王桑成, 刘宝臣. 构建更加积极的教育救助: 社会投资理论的启示 [J]. 社会保障研究, 2019 (01), 44 - 50.

汪建强. 英国老年贫困问题简析 [J]. 中国市场, 2007 (48), 114 - 115.

万海远，李超，倪鹏飞. 贫困残疾人的识别及扶贫政策评价［J］. 中国人口科学，2011（04）：61－71＋112.

王三秀. 积极老龄化与我国老年贫困治理路径新探索［J］. 江淮论坛，2016（01），132－13

王卫平，郭强. 社会救助学［M］. 北京：群言出版社. 2007.

王锴. 以相对贫困来看城市贫困：理念辨析与中国实证［J］. 北京社会科学，2019（07）：74－83.

王小林，冯贺霞. 2020年后中国多维相对贫困标准：国际经验与政策取向［J］. 中国农村经济，2020（03）：2－21.

王桂新，罗恩立. 上海市外来农民工社会融合现状调查研究［J］. 华东理工大学学报（社会科学版），200（03）：97－104.

王桂新，沈建法，刘建波. 中国城市农民工市民化研究——以上海为例［J］. 人口与发展，2008（01）：3－23.

吴振磊，王莉. 我国相对贫困的内涵特点、现状研判与治理重点［J］. 西北大学学报（哲学社会科学版），2020（04）：16－25.

徐月宾，张秀兰. 我国城乡最低生活保障制度若干问题探讨［J］. 东岳论丛，2009（02）：32－37.

谢康，潘小妏，曾天德. 贫困儿童心理发展：问题、家庭风险因素及机制研究［J］. 闽南师范大学学报（哲学社会科学版），2020（02）：10－17.

徐小言. 农村居民"贫困－疾病"陷阱的形成分析［J］. 山东社会科学，2018（08），66－72.

杨菊华. 人口转变与老年贫困［M］. 北京：中国人民大学出版社.. 2011.

张昭，杨澄宇. 老龄化与农村老年人口多维贫困——基于AF方法的贫困测度与分解［J］. 人口与发展，2020（01），12－24＋11.

王伟，岳博. 中国老年人口数量预测分析［J］. 合作经济与科技，2019（24），166－168.

王德文，张恺悌. 中国老年人口的生活状况与贫困发生率估计［J］. 中国人口科学，2005（01），60－68＋98.

肖子华，徐水源，刘金伟. 中国城市流动人口社会融合评估——以50个主要人口流入地城市为对象［J］. 人口研究，2019（5）：96－112.

徐水源，黄匡时. 流动人口社会融合指标体系内在关系研究［J］. 统计与信息论坛，2016（10）：99－105.

邢成举，李小云. 相对贫困与新时代贫困治理机制的构建［J］. 改革，2019（12）：16－25.

薛刚. 精准扶贫中贫困群众内生动力的作用及其激发对策［J］. 行政管理改革，2018（07），51－55.

闫坤，孟艳．(2017)．国外反贫困实践对我国的启示［J］．中国财政，（01），25－27．

杨菊华．从物质到精神：后小康社会老年贫困的理论建构［J］．社会科学，2019（12），61－71．

杨亚亚，赵小平，范娟娟，冯善伟，段玉珊，厉才茂．残疾人相对贫困的特征与测算［J］．残疾人研究，2020（04）：9－20．

杨立雄，郝玉玲．城镇残疾人就业："问题"的转移与政策隐喻［J］．西北大学学报（哲学社会科学版），2019（04）：74－88．

杨立雄．中国老年贫困人口规模研究［J］．人口学刊，2011（04），37－45．

杨晨晨，刘云艳（2017）．可行能力理论视域下早期儿童教育扶贫实践路径建构［J］．内蒙古社会科学（汉文版），38（06）：188－193

杨琳琳．我国社会救助服务体系构建的可能性与路径［J］．西安财经学院学报，2018（03），84－92．

杨立雄．突发事件中的残疾人社会支持研究［J］．黑龙江社会科学，2020（06）：55－62＋2．

杨立雄．关于农村残疾人反贫困问题的再思考［J］．残疾人研究，2015（02）：3－7．

杨菊华．从隔离、选择融入到融合：流动人口社会融入问题的理论思考［J］．人口研究，2009（01）：17－29．

杨菊华．流动人口在流入地社会融入的指标体系——基于社会融入理论的进一步研究［J］．人口与经济，2010（02）：64－70．

于涛．中国城市贫困的多维测度及治理［J］．河北经贸大学学报，2019（03），23－30．

袁媛，古叶恒，陈志灏．中国城市贫困的空间差异特征［J］．地理科学进展，2016（02），195－203．

悦中山，李树茁，费尔德曼．农民工社会融合的概念建构与实证分析［J］．当代经济科学，2012（01）：1－11，124．

翟绍果，张星．从脆弱性治理到韧性治理：中国贫困治理的议题转换、范式转变与政策转型［J］．山东社会科学，2021（01），74－81．

周皓．流动人口社会融合的测量及理论思考［J］．人口研究，2012，36（3）：27－37．

中共中央国务院关于打赢脱贫攻坚战三年行动的指导意见［Z］．2018－08－19．（中发［2018］16号）．

赵志君，罗红云，王文豪．相对贫困测度与民族地区贫困发生率研究［J］．民族研究，2020（03）：15－27＋139．

赵会，陈旭清．社会保护政策：新时期贫困问题治理的新视角［J］．安徽师范大学学报，2017（05），653－659．

张暄．国外城市社区救助［M］．北京：中国社会出版社，2005．

张敦福. 城市相对贫困问题中的特殊群体 [J]：城市农民工. 人口研究, 1998 (02)：50－53.

张浩淼. 从反绝对贫困到反相对贫困：社会救助目标提升 [J]. 山西大学学报（哲学社会科学版），(2020)(05)：126－131.

张明皓，豆书龙. 2020 年后中国贫困性质的变化与贫困治理转型 [J]. 改革, 2020 (07)：98－107.

张琦，沈扬扬. 不同相对贫困标准的国际比较及对中国的启示 [J]. 南京农业大学学报（社会科学版），2020 (04)：91－99.

章晓懿，沈崴奕. 医疗救助对低收入家庭贫困脆弱性的缓解作用研究 [J]. 东岳论丛, . 2014 (08)，10－16.

张文宏，雷开春. 城市新移民社会融合的结构、现状与影响因素分析 [J]. 社会学研究, 2008 (05)：117－141，244－245.

张时飞、唐钧. 中国的贫困儿童：概念与规模 [J]. 河海大学学报, (2009)(04)，42－46.

仲超，林闽钢. 中国相对贫困家庭的多维剥夺及其影响因素研究 [J]. 南京农业大学学报（社会科学版），2020 (04)：112－120.

周力. 相对贫困标准划定的国际经验与启示 [J]. 人民论坛·学术前沿, 2020 (14)：70－79.

郑功成. 社会保障学 [M]，北京：高等教育出版社, 2011.

郑功成. 中国民生保障制度：实践路径与理论逻辑 [J]. 学术界, 2019 (11)：12－25.

郑会霞. "后扶贫时代"的贫困治理：趋势、挑战与思路 [J]. 河南社会科学, 2020 (10)，118－124.

朱晓，秦敏. (2020). 城市流动人口相对贫困及其影响因素 [J]. 华南农业大学学报（社会科学版），19 (03)，115－129.

朱力. (2002). 论农民工阶层的城市适应 [J]. 江海学刊, (06)，82－88＋206.

朱晓，范文婷. (2017). 中国老年人收入贫困状况及其影响因素研究——基于 2014 年中国老年社会追踪调查 [J]. 北京社会科学, (01)，90－99.

朱超，王戎. (2020). 因病致贫与缓冲效应的比较优势 [J]. 贵州财经大学学报, (06)，75－86.

祝建华. (2011). 城市居民最低生活保障制度的评估与重构 [M]. 北京：中国社会科学出版社, 1.

祝建华. (2015). 缓解城市低保家庭贫困代际传递的政策研究 [M]. 杭州：浙江大学出版社, 79.

左停，杨雨鑫. 重塑贫困认知：主观贫困研究框架及其对当前中国反贫困的启示 [J]. 贵州社会科学, 2013 (09)，43－49.

左停，贺莉，刘文婧. 相对贫困治理理论与中国地方实践经验 [J]. 河海大学学报（哲学社会科学版），(2019)（06）：1-9+109.

左停，李世雄. 2020年后中国农村贫困的类型、表现与应对路径 [J]. 南京农业大学学报（社会科学版），2020（04），58-67.

附录一

表 1　城市困难家庭社会融入影响因素回归分析

VARIABLES	u_m_1 社会融入得分	u_m_2 正式工作占比	u_m_3 市场收入占比	u_m_4 救助项目数	u_m_5 移动支付使用	u_m_6 上网时间	u_m_7 歧视感	u_m_8 参与社区选举	u_m_9 参与社区监督
文化程度	0.0239***	0.0324***	0.0223***	0.0163	0.518***	0.590***	0.0531***	0.00266	0.0344***
	(0.00123)	(0.00288)	(0.00605)	(0.0146)	(0.0223)	(0.0372)	(0.0142)	(0.00945)	(0.00813)
低保户(参照组:非低保)	-0.0205***	-0.0427***	-0.201***	0.659***	-0.325***	-0.168**	-0.154***	-0.0182	-0.00419
	(0.00308)	(0.00598)	(0.0148)	(0.0431)	(0.0610)	(0.0854)	(0.0391)	(0.0238)	(0.0203)
16岁以下成员占比	0.0150*	-0.0969***	0.354***	-0.0929	0.864***	0.171	0.169	-0.142**	-0.0198
	(0.00881)	(0.0193)	(0.0427)	(0.0997)	(0.173)	(0.252)	(0.104)	(0.0654)	(0.0573)
高龄老人占比	-0.0174**	-0.0361**	-0.229***	0.119	-0.419***	-0.320	0.399***	-0.106	0.0167
	(0.00820)	(0.0174)	(0.0384)	(0.108)	(0.161)	(0.195)	(0.101)	(0.0701)	(0.0561)
长期照料负担(参照:无)	-0.0109***	-0.00925	-0.0238	0.129***	-0.0139	-0.139	-0.131***	-0.0571**	-0.0581***
	(0.00302)	(0.00671)	(0.0151)	(0.0373)	(0.0603)	(0.0883)	(0.0386)	(0.0234)	(0.0194)
主要收入者时薪	0.00163***	0.00323***	0.0101***	-0.00142	0.0217***	0.0223***	-0.000341	-0.00153**	0.000339
	(0.000132)	(0.000285)	(0.000754)	(0.00112)	(0.00229)	(0.00329)	(0.00116)	(0.000764)	(0.000663)
下岗经历(参照:无)	0.00620*	0.000486	0.00986	0.0394	0.123*	0.155	-0.0364	0.0107	0.0334
	(0.00343)	(0.00852)	(0.0168)	(0.0390)	(0.0661)	(0.102)	(0.0419)	(0.0258)	(0.0225)
疾病负担重(参照:否)	-0.0149***	-0.0289***	-0.0203	0.135***	-0.277***	-0.244***	-0.111***	-0.0529**	-0.0357*
	(0.00300)	(0.00691)	(0.0149)	(0.0364)	(0.0597)	(0.0892)	(0.0375)	(0.0229)	(0.0196)
住房建造年代	0.000105***	-2.61e-05	0.000567**	-0.000810***	0.000788	0.000711	0.000637**	0.000525***	0.000396**
	(4.04e-05)	(4.68e-05)	(0.000224)	(0.000280)	(0.000561)	(0.000703)	(0.000250)	(0.000150)	(0.000180)

续表

VARIABLES	u_m_1 社会融入得分	u_m_2 正式工作占比	u_m_3 市场收入占比	u_m_4 救助项目数	u_m_5 移动支付使用	u_m_6 上网时间	u_m_7 歧视感	u_m_8 参与社区选举	u_m_9 参与社区监督
疫情得到财政支持	-0.0218***	0.00545	0.0114	-0.477***	-0.146***	-0.131	-0.125***	-0.149***	-0.0966***
	(0.00282)	(0.00676)	(0.0143)	(0.0304)	(0.0564)	(0.0819)	(0.0358)	(0.0214)	(0.0176)
社会分层自评(高到低)	0.0248***	0.0189***	0.000859	-0.0363*	0.113***	0.0987*	0.255***	0.101***	0.0795***
	(0.00187)	(0.00437)	(0.00919)	(0.0212)	(0.0361)	(0.0531)	(0.0208)	(0.0132)	(0.0123)
Constant	0.465***	-0.00657	0.397***	0.815***	1.165***	-0.269	3.620***	2.357***	1.938***
	(0.00619)	(0.0135)	(0.0326)	(0.0691)	(0.113)	(0.167)	(0.0686)	(0.0437)	(0.0387)
Observations	3,753	3,753	3,753	3,753	3,753	3,753	3,753	3,753	3,753
R-squared	0.324	0.157	0.243	0.164	0.229	0.127	0.082	0.044	0.043

表Ⅱ 农村困难家庭社会融入影响因素回归分析（N=5291）

VARIABLES	社会融入得分	正式工作占比	市场收入占比	救助项目数	移动支付使用	上网时间	歧视感	参与社区选举	参与社区监督
文化程度	0.0183***	0.0175***	0.0349***	0.0236	0.453***	0.419***	0.0206	0.0429***	0.00750
	(0.00101)	(0.00191)	(0.00489)	(0.0153)	(0.0202)	(0.0293)	(0.0130)	(0.00800)	(0.00771)
低保户(参照组:非低保)	-0.0142***	-0.00423	-0.197***	0.260***	-0.197***	-0.0119	-0.0559*	0.0148	-0.0157
	(0.00220)	(0.00360)	(0.0109)	(0.0344)	(0.0465)	(0.0523)	(0.0286)	(0.0172)	(0.0165)
建档立卡户(参照组:非)	0.0103***	-0.0153***	0.0383***	0.699***	—	—	0.0987***	-0.0682***	0.0187
	(0.00235)	(0.00423)	(0.0123)	(0.0351)			(0.0324)	(0.0186)	(0.0176)
16岁以下成员占比	0.0366***	-0.0237**	0.298***	0.181*	1.001***	0.484***	-0.0121	-0.169***	0.0916*
	(0.00597)	(0.00927)	(0.0313)	(0.0928)	(0.133)	(0.148)	(0.0778)	(0.0481)	(0.0472)
高龄老人占比	-0.0324***	-0.0167**	-0.177***	-0.334***	-0.515***	-0.132	0.292***	-0.131**	-0.120**
	(0.00582)	(0.00711)	(0.0296)	(0.101)	(0.103)	(0.158)	(0.0815)	(0.0556)	(0.0486)
长期照料负担(参照:无)	0.00179	0.00550	0.000744	0.138***	0.0915*	0.0876	-0.127***	0.0361*	-0.0506***
	(0.00243)	(0.00375)	(0.0119)	(0.0407)	(0.0514)	(0.0622)	(0.0338)	(0.0194)	(0.0182)
主要收入者时薪	0.00139***	0.00145***	0.00835***	0.00270*	0.0229***	0.0184***	0.00132	-0.00181**	0.00101
	(0.000121)	(0.000201)	(0.000677)	(0.00152)	(0.00234)	(0.00278)	(0.00111)	(0.000757)	(0.000720)
下岗经历(参照:无)	0.0133**	0.0396***	0.0791**	0.152	0.392***	0.695***	-0.278***	0.000129	-0.0625
	(0.00598)	(0.0141)	(0.0328)	(0.100)	(0.132)	(0.211)	(0.0812)	(0.0478)	(0.0462)
疾病负担重(参照:否)	-0.0110***	-0.0154***	0.00955	0.0602	-0.184***	-0.0874	-0.135***	-0.0151	-0.0197
	(0.00227)	(0.00374)	(0.0114)	(0.0370)	(0.0490)	(0.0572)	(0.0313)	(0.0183)	(0.0172)
住房建造年代	0.000166***	0.000121***	0.000678***	-4.83e-05	0.00216***	0.00176***	0.000530**	0.000205	0.000492***
	(2.26e-05)	(3.35e-05)	(0.000110)	(0.000254)	(0.000455)	(0.000515)	(0.000218)	(0.000140)	(0.000138)

续表

VARIABLES	社会融入得分	正式工作占比	市场收入占比	救助项目数	移动支付使用	上网时间	歧视感	参与社区选举	参与社区监督
疫情得到政社支持	-0.0293***	0.000936	-5.12e-05	-0.656***	-0.239***	-0.0526	-0.112***	-0.170***	-0.121***
	(0.00252)	(0.00446)	(0.0136)	(0.0344)	(0.0533)	(0.0658)	(0.0353)	(0.0213)	(0.0182)
社会分层自评(高到低)	0.0209***	0.00653***	0.0169***	0.164***	0.0311	-0.00961	0.194***	0.0862***	0.0856***
	(0.00122)	(0.00215)	(0.00576)	(0.0192)	(0.0254)	(0.0277)	(0.0154)	(0.00917)	(0.00900)
Constant	0.465***	-0.0120	0.321***	0.497***	0.951***	-0.349***	3.767***	2.407***	1.973***
	(0.00478)	(0.00801)	(0.0245)	(0.0706)	(0.0934)	(0.110)	(0.0632)	(0.0379)	(0.0349)
R-squared	0.285	0.070	0.230	0.170	0.172	0.094	0.075	0.043	0.049

表Ⅲ 我国关于社会融入的政策表述（2014—2020）

发文日期	文件名	发文单位	关于"社会融入"的表述
2014/2/27	社会救助暂行办法	法律法规	第五十五条 县级以上地方人民政府应当发挥社会工作服务机构和社会工作者作用，为社会救助对象提供社会融入、能力提升、心理疏导等专业服务。
2014/3/4	民政部办公厅关于印发《社会救助暂行办法》宣传提纲的通知	民政部	《办法》在资源配置上坚持统筹优化，在程序安排上保障"求助有门"，受助及时，努力保障困难群众基本生存权利和人格尊严，避免陷入生存着境，安心创业就业，对于推进市场化改革，理顺线的悲剧事件，也让人民群众消除后顾之忧，安心创业就业，对于推进市场化改革，促进社会公正，让改革发展成果更多更公平惠及全体人民，具有重要意义。要求县级以上人民政府发挥专业社会工作者服务机构和社会工作者的作用，为社会救助对象提供心理疏导，社会融入、能力提升等专业服务。
2014/4/24	民政部关于开展"救急难"工作试点的通知	民政部	要更加准确判定急难救助对象的救助需求，加大政府购买服务力度，进一步完善救助服务方式，在给予遭遇急难居民必要物质帮助，保障其基本生活的同时，由社会工作者针对不同急难情况的居民开展生活帮扶、心理疏导、精神慰藉、资源链接、社会融入等多样化、个性化服务。
2015/3/12	民政部 财政部关于在全国开展"救急难"综合试点工作的通知	民政部	更加准确判定急难对象的救助需求，进一步完善救助服务承接方式，在给予急难家庭必要物质帮助，保障其基本生活的同时，由社会工作者针对不同的急难家庭开展心理疏导、精神抚慰，能力提升，社会融入等个性化帮扶服务，增强急难家庭战胜困难，摆脱困境的勇气和信心。
2015/3/30	民政部办公厅关于做好生活困难的省部级以上劳模社会救助有关工作的通知	民政部	鼓励和引导各类社会组织、专业社会工作机构和志愿者积极参与生活困难的省部级以上劳模社会救助工作，为他们提供精神慰藉、心理疏导、社会融入等专业服务，提升他们的社会参与能力。

续表

发文日期	文件名	发文单位	关于"社会融入"的表述
2015/5/4	关于加快推进社会救助领域社会工作发展的意见	民政部	根据社会救助领域特点和社会救助对象需求，有针对性地开展社会工作服务：(1)开展社会融入服务，帮助救助对象调节家庭和社会关系，消除社会歧视，帮助救助对象支持网络，更好地适应社区和社会环境；(2)开展能力提升服务，发展生计项目，消除救助依赖，帮助救助对象转变思想观念，发掘自身潜能，学习谋生技能，发展生计项目，消除救助依赖；(3)开展心理疏导服务，帮助救助对象抚慰消极和敌视心态，缓解心理压力，矫正不良行为，改变负面看法，建立积极乐观上进的心态；(4)开展资源链接服务，组织其他专业力量和志愿者为救助对象链接生活、就学、就业、医疗等方面政府的资源与社会资源，帮助救助对象更加详细、全面地了解政府的社会救助政策，最大限度地弥补政府资源的不足；(5)开展宣传倡导服务，帮助救助对象反馈执行政策的成效与不足，建立健全上情下达、下情上达的信息沟通网络，推动完善社会救助政策。
2015/6/1	民政部关于指导村(居)民委员会协助做好社会救助工作的意见	民政部	要为社工专业服务机构和专业社会工作者进入社区创造条件，支持他们针对救助对象的不同需求，开展心理疏导、精神抚慰、能力提升、社会融入等专业服务。
2016/2/14	国务院关于加强农村留守儿童关爱保护工作的意见	国务院	加快孵化培育社会工作专业服务机构、公益慈善类社会组织、志愿服务组织，民政等部门通过政府购买服务等方式支持其深入城乡社区、学校和家庭，开展农村留守儿童监护指导、心理疏导、行为矫治、社会融入和家庭关系调适等专业服务。
2016/4/16	民政部关于贯彻落实《中共中央 国务院关于打赢脱贫攻坚战的决定》的通知	民政部	继续实施社会工作专业人才服务边远贫困地区、边疆民族地区和革命老区计划，到2020年底前，以国家级贫困县为重点，每年为边远贫困地区、边疆民族地区和革命老区选派1000名、培养500名社会工作专业人才，推动各地大力支持社会工作服务机构、社会工作者为贫困群众提供心理疏导、生活帮扶、资源链接、能力提升、社会融入等专业服务。

续表

发文日期	文件名	发文单位	关于"社会融入"的表述
2016/7/7	民政部关于贯彻落实《国务院关于进一步健全特困人员救助供养制度的意见》的通知	民政部	支持、引导社会工作服务机构和专业社会工作者为特困人员提供专业社会康复、社会融入、心理疏导、资源链接、权益维护等专业服务,积极构建物质帮扶与心理社会支持相结合、基本照料服务与专业化个性化服务相配套的供养模式。
2016/10/14	关于加强社会工作专业岗位开发与人才激励保障的意见	民政部	加快推进社会工作的职业化发展,明确社会工作职业标准,运用社会工作职业理念、方法与技能,提供帮困救助、心理抚慰、精神关爱、行为矫治、社会康复、权益维护、危机干预、关系调适、矛盾化解、资源链接、社会融入等方面服务,帮助个人、家庭恢复和发展社会功能;
2016/11/8	关于在全国开展农村留守儿童"合力监护、相伴成长"关爱保护专项行动的通知	民政部	要建立翔实完备的农村留守儿童信息库,实行动态管理,对工作中发现的无人监护、父母一方外出另一方无监护能力、失学辍学、无户籍农村留守儿童等重点对象,及时将其纳入专项行动范围;对其他农村留守儿童,组织开展心理疏导、行为矫治、社会融入和家庭关系调适等关爱服务,促进其心理、人格积极健康发展。
2017/2/23	12部门印发《关于加强禁毒社会工作者队伍建设的意见》	国家禁毒办、中央综治办、公安部等12部委	开展帮扶救助服务。为戒毒康复人员链接生活、就学、就业、医疗和戒毒药物维持治疗等方面的政府资源与社会资源。组织其他社会专业力量和志愿者为戒毒康复人员及其家庭提供服务,协助解决生活困难,提升生计发展能力,改善社会支持网络,促进社会融入。
2017/6/30	民政部2016年度彩票公益金使用情况公告	民政部	社会工作和志愿服务。社会工作和志愿服务示范项目3000万元。主要用于补助地方开展一批面向特殊困难人群的社会工作、社会组织、社会工作专业社会工作组织、社会组织、社会工作者、志愿者、志愿服务组织衔接,通过社区、社会组织、社会工作"三社联动"以及社会工作者、志愿者协同服务模式,开展心理疏导、资源链接、能力提升、社会关爱、社会融入等关爱型、专业型、个性化服务,促进创新基层社会治理,改善特殊困难人群或特困人群的生活境况。

续表

发文日期	文件名	发文单位	关于"社会融入"的表述
2017/7/17	关于在农村留守儿童关爱保护中发挥社会工作专业人才作用的指导意见	民政部	提供社会融入服务，增强农村留守儿童社会交往和社会适应能力。
2017/8/18	民政部 财政部 国务院扶贫办关于支持社会工作专业力量参与脱贫攻坚的指导意见	民政部、财政部、国务院扶贫办	针对救助对象，主要围绕物质帮扶、心理疏导、社会融入、团体互助等提供服务，协助做好相关救助管理工作。
2017/9/15	关于积极推行政府购买服务 加强基层社会救助经办服务能力的指导意见	民政部	向社会力量购买的社会救助服务主要包括事务性工作和服务性工作两类。事务性工作主要指通过基层经办最低生活保障、特困人员救助供养、医疗救助、临时救助等服务时的对象排查、家计调查、业务培训、政策宣传、绩效评价等工作；服务性工作主要是指对社会救助对象开展的照料护理、康复训练、送医陪护、社会融入、能力提升、心理疏导、资源链接等服务。应当由政府直接承担的行政管理性事务，以及应当政府行政直接提供、不适合社会力量承担的救助服务事项，不得向社会力量购买，防止政府行政管理职能虚化和公共资源闲置。
2017/9/18	共青团中央 民政部 国家卫生计生委关于进一步做好青年婚恋工作的指导意见》的通知	共青团中央、民政部、国家卫生计生委	各级团组织要结合青年特点开展服务和引导工作，通过线上咨询、婚恋课堂、面对面沟通等多种方式，帮助青年解除思想压力和心理困惑，提高青年社会融入、情绪管理、情感经营能力，引导青年端正择偶观念和家庭观念。
2017/12/27	民政部关于大力培育发展社区社会组织的意见	民政部	鼓励社区社会组织参与制定自治章程、居民公约和村规民约，拓展流动人口有序参与居住地社区治理渠道，促进流动人口社区融入。

续表

发文日期	文件名	发文单位	关于"社会融入"的表述
2017/12/28	民政部 公安部 司法部 财政部 人力资源社会保障部 文化部 卫生计生委 国务院扶贫办 全国老龄办关于加强农村留守老年人关爱服务工作的意见	民政部 公安部 司法部 财政部 人力资源社会保障部 文化部 卫生计生委 国务院扶贫办 全国老龄办	发挥社会工作人文关怀、助人自助的专业优势,通过设立社会工作站点、政府购买服务等方式,及时为留守老年人提供心理疏导、情绪疏解、精神慰藉、代际沟通、家庭关系调适、社会融入等服务。
2019/1/16	民政部关于进一步加强生活困难下岗失业人员基本生活保障工作的通知	民政部	充分发挥专业社会工作服务机构作用,为生活困难下岗失业人员家庭提供生活帮扶、心理疏导、资源链接、能力提升、社会融入等专业服务,帮助他们改善困难处境,增强生活信心,提升发展能力。积极探索通过政府救助等购买服务,为生活困难下岗失业家庭中的老年人、残疾人提供生活照料等救助服务,为这些家庭中在劳动年龄段内、有劳动能力的成员创业和再就业解除后顾之忧,创造有利条件。
2019/9/13	民政部关于做好当前困难群众基本生活保障工作的通知	民政部办公厅	要通过购买服务、政策引导等方式,积极支持社会工作服务机构和社会工作者为困难群众提供生活帮扶、心理疏导、资源链接、能力提升、社会融入等救助人等救助领域专业服务,帮助他们改善困难处境,增强生活信心,提升发展能力。培育社会救助领域专业志愿服务队伍,动员和引导志愿服务组织、社会爱心人士为困难群众爱心提供帮扶。

续表

发文日期	文件名	发文单位	关于"社会融入"的表述
2020/7/17	民政部办公厅关于开展2019年度全国社会工作专业人才资源统计的通知	民政部办公厅	"专门性社会服务"主要包括：(1)生活帮扶、生计发展、就业援助服务；(2)情绪疏导、精神抚慰服务；(3)矛盾纠纷调解、家庭与社会关系调适服务；(4)针对特殊困难群体的权益维护、政策咨询、资源链接、能力提升及社会支持网络建设服务；(5)行为矫治、戒毒康复、危机干预服务；(6)推动社区发展、促进社会融入、社会参与的服务；(7)其他旨在满足服务对象心理社会服务需求、增强社会功能的服务。
2020/8/25	关于改革完善社会救助制度的意见	中共中央办公厅 国务院办公厅	引导社会工作专业力量参与社会救助。通过购买服务、开发岗位、政策引导，提供工作场所、设立基层社工站等方式，鼓励社会工作服务机构和社会工作者协助社会救助部门开展家庭经济状况调查评估、建档访视、需求分析和为救助对象提供心理疏导、资源链接、能力提升、社会融入等服务。
2020/10/9	尽锐出战 攻坚克难 坚决夺取罗霄山片区脱贫攻坚战全面胜利	李纪恒部长	把集中搬迁安置区作为重点，在指导片区集中力量解决易迁出群众在就业基础上，立足民政职能优势，加强搬迁社区的基本公共服务、社会融入和社区治理等工作力度，统筹提供各类社区服务，确保搬迁群众住的舒心、过得安心。
2020/12/8	民政部办公厅关于印发《培育发展社区社会组织专项行动方案（2021-2023年）》的通知	民政部	引导社区社会组织在城乡基层党组织领导、基层群众自治组织指导下，以"邻里守望"为主题，开展有特色、有实效的主题志愿服务活动。通过综合包户、农村留守人员关爱工作、结对帮扶等多种方式，重点为社区内低保对象、特困人员、空巢老人、困境儿童、残疾人、进城务工人员及随迁子女等困难群体提供亲情陪伴、生活照料、心理疏导、法律援助、社会融入等关爱服务，构建守望相助的邻里关系，推动社区服务志愿服务常态化。

表Ⅳ 信息技术对劳动力市场融入的影响

VARIABLES	(1) 有正式工作家庭成员占比 城市样本	(2) 有正式工作家庭成员占比 农村样本	(3) 劳动、经营、财产等市场收入占比 城市样本	(4) 劳动、经营、财产等市场收入占比 农村样本
使用移动支付情况（参照：不知道或从未使用移动支付）				
少数情况下用移动支付	0.0160*	0.0146**	0.142***	0.117***
	(0.00887)	(0.00572)	(0.0184)	(0.0158)
多数情况下用移动支付	0.0519***	0.0284***	0.194***	0.133***
	(0.0116)	(0.00738)	(0.0222)	(0.0186)
几乎完全用移动支付	0.0677***	0.0537***	0.173***	0.109***
	(0.0164)	(0.0145)	(0.0303)	(0.0301)
f2_1	0.00533***	0.00278*	-0.00429	0.000163
	(0.00183)	(0.00157)	(0.00322)	(0.00372)
a1_7	0.0230***	0.0135***	0.00208	0.0186***
	(0.00303)	(0.00195)	(0.00647)	(0.00505)
1.c3	-0.0382***	-0.00405	-0.188***	-0.187***
	(0.00592)	(0.00357)	(0.0146)	(0.0108)
juveniles_p	-0.108***	-0.0325***	0.320***	0.266***
	(0.0194)	(0.00943)	(0.0423)	(0.0312)
old_p	-0.0329*	-0.0115*	-0.210***	-0.163***
	(0.0172)	(0.00698)	(0.0379)	(0.0291)
1.care_need	-0.00813	0.00566	-0.0234	-0.00440
	(0.00664)	(0.00375)	(0.0149)	(0.0118)
hourly_wage	0.00280***	0.00123***	0.00922***	0.00765***
	(0.000273)	(0.000201)	(0.000738)	(0.000662)
1.laid_off	-5.35e-05	0.0365**	0.00578	0.0622*
	(0.00849)	(0.0142)	(0.0165)	(0.0326)
1.a5_5	-0.0235***	-0.0133***	-0.00974	0.0142
	(0.00685)	(0.00372)	(0.0148)	(0.0113)
housing_year	-4.04e-05	0.000105***	0.000534**	0.000600***

续表

VARIABLES	(1) 有正式工作家庭成员占比 城市样本	(2) 有正式工作家庭成员占比 农村样本	(3) 劳动、经营、财产等市场收入占比 城市样本	(4) 劳动、经营、财产等市场收入占比 农村样本
1. covid19_ support	0.00783 (0.00669)	0.00542 (0.00444)	0.0180 (0.0140)	0.00156 (0.0131)
social_ stratification	0.0167*** (0.00437)	0.00532** (0.00212)	-0.00307 (0.00907)	0.0182*** (0.00565)
Constant	-0.00219 (0.0135)	-0.0206*** (0.00744)	0.385*** (0.0318)	0.349*** (0.0227)
Observations	3,753	5,291	3,753	5,291
R-squared	0.176	0.082	0.265	0.245

Note: Standard errors in parentheses: (4.53e-05), (3.29e-05), (0.000208), (0.000106) appear above the covid19_support coefficients.

附录二

附表 党的十八大以来民生兜底保障扶贫的相关政策文件

时间	政策文件
2014.09.16	《社会救助暂行办法》
2014.10.03	《国务院关于全面建立临时救助制度的通知》
2015.01.20	《国务院关于加快推进残疾人小康进程的意见》
2015.09.22	《国务院关于全面建立困难残疾人生活补贴和重度残疾人护理补贴制度的意见》
2016.02.10	《国务院关于进一步健全特困人员救助供养制度的意见》
2016.03.30	《关于进一步推动贫困残疾人脱贫攻坚工作的通知》
2016.04.16	民政部关于贯彻落实《中共中央国务院关于打赢脱贫攻坚战的决定》的通知
2016.06.20	卫计委等部门印发《关于实施健康扶贫工程的指导意见》
2016.08.04	人社部出台《关于在打赢脱贫攻坚战中做好人力资源社会保障扶贫工作的意见》
2016.08.22	《关于进一步完善社会救助和保障标准与物价上涨挂钩联动机制》
2016.09.17	《关于做好农村最低生活保障制度与扶贫开发政策有效衔接指导意见的通知》
2016.10.21	教育部等普通高中建档立卡家庭经济困难学生免除学杂费政策对象的认定及学杂费减免工作暂行办法
2016.12.22	残联等《贫困残疾人脱贫攻坚行动计划
2017.01.16	《关于进一步加强医疗救助与城乡居民大病保险有效衔接的通知》
2017.03.10	民政部等部门印发《关于进一步加强医疗救助与城乡居民大病保险有效衔接的通知》
2017.04.20	《关于印发健康扶贫工程"三个一批"行动计划的通知》
2017.6.27	民政部等出台《关于支持社会工作专业力量参与脱贫攻坚的指导意见》

续表

时间	政策文件
2017.08.01	人社部等印发《关于切实做好社会保险扶贫工作的意见》
2017.09.13	民政部、国务院扶贫办发布《关于进一步加强农村最低生活保障制度与扶贫开发政策幼小衔接的通知》
2017.11.30	残联出台《关于做好贫困重度残疾人家庭无障碍改造工作的通知》
2018.01.23	《关于进一步加强和改进临时救助工作的意见》
2018.04.07	民政部印发《关于推进深度贫困地区民政领域脱贫攻坚工作的意见》
2018.06.25	《中共中央 国务院关于打赢脱贫攻坚战三年行动的指导意见》
2018.07.16	民政部、财政部、国务院扶贫办印发《关于在脱贫攻坚三年行动中切实做好社会救助兜底保障工作的实施意见》
2018.07.26	民政部关于印发贯彻落实《中共中央 国务院关于打赢脱贫攻坚战三年行动的指导意见》行动方案的通知
2018.09.30	关于印发《医疗保障扶贫三年行动实施方案（2018－2020年）》
2018.10.17	关于印发《深度贫困地区特困人员供养服务设施（敬老院）建设改造行动计划》的通知
2019.05.06	《民政部办公厅关于在脱贫攻坚中做好"福康工程"项目实施工作的通知》
2019.07.04	《民政部 财政部 中国残联关于建立困难残疾人生活补贴和重度残疾人护理补贴标准动态调整机制的指导意见》
2019.07.10	《关于进一步完善医疗救助制度全面开展重特大疾病医疗救助工作的意见》
2019.09.19	《民政部、财政部、国务院扶贫办关于在脱贫攻坚兜低保障中发挥临时救助的意见》
2019.10.17	《国家医疗保障局、财政部、国家卫生健康委、国务院扶贫办关于坚决完成医疗保障脱贫攻坚硬任务的指导意见》
2020.03.02	民政部 国务院扶贫办关于印发《社会救助兜底脱贫行动方案》的通知

续表

时间	政策文件
2020.03.07	《关于进一步做好疫情防控期间困难群众兜底保障工作的通知》
2020.04.01	《社会救助兜底脱贫行动方案》
2020.04.08	《关于进一步做好阶段性价格临时补贴工作的通知》
2020.07.29	《关于进一步做好困难群众基本生活保障工作的通知》

备注：上述内容是课题组根据相关部门历年发布的政策文件整理而成，由于相关政策文件数量较多，此处仅列出部分主要的政策文件。